江苏省高等学校重点教材（编号：2021-2-157）

法学概论

朱广东　周　丽·主编

东南大学出版社
·南京·

图书在版编目(CIP)数据

法学概论 / 朱广东,周丽主编. —南京:东南大学出版社,2022.12
 ISBN 978-7-5766-0546-4

Ⅰ.①法… Ⅱ.①朱… ②周… Ⅲ.①法学—概论—高等学校—教材 Ⅳ.①D90

中国版本图书馆 CIP 数据核字(2022)第 249669 号

法学概论
FAXUE GAILUN

主　编	朱广东　周　丽
出版发行	东南大学出版社
社　址	南京四牌楼 2 号　邮编:210096　电话:025 - 83793330
网　址	http://www.seupress.com
电子邮件	press@seupress.com
经　销	全国各地新华书店
印　刷	南京京新印刷有限公司
开　本	700mm×1000mm　1/16
印　张	27
字　数	530 千字
版　次	2022 年 12 月第 1 版
印　次	2022 年 12 月第 1 次印刷
书　号	ISBN 978-7-5766-0546-4
定　价	68.00 元

本社图书若有印装质量问题,请直接与营销部调换。电话:025 - 83791830
责任编辑:刘庆楚　封面设计:王玥　责任印制:周荣虎

目 录

第一章　**法理学** 1
　　第一节　法的一般原理 / 2
　　第二节　法的起源与发展 / 13
　　第三节　法的制定与实施 / 18
　　第四节　法与其他社会现象的关系 / 23
　　第五节　建设社会主义法治国家 / 28

第二章　**宪法** 37
　　第一节　宪法概述 / 38
　　第二节　宪法的基本制度 / 45
　　第三节　公民的基本权利与基本义务 / 55
　　第四节　国家机构 / 59

第三章　**行政法** 68
　　第一节　行政法概述 / 69
　　第二节　行政主体 / 75
　　第三节　行政行为 / 77
　　第四节　行政程序 / 91
　　第五节　行政救济 / 94

第四章　**刑法** 106
　　第一节　刑法概述 / 107
　　第二节　犯罪 / 110
　　第三节　刑罚 / 115

第四节　主要罪名 / 120

第五章　**民法** ——————————————————————— 138
　　第一节　民法概述 / 139
　　第二节　物权 / 151
　　第三节　合同 / 160
　　第四节　人格权 / 169
　　第五节　婚姻家庭及继承制度 / 175
　　第六节　侵权责任 / 182

第六章　**商法** ——————————————————————— 197
　　第一节　商法的基本原理 / 198
　　第二节　商事主体法 / 201
　　第二节　商事行为法 / 223

第七章　**经济法** —————————————————————— 256
　　第一节　经济法概述 / 257
　　第二节　反不正当竞争法 / 260
　　第三节　反垄断法 / 266
　　第四节　消费者权益保护法 / 269
　　第五节　金融法 / 274
　　第六节　政策性银行法 / 280
　　第七节　银行业监督管理法 / 281

第八章　**劳动与社会保障法** ————————————————— 285
　　第一节　劳动法 / 286
　　第二节　社会保障法 / 291

第九章　**环境法** —————————————————————— 302
　　第一节　环境法概述 / 303

　　　　第二节　环境污染防治法 / 321
　　　　第三节　生态环境保护法 / 325

第十章 | **诉讼法** ———————————————————————— 331
　　　　第一节　刑事诉讼法 / 332
　　　　第二节　民事诉讼法 / 344
　　　　第三节　行政诉讼法 / 357

第十一章 | **国际法** ———————————————————————— 377
　　　　第一节　国际法概述 / 378
　　　　第二节　国际公法 / 381
　　　　第三节　国际私法 / 395
　　　　第四节　国际经济法 / 407

后　记 ———————————————————————————————— 426

第一章 法理学

导读

法理学包括法的一般原理、法的起源与发展、法的制定与实施、法与其他社会现象的关系以及建设社会主义法治国家五部分。第一部分法的一般原理主要从法的基本特征、法的本质、法的要素、法的渊源和效力以及法律体系与法律部门等方面回答法律是什么的问题。第二部分法的起源与发展的主要内容包括法产生的必然性和一般规律、法的历史类型以及法律移植和法律继承,通过其,可了解法产生与发展的历史进程。第三部分法的制定与实施的主要内容包括立法、执法、司法以及法律监督的概念、特征和原则,属于法的运行的内容。第四部分法与其他社会现象的关系的主要内容包括法与经济、政治的一般关系,法与政策、法与道德以及法与科技的关系。第五部分建设社会主义法治国家的主要内容包括依法治国的含义、全面依法治国的指导思想和总目标,全面依法治国的基本原则,全面依法治国的重大任务和重要保障。

引入案例

"洞穴奇案"是美国法学家富勒虚构的一个经典案例。五名洞穴探险爱好者进入一个洞穴后,发生山崩而被困在洞穴之中,因为他们没有按时回家,一营救队伍火速赶往事发现场进行营救。但是,营救并不顺利,营救过程中山崩仍然不断发生,已经有十名营救人员被夺去生命。营救人员通过一个无线电通信设备与被困洞穴的探险人员取得联系。探险人员询问还有多久才能得救,工程师回答至少还需要十天,又询问现场医疗专家,在没有食物的情况下,他们是否可能再活十天,专家告诉他们几乎没有可能。随后,洞里的无线设备就沉寂了。之后,探险人员请求与医生再次通话,其中一名队员威特莫尔代表全体探险队员询问,如果他们吃了其中一个成员的血肉,能否再活十天。尽管很不愿,但医疗专家还是给予了肯定答复。当受困者获救后,大家才知道,在受困的第二十三天,威特莫尔已经被同伴杀掉吃了。洞穴探险队的四名队员被告上了法庭,根据四名被告给陪审团提供的证词,是威特莫尔首先提议大家可以吃掉其中一员以维持生命,同样也是他首先提议抽签,他正好带了一副骰子。四名被告起初并不同意这一残酷的提议,但是后来他们接受了这一提议,并反复讨论了保证抽签公平性的数学问题,最终同意用掷骰子的方式决定生死命运。然而在掷骰子之前,威特莫尔反悔了,但是其他人指责他出尔反尔,坚持继续掷骰子。轮到威特莫尔时,一名被告替威特莫尔掷骰子,同时要求威特莫尔就投掷的公平性表态。威特莫尔没有表示异议,很不幸的是,威特莫尔中签了,最终,威特莫尔被同伴杀死吃掉。

问题: 如何认定四名被告杀害并吃掉威特莫尔的行为的性质?(案例分析,请参阅章后"引例评析"部分)

第一节 法的一般原理

一、法的概念与要素

(一)法的词源和词义

汉语"法"的古体字为"灋",《说文解字》中说:"灋,刑也。平之如水,从水;廌,所以触不直者去之,从去。"在我国古代,法和刑是通用的。"平之如水,从水"是指法代表公平。"廌"是一种独角兽,生性秉直,其功能是断狱,《说文解字》中说:"廌,解廌,兽也。似山牛,一角。古者决讼,令触不直。"这是古代常使用的一种裁判形式,即借助神意来判断行为人是否有罪。

(二)法的基本特征

1. 法是调节人们行为的规范

首先,法具有规范性。规范性是指法为人们的行为提供了一个模式、标准和方向,从而为人们的行为规划出可以自由行动的基本界限。其次,法具有一般性。一般性是指:第一,法是一种抽象、概括的规定,它适用的对象是一般的人或事而不是特定的人或事;第二,它在生效期间是反复适用的,而不是仅适用一次的;第三,它意味着同样情况同样适用。

2. 法由国家制定或认可

法具有"国家意志"的形式,区别于其他社会规范,如道德规范、宗教规范、政党或其他社会组织的规章以及习惯礼仪。

3. 法规定人们的权利和义务

法以权利和义务为内容,以权利义务双向规定为调整机制。权利代表一种利益,通过权利的设定鼓励人们的行为。义务代表一种负担,通过义务的设定约束人们的行为。

4. 法由国家强制力保证实施

所有的规范都有强制力。但是,法的强制力是以国家意志的形式存在的特殊强制力。首先,法的强制力是以国家政权的名义表现出来的,是同法庭、监狱、警察以至军队的强制力相贯通的。其次,法的强制力的实现不以被强制者的意志为转移。最后,法的强制力的实现,需要通过法定程序。法的强制力不是简单的暴力。

(三) 法的本质

法的本质是指法这个事物的内部联系或内在规定性,它决定法的根本指向,比较深刻和稳定,往往难以直接感知,而需要通过抽象思维才能认识和把握。关于法的本质,资产阶级法学家进行了各种论述,包括正义论、理性论、民族精神论、权力论、规范论和社会论等。这些论述从不同角度揭示了法在某一方面的特征,但都未能揭示法的本质,这是由资产阶级法学家的历史局限性所决定的。马克思、恩格斯在阐明唯物史观基本原理的同时,说明了法的本质及其产生和发展的规律,并深刻地批判了资产阶级思想家以及空想社会主义者、无政府主义者或其他机会主义者在解释法律时的各种唯心主义观点。

1. 法是国家意志的体现

无论是奴隶社会、封建社会、资本主义社会的法还是社会主义社会的法,都是国家意志的体现。在阶级对立社会,国家意志是掌握国家政权的统治阶级的意志。在消灭了剥削阶级的社会主义社会,国家意志是掌握国家政权的、以工人阶级为领导的广大人民的共同意志。

在认识法是国家意志体现的同时需要注意以下问题:一是,法所体现的意志只能是阶级对抗社会统治阶级整个阶级的共同意志或社会主义社会人民的共同意志,而不是统治阶级或人民中的个别人或个别集团的意志,更不是个别人的任性。二是,法也具有社会性,也反映其他社会主体的有关利益和愿望,是阶级性和社会性的统一。正如恩格斯所说的:"政治统治到处都是以执行某种社会职能为基础的,而且政治统治只有在它执行了它的这种社会职能时才能维持下去。"

2. 法最终决定于社会物质生活条件

法具有物质制约性。国家意志不是凭空产生的,它是一定经济关系或物质利益关系的集中体现,并反过来维护和发展这些关系。立法者不能随心所欲地立法,法应当是对现存社会关系——归根结底是对现存社会物质生活条件的记载、认可、登记、宣布。马克思曾指出:"君主们在任何时候都不得不服从经济条件,并且从来不能向经济条件发号施令。无论是政治的立法还是市民的立法都只是表明和记载经济关系的要求而已。"社会不是以法律为基础的,那是法学家们的幻想。相反地,法律应该以社会为基础。

法决定于社会物质生活条件表现在两个方面:一是,社会物质生活条件的各个侧面如物质生产方式、地理环境、人口状况等,对法都具有作用,其中物质生产方式具有决定性作用。二是,法的诸多侧面,如法的产生、特征、本质、作用、价值、发展等都决定于社会物质生活条件。

3. 经济以外的因素对法的影响

历史传统、国家形式、道德、宗教、政治观念、风俗习惯以至国际环境等,都能对法产生重大影响。

(四) 法的要素

法的要素是指彼此互相联系、互相作用从而构成完整的法律系统的各种元素。在我国,一般认为法的要素包括法律规则、法律原则和法律概念。

1. 法律规则

法律规则是具体规定权利和义务以及具体法律后果的准则。法律规则具有微观指导性、可操作性强和确定性程度高的特点。法律规则一般具有严密的逻辑结构,包括假定条件(适用法律规则的前提、条件或情况的部分)、行为模式(对规范行为的描述,即法律规则中规定人们可以行为、应该行为、不得行为的行为方式,它可以科以义务,也可以是授权的)和法律后果(对被描述行为的肯定或否定评价,以及在否定基础上进一步的苛责和制裁)三部分。

按照行为模式的不同,法律规则可以分为授权性、命令性、禁止性三种类型。授权性规则是指规定主体享有作出或不作出某种行为的权利,肯定了主体为实现其利益所必需的行为自由的规则。命令性规则是指规定主体应当或必须作出一定积极行为的规则。禁止性规则是指规定主体不得作出某种行为的规则。

按照特定行为以前是否有调整规则,法律规则分为调控性规则和构成性规则。调控性规则是对已有行为方式进行调整的规则,其作用是控制行为,行为先于规则。构成性规则是指引人们按照规则的规定实施行为的规则,规则先于行为,用规则引导行为。

按照法律规则的强制性程度不同,法律规则分为强行性规则和任意性规则。强行性规则是指不问个人意愿如何必须加以适用的规则。任意性规则是指适用与否由个人自行选择的规则。

按照法律规则内容是否确定,法律规则分为确定性规则、委托性规则和准用性规则。确定性规则是指明确规定一定行为规则,不必再援用其他规则的法律规则。委托性规则是指没有明确规定某一行为规则的具体内容,只是委任某一国家机关加以规定的法律规则。准用性规则是指虽然没有直接规定某一行为规则的内容,但明确指出在这个问题上可以适用其他法律条文或法律文件中某一规定的法律规则。

2. 法律原则

法律原则是可以作为法律规则的基础或本源的具有综合性、稳定性特点的原理和准则。与法律规则相比较,法律原则具有概括性、稳定性和指导性的特点。根据法律原则调整的社会关系的范围的不同,可以把法律原则分为基本原则和具体原则。基本原则是指法律对各种社会关系进行调整时所依据的最基本的准则,体现了法律的基本精神和基本价值取向。具体原则是法律对某一领域的社会关系进行调整时所依据的准则。此外,根据其产生依据的不同,可以把法律原则分为政策性原则和公理性原则。政策性原则是指国家在管理社会事务过程中为了实现某种经济、政治、文化、国防等方面的目标而作出的政治决策。公理性原则是指从社会关系的本质中产生出来的,并得到社会广泛承认从而被奉为法律之准则的公理,如法律面前人人平等原则。法律原则可以克服法律规则的僵硬性缺陷,弥补法律漏洞,保证个案正义,在一定程度上缩小规范与事实之间的缝隙,从而能够使法律更好地与社会相协调一致。

案例 1-1

泸州"遗赠纠纷"案

蒋某与黄某于1963年5月登记结婚。1996年,黄某与比他小近30岁的张某相识后一直在外租房公开同居生活。2001年初,黄某因肝癌晚期住院治疗,于同年 4 月 18 日立下书面遗嘱,将总额为 6 万元的财产赠与张某,并经公证。22 日,黄某因病去世。黄某的遗体火化前,张某偕同律师上前阻拦,并当着蒋某的面宣布了黄某留下的遗嘱。当日下午,张某以蒋某侵害其财产权为由诉讼至四川省泸州市纳溪区法院。法院审理后认定公证无效,并引用《中华人民共和国民法通则》第七条关于民事活动应当尊重社会公德,不得损害社会公共利益的规定,认定黄某财产遗赠行为无效,判决驳回张某的诉请。张某不服提起上诉,二审法院维持原判。

简要分析:本案中,法院依据的原《中华人民共和国民法通则》第七条,就是一项法律原则,而否认的是原《中华人民共和国继承法》中关于遗嘱继承的法律规则,简言之,就是用一项法律原则否定了法律规则的效力。那么,法律原则和法律规则之间应该是什么样的关系,法律原则在什么条件下可以取代法律规则,这些都应该是本案判决中要解决的问题。适用法律规则处理个案是法律适用的常态,法律原则只有在极其特殊的情况下才直接适用于个案。相对于法律规则而言,法律原则的确有其优势,那就是可以克服法律规则的僵硬性缺陷,弥补法律漏洞,保证个案正义,在一定程度上缩小规范与事实之间的缝隙,从而能够使法律更好地与社会相协调一致。

但另一方面,法律原则也有其明显的缺陷:由于内涵高度抽象,外延宽泛,不像法律规则那样对假定条件、行为模式和法律后果有具体明确的规定,所以当法律原则直接作为裁判案件的标准发挥作用时,会赋予法官较大的自由裁量权,从而不能完全保证法律的确定性和可预测性。一般认为,法律原则的适用应满足以下严格的条件:(1)穷尽法律规则,方得适用法律原则。(2)除非为了实现个案正义,否则不得舍弃法律规则而直接适用法律原则。(3)更强理由。

3. 法律概念

法律概念,是指法律上的概念,是法学上的专业术语。法律概念有两个来源:一是,日常概念。日常概念具有较强的模糊性,它们出现在法律文本中,大都经过了精确界定,如"过错""死亡"等。有些概念与日常概念有类似含义,但采用特定化的表述,如强暴被称为强奸,耍流氓被称为猥亵,打官司被称为诉讼。二是,法学创造。世俗经验不足或还未被抽象出概念或缺少明确的表述,需要法学家能动地概括和创造出来,如民法中的"法人",商法中的"信托",合同法中的"标的"等。

法律概念有两种基本分类,包括基本法律概念和部门法律概念。基本法律概念包括法律权利(权力)、法律义务、法律责任、法律制裁、法律行为、法律关系等,这些概念普遍存在于一国的法律体系中,它们是法理学研究的重点。部门法律概念包括诉讼法中的"诉由"、合同法中的"标的"、刑法中的"正当防卫""累犯"等,它们一般仅存在于特定的部门法中,是部门法学习的重点。

法律概念是法律体系的基石:法律规则作为假言命题(如果……,就……),是由道义词(应当、可以、禁止)将法律概念联结起来而组成的。

(五) 法的分类

1. 法的一般分类

第一,根据法的制定和实施主体,可以将法分为国内法与国际法。国内法是指一个主权国家制定的实施于本国的法律。国际法是国际法律关系主体参与制定或公认的适用于各个主体之间的法律。

第二,根据法的内容、法律效力和制定程序,可以将法分为根本法与普通法。根本法就是宪法。普通法是指调整某一类或者某些社会关系,效力低于根本法,制定和修改必须符合根本法,程序较根本法简单的法律。

第三,根据法的调整范围,可以将法分为一般法和特别法。一般法是指对一般人和事在不特别限定地区和时间内有效的法律。特别法是指对于特定人和事,在特定地区、时间内有效的法律。

第四,根据法所规定的内容,可以将法分为实体法和程序法。实体法是指主要规定法律关系主体实体权利义务的法律。程序法是指主要规定保证法律关系主体的权利义务得以实施的程序或方式的法律。

第五,根据法所创制和表达的方式,可以将法分为成文法和不成文法。成文法,即制定法,是指国家机关制定和公布的,以文字符号形式表现出来的法律。不成文法是指虽国家认可其有法的效力,但其未以文字符号形式表现出来的法律。

2. 法的特殊分类

(1) 公法和私法

古罗马法学家乌尔比安首先提出了划分公法和私法的学说。他认为保护国家利益的是公法,保护私人利益的是私法。公法和私法的划分主要适用于大陆法系国家,学界关于两者的划分标准仍然存在争议。关于公私法划分标准的争论,有的支持乌尔比安原先提出的以公共利益和私人利益为划分标准。有的主张以法律关系的主体为标准。有的以法律所调整的不同关系为标准。还有人认为,除公私法外,还应有一种兼有公私法的混合法。有人认为公私法之分仅适用于实体法而不适用于程序法。一般认为宪法、行政法和刑法属于公法。民商法属于私法。

(2) 普通法和衡平法

这种分类在英美法系国家中适用。普通法是在 11 世纪诺曼人征服英国后通过法院判决而逐步形成的适用于全英格兰的一种法律。衡平法是在 14 世纪开始的,大法院的大法官们以公平正义原则和规则对普通法修正、补充而出现和发展起来的一种法律。

二、法的渊源与效力

(一) 法的渊源

1. 法的渊源的概念

实质意义上的法的渊源是指法产生的一定生产方式下的物质生活条件,即法的真正来源、根源和发源。形式意义上的法的渊源是指法的创制方式和表现形式,也就是法的效力渊源。正式意义上的法的渊源是指国家机关制定的各类规范性法律文件,依其地位和效力不同,又可分为宪法、法律、各种法规和规章。非正式意义上的法的渊源是指各种习惯、判例、宗教规则、法理学说、道德原则和规范等。

我们通常所说的法的渊源是指法定的国家机关制定不同法律地位或效力的法的一种分类,是法的一种形式。

2. 当代中国法的渊源的分类

当代中国法的渊源包括以宪法为核心的各种制定法为主的正式渊源和习惯、判例、政策等非正式渊源。具体来说,正式渊源包括:①宪法;②法律;③行政法规、部门规章、军事法规;④地方性法规和地方政府规章;⑤民族自治地方的自治条例和单行条例;⑥各种经济特区的规范性文件;⑦特别行政区的基本法和其他规范性文件;⑧国际条约和国际惯例。非正式渊源包括:①习惯。除国家认可的民族习惯外,习惯一般不是法的正式意义上的渊源,不具有法律效力。②判例。判例在我国也不具有法律上的约束力。最高人民法院公报上公布的案例,在我国法制建设中具有重要作用,但是,当代中国不具有实行判例法制度的条件。③政策。党的政策对我国社会主义法的制定和实施具有指导作用,党的各项活动包括制定政策的活动必须以宪法为根本准则。党的政策只有上升为国家法律,才具有普遍约束力。党的政策是我国社会主义法的一个非正式意义上的渊源。

案例 1-2

中介服务费纠纷案

刘某夫妇与中介公司签订了《独家代理协议》，约定房屋售价138万元；独家代理委托期限从2019年4月3日至2019年6月2日止；中介公司应在该协议代理期限内将涉案房屋售出。上述协议将"房屋出售后刘某应支付的服务费"一栏以斜杠划去。在中介的安排下，刘某夫妇很快与买家签订了《房屋买卖合同》，约定成交价133万元。当天，买卖双方还与中介公司签订《中介服务三方协议》，同意当天向中介公司支付中介费。刘某夫妇称，当天中介公司并没有要求他们支付中介费。几天之后，他们打电话给中介人员，中介人员称他们要付13万元中介费。中介公司向法院提交了一份有刘某夫妇签名的《咨询服务费确认书》。该确认书内容显示：本人确认中介公司成功促成出售房屋，同意支付人民币（大写）壹（划去）壹拾叁万元整（¥130 000元）给予中介公司作为咨询服务费。上述"壹（划去）壹拾叁万""130 000"为手写，刘某夫妇"壹拾叁万元整"一行右侧空白处签名并按指模。中介公司称：因"壹"字写错，故让刘某夫妇在错字处签名按指模，刘某夫妇书写习惯不同，在侧面空白处签名按指模。刘某夫妇则称：他们签订的确认书是空白的，当时也觉得奇怪，但中介人员称中介费不一定要他们支付，如果买方愿意支付全部中介费，他们可以不用交，一直催促他们先行签名；中介人员与买家谈好售价133万元后，在确认书中填上中介费小写数额13 000元，大写部分没有填，他们认为13 000元与市场行情差不多，所以没有异议，后来才知道中介费金额被改成了130 000元。

简要分析： 本案中介公司为刘某夫妇提供的居间服务并无明显优于一般的居间服务，而中介公司在本案房屋交易中向买家收取中介服务费17 000元，却要求卖家支付中介服务费130 000元，该金额相当于涉案房屋售价的10%，与市场交易习惯及行业惯例不符，中介公司未能合理解释其异常情况，故中介公司要求刘某夫妇全额支付130 000元中介服务费并不合理。法院酌情认定刘某夫妇向中介公司支付中介服务费17 000元，对中介公司要求支付违约金的请求不予支持。《中华人民共和国民法典》第十条规定"处理民事纠纷，应当依照法律；法律没有规定的，可以适用习惯，但是不得违背公序良俗。"习惯作为非正式意义上的渊源，虽然不具有法律约束力，但在司法实践中具有重要的意义。

(二) 法的效力

法的效力是指法所具有的强制力或约束力,即法在什么地方、在什么时间和对什么人有约束力。法的效力包括空间效力、时间效力和对象效力三个方面。

1. 法的空间效力

法的空间效力是指法在什么地方发生法律约束力的问题。一般来说,一国法律适用于该国主权范围所及的全部领域,包括领土、领水及其底土和领空。本国驻外使领馆、航行或停泊于一国境外的本国船舶和航空器也是所涉范围。

2. 法的时间效力

法的时间效力是指法律何时生效、何时终止效力以及法律对其生效以前的事件和行为有无溯及力。

法的生效时间主要有三种,包括自法律公布之日起生效、由该法规定具体生效时间和规定法律公布后符合一定条件时生效。

法终止生效的时间有两种情况,包括默示的废止,即以新法取代旧法;明示的废止,即在新法或其他法律文件中明文规定废止旧法。

法律溯及力,即法律溯及既往的效力,法律对其生效以前的事件和行为是否适用是法时间效力方面的一个重要的问题。现代国家通行两个原则,即不溯及既往原则和有利追溯原则。不溯及既往是指法只适用于其生效以后发生的事件和行为,而不适用于其生效前发生的事件和行为。法律应当具有普遍性和可预测性,如果允许溯及既往,不符合法治要求。有利追溯原则是指新法原则上不溯及既往,但是新法不认为是犯罪或者处罚较轻的,适用新法。我国刑法采用的"从旧兼从轻"原则,就属于有利追溯。

3. 法的对象效力

法的对象效力,即法对人的效力,是指法对什么人适用的问题。在世界各国的法律实践中先后采用过四种对人的效力的原则。第一,属人主义。法律只适用于本国公民,不论本国公民在本国内还是在国外,均适用本国法。第二,属地主义。法律适用于该国管辖地区内的所有人,包括本国人和外国人。第三,保护主义。以维护本国利益作为是否适用本国法律的依据。任何侵害了本国利益的人,不论发生于何地,不论其国籍,都要受该国法律的追究。第四,以属地主义为主,与属人主义和保护主义相结合。这是近代以来多数国家适用的原则。

三、法律体系与法律部门

(一) 法律体系的概念

法律体系是指一个国家按照一定的原则和标准划分的同类法律所组成的全部法律部门所构成的一个有机联系的整体,即部门法体系。法律体系既不同于立法体系也不同于法系。

(二) 法律部门

1. 法律部门的概念

法律部门又称"部门法",是指根据一定的原则和标准划分的一个国家的同类法律的总称。它是法律体系的有机构成部分,也是法律分类的一种形式。从法律部门的范围来看,它是具有共同的调整对象和调整方法的同类法律规范的总称。从法律部门的内部结构来看,法律部门往往又是由若干个子部门组成的体系,如民法部门由物权法、债权法、侵权行为法、知识产权法等部门构成。

2. 划分法律部门的标准

划分法律部门的主要标准是法律所调整的社会关系。法律是调整社会关系的,制定法律规范的目的就在于调整相应的社会关系,离开以社会关系为调整对象的法律规范是不存在的。我们可以将调整同一类社会关系的所有法律规范归入一个法律部门,如把调整平等主体之间的财产关系和人身关系的法律规范归入民法部门,把调整诉讼行为和诉讼关系的法律规范归为诉讼法部门等。划分法律部门的辅助标准是法律调整的方法。法律调整的方法是指对社会关系施加法律影响的方法、方式的总和。法律调整的方法从不同的角度也可作不同的分类,如从调整的法律关系角度,可分为平权型调整方法和隶属型调整方法,以此方法我们可以区分调整财产关系的法律规范中,哪些属于民法部门,哪些属于行政法部门。

(三) 中国特色社会主义法律体系

1997年9月,党的十五大明确提出,到2010年形成中国特色社会主义法律体系的立法工作目标。2007年党的十七大提出,要完善中国特色社会主义法律体系。2010年,具有中国特色的社会主义法律体系建成。2011年3月10日上午,全国人大常委会委员长吴邦国在十一届全国人大四次会议第二次全体会议上宣布,中国特色社会主义法律体系已经形成。

中国特色社会主义法律体系，是指以宪法为统帅，以法律为主干，由宪法及宪法相关法、民法商法、行政法、经济法、社会法、刑法、诉讼与非诉讼程序法等多个法律部门组成的有机统一整体，包括法律、行政法规、地方性法规三个层次。

1. 宪法及宪法相关法

宪法及宪法相关法是我国法律体系的主导法律部门，它是我国社会制度、国家制度、公民的基本权利和义务以及国家机关的组织与活动的原则等方面法律规范的总和。它规定国家和社会生活的根本问题，不仅反映我国社会主义法律的本质和基本原则，而且确立了其他法的部门的指导原则。最基本的规范体现在宪法中。除此之外，还包括了国家机构的组织和行为方面的法律、民族区域自治方面的法律、特别行政区方面的基本法律、保障和规范公民政治权利方面的法律，以及有关国家领域、国家主权、国家象征、国籍等方面的法律。

2. 民商法

民法商法是规范社会民事和商事活动的基础性法律。我国采取的是民商合一的立法模式。民法是调整平等主体的自然人之间、法人之间、自然人和法人之间的财产关系和人身关系的法律规范的总和。民法是市场经济的基本法律。它包括自然人制度、法人制度、代理制度、时效制度、物权制度、债权制度、知识产权制度、人身权制度、亲属和继承制度等。《中华人民共和国民法典》系统整合了新中国成立七十多年来长期实践形成的民事法律规范，在中国特色社会主义法律体系中具有重要地位。商法是民法中的一个特殊部分，调整的是自然人、法人之间的商事关系，主要包括公司、破产、证券、期货、保险、票据、海商等方面的法律。

3. 行政法

行政法是调整国家行政管理活动的法律规范的总和。它包括有关行政管理主体、行政行为、行政程序、行政监察与监督以及国家公务员制度等方面的法律规范。行政法涉及的范围很广，包括国防、外交、人事、民政、公安、国家安全、民族、宗教、侨务、教育、科学技术、文化体育卫生、城市建设、环境保护等行政管理方面的法律。

4. 经济法

经济法是调整因国家从社会整体利益出发对经济活动实行管理或调控所产生的社会经济关系的法律规范的总和。经济法大体包含两个部分：一是创造平等竞争环境、维护市场秩序方面的法律，主要是有关反垄断、反不正当竞争、反倾销和反补贴等方面的法律；二是国家宏观调控和经济管理方面的法律，主要是有关财政、税务、金融、审计、统计、物价、技术监督、工商管理、对外贸易等方面的法律。

5. 社会法

社会法是调整有关劳动关系、社会保障和社会福利关系的法律规范的总和，它主要是保障劳动者、失业者、丧失劳动能力的人和其他需要扶助的人的权益的法律。社会法的目的在于，从社会整体利益出发，对上述各种人的权益实行必需的、切实的保障。它包括劳动用工、工资福利、职业安全卫生、社会保险、社会救济、特殊保障等方面的法律，如劳动法、职业病防治法、残疾人保障法等。

6. 刑法

刑法是规定犯罪、刑事责任和刑事处罚的法律规范的总和。刑法所调整的是因犯罪而产生的社会关系。它是在个人或单位的行为严重危害社会、触犯刑事法律的情况下，给予刑事处罚。刑法执行着保护社会和保护人民的功能，承担惩治各种刑事犯罪，维护社会正常秩序，保护国家利益、集体利益以及公民各项合法权利的重要任务。

7. 诉讼与非诉讼程序法

诉讼与非诉讼程序法是调整因诉讼活动和非诉讼活动而产生的社会关系的法律规范的总和。它包括民事诉讼、刑事诉讼、行政诉讼和仲裁等方面的法律。这方面的法律不仅是实体法的实现形式，而且也是人民权利实现的最重要保障，其目的在于通过程序公正保证实体法的公正实施。

第二节　法的起源与发展

一、法的起源

（一）原始社会的社会组织和行为规则

原始社会的社会组织是氏族、部落、部落联盟和民族。其中氏族是最为典型的社会组织，它以血缘关系为基础，以特定的图腾动物为标志。在原始社会中，氏族既是社会组织的基本单位，也是社会生产和消费的基本单位。

维系氏族的社会规范主要是氏族习惯。氏族习惯是人们在长期的共同生产和生活中逐渐形成和演化、世代相传、变为氏族成员内在需要和外在自觉的行为模式或行为惯例。这些习惯是当时社会生活的产物,对于社会的协调起到了重要作用。

(二) 法产生的历史必然性

社会分工、商品交换和私有制是法律产生的经济原因。阶级和阶级斗争是法律产生的社会根源。不同价值观念的冲突是法律产生的文化根源。在原始公社解体的过程中,社会分工和社会组织结构的变化,也带来了人们价值观念和文化的变化。

(三) 法产生的一般规律

首先,法的产生经历了从个别调整到规范性调整,一般规范性调整到法的调整的发展过程。个别调整是针对具体人、具体行为所进行的只适用一次的调整。规范性调整就是统一的反复适用的调整。法的规范性调整是由国家来规定的(不是自发形成的),由国家强制力保证(一般规范性调整不具有国家强制力保证)。

其次,法的产生经历了从习惯到习惯法,又从习惯法到制定法的发展过程。比如说,原始社会的血族复仇习惯,随着阶级的进一步形成,复仇以及赔偿的习惯虽然被保留下来,性质却发展变化,赔偿数额的多少由受害者的社会地位来确定。国家产生后,这种习惯便成了习惯法。当国家制定的成文法出现后,这种习惯法又成为成文法。

最后,法的产生经历了法与宗教、道德不分,到法与宗教、道德分开的过程。法的最初的表现形式是习惯法,没有文字表现,因此,同宗教、道德不分,并受文化的影响。后来,成文法出现,才逐渐与宗教、道德分离。

案例 1-3

法产生的一般规律

摩尔根在《古代社会》中,描述了古罗马社会中习惯法向制定法过渡的状况。在古罗马尚处在原始氏族社会的时候,一些不成文的习惯法是罗马氏族成员所信奉的。这些习惯法包含了这样一些权利和义务:1. 氏族成员拥有相互继承死者遗产的权利;2. 墓地是公共的;3. 宗教和祭祀具有公共性质;4. 氏族成员相互之间具有互不通婚的义务;5. 土地公有;6. 氏族成员具有相互保护、援助的义务;7. 氏族成员拥有收养外人的权利;8. 氏族成员拥有选举和罢免氏族首领的权利。后来,古罗马人制定了《十二铜表法》。《十二铜表法》是一个标准的国家法律。在这部国家法律中,上面提到的部分义务被保存下来。摩尔根认为,实际上,从氏族社会后期开始的被称为习惯法的规则,总是被保留在成文的制定法之中的。

简要分析:人类社会最初的法律规范大多是由习惯演变而来的。在法律制度的形成过程中,统治阶级出于自身利益,利用所控制的国家按照现行社会秩序的需要,有选择地对原有的习惯规范进行甄别取舍,由国家加以认可,使之成为对本阶级有利的社会规范,并赋予法律效力,使习惯成为习惯法。随着社会生产的发展和社会关系的复杂化,习惯法不足以调整社会关系,由国家机关有针对性地制定新的规则就成为必要,于是成文法就产生了。

二、法的发展

(一) 法的历史类型

法的历史类型,是按照法的阶级本质和它所赖以建立的经济基础对法律所作的基本分类。人类历史上存在过奴隶制法律、封建制法律、资本主义法律和社会主义法律,从较低级的法律依次发展到较高级的法律,体现出了法律的发展和社会的进步。法的历史类型的更替根植于社会基本矛盾即生产力和生产关系、上层建筑和经济基础之间的矛盾。社会生产力的发展必然导致生产关系的发展变化,而生产关系的发展变化又必然导致包括法律在内的上层建筑的发展变化。法律发展变化以社会革命为条件,法的历史类型的更替不能自发地实现,必须通过社会革命才能实现。法的历史类型的更替是一种突变,它依赖于社会革命,不进行社会革命就不会引起法的历史类型的更替。

1. 奴隶制法

奴隶制法是人类历史上最早出现的法律,它根源于奴隶社会的经济基础,并和奴隶制国家的阶级本质是一致的。奴隶制法公开确认和维护对奴隶的人身占有和自由民之间的不平等,刑罚手段极端野蛮残酷,保留了原始社会规范的痕迹。

2. 封建制法

封建制法是封建地主阶级意志和利益的体现,是由封建制国家制定或认可的,并依靠国家强制力保证执行的行为规范的总和。封建制法确认和维护农民或农奴对封建地主的人身依附关系,维护封建等级特权制度,确认和维护封建主残暴的统治,采用残酷的刑罚。

3. 资本主义法

资本主义法是建立在资本主义经济基础之上的上层建筑的重要组成部分,是资产阶级意志的体现,是资产阶级统治的工具。资本主义法确认私有财产神圣不可侵犯,维护资本主义民主政治,确认和维护资产阶级的自由、平等和人权,确认资产阶级的法治原则。

案例1-4

资本主义法确认私有财产神圣不可侵犯

1789年法国《人权宣言》中关于财产的规定十分典型,规定资本主义私有财产神圣不可侵犯,私有财产是天赋的自然权利,是神圣不可侵犯的。一方面,国家应保护私有财产不受无产者或其他任何人的侵犯;另一方面,国家不应干预资产阶级的自由经营。法律在经济领域中的作用主要是保障私有财产的安全等等。1919年德国的《魏玛宪法》关于私有财产的规定也颇为典型:"所有权受宪法之保障,其内容和限制以法律规定之。公用征收仅限于有益于公共福利及有法律依据时,始得行之。公用征收除联邦法律有特别规定外,应予相当赔偿……所有权为义务,其使用应同时为公共福利服务。"可见垄断时期保护私有财产被认为是一种担当了为"社会福利"服务的社会职能或义务。

简要分析: 私有财产神圣不可侵犯原则的提出及其在法律上的规定,对资本主义市场经济发展有着重大的意义。因为它为交易安全提供了有力保障,它允许所有权人可以任意地使用和处理自己的财产,任何个人包括政府都不得干预。当然,在所谓任何人的财产都神圣不可侵犯后面,实际上存在一种很明显的差别,即社会财富的大部分垄断在少数资本家手中,他们才是这一原则真正的受益者。到了20世纪初,绝对所有权的滥用开始受到合理的限制。

4. 社会主义法

社会主义法是新的历史类型的法律制度,有着与以往剥削阶级类型法律制度完全不同的经济基础与阶级本质。社会主义法是以工人阶级为领导的广大人民的共同意志的体现,是建立在社会主义公有制基础之上的。社会主义法是以实现共同富裕、实现普遍的平等和自由为历史目标的法律制度,是以人民性为本质特征的法律制度,是继承和发展了历史上一切人类法律文明优秀成果的法律制度。

(二) 法律移植与法律继承

1. 法律移植

法律移植是指一个国家将其他国家或地区的某种法律或制度引进而成为本国的法律或制度的活动。法律移植的对象是国外法，包括不同国家内部实施的法律和国际惯例或公约。社会发展和法的发展的不平衡性决定了法律移植的必然性；市场经济的发展、全球化经济形态决定法律移植的必然性；法律移植是法制现代化的必然要求，也是对外开放的要求。

在法律移植时要注意：一是，要对被移植的法律制度的文化背景有深入细致的了解，也要对本国法律的文化兼容性作科学和真实的评估，然后做出正确选择。二是，要注意被移植的法律的先进性。任何社会法律移植的目的就是借鉴外国法律成果为己所用，被移植的法律必须代表法律文明发展的趋势。三是，必须对本国法律的运行过程和运行状况进行必要的调适。

2. 法律继承

法律继承是指不同历史类型的法律制度之间的延续和继受，一般表现为旧法对新法的影响和新法对旧法的承接和吸收。第一，社会生活条件的历史延续性决定了法律继承性的客观存在。从根本上说，法律继承性的依据在于社会生活条件的延续性与继承性。只要那些延续下来的生活条件在现实的社会中具有普遍意义，那么，反映这些生活条件的既有规则就会或多或少地被继承下来并被纳入新的法律体系之中。第二，法律的相对独立性决定了法律发展过程的延续性和继承性。法律作为社会意识或社会上层建筑的组成部分，它的产生和发展决定于社会存在或经济基础；在这个前提下，又必须承认法律的相对独立性。法律相对独立性是社会意识相对独立性的体现。第三，法律作为人类文明成果的共同性决定了法律继承的必要性。第四，法律发展的历史事实也验证了法律的继承性。法律继承不只是一个理论上可以说明的问题，也是一个实践上可以验证的问题。如：英国资产阶级持续沿用英国封建时代的法律；法国资产阶级以奴隶制时代的罗马法为基础制定《法国民法典》；苏联1922年制定民法典时大量采用旧俄国民法典的条款等。

第三节　法的制定与实施

一、法的制定

(一) 法的制定的概念和特点

法的制定是整个法制系统的一个不可缺少的重要环节和组成部分。法的制定，是指法定的国家机关，依照法定的职权和程序，创制、认可、修改和废止法律和其他规范性法律文件的活动。法的制定是国家意志形成和表达的必要途径和方式。法的制定是民主制度化、法律化的前提条件，是全面推进依法治国，建设社会主义法治国家的基础性活动。

法的制定具有下列特点：第一，法的制定是一项国家机关的活动，是同国家权力紧密相连的活动。第二，法的制定是国家机关的法定职权活动，是宪法和法律规定的专门国家机关的职权活动。第三，法的制定是依照法定程序所进行的活动。第四，法的制定是一项具有高度专业性和技术性的活动。第五，法的制定是产生或者变更法的活动。

(二) 立法体制

立法体制，是指按照宪法和法律的规定，国家机关立法权限划分的情形和状态。即在一个国家中，按照宪法和法律规定的国家机关及其人员创制、认可、修改和废除法律和其他规范性法律文件的权限划分的制度。

我国是统一的、单一制的多民族国家，各地方经济、社会发展很不平衡。与这一国情相适应，我国采用了"一元多层次"的立法体制，即全国人民代表大会及其常务委员会统一行使国家立法权，国务院制定行政法规，省、自治区、直辖市、设区的市人民代表大会及其常务委员会制定地方性法规，民族自治地方制定自治条例和单行条例，经济特区所在省、市制定经济特区法规。

(三) 立法程序

立法程序是指按照宪法和法律规定的具有立法权的国家机关创制、认可、修改和废止法律和规范性法律文件的程序或步骤。在我国，全国人大及其常委会的立法程序主要分为四个阶段：法律案的提出、法律案的审议、法律案的表决、法律案的公布。在法律案的提出之前，通常有一个立法准备阶段，包括立法预测,立法规划,确定立法项目,采纳立法建议和创议,确定法案起草组织和程序,起草法案等活动,这对顺利开展立法活动也是非常重要的。

案例1-5

孙志刚事件

2003年3月17日晚上,任职于广州某公司的湖北青年孙志刚在前往网吧的路上,因缺少暂住证,被警察送至广州市"三无"人员(即无身份证、无暂住证、无用工证明的外来人员)收容遣送中转站收容。次日,孙志刚被收容站送往一家收容人员救治站。在这里,孙志刚受到工作人员以及其他收容人员的野蛮殴打,并于3月20日死于这家救治站。这一事件被称为"孙志刚事件"。由于此次受害者身亡,并且其身份不是流浪汉而是大学生,因而产生极大影响。许多媒体详细报道了此一事件,并曝光了许多同一性质的案件,在社会上掀起了对收容遣送制度的大讨论。2003年5月14日三名法学博士向全国人大常委会递交审查《城市流浪乞讨人员收容遣送办法》的建议书,认为收容遣送办法中限制公民人身自由的规定,与中国宪法和有关法律相抵触,应予以撤销。6月20日,经国务院第12次常务会议通过的《城市生活无着的流浪乞讨人员救助管理办法》正式公布,2003年8月1日起正式施行。1982年5月12日国务院发布的《城市流浪乞讨人员收容遣送办法》同时废止。

简要分析:《中华人民共和国立法法》规定,对公民限制人身自由的强制措施和处罚,只能通过制定法律来规定,并且全国人大及其常委会不得授权国务院就这类限制公民人身自由的强制措施和处罚在没有正式法律的情况下先行制定行政法规。《城市流浪乞讨人员收容遣送办法》与《中华人民共和国宪法》《中华人民共和国立法法》相抵触,应当废止。

二、法的实施

(一) 守法

守法,是指公民、社会组织和国家机关以法律为自己的行为准则,依照法律行使权利、权力,履行义务的活动。守法是实现法的功能的基本途径,是广大人民群众实现自身利益的必然要求,是建设社会主义法治国家的必要条件。

守法具有三个方面的要素:

(1) 守法的主体。守法的主体是指行使权利和履行义务的人。在我国,所有人都是守法主体,一切国家机关和武装力量、各政党和各社会团体、各企业事业组织和全体公民都必须恪守法律的规定,依法行使权利和履行义务,严格依法行使职权。

(2) 守法的内容。守法的内容包括积极行使权利,认真履行义务。行使权利是指人们通过自己做出或不做出一定行为或者要求他人做出或不做出一定行为来保证自己的合法权利得以实现。履行义务是指人们依法做出或不做出一定的行为,以保障权利人的合法权利。

(3) 守法的范围。守法的范围包括一切法。在我国守法的范围主要是各种制定法,包括宪法、法律、行政法规、部门规章、地方性法规、自治条例和单行条例、地方政府规章、特别行政区法、我国缔结或参加的国际条约等。

(二) 执法

广义的执法,是指所有国家机关和经授权、委托的组织依照法定职权和程序实施法律的活动。狭义的执法是指国家行政机关和经授权、委托的组织依法行使管理职权、履行职责、实施法律的活动。

执法具有下列特点:第一,法的执行是以国家的名义对社会进行全面管理,具有国家权威性;第二,法的执行的主体,是国家行政机关和经授权、委托的组织;第三,法的执行具有国家强制性;第四,法的执行具有主动性和单方性。

执法过程中应遵循一系列的原则。首先是依法行政原则,即执法主体执法活动要以法律为依据,符合法律的要求。其次是行政合理原则,执法主体在执行法律过程中,特别在行使自由裁量权进行行政管理时,应当做到适当、公正、合理。再次是信赖保护原则,行政行为一经作出,如无法定事由和未经法定程序,不得随意撤销、废止或改变。行政行为作出后,如事后发现有较严重的违法情形或可能给国家、社会公共利益造成重大损失,必须撤销或改变此种行为时,行政机关对因撤销或改变此种行为而给无过错的行政管理相对人造成的损失应给予补偿。最后是讲究效能原则,执法主体应当在依法行政和合理行政的前提下,讲究效率,主动有效地行使其权能。

(三) 司法

司法,即法的适用,通常是指国家司法机关根据法定职权和法定程序,具体应用法律处理案件的专门活动。

司法具有以下特点:第一,权力的专属性。法律适用是司法机关以国家的名义行使司法权的活动。这项权力只能由国家司法机关及其司法人员依法行使,其他任何国家机关、社会组织和个人都不能行使此项权力。因此,司法权是一种专有权,具有专属性和排他性。根据我国宪法规定,审判权专属于人民法院,检察权专属于人民检察院。第二,严格的程序性。法律适用是司法机关严格按照法定程序所进行的专门活动。因此,程序性是司法最重要、最显著的特点之一。第三,启动的被动性。审判权的行使不是主动介入当事人之间的纠纷,它实行的是事后救济原则。第四,运作的中立性。审判权的运作过程实质上是以法律为标准对争议双方的是非曲直进行判断的过程。要确保司法公正,就必然要求审判权在运作时不偏向争诉中的任何一方,并以中立的立场平等地对待双方当事人的权利请求和抗辩主张。法官不应因其他因素影响这种中立性。第五,裁判的权威性。公众对司法的信任来源于裁判的公正性。公正的裁判树立了裁判的权威性。第六,裁判的终局性。司法是社会正义的最后一道防线。一个有效司法制度的重要因素是其判决的终局性。

在法的适用过程中,应遵循一定的原则:

1. 司法为民原则

司法为民是社会主义法治的本质要求,是中国共产党以人为本、执政在民的执政理念对法律适用的必然要求,是"一切权力属于人民"的宪法原则在司法工作中的具体体现,是司法公正始终保持正确政治方向的重要保证。

2. 公民在法律面前一律平等原则

法律对于全体公民,不分民族、种族、性别、职业、社会出身、宗教信仰、财产状况、居住期限,都是统一适用的,所有公民依法享有同等的权利并承担同等的义务。任何权利受到侵犯的公民一律平等地受到法律保护,法律不能歧视任何公民。对任何公民的违法犯罪行为,都必须同样地依法追究法律责任,依法给予相应的法律制裁,不允许有任何不受法律约束或凌驾于法律之上的特殊公民,任何超出法律之外的特殊待遇都是违法的。

3. 以事实为根据,以法律为准绳原则

以事实为根据,就是指司法机关审理一切案件,都只能以与案件有关的客观事实作为根据。以法律为准绳,是指要严格按照法律规定办事,切实做到公正司法。

4. 依法独立行使职权原则

人民法院、人民检察院分别依照法律规定独立行使审判权、检察权,不受行政机关、社会团体和个人的干涉。依法独立行使职权原则要求司法权的专属性、行使职权的独立性和行使职权的合法性。

5. 司法公正原则

司法公正包括实体公正和程序公正。实体公正要求司法机关在对案件当事人的实体权利、义务进行处理时必须符合法律的规定，尊重客观事实，充分兼顾各方的正当利益，使裁判结果有利于社会发展，与大多数社会成员所公认的正义标准相一致。程序公正要求司法机关及其工作人员保持中立态度，不偏袒任何一方，给予每一方平等的机会行使申辩权利，说明裁判理由等。

案例 1-6

厦门远华特大走私案

1999年4月，中华人民共和国海关总署纪检组和监察局接到一封长达74页的检举信，信中检举揭发了厦门远华走私犯罪集团利用各种手段走私500亿元的大案，而且其中还涉及公安部原副部长李纪周等人的腐败问题。2000年初，中共中央派出"四二○专案调查组"，纪检、监察、海关、公安、检察、法院、金融、税务等部门协同办案，厦门特大走私案及相关的职务犯罪的案情被基本查清。在这期间，共有600多名涉案人员被审查，其中有近300人被追究了刑事责任。根据公布的审判结果，共有14人一审被判处死刑。案件的主角厦门远华集团董事长赖昌星在逃亡12年后，于2011年7月21日被加拿大方面否决其暂缓执行遣返令的申请，并于7月23日被加拿大有关部门遣返回国。2012年5月18日上午在厦门市中级人民法院依法公开宣判。法院认定：赖昌星犯走私普通货物罪，判处无期徒刑，剥夺政治权利终身，并处没收个人全部财产；犯行贿罪，判处有期徒刑15年，并处没收个人财产人民币2 000万元，两罪并罚，决定执行无期徒刑，剥夺政治权利终身，并处没收个人全部财产；赖昌星的违法犯罪所得依法予以追缴。

简要分析： 该案涉案金额之巨，办案时间之长，规模之大，案件涉及面之广，是前所未有的，堪称中华人民共和国第一经济大案。此案中涉及的国家工作人员分布在厦门市委、市政府、公安机关、海关等执法部门，需要引起我们的深思。法的执行过程中应严格遵循行政合法性原则和行政合理性原则，坚决抵制任意执法、滥权执法等违法行为。任何人实施了违法行为都应该承担法律责任。我国有关机关通过12年的不懈努力，使厦门远华案主犯赖昌星接受了法律的审判和制裁，彰显了我国法律的权威性。

(四) 法律监督

广义的法律监督是指由所有国家机关、社会组织和公民对各种法律活动的合法性所进行的监督。狭义的法律监督是指由特定国家机关依照法定权限和法定程序,对立法、司法和执法活动的合法性所进行的监督。当代中国法律监督的实质是以人民民主为基础,以社会主义法治为原则,以权力的合理划分与相互制约为核心,依法对各种行使国家权力的行为和其他法律活动进行监视、察看、约束、控制、检查和督促的法律机制。

根据监督主体和监督权的性质不同,法律监督可以分为国家监督和社会监督。国家监督即国家机关进行的监督,包括国家权力机关、国家行政机关、国家司法机关和国家监察机关的监督。我国宪法和有关法律明确规定了国家监督的权限和范围。这类监督都是依照一定的法定程序,以国家名义进行的,具有国家强制力和法律效力,是我国法律监督体系的核心。社会监督即非国家机关的监督,是指由各政党、各社会组织和公民依照宪法和有关法律,对各种法律活动的合法性所进行的监督。这种监督由于具有广泛性和人民性,在我国法律监督体系中具有重要的意义。社会监督主要包括中国共产党监督、社会组织监督、公民监督、法律职业监督和新闻舆论监督。

第四节 法与其他社会现象的关系

一、法与经济的关系

(一) 经济决定法

恩格斯曾经指出:"在社会发展某个很早的阶段,产生了这样一种需要:把每天重复着的生产、分配和交换产品用一个共同的规则约束起来,借以使个人服从生产和交换的共同条件。这个规则首先表现为习惯,不久便成了法律。"经济决定法表现为:第一,经济决定了法律的产生。法律应该以社会为基础。法律应该是社会共同的、由一定物质生活方式所产生的利益和需要的表现。第二,经济决定了法律的性质和内容。第三,经济决定了法律的发展变化趋势。生产力的发展推动了生产、交换、分配和消费方式的变化,这种变化决定了法律的演变和发展。

(二) 法服务于经济

法对经济基础有反作用。法律对其赖以存在的经济基础提供引导、促进和保障作用,如《法国民法典》对资本主义经济基础的形成和巩固起到促进作用。

法律对与之冲突的旧的经济基础加以改造或摧毁,如新中国成立后,我国颁布了《中华人民共和国土地改革法》,摧毁了在我国历史上延续了几千年的封建土地所有制。

二、法与政治的关系

(一) 法受政治的影响与制约

政治关系的变化与发展对法的变化与发展有重大影响。特别是一个国家制定和修改宪法与基本法律,往往是国内各种政治力量对比关系发生变化的结果。政治体制改革制约法的内容的变化。改革的过程,首先表现为法的立、改、废的过程,改革就是"变法"。政治活动的内容对法的内容也有影响,特别是对公法的影响更为直接与明显。

(二) 法确认和调整政治关系,直接影响与促进政治

在阶级对立社会里,法调整各种社会关系,其中主要是调整统治阶级与被统治阶级的关系、统治阶级内部关系以及统治阶级与其同盟者的关系。法要制裁、打击各种违法犯罪活动,特别是制裁危害国家安全的犯罪活动,往往明显反映政治。法通过调整社会关系,维护公共秩序,在发挥政治职能的同时发挥社会职能。

案例 1-7

斯哥特诉桑夫德案

1857 年斯哥特案的背景是美国在扩张过程中出现的奴隶制存废问题激化所引起的内战危机。斯哥特是密苏里州的一名黑奴,他曾跟其主人在"两个"自由州生活过 4 年,其中一个因位于"密苏里妥协线"以北,根据《密苏里妥协案》,是禁止奴隶的自由领地。根据自由州禁止奴隶制的规定,斯哥特认为自己在自由州居住期间的身份是自由人而非奴隶,又根据州际之间互相尊重的法律原则和密苏里州"一旦自由,永远自由"的州法,斯哥特认为他获得自由身份后即使回到密苏里州,自由人身份也不应该被剥夺。联邦最高法院驳回了斯哥特的主张,坦尼大法官代表联邦最高法院撰写的判书后来被称为引发内战的判决。联邦最高法院判决首先认定,黑人由于是奴隶主的财产,不具有公民资格;随后认定斯哥特从蓄奴州到自由州或自由领地的短暂生活,不能使其自动获得人身自由;最后,也是使南北冲突加剧的最重要的裁定是:根据宪法,国会无权在联邦领地禁

止奴隶制,1820年《密苏里妥协案》是项违宪法案。

简要分析:这个判决是美国联邦最高法院自确立司法审查权后,第二次运用这个权力,它从宪法的高度维护了奴隶制,带来的严重后果是改变了北方自由州已废除奴隶制、南方州已被迫承认一部分领地和新州不得实行奴隶制的现实,将可能通过妥协手段解决新加入州的身份问题推向绝路,南北阵营失去了平衡。这一失策的判决导致了宪政危机,北方各州法院开始公开抵制联邦最高法院的判决,执法部门也不服从联邦命令,北方州不再严格执行逃奴追缉法。司法权威流失和执法部门有法不依的现象,使和平解决奴隶制问题成为不可能。最终林肯总统不得不通过战争的手段废除奴隶制。南北战争结束后,美国国会和各州批准了第13条、第14条宪法修正案,推翻了斯哥特案的裁决,规定:奴隶制不得存在,黑人和受合众国管辖的人具有美国公民的身份。该案反映了政治对法律的主导作用,说明法律的发展进程、法律的实现都无法摆脱政治背景和趋势的影响。

三、法与政策的关系

(一) 政策的概念

政策通常指政党、国家或其他社会组织所采取的行动准则。按政策制定主体,可以将政策分为国家政策和政党政策。按照政策调整层次的高低,可以分为根本政策、基本政策和具体政策。

(二) 法与党的政策的关系

在我国,法与党的政策从根本上来说是一致的,都是社会主义上层建筑的组成部分,都服务于社会主义现代化,都以马列主义、毛泽东思想和中国特色社会主义理论体系为指导思想。但在很多方面又有区别,主要表现在制定机关和程序、表现形式、实施方式、调整范围和稳定性程度等方面。党的政策对立法和法的实施具有指导作用。法律对党的政策具有保障和约束作用,党领导国家活动必须以法律为基本依据和立足点。

四、法与道德的关系

道德是人们关于善和恶、荣誉和耻辱、正义和非正义等问题的观念、原则以及根据这些观念、原则而形成的人们相互行为的某种准则、规范。

（一）法与道德的一般关系

法与道德属于两种不同的社会现象，它们的区别主要表现在产生方式、表现形式、实现方式、调整对象、评价尺度和标准以及权利和义务的特点等方面。法与道德既存在区别，也存在联系。法律与道德都是由一定社会的物质生活条件所决定的，都属于上层建筑的范畴，并为国家治理和经济建设服务。法律与道德在内容和取向上存在差异，但主要方面是相互渗透、相互交织的。法律与道德在实施中相互扶持，在功能上形成互补。

案例1-8

沃尔芬登报告

20世纪40年代以来，英国的同性恋人数激增。但是在传统法律中，同性恋一直为法律所禁止甚至要受到非常严厉的制裁。为了争取自己的合法权利，英国同性恋者成立了组织，并开展了长期的斗争。1954年，英国议会任命了一个特别委员会——"同性恋与卖淫调查委员会"，来调查同性恋与卖淫问题，并就此提出法律改革的立法建议。该委员会于1957年提交报告，建议改革有关同性恋和卖淫的刑法。其主旨是：不应继续把同性恋和卖淫行为作为犯罪惩罚，但是应通过一项法律禁止公开卖淫。报告说："我们认为，刑法的功能是在于维持公共秩序及体面的行为，对公民进行保护，使他们不受到侵犯和伤害，并且提供充分的安全措施以防止剥削和腐化他人，尤其是对于那些因为年轻、身心较弱、没有经验，或者是特别在现实上、身份处境上以及经济上要依赖他人者……成年人之间同意且在私下进行的同性恋行为，不应再被视为犯罪……在私人道德领域，社会与法律应该给予个人选择及行动的自由……法律应当留下一个属于私人道德与不道德的领域，这个领域，简言之，不管法律的事。"最后，沃尔芬登报告中的建议得到立法上的贯彻和体现，同性恋不再被视为犯罪行为。

简要分析：该报告的核心任务是要在道德与法律之间划出界限。它主张法律的职责是调整公共秩序，维护可接受的公共风俗标准，而不是侦察人们的私生活；主张应避免试图通过建立公共法规去建立道德风尚，实际上是反对在卖淫和同性恋问题上进行道德的法律强制。

没有必要将所有的道德义务都上升为法律义务。正如习近平主席所指出的："要把实践中广泛认同、较为成熟、操作性强的道德要求及时上升为法律规范。"

(二) 社会主义法与道德的关系

首先，社会主义社会为法律与道德的有机结合提供了广泛的社会基础，社会主义法与社会主义道德之间可以达到高度统一。其次，社会主义法对社会主义道德具有积极的促进和保障作用。法律通过对社会基本道德原则的确认，使道德义务转化为法律义务，从而为道德的遵守提供法律支持。社会主义法对道德的促进作用，最鲜明地体现为法律对社会主义核心价值体系的促进和保障作用。我国宪法和法律法规明确确认了社会主义核心价值体系，并在法治实践中予以贯彻。最后，社会主义道德为法的制定提供价值引导并促进法的实施。社会主义道德是社会主义法制定的价值引导。社会主义道德对社会关系和人的行为的正义与非正义的衡量标准，是社会主义法正义性和合法性的基础。社会主义道德促进社会主义法的实施。社会主义道德可弥补社会主义法在调整社会关系方面的不足。

五、法与科技的关系

科学技术是人类文明的重要支柱，是推动社会发展的强大杠杆。科学技术是一把双刃剑。一方面，科技的发展对人类产生的重要影响，深刻地改变了我们的环境、生活和自身；另一方面，科技发展也表现出了惊人的破坏力，如核威胁、环境污染、生态破坏等。应当正确处理好法律与科技的关系。

(一) 科学技术对法的作用

科学技术的发展促进了许多法律、法规的产生以及法律体系的发展。许多科学技术成果成为确立法律规范的依据；大量科学技术领域的专业术语、概念被接纳到法律之中，大量的技术规范被赋予了法律效力；当立法涉及专门的科技知识时，必须依靠立法者与专门科技部门和科技专家的通力合作；科技的发展，不仅影响到立法的内容、立法的方式、立法程序与技术，而且影响到立法的工作方式。科技成果为执法、司法和法律监督工作提供新的装备、手段和技能。科技的发展促进了人们法律观念的更新和法律方法的扩展。

(二) 法对科学技术的影响

法律对科技进步起着指引、协调与管理的作用，法律对科技进步起着重要的激励作用，法律对科技进步具有重要的保障作用，法律在控制由科技发展引起的各种社会问题、调整科学技术同其他社会现象的关系以及防治对技术的不当使用所引起的社会危害方面，都具有十分广泛而重要的作用。

案例1-9

基因编辑婴儿事件

2018年11月26日,南方科技大学副教授贺建奎宣布一对名为露露和娜娜的基因编辑婴儿于11月在中国健康诞生,由于这对双胞胎的一个基因(CCR5)经过修改,她们出生后即能天然抵抗艾滋病病毒HIV。2019年1月21日,从广东省"基因编辑婴儿事件"调查组获悉,该事件系南方科技大学副教授贺建奎为追逐个人名利,自筹资金,蓄意逃避监管,私自组织有关人员,实施国家明令禁止的以生殖为目的的人类胚胎基因编辑活动。12月30日,"基因编辑婴儿"案在深圳市南山区人民法院一审公开宣判。贺建奎、张仁礼、覃金洲等3名被告人因共同非法实施以生殖为目的的人类胚胎基因编辑和生殖医疗活动,构成非法行医罪,分别被依法追究刑事责任。

简要分析: 基因编辑婴儿事件中存在严重的科学伦理问题。该事件也反映了科学技术的发展对法律的影响。2003年科技部和卫生部联合印发的《人胚胎干细胞研究伦理指导原则》规定,不得将已用于研究的人囊胚植入人或任何其他动物的生殖系统;原卫生部《人类辅助生殖技术规范》也明确规定,"禁止以生殖为目的对人类配子、合子和胚胎进行基因操作",男女任何一方患有严重的性传播疾病,不得实施体外受精—胚胎移植及其衍生技术。贺建奎等人的行为明显构成了犯罪,应追究其法律责任。

第五节 建设社会主义法治国家

一、依法治国的含义

1978年,党的十一届三中全会提出健全社会主义民主、加强社会主义法制的方针,1997年党的十五大报告中明确提出"依法治国,建设社会主义法治国家"。1999年《中华人民共和国宪法》(简称《宪法》)在第五条中增加了"中华人民共和国实行依法治国,建设社会主义法治国家"。依法治国基本方略得到宪法的确认。

依法治国是党领导人民治理国家的基本方略,依法执政是党治国理政的基本方针。依法治国是坚持和发展中国特色社会主义的本质要求和重要保障,是实现国家治理体系和治理能力现代化的必然要求。我国正处于社会主义初级阶段,全面建成小康社会、实现中华民族伟大复兴的中国梦,全面深化改革、完善和发展中国特色社会主义制度,提高党的执政能力和执政水平,必须全面推进依法治国。实现经济发展、政治清明、文化昌盛、社会公正、生态良好,实现我国和平发展的战略目标,必须更好地发挥法治的引领和规范作用。

案例1-10

呼格吉勒图案

1996年4月9日,内蒙古自治区呼和浩特市一女子被掐死在公厕内,报案者呼格吉勒图在6月10日,也就是案发62天后被执行死刑。2005年10月23日身负多起命案的犯罪嫌疑人赵志红落网,自称他才是呼格吉勒图案的凶手。由此,呼格吉勒图的父母开始了漫漫9年的申诉路。2014年11月20日,呼格吉勒图案进入再审程序,同年12月15日,内蒙古自治区高级人民法院再审判决呼格吉勒图无罪。2014年12月30日,内蒙古自治区高级人民法院依法作出国家赔偿决定,决定支付呼格吉勒图父母国家赔偿金共计2 059 621.40元。2016年2月1日,呼格吉勒图案被追责,27人被处分。

简要分析:当代中国有比较系统的刑事法律规定,在呼格吉勒图案审理时适用的是1979年颁布的《中华人民共和国刑法》和《中华人民共和国刑事诉讼法》。1979年《中华人民共和国刑事诉讼法》第三十五条规定:对一切案件的判处都要重证据,重调查研究,不轻信口供。第三十二条规定:严禁刑讯逼供。1979年《中华人民共和国刑法》第一百三十六条对发生刑讯逼供也有明确的责任追究的规定。但通过该案,我们可以看到,虽然法律有明确规定,但掌握法律执行权的公职人员却存在明显违背法律规定的问题。公安机关的工作人员通过刑讯逼供取证,司法机关在证据虚假和不足的情况下,对刑讯逼供没有及时纠正和处理,反而作出了死刑判决。从该案也可以看出法制与法治的区别。有法制不等于有法治,法治的核心在于保护公民的权利。该案的平反历经9年,也反映了"建设社会主义法治国家"的历程之艰难。当然,呼格吉勒图最终被判无罪,其父母获得国家赔偿,也从另一个侧面说明我国法治建设有了较大的进步。

二、全面依法治国战略

(一)全面依法治国的指导思想

全面依法治国,应以马列主义、毛泽东思想、邓小平理论、"三个代表"重要思想、科学发展观和习近平的新时代中国特色社会主义思想为指导,坚持党的领导、人民当家作主、依法治国有机统一。坚定不移走中国特色社会主义法治道路,坚决维护宪法法律权威,依法维护人民权益,维护社会公平正义,维护国家安全稳定,为实现"两个一百年"奋斗目标、实现中华民族伟大复兴的中国梦提供有力的法治保障。

(二) 全面依法治国的总目标

全面依法治国的总目标是建设中国特色社会主义法治体系,建设社会主义法治国家。依法治国,是坚持和发展中国特色社会主义的本质要求和重要保障,依法治国事关我们党执政兴国,事关人民的幸福安康,事关党和国家的长治久安。依法治国是实现国家治理体系和治理能力现代化的必然要求。总目标包括形成完备的法律规范体系、高效的法治实施体系、严密的法治监督体系、有力的法治保障体系,形成完善的党内法规体系;坚持依法治国、依法执政、依法行政共同推进,坚持法治国家、法治政府、法治社会一体建设,实现科学立法、严格执法、公正司法、全民守法,促进国家治理体系和治理能力现代化。实现这个总目标,必须坚持中国共产党的领导,坚持人民主体地位,坚持法律面前人人平等,坚持依法治国和以德治国相结合,坚持从中国实际出发。

(三) 全面依法治国的基本原则

1. 坚持中国共产党的领导

党的领导是中国特色社会主义最本质的特征,是社会主义法治最根本的保证。把党的领导贯彻到依法治国全过程和各方面,是我国社会主义法治建设的一条基本经验。我国宪法确立了中国共产党的领导地位。坚持党的领导,是社会主义法治的根本要求,是党和国家的根本所在、命脉所在,是全国各族人民的利益所系、幸福所系,是全面依法治国的题中应有之义。党的领导和社会主义法治是一致的,社会主义法治必须坚持党的领导,党的领导必须依靠社会主义法治。只有在党的领导下依法治国、厉行法治,人民当家作主才能充分实现,国家和社会生活法治化才能有序推进。依法执政,既要求党依据宪法法律治国理政,也要求党依据党内法规管党治党。必须坚持党领导立法、保证执法、支持司法、带头守法,把依法治国基本方略同依法执政基本方式统一起来。党的主张通过法定程序成为国家意志,党组织推荐的人选通过法定程序成为国家政权机关的领导人员,通过国家政权机关实施党对国家和社会的领导。不能以党代政。

2. 坚持人民主体地位

坚持法治建设为人民。保证人民在党的领导下,依照法律规定,通过各种途径和形式管理国家事务,管理经济文化事务,管理社会事务。使人民认识到法律既是保障自身权利的有力武器,也是必须遵守的行为规范,增强全社会学法尊法守法用法意识。

3. 坚持法律面前人人平等

任何组织和个人都须在宪法法律范围内活动,不得有超越宪法法律的特权。应维护国家法制统一、尊严和权威,切实保证宪法法律有效实施。

4. 坚持依法治国和以德治国相结合

依法治国与以德治国相辅相成,相互结合,相互促进。社会主义法治的实现必然提高一般公民和国家工作人员的道德水平,反过来,社会道德水平的提高又必然会促进法治的实现。

正如习近平主席指出的:"法律是成文的道德,道德是内心的法律。法律和道德都具有规范社会行为、调节社会关系、维护社会秩序的作用,在国家治理中都有其地位和功能。法安天下,德润人心。法律有效实施有赖于道德支持,道德践行也离不开法律约束。法治和德治不可分离、不可偏废,国家治理需要法律和道德协同发力。"

坚持依法治国和以德治国相结合,强调法治和德治两手抓、两手都要硬。以德治国是走中国特色社会主义法治道路的题中应有之义,依法治国和以德治国相互补充、相互促进、相得益彰,不能将二者割裂开来。习近平强调,要既讲法治又讲德治,重视发挥道德教化作用,把法律和道德的力量、法治和德治的功能紧密结合起来,把自律和他律紧密结合起来,引导全社会积极培育和践行社会主义核心价值观,树立良好道德风尚,防止封建腐朽道德文化沉渣泛起。

5. 坚持从中国实际出发

从我国基本国情出发,总结和运用党领导人民实行法治的成功经验,发展中国特色社会主义法治理论,为依法治国提供理论指导和学理支撑。汲取中华法律文化精华。借鉴国外法治有益经验,但决不照搬外国法治理念和模式。

(四) 全面依法治国的重大任务

1. 完善中国特色社会主义法律体系,加强宪法实施

法律是治国之重器,良法是善治之前提。建设中国特色社会主义法治体系,必须坚持立法先行,发挥立法的引领和推动作用,抓住提高立法质量这个关键。

要把公正、公平、公开原则贯穿立法全过程,完善立法体制机制,坚持立改废释并举,增强法律法规的及时性、系统性、针对性、有效性。

首先,健全宪法实施和监督,要恪守以民为本、立法为民理念,贯彻社会主义核心价值观,使每一项立法都符合宪法精神、反映人民意志、得到人民拥护。坚持依法治国首先要坚持依宪治国,坚持依法执政首先要坚持依宪执政。健全宪法实施和监督制度,完善全国人大及其常委会宪法监督制度,健全宪法解释程序机制。

其次,完善立法体制,加强党对立法工作的领导,完善党对立法工作中重大问题决策的程序,健全有立法权的人大主导立法工作的体制机制,依法赋予设区的市地方立法权。

再次,深入推进科学立法、民主立法。完善立法项目征集和论证制度,健全立法机关主导、社会各方有序参与立法的途径和方式,拓宽公民有序参与立法的途径。

最后,加强重点领域立法。加快完善体现权利公平、机会公平、规则公平的法律制度,保障公民人身权、财产权、基本政治权利等各项权利不受侵犯,保障公民经济、文化、社会等各方面权利得到落实。实现立法和改革决策相衔接,做到重大改革于法有据、立法主动适应改革和经济社会发展需要。

2. 深入推进依法行政,加快建设法治政府

法律的生命力在于实施,法律的权威也在于实施。各级政府必须坚持在党的领导下、在法治轨道上开展工作,加快建设职能科学、权责法定、执法严明、公开公正、廉洁高效、守法诚信的法治政府。

依法全面履行政府职能,推进机构、职能、权限、程序、责任法定化,推行政府权力清单制度。健全依法决策机制,把公众参与、专家论证、风险评估、合法性审查、集体讨论决定确定为重大行政决策法定程序,建立行政机关内部重大决策合法性审查机制,建立重大决策终身责任追究制度及责任倒查机制。深化行政执法体制改革,健全行政执法和刑事司法衔接机制。坚持严格规范公正文明执法,依法惩处各类违法行为,加大关系群众切身利益的重点领域执法力度,建立健全行政裁量权基准制度,全面落实行政执法责任制。强化对行政权力的制约和监督,完善纠错问责机制。全面推进政务公开,坚持以公开为常态、不公开为例外原则,推进决策公开、执行公开、管理公开、服务公开、结果公开。

3. 保证公正司法,提高司法公信力

公正是法治的生命线。司法公正对社会公正具有重要引领作用,司法不公

对社会公正具有致命破坏作用。必须完善司法管理体制和司法权力运行机制，规范司法行为，加强对司法活动的监督，努力让人民群众在每一个司法案件中感受到公平正义。

第一，完善确保依法独立公正行使审判权和检察权的制度。建立领导干部干预司法、插手具体案件的记录、通报和责任追究制度。健全行政机关依法出庭应诉、尊重并执行法院生效裁判的制度。完善惩戒妨碍司法机关依法行使职权、拒不执行生效裁判和决定、藐视法庭权威等违法犯罪行为的法律规定。建立健全司法人员履行法定职责保护机制。

第二，优化司法职权配置。优化司法职权配置，推动实行审判权和执行权相分离的体制改革试点，最高人民法院设立巡回法庭，探索设立跨行政区划的人民法院和人民检察院，建立健全检察机关提起公益诉讼制度。

第三，推进严格司法。推进严格司法，坚持以事实为根据、以法律为准绳，推进以审判为中心的诉讼制度改革，实行办案质量终身负责制和错案责任倒查问责制。

第四，保障人民群众参与司法。保障人民群众参与司法，在司法调解、司法听证、涉诉信访等司法活动中保障人民群众参与，完善人民陪审员制度，构建开放、动态、透明、便民的阳光司法机制。

第五，加强人权司法保障。规范查封、扣押、冻结、处理涉案财物的司法程序，健全错案防止、纠正、责任追究机制，严禁刑讯逼供、体罚虐待，严格实行非法证据排除规则，逐步减少适用死刑罪名，完善对违法犯罪行为的惩治和矫正法律，健全社区矫正制度，健全国家司法救助制度，完善法律援助制度。

第六，加强对司法活动的监督。加强对司法活动的监督，完善检察机关行使监督权的法律制度，加强对刑事诉讼、民事诉讼、行政诉讼的法律监督，完善人民监督员制度，绝不允许法外开恩，绝不允许办关系案、人情案、金钱案。

4. 增强全民法治观念，推进法治社会建设

法律的权威源自人民的内心拥护和真诚信仰。人民权益要靠法律保障，法律权威要靠人民维护。必须弘扬社会主义法治精神，建设社会主义法治文化，增强全社会厉行法治的积极性和主动性，形成守法光荣、违法可耻的社会氛围，使全体人民都成为社会主义法治的忠实崇尚者、自觉遵守者、坚定捍卫者。

推动全社会树立法治意识，推进多层次多领域依法治理，建设完备的法律服务体系，健全依法维权和化解纠纷机制。

(五) 全面依法治国的重要保障

1. 加强法治工作队伍建设

全面推进依法治国,必须大力提高法治工作队伍思想政治素质、业务工作能力、职业道德水准,着力建设一支忠于党、忠于国家、忠于人民、忠于法律的社会主义法治工作队伍。

2. 加强和改进党对全面推进依法治国的领导

党的领导是全面推进依法治国、加快建设社会主义法治国家最根本的保证。必须加强和改进党对法治工作的领导,把党的领导贯彻到全面推进依法治国全过程。

坚持依法执政,加强党内法规制度建设,增强党员干部法治意识和提高其依法办事能力,深入推进依法治军从严治军,依法保障"一国两制"实践和推进祖国统一,推进基层治理法治化,加强涉外法律工作。

引例评析

洞穴奇案是富勒1949年在《哈佛法律评论》上虚构的一个案件,富勒还进一步虚构了最高法院上诉法庭五位大法官对此案的判决。哲学家萨伯对该案借题发挥,将五份判决书扩展到十四份,比较全面生动地展现了西方主要的法理学思想。这个假想的案例也成了西方法学院必读的文本。这十四份"法官意见书"展示了法官不同的法律推理风格,体现了不同"法律概念论"的差异。"法律是什么"这个基本问题是法哲学的永恒主题。对于该案,法官之所以有不同的判决,根本上缘于法官在"法律是什么"这个问题上的认识差异。对于该案,假想案例中的法典存在明确的条文:"任何人故意剥夺了他人的生命都必须判处死刑。"特鲁派尼法官认为,法律是由明确的条文组成的,正义的实现不能损害法典的字义,不能鼓励任何漠视法律的行为,因此应当判决被告有罪。福斯特法官则认为,法律不仅仅存在于表面的字义规定中,还包含在立法精神中,应当根据法律的目的对法律进行解释。所以,违背法律表面规定的行为未必违反法律本身。根据法律的精神,不能认定被告有罪。但是,唐丁法官却不同意福斯特法官的意见,在他看来,法律的目的是混杂的、多元的,运用不同的法律目的对法律条文进行解释,有可能会得出不同的答案。因为法律是一个包含着多重目的、相互矛盾的规则体系,根据法律的目的判案远远不如遵循先例来得实在,所以,"洞穴奇案"是一个没有先例的疑难案件。基恩法官则从法律的产生与运行的角度来认识"法律是什么",在他看来,司法者服从立法者制定的法律,这是已经形成的法治传统,因此,根据立法至上的原则,法官有义务忠实适用法律条文,根据法律的一般含义解释法律,不能参考个人的意愿或正义观念,应当判决被告有罪。汉迪法官则认为法律是一套符合人性的规则,法律不能违背常识和人性,所以民意和常识是判案中必须参考的因素,根据民众的意见,应当判决被告无罪。……法律是主权者的命令,还是经过人们同意达成的社会契约?法律是由平实文义构成的规则,还是体现特定的目的和精神?法律是体现少数立法精英的专业理性,还是应体现多数社会公众的意志和常识?法律是应当体现一命换多命的社会功利,还是应当平等尊重每一个个体的生命价值?这十四份判决书做出了不同的回答,可见,"法律是什么"是任何时代的永恒主题,是任何法律人都必须决断的问题,也是我们每个法科学生学习法律的起点。

思考题

1. 如何理解法是国家强制力保证实施的规范?
2. 如何理解法律原则在法律适用中的作用?
3. 如何理解"法是人类社会基本矛盾运动发展的必然结果"?
4. 如何正确处理科技与法的关系?
5. 如何实现立法的科学化和民主化?
6. 法的适用过程中应遵循哪些原则?
7. 在全面推进依法治国的过程中,为什么要坚持中国共产党的领导?
8. 在全面推进依法治国的过程中,如何正确处理"依法治国"和"以德治国"的关系?

案例分析

公益性赠与案

2008年5月12日,我国四川省汶川县发生大地震。5月21日,章某某以个人名义发起慈善募捐,用于汶川抗震救灾,向国际友人募得善款共计100万元美金。6月,章某某在上海电影节记者会上亲口提及已将善款交由民政部门处理。而在2010年1月,媒体曝出章某某所募善款下落不明,任何慈善机构中均未寻获款项。2010年1月22日,网友开帖质询善款下落。1月28日,章某某针对质询发出声明,声明称:(1)善款的大部分是口头承诺,尚在艰难追款中。(2)已到位的小部分仍留在子怡基金(已于 2009 年 5 月撤销)中,等待立项。至此,从 2008 年 5 月到 2010 年 1 月,漫长的 18 个月中所募集的善款并未以任何形式流入任何慈善机构,或用于任何灾后重建工作。

问题:

根据此案分析法律规则的特征。

简要分析:法律规则具有微观指导性、可操作性强和确定性程度高的特点。在本案中,案件涉及的法律规则是当时的《中华人民共和国合同法》第一百八十六条规定:"赠与人在赠与财产的权利转移之前可以撤销赠与。具有救灾、扶贫等社会公益、道德义务性质的赠与合同或者经过公证的赠与合同,不适用前款规定"。在这条规则中,第一款是针对一般赠与问题所作的统一规定,第二款是针对特殊赠与问题作出的专门规定。应该说,这是一个很典型的法律规则,能够体现法律规则的所有特点:清晰、确定、结构严谨、可操作性强。结合该案件的具体情况可以看出,章某某以个人名义发起慈善募捐活动并筹得善款 100 万美元,用于汶川的抗震救灾,实际上是极具社会公益性的赠与。之后其本人亲口提及已将善款交由民政部门处理,然而媒体曝出章某某所募捐善款下落不明,任何慈善机构均未寻获款项的事实。章某某应履行其具有救灾的社会公益性质的赠与,兑现捐款。

第二章 宪 法

导 读

宪法虽然首先产生于西方,是人类社会治理和国家治理的政治文明,但宪法早已成为人类共有文明。宪法是以权利神圣与平等为基点,宣告公民的权利和授权建立公共权力,确定公共权力的来源、本质、目的、范围、存在形式和运行方式,处理公民权利和公共权力的关系,并通过控制公共权力以达到保障和促进人权的宪法根本目的,从而为社会和国家建立起运行的基本架构与基础,让公民建立起对社会和国家共同体认同的规则意识和归属感,使公民成为合格的现代国民。

引入案例

国王在万人之上,但在上帝和法律之下!

1612年11月10日,以英明神武自命的英王詹姆士一世在国王侍卫们的陪同下沿着泰晤士河散步,不知不觉中来到了王室法院,看着庄严的法庭,我们这位可爱的国王突然起了当一次法官审判几起案件过个瘾的念头,他向闻讯而来迎驾的大法官爱德华·柯克(Edward Coke)提出要用他的法袍和假发,心血来潮想当回法官来审理案件的要求。

柯克大法官面对自己的国王詹姆士一世的要求,他向国王深深鞠了一个躬之后说:很抱歉,陛下,我无法满足您的要求,审案是法官们的事,您虽贵为国王,可您不能当法官。

詹姆士一世涨红了脸,侍卫们也紧握手中的剑。詹姆士一世和侍卫们觉得这个糟老头子也太不识相了,如果连上帝在人间的权力代理人国王也没资格当一名法官,那么谁有资格当法官?这位老先生可能是活腻烦了,想人头落地还是想被关押在伦敦塔上数星星?

詹姆士一世说:"法律以理性为本,朕和其他人与法官一样有理性。难道你怀疑我审判案件的能力?如果上帝赐予我的智慧足以统治整个不列颠王国的话,难道你认为我连几个小案子也审不好?"

柯克仍然恭恭敬敬,不慌不忙地说:是的,陛下,上帝的确赋予您极其丰富的智慧和无与伦比的天赋,这是我国人民的福分。但是,陛下对英格兰的法律并不精通。涉及陛下臣民生命和财产的诉讼并不是依自然理性(natural reason)来决断,而是依人为理性(artificial reason)和法律的判断来决断的。英国的法律作为一门系统的科学,有着几百年的发展历史,有着自己独特的语言系统和价值体系。法律是一门艺术,只有自然理性是无法真正理解并掌握它的,一个人在成为一名合格的法官前,必须经过专门的法律训练和长期的司法实践,才能获得对它的认知。法官要审理的案件动辄涉及臣民的生命财产和自由,一个人在未经过系统训练之前是不宜行使审判权的。对不起,陛下,您不能当法官!

国王詹姆士一世听后大怒,厉声指责大法官柯克公然挑战国王的权威。面对詹姆士一世的"龙颜大怒",大法官爱德华·柯克十分坚定地回答:"国王在万人之上,但在上帝和法律之下!"

问题:
(1) 何为司法和司法权?
(2) 司法权与行政权之间是什么关系?
(3) 为什么绝对的权力必然导致绝对的腐败?
(4) 为什么权力分立是控制权力的重要方式?
(案例分析,请参阅章后"引例评析"部分)

第一节 宪 法 概 述

一、宪法的概念

从近代不成文宪法在英国首先产生,到成文宪法即 1787 年美国联邦宪法和 1791 法国宪法的产生,人类对宪法的理解,主要以形式和实质两种方式来定义。以形式方式定义是指宪法是根本大法、母法;以实质方式定义是从宪法的本体及其内容来定义。本书以形式和实质两种方式相结合的方式来定义宪法。

宪法是由一定公共权力机关或一定区域的居民制定或认可的,调整公民权利、公共权力及其相互关系,并由一定的公共权力强制执行,用以保护公民权利和制约公共权力的契约性文件的总称,从而为社会和国家的治理提供制度架构和规则认同。宪法具体含义是:

(1) 契约性文件的总称。这反映了宪法的本体性、宪法的来源和公民的主体性,因而宪法具有双重授权。

(2) 保护公民权利和制约公共权力。这体现了宪法的基本(根本)精神的要求,是区别真宪法和伪(假)宪法的标志。

(3) 调整公民权利、公共权力及其相互关系。这表明宪法是基本法、根本法,是构成一国制度的架构和基础。

(4) 由一定公共权力机关或一定区域的居民制定或认可的。这表明宪法非中央(联邦)专有和垄断,也体现了作为主体性的公民有权制定宪法,宪法是公民行使社员权和制宪权的结果,而公民行使制宪权有直接行使和间接行使两种方式。

(5) 由一定的公共权力强制执行。宪法是法的一种,具有法的所有特征,以区分政党、社会组织的政策、口号和章程。

(6) 宪法的功能是为社会和国家治理提供制度架构和规则认同。

二、宪法特征

(一) 内容上的根本性

内容上,宪法规定一国最根本的制度和最重大的问题。宪法作为一个国家的根本法,它确立了一个国家的根本制度,主要涉及公民基本权利、主权、政体、国家结构形式(主要指采取联邦制还是单一制,如何处理中央与地方的关系等)、国家权力与公民权利之间的关系、宪法与法律之间的关系、宪法实施的保障机制等。

(二) 法律效力上的最高性

法律效力上,宪法具有最高的法律效力。它是母法,是最高行为准则。它的最高法律效力表现为任何一般法律必须基于宪法而产生,一般法律的内容应当符合宪法的要求。当一般法律产生的程序不符合宪法的要求或者前者在内容上与后者的规定相抵触甚至背离时,为了维护宪法作为根本法的权威性,应当宣布有瑕疵的法律因违宪而无效。

(三) 创制程序上的严格性

创制程序上,宪法具有更严格的制定和修改程序。从制定宪法的过程来看,宪法制定者应当是作为国家主权所有者的人民,宪法制定权只能由人民享有。人民制定宪法的方式通常表现为一部新宪法的制定必须由一个国家所有符合条件的公民参与讨论,提出立宪建议,然后通过特殊的程序予以通过。这种特殊程序一般要求由制宪机关或者国家立法机关成员的 2/3 以上或者 3/4 以上多数表决通过,才能颁布施行。在有的国家中,新宪法公布后必须经过全民公决才能生效。而一般的法律则只需立法机关成员的过半数通过即可。从修改宪法、解释宪法的过程来看,虽然许多国家通过宪法的规定授予某些特定的国家机关或者其他的特定主体享有修改宪法或者解释宪法的权力,但是根据宪法授权行使修改宪法或者解释宪法权力的国家机关或者特定主体,必须依照宪法所规定的严格程序进行。

(四) 监督机制上的广泛性

监督机制上,作为宪法制定者的广大公民享有广泛的监督实施权,并且大多明确授予由国家最高权力机关或者专门的国家机关监督实施宪法。在宪法实施的实践中,为了保障宪法监督的权威性和有效性,只有宪法明确授予宪法监督权的国家机关或者特定主体才有权监督宪法的实施,其他的非授权主体只能在履行自身职责的过程中负有保障宪法实施的义务,而不能代替宪法制定者行使监督宪法实施的权力。

三、宪法的本质

(一) 宪法是民主制度化、法律化的基本形式

民主制度体现了国家的权力来源于人民,在人民主权原则下,需要制定宪法、实施宪法,以保证人民主权的实现,保障人权的实现。因此,不同性质的宪法是不同性质的民主事实的制度化、法律化。我国《宪法》第二条规定:中华人民共和国的一切权力属于人民。通过人民民主的事实、创制各种民主制度来保证人民当家作主的实现。

(二) 宪法是各种政治力量对比的集中体现

宪法是各种政治力量对比的集中体现,主要表现在以下三个方面:

1. 宪法是阶级斗争的产物。宪法是在由阶级斗争中取得胜利并掌握国家政权的阶级制定的,是对阶级斗争的总结和确认。

2. 宪法规定社会各阶级在国家中的地位及其相互关系。宪法的首要任务就是使统治阶级的统治地位合法化和统治关系合法化,以得到法律的保障。同时为了维护和巩固自己的统治,又必须对体现其根本意志和根本利益的基本路线、基本方针、基本政策作出明确规定,需要组织建立符合自己经济利益和政治利益的政权组织形式。

3. 宪法随着阶级力量对比关系的变化而变化。这种变化主要表现为两种形式:(1)当阶级力量对比关系发生根本性的变化,即统治关系发生根本转变时,宪法的阶级性质就会发生转变;(2)在阶级力量对比总体框架未变而具体的力量对比关系存在量的差异时,宪法的具体内容也有所不同。

四、宪法的历史发展

(一) 古代宪法的萌芽时期

人类最早的宪法萌芽于古希腊城邦。古希腊产生了城邦宪政制度,其具有以下特点:

1. 制定了一些宪法性的文件;
2. 出现初步的分权与制衡;
3. 实行直接民主;
4. 监督制度完善发达。

(二) 人类最早宪法萌芽的继续:古罗马宪政制度

1. 制定了一系列宪法性的文件;
2. 确立了人权、人民主权的宪政原则;
3. 开创了人类限权与控权的制约、制衡政治制度。

(三) 中世纪欧洲宪政制度的延续:在威尼斯共和国的延续

公元476年,日耳曼人攻破罗马城,罗马帝国灭亡,因而古罗马宪政制度也遭到了严重的破坏。值得庆幸的是,古罗马宪政制度在威尼斯城市共和国得以延续。威尼斯这个海上城市,依靠海洋贸易生存与发展,商品经济发达。因日耳曼习惯法难以调整和维护威尼斯共和国的商品经济发展的需要,威尼斯就需要大量适用罗马法,从而保留了罗马法,这样就使古罗马宪政制度在威尼斯城市共和国得以延续。

(四) 近现代宪法产生的条件

作为根本法的近现代宪法,是社会发展到资本主义阶段的必然产物,伴随着资产阶级革命的胜利并取得政权而出现。因而,宪法产生的条件与近代资本主义社会的经济、政治和思想文化密不可分。

1. 经济条件：发达的商品经济。随着欧洲中世纪的商品经济的发展，封建主义的生产方式逐渐地被资本主义的生产方式取代，它要求人们成为地位平等的具有独立人格的、自由的权利主体，要求建立自由平等的竞争机制，反对等级特权，于是形成宪制、组织政府，要求限制权力专横与保障公民权利。因此资产主义生产关系的产生和发展是资产阶级宪法产生的经济基础。

2. 政治条件：发达的民主政治。资产阶级革命的胜利及以普选制、议会制为核心的资产阶级国家政权的建立为宪法的产生准备了政治条件。

3. 思想文化条件：民主的大众的科学的文化。从人文主义发展到启蒙思想运动，资产阶级思想家提出的民主、自由、平等、人权、法治、分权制衡等宪政理念是近现代宪法产生的思想文化条件；其中天赋人权和人民主权的思想对宪法的产生影响最大。

4. 法律条件：各部门法分离独立。随着中世纪欧洲的城市法、商法的兴起和罗马法的复兴，诸法合体的形式外壳被打破，各部门法分离独立的倾向为宪法的产生奠定了法律条件。

（五）现代宪法的发展趋势

1. 公民权利扩大。

2. 人权问题得到强调。

3. 宪法对经济和文化方面的规定越来越多，因而在宪法中形成了基本经济制度和文化制度。

4. 国家权力的强化：国家的应激性和能动性。

（1）议会作用相对削弱，民主形式有了新的发展；

（2）委托行政立法，即行政机关有制定与法律效力相等的行政法规的权力；

（3）国家元首或政府遇到非常紧急需要，享有发布或停止执行宪法条款的命令权；

（4）国家权力向中央集中，无论是集权制国家还是地方自治国家或联邦国家都是如此。

5. 宪法保障加强。

6. 宪法与国际法相结合的趋势明显。

7. 宪法在形式上有了新的发展趋势。

（1）宪法渊源的多样化；

（2）宪法修改较为频繁，修改程序有所简化。

五、宪法的基本原则

(一) 宪法基本原则的概念

宪法的基本原则是对宪法根本精神的体现、展开和落实,是人们在制定和实施宪法过程中必须遵循的最基本准则,是贯穿于立宪和行宪始终的元规则。具体而言:

1. 宪法的基本原则不仅是指立宪主体在立宪过程中所应遵循的根本标准,而且是指一国之中的一切政党、社会团体、组织与公民在行宪过程中都应当尊崇的准则。其中,尤为重要的是,立宪者在立宪之后首先要模范遵守该宪法所确立的根本的法则与标准。

2. 宪法的基本原则是宪法本质特征的集中表现。

3. 法律的基本原则是分层级的,宪法的基本原则是最高层级的法律原则,具有最高性。宪法基本原则是宪法所调整的社会关系的最高准则,而宪法的一般原则只是宪法基本原则的具体化,是宪法基本原则与各国国情及具体历史条件相结合的产物。宪法的基本原则是一个统一和谐的体系,寓于宪法一般原则或规范之中又统摄宪法的一般原则或宪法规范。

(二) 宪法基本原则的特点

1. 普遍性。从比较宪法学的角度而言,宪法原则的普遍性既指在全球化的过程中,人们为共享人类的法律文化成果,追求文明的共同进步,必须遵守一些具有普适意义的宪治准则,又指它要贯穿于宪政的全过程,是立宪、行宪和护宪都必须遵循的准则。

2. 特殊性(自享性)。宪法原则必须是宪法本身所特有的原则,而不是其他法律或政治文件的原则,也不能是某一宪法制度或宪政过程的原则。

3. 终极性(最高性)。宪法原则是宪法价值的最高体现,也是宪法权威的本源所在。它是判断一切政治行为和普通法律是否合法的最高依据,更是正义的最高尺度。

4. 抽象性。宪法原则是人们对各种宪政现象和宪政实践的形而上的归纳和抽象,它大多蕴含于宪法规范之中,只有少数宪法原则由宪法规范直接予以确认。

(三) 宪法基本原则的内容

1. 基本人权原则;
2. 人民主权原则;

3. 分权与制衡原则；
4. 民主原则；
5. 法治原则；
6. 正当程序原则；
7. 契约共和原则。

案例 2-1

德皇威廉一世与红磨坊的故事

威廉一世（1797—1888 年），全名威廉·腓特烈·路德维希（Wilhelm Friedrich Ludwig），1871 年 1 月 18 日就任德意志帝国第一任皇帝，因他统一了德国，号称"威廉大帝"，所以在德国街头耸立着此威廉一世骑着战马叱咤风云的塑像。

当年他在距离柏林不远的波茨坦修建了一座行宫。有一次，这位皇帝用伟人们惯有的动作，登高远眺波茨坦市的全景，欲感慨江山如此多娇，他的视线却被紧挨着宫殿的一座磨坊挡住了。如此不合时宜的"违章建筑"，让这位伟大的德皇非常扫兴。但他毕竟还是爱自己的子民的，他想以一种公道的方式来解决，于是他派人前去与磨坊的主人协商，希望能够买下这座磨坊。不料这个红磨坊主觉悟非常低，丝毫不顾全大局，心里只有小家，没有大家，一点不把"市政规划"和"国家形象"放在眼里。他就认一个死理，这座磨坊是从祖上传下来的，不能败在我手里。几次协商，许以高价，晓之以理，动之以情。可这个老汉始终软硬不吃，拒绝把红磨坊卖给德皇。面对这样不识抬举、不可理喻的钉子户，威廉终于龙颜震怒，派警卫员把磨坊给拆了。第二天，红磨坊主居然就在当地一纸诉状把国家元首德皇威廉一世告上了法庭，而地方法院居然也受理了。法院最后居然判决威廉一世败诉，判决皇帝必须"恢复原状"，并赔偿因房子被拆毁所造成的损失。

威廉贵为一国之君，拿到判决书也只好遵照执行，高价赔偿损失并按原样将磨坊复原。历经了多少个统治者，到现在，那个红磨坊成了德国司法独立的象征，代表了一个民族对法律的信念，像纪念碑一样屹立在德国的土地上。

简要分析：法律面前人人平等，国王也要守法，不能任意使用手中的权力来剥夺、侵害公民的权利。公民的权利是神圣不可侵犯的，受到法律的保护，法院作为社会公正的最后防线，要勇敢地限制权力，保护公民的权利。因此，红磨坊成了德国司法独立的象征，代表了德国民族对法律的信仰。

第二节　宪法的基本制度

一、国家性质

国家的性质是指制度所反映的一国在政治、经济和文化方面的基本特征，它反映该国社会制度的根本属性。

国家性质是对客观宪法规范和宪法制度的总结，表现着特定国家政治、经济和文化制度的基本特征，反映着特定国家所实行的社会制度的根本属性。因此，它一般是指国家的根本制度。现代宪政理论认为国家是由人民、主权、土地及政府组成的为全体成员谋求利益的组织，国家的权力属于全体人民。人们之所以建立国家，是为了让国家听人的使唤，为人的需求服务。国家的存在不是限制或剥夺人的权利与自由（生命权、财产权和追求幸福生活权），而是促进和保障人的权利与自由，亦即促进和保障人们追求幸福生活。

根据国家的性质，即社会属性，目前我国宪法学界一般将世界各国宪法划分为三大类：资本主义国家宪法、社会主义国家宪法和民族主义国家宪法。

二、政权组织形式

（一）政权组织形式概念

国家政权组织形式，亦称政体或国家管理形式，是指一个国家采取何种原则和方式去组织政权机关来治理社会、维护社会秩序。它包括政权的构成、组织程序和国家权力的分配情况，以及公民参加管理国家和社会事务的程序和方式。政体反映着政权组织内部结构以及各个组成部分之间的关系，也反映着人民同国家机关之间的关系。

政体本质是处理统治权与治理权的关系，具体来说就是处理国家整体的主权代表（元首）与治理权的三个部分（立法权、司法权、行政权）之间的关系，以及治理权内部的立法权、司法权、行政权三者之间的关系。

（二）政体分类

政体分为君主立宪制、共和制。共和制分为议行分立的总统制、议会制、半总统制、委员会制和议行合一的人民代表大会制。

(三) 我国政权组织形式——人民代表大会制度

1. 人民代表大会制度的概念

人民代表大会制度是指我国的一切权力属于人民；人民在普选的基础上选派代表，按照民主集中制的原则，组成全国人民代表大会和地方各级人民代表大会并集中统一行使国家权力；其他的国家机关由人民代表大会产生，受人民代表大会监督，对人民代表大会负责；人大常委会向本级人民代表大会负责，人民代表大会向人民负责，并最终实现人民当家作主权利的一项根本政治制度。

人民代表大会制度是我国的根本政治制度，是人民民主专政的政权组织形式。

人民代表大会制度的本质是议行合一的体制，即立法权、行政权、司法权和监察权都属于人民代表大会，然后由人民代表大会再委托授权，将自己的武装统帅权、监察权、行政权、部分立法权和司法权授予其他机关，从而产生军事机关、监察机关、行政机关和司法机关，因而军事机关、监察机关、行政机关和司法机关是绝对从属于人民代表大会的，军事机关、监察机关、行政机关和司法机关无权制约人民代表大会。这种议行合一的体制不存在分权与制衡，只存在权力运作上的功能分工，因此不同于西方国家权力的分权与制衡。

2. 全国人民代表大会的职权

(1) 制定和修改基本法律（如刑法、民法等）；

(2) 修改宪法，监督宪法的实施；

(3) 选举、决定和罢免国家机关的工作人员；

(4) 决定国家重大问题，如战争与和平、特别行政区的设立以及经济社会发展计划、预算与执行情况、省级建置等；

(5) 最高的监督权：监督由其产生的其他机关的工作；

(6) 应当由它行使的其他权力，这是一种灵活性的规定，以便及时处理国家生活中出现的新问题。

3. 全国人民代表大会常务委员会的职权

(1) 解释宪法、监督宪法的实施以及行使立法权（基本法律以外的其他法律的制定、部分修改和补充全国人大制定的法律，但不能与基本原则抵触）。

(2) 解决国家生活中的某些问题：计划调整、合约缔结、协定批准、授予荣誉以及宣布戒严、全国总动员、决定战争等。

(3) 决定和任免最高国家机关领导人员。主要针对部委、军委成员以及最高人民法院、最高人民检察院副职以下人员。

(4) 监督权：包括对国务院、中央军委、最高法、最高检及地方权力机关的监督。

(5) 全国人大授予的其他权力。

三、国家结构

(一) 国家结构概念

国家结构即国家结构形式，是指一国所采取的，按照一定原则来划分或确定国家内部区域，体现国家的整体与组成部分之间、中央（联邦）政权与地方政权之间相互关系的一种国家外部总体形式。它所表现的是一种职权划分关系，国家依据这种关系确定行政区域，设立行政单位。

国家结构形式所要解决的问题，就是如何规范国家整体和组成部分、中央和地方之间权限的问题，其本质上、根本上仍是公民权利与公共权力之间的关系问题。至于一个国家采取何种国家结构形式，取决于该国的历史、地理、政治、经济、民族、宗教、文化等多种因素。

(二) 国家结构形式的分类

现代国家的结构形式主要分为两大类：单一制和复合制；复合制分为联邦制和邦联制。

1. 单一制是指由若干不享有独立主权的一般行政区域单位组成的统一主权国家的外部表现形式。

2. 复合制是指某一个国家整体由两个或两个以上的具有某种独立性的成员单位（州、邦、共和国）联合组成的联邦国家或国家联邦的国家结构形式。根据其国家联盟联合的紧密程度，又可分为邦联制和联邦制。

(1) 联邦制。由两个或多个政治实体（州、邦、成员国）组成复合制国家的国家结构形式，如美国、俄罗斯等。

(2) 邦联制。由两个以上的独立国家为某种特定目的而结成的国家联合，如早期的美国邦联。

(三) 我国的国家结构

我国的国家结构是单一制，从中央到地方实行系列的行政区划。

1. 一般的行政区域单位：省、直辖市、市、县、市辖区、乡、民族乡、镇；

2. 民族自治地方：自治区、自治州(盟)、自治县(旗)；

3. 特别行政区：国家在必要时设立特别行政区。

现行宪法规定的行政区划基本上是四级制，即省(自治区、直辖市)、地级市(地区、州、盟)、县(自治县、县级市、旗)、乡(民族乡、镇)。有的省、自治区下设自治州、市，而州、市下属自治县，县或区又设乡、民族乡、镇。

四、经济制度

(一) 经济制度

经济制度是指通过宪法和法律确认、调整的在人类社会发展到一定历史阶段时占主要地位的生产关系以及在此基础上建立的包括但不限于生产关系、分配关系、消费关系等各种经济关系的总和。《宪法》第六条至第十八条对此作了规定，如《宪法》第九条第一款规定：矿藏、水流、森林、山岭、草原、荒地、滩涂等自然资源，都属于国家所有，即全民所有；由法律规定属于集体所有的森林和山岭、草原、荒地、滩涂除外。

(二) 公有制经济

公有制经济，即国家所有制，是指生产资料属于全体人民或者劳动者集体所有的形式。其包括两种公有制经济形式：

1. 全民所有制经济。全民所有制是指生产资料归全体人民所有，人民作为一个整体拥有生产资料，任何个人或一部分人都不能充当所有者和拥有所有权的一种所有制形式。根据我国《宪法》第七条和第十二条的规定，国有经济，即社会主义全民所有制经济，是国民经济中的主导力量。社会主义的公有财产神圣不可侵犯。

2. 劳动群众集体所有制经济。集体所有制是指集体单位内的劳动群众共同占有生产资料的一种所有制形式。在我国，集体所有制主要是指在农村的土地、森林、山岭、草原、荒地、滩涂、自留山、自留地和宅基地的使用权属于劳动群众集体所有的一种所有制形式。

(三) 非公有制经济

在法律规定范围内的个体经济、私营经济等属于非公有制经济，是社会主义市场经济的重要组成部分。国家保护个体经济、私营经济等非公有制经济的合法的权利和利益。国家鼓励、支持和引导非公有制经济的发展，并对非公有制经济依法实行监督和管理。

五、选举制度

(一) 选举制度的概念

选举制度是指公民依照法律的规定选举各级国家代表机关的代表和某些国家公职人员的制度,一般包括选举权和被选举权的资格、选举的基本原则、选举的组织与程序、当选制度、选举诉讼、代表资格的丧失以及选举人与当选人的关系等内容。

(二) 选举制度的基本原则

根据我国宪法和选举法,我国选举制度有如下基本原则,这些原则体现了我国国家政权的本质,反映了我国的社会现实。

1. 选举权的普遍性原则

选举权的普遍性原则是就享有选举权的主体范围而言的,我国宪法规定,除依照法律被剥夺政治权利的人以外,凡年满18周岁的公民,不分民族、种族、性别、职业、家庭出身、宗教信仰、教育程度、财产状况、居住期限,都有选举权与被选举权。

2. 选举权的平等性原则

平等选举即平等选举权,是指凡选民在权利和地位上平等。在我国,每个年满18周岁并享有政治权利的公民都有参加选举的权利;每个选民在每次选举中只有一个投票权;每个选民所投选票的效力是等同的;实行城乡按相同人口比例选举人大代表。

3. 直接选举与间接选举并用的原则

直接选举是指由选民直接投票选出国家代议机关代表。

间接选举是指不是由选民直接投票选出,而是由下一级国家代议机关选举。我国选举法规定县、乡人大代表,由选民直接选举产生。全国人大代表、省市级的人大代表,由下一级人民代表大会选举产生。县级人民代表大会选举市人大代表,市人大选举省人大代表,省人大选举全国人民代表大会的代表。

4. 无记名投票原则

无记名投票也称秘密投票,是指选民不署自己的姓名,各级人民代表大会代表的选举一律采用无记名投票的方法。

5. 差额选举的原则

差额选举是指在选举中候选人的人数多于应选代表名额。差额选举有利于选民根据自己的自由意志选择满意的候选人。

6. 选举权利保障原则

为了保障选举的顺利进行,我国选举法第7条规定,全国人民代表大会和地方各级人民代表大会的选举经费,列入财政预算,由国库开支。这一规定从物质上保障了选民根据自己的意愿投票。

(三) 选举的民主程序

1. 直接选举程序

(1) 选举组织机构

县级和乡级设立选举委员会,主持本级人民代表大会代表的选举。选举委员会的主要职权包括:划分选举选区;进行选民登记,审查选民资格,公布选民名单;了解核实并组织介绍代表候选人的情况;确定和公布正式代表候选人名单;主持投票选举;确定选举结果是否有效,公布当选代表名单。

(2) 划分选区

成立选举委员会以后,就要进行选区划分。县级和乡级的人大代表名额分配到选区,按选区进行选举。选区可以按居住状况划分,也可以按工作单位划分,每一选区选一名至三名代表。

(3) 选民登记

选区确定之后,进行选民登记,选民登记是选举工作的重要环节。精神病患者本身享有选举权和被选举权,只是由于其患病失去了行为能力,丧失了行使政治权利的能力。经选举委员会确认,如确实无法行使选举权的,不列入选民名单。选民名单应在选举日的20天前公布,并发给选民证。

(4) 确定代表候选人

直接选举中的代表候选人由各选区选民和各政党、各人民团体提名推荐。选民10人以上联名,就可以向选举委员会推荐代表候选人。正式代表候选人名单及代表候选人的基本情况应当在选举日的7日前公布。

(5) 组织投票

前面的程序完成之后,组织进行投票。对于患有疾病等原因行动不便,或居住分散并且交通不便的选民,可以在流动票箱投票。

(6) 确定当选

选举结束以后,就进入选举结果的确定程序,选举结果由选举委员会根据选举法确定是否有效,并予以宣布。

2. 间接选举程序

间接选举的程序较为简单,不需要选区划分和选民登记,选举的组织工作也较容易。有关候选人提名、介绍及投票程序与直接选举有关的程序也相似。

代表候选人由选举单位提名,各政党、人民团体推荐,代表10人以上联名也可推荐。主席团汇总,全体代表讨论确定正式候选人。符合差额比例,提交投票。主席团主持投票,过半数当选并宣布。公民不得同时担任两个以上无隶属关系的行政区域人大代表。

六、宪法的实施

(一) 宪法实施的概念

宪法实施是指宪法规范在现实生活中的贯彻落实,即将宪法文字上的、抽象的权利义务关系转化为现实生活中生动的、具体的权利义务关系,并进而将宪法规范所体现的人民意志转化为具体社会关系中的人(自然人和法人)的行为。宪法实施包括宪法适用、宪法遵守和宪法监督。

(二) 宪法实施的原则

1. 最高权威性原则;
2. 民主原则;
3. 合法原则;
4. 程序原则;
5. 稳定原则;
6. 发展原则。

(三) 宪法监督

宪法监督就是指确保宪法实施的各种措施和手段。具体而言,它既包括专门宪法监督机关对国家机关、企业事业单位、社会团体、个人的违宪行为的制裁和对国家机关的权限争议的处理,也包括其他国家机关、社会团体和个人对宪法实施的监督与制约。宪法监督最主要的方式是专门机关的违宪审查和司法审查。

根据我国宪法及法律规定,目前我国现行的宪法监督体制是以国家权力机关为主,事先与事后相统一的权力机关违宪审查模式,同时不排除其他广泛的宪法监督主体。具体表现在:我国"八二宪法"规定,人大及其常委会负责法律法规的合宪性审查;同时,《中华人民共和国行政诉讼法》(简称《行政诉讼法》)、《中华人民共和国国家赔偿法》(简称《国家赔偿法》)也规定,司法机关负责对国家机关及其工作人员公务行为的合宪性、合法性进行审查。

我国现行的宪法监督体制具体为：

1. 宪法自身保障。即在宪法中庄严宣布本宪法是国家的根本法，具有最高的法律效力，违宪者必须予以追究。

2. 人大对宪法的监督。包括人大及其常委会、专门委员会以及地方各级权力机关对宪法的监督。

3. 舆论监督。利用各种宣传舆论工具进行的监督。

4. 党和群众的监督。党的领导是我国宪法得以贯彻的根本保证，同时由于宪法根植于人民群众之中，群众有守宪护宪的职责和义务。

5. 中央到地方的监督体系。全国人大可以改变或撤销全国人大常委会的规范性文件；全国人大常委会改变或撤销国务院和省级权力机关的规范性文件；国务院监督各部委和地方行政机关。

(四) 违宪审查

1. 违宪审查的含义

违宪审查是指有权机关通过法定程序对违宪事件或违宪行为作出裁决，并加以纠正以保证宪法得以贯彻实施。它是宪法监督的重要手段，其目的在于保证宪法实施，维持宪政秩序，维护宪法权威。

2. 违宪审查的主要模式

违宪审查模式根据不同的区分标准有不同的分类，这里主要以审查主体来划分：

（1）司法机关审查模式；

（2）立法机关审查模式；

（3）专门机构审查模式；

（4）复合审查模式。

3. 违宪审查的主要方式

（1）事先审查（预防性审查）

事先审查是指在法律、法规颁布生效前由专门机关审查其合宪性。一旦发现违宪，立即修正，以避免生效后产生不良的后果。法国宪法委员会采用此种方法，我国对各种批报的法规的审查也可视为事先审查。

（2）事后审查

事后审查是指在已经生效的法律、法规执行中或适用过程中，因对它的合宪性产生怀疑而予以审查,或特定的单位和特定的人就有关的法律、法规是否符合宪法提出审查请求时,才予以审查。世界上多数国家采取事后审查方式,上级权力机关撤销下级机关制定的已经生效的法规即可视为事后审查。我国采用事先与事后相结合的方法。

(3) 附带性审查

在司法机关审理具体案件的诉讼过程中,因其提出对所适用的法律、法规是否违宪的问题而对该法律、法规进行审查的,叫附带性审查。它以争讼为前提,而不以争讼为前提的主动审查又叫抽象性审查,所以附带性审查又被称为具体性个案审查。

(4) 宪法控诉(宪法诉讼)

宪法控诉是指公民个人认为某项法律、法律性文件侵犯了宪法所保障的公民基本权利而向宪法法院提出控诉,要求审查该项法律、法律性文件的合宪性。

4. 违宪责任

(1) 违宪责任的概念

违宪责任是指国家机关及其工作人员,组织和公民个人的言行因违反宪法而必须承担一种特殊的法律责任。违宪审查的目的就是追究违宪责任,制止违宪行为,保障宪法实施。违宪责任是违宪审查的逻辑延伸。

(2) 违宪责任的形式

违宪责任的形式是指违宪责任的具体表现形态,包括弹劾、罢免、撤销、宣告无效、拒绝适用、取缔政治组织等。

(五) 司法审查

1. 司法审查的含义

司法审查是指法院通过司法程序来审查和裁决立法机关所制定的法律、法令以及行政机关所采取的法令、行为是否违反宪法、法律的方式来制约权力。一般说的司法审查是指狭义的司法审查,仅指法院通过司法程序对立法机关所制定的法律、法规是否违反宪法进行审查裁决。

2. 司法审查的作用

(1) 监督宪法的实施,维护宪法的权威。法院通过司法程序审查和裁决立法机关所制定的法律和行政机关所采取的法令、行为是否违反宪法,从而监督宪法的实施,维护宪法的权威。

（2）统一法律的适用。法院通过司法程序审查和裁决立法机关、行政机关和自然人、法人的行为，统一法律的适用，建立起稳定的社会秩序。

（3）对立法权的行使起监督和制约作用。法院通过司法程序来审查和裁决立法机关所制定的法律、法令是否违反宪法，从而监督和制约立法权。

（4）对行政权的行使起监督和制约作用。法院通过司法程序来审查和裁决行政机关所采取的法令、行为是否违反宪法，从而监督和制约行政权。

（5）在宪法变迁中起着重要的作用。司法审查中，法官可以根据需要灵活解释宪法，通过司法判例不断赋予宪法以新的内容，从而使宪法能适应不断变化的社会需要，同时又能保持宪法的相对稳定。

案例 2-2

马伯里诉麦迪逊案

马伯里诉麦迪逊案起因是美国第二任总统约翰·亚当斯在其任期（1797—1801年）的最后一天（即1801年3月3日）午夜，突击任命了42位治安法官，但因疏忽和忙乱有17份委任令在国务卿约翰·马歇尔（同时兼任首席大法官）卸任之前没能及时发送出去；继任的总统托马斯·杰斐逊让国务卿詹姆斯·麦迪逊将这17份委任状统统扣发。威廉·马伯里就是被亚当斯总统提名、参议院批准任命为治安法官，而没有得到委任状的17人之一。马伯里等3人在久等委任状不到，并得知是麦迪逊扣发之后，向美国联邦最高法院提起诉讼。审理该案的法官约翰·马歇尔，运用高超的法律技巧和智慧，判决该案中所援引的《1789年司法条例》第13条因违宪而无效，从而解决了此案。

从此，美国确立了普通法院违宪审查制。最高法院确立了有权解释宪法、裁定政府行为和国会立法行为是否违宪的制度，对美国的政治制度产生了重大而深远的影响。

简要分析：马伯里诉麦迪逊案标记着人类司法审查制度的正式确立，人类社会与国家治理进入政治文明，只有有效的司法审查形成，才能真正建立法治，才能树立起宪法权威，才能为社会和国家治理提供有效的制度架构和社会认同。

第三节　公民的基本权利与基本义务

一、公民的基本权利

(一) 公民基本权利的含义

公民的基本权利是指在权利体系中,那些最主要的、为维系人之所以成为人(完整的人)所必不可少的、具有普遍意义的权利。因为它往往被规定在一国宪法中,所以又称"宪法权利"。

(二) 基本权利的基本性质

1. 固有性

人的基本权利是人作为构成社会整体的自律的个人,为确保其自身的生存和发展、维护其作为人的尊严而享有的,并在人类社会历史过程中不断形成和发展的权利。从终极意义来说,这种权利是人本身所固有的。

2. 法定性

公民的基本权利是最主要的、为维系人之所以成为人(完整的人)所必不可少的、具有普遍意义的权利,对每一个公民来说都是非常重要的,所以以宪法形式宣告出来,为宪法所认可和保障。

3. 不受侵犯性

既然基本权利为宪法所确认和保障,那么必然要求这些权利不受侵犯。

4. 普遍性

基本权利的固有性和不受侵犯性必然推导出其普遍性,是作为人所必不可少的,人人都必须享有的权利,否则这个人就不具有成为人的资格与能力。

5. 发展性

因人在历史中生存发展的需要,公民基本权利也会不断发展,使人的存在更加丰富。有些公民的基本权利在历史时代中没有被发现或虽被发现但没有转化为法律的权利,都不可否定其固有性。公民基本权利具有发展性,受人在历史中生存发展需要的制约。

(三) 公民基本权利的作用

1. 用宪法宣告公民的基本权利神圣不可侵犯,是人成为人的最基本资格与条件。

2. 公民的基本权利是对宪法基本人权原则的直接实施和保障。

3. 公民的基本权利是公民通过宪法宣告而保留下来的那部分未授出的权利,这部分权利是公民永远不会授出去的权利。

4. 公民的基本权利是宪法上人民主权原则的来源,表明公共权力来源于人民授权。

5. 公民的基本权利是公共权力的边界与底线,越过公民基本权利这一边界与底线的公共权力是越权的、无效的权力。

(四) 公民基本权利的内容

1. 公民宗教与信仰自由权

(1) 宗教自由权;

(2) 信仰自由权;

(3) 思想自由权;

(4) 学术自由权;

(5) 教育自由权。

2. 公民人身权

(1) 生命与健康权;

(2) 人格尊严不受侵犯权;

(3) 人身自由权;

(4) 平等权;

(5) 迁徙权;

(6) 住宅不受侵犯权;

(7) 通信自由和通信秘密受法律保护权。

3. 公民表达自由权

(1) 言论自由权;

(2) 新闻与出版自由权;

(3) 结社权;

(4) 游行示威与集会自由权;

(5) 选举权与被选举权。

4. 公民社会与经济权

(1) 财产权;

(2) 经济自由权；

(3) 受教育权；

(4) 劳动权；

(5) 休息权；

(6) 生存权；

(7) 环境权。

5. 公民监督权和取得国家赔偿权

(1) 批评建议权；

(2) 控告检举权；

(3) 申诉权；

(4) 取得国家赔偿权。

6. 公民正当程序权

(1) 诉权；

(2) 不得(免于)强迫自证其罪权；

(3) 沉默权；

(4) 要求正当审判权；

(5) 公民知情权；

(6) 公民请求信息公开权。

案例 2-3

乙肝病毒携带者的就业合法权益受法律保护

王某于 2006 年 4 月入职南京某电子公司任工程师。2017 年 9 月，公司安排员工进行年度体检，王某被检出乙肝指标异常，并被公司得知。2017 年 11 月 1 日，公司通知王某脱岗治疗。2017 年 11 月 2 日，王某赴医院检查，被诊断为转氨酶和乙型肝炎病毒 DNA 指标超正常值范围，医嘱平时接触、饮食一般不传染。

2017 年 11 月 29 日，电子公司通知王某继续脱岗治疗，治疗期间支付病假工资，待指标恢复正常后再返岗。之后，王某向南京市卫生和计划生育委员会投诉涉案体检中心在企业员工常规体检中私自开展乙肝二对半检查以及向所在单位反馈乙肝项目检测结果泄露个人隐私等事项。南京市卫生和计划生育委员会书面答复王某，已责令涉案体检中心在非入职体检乙肝项目检测申请及告知程序上加强改进，对其他信访事项告知了维权途径。另查明，电子公司《传染病汇报制度》规定,病毒性肝炎属于乙类传染病,全员实行自检,一旦发生不适症状必须第一时间申报人力资源部,有加班的员工可申请调休,没有加班的可申请病假。后王某申请劳动仲裁,请求裁令电子公司按正常工资标准补发强制休假期间的工资。仲裁委认为电子公司强制王某休病假的依据不充分,但无主观恶意,王某实际已休病假,酌定电子公司按正常薪资标准的90%补发工资。王某与电子公司均不服,起诉至法院。法院认为,电子公司在未经对方同意的情况下单方指令王某离岗,将王某视同甲类传染病而对其采取隔离措施,该待岗行为与王某当时的病情严重程度以及传染程度相比明显不相适应,违反了电子公司应当提供劳动条件的义务,侵犯了王某的劳动权利,该指令行为不具有正当性,王某待岗的性质不属于病假,电子公司应按照双方在正常履行劳动合同过程中确立的工资标准,照常全额支付待岗期间工资。

简要分析:劳动权是公民平等权在劳动就业领域的延伸,劳动就业不受侵犯是宪法规定的公民平等权和劳动权的基本要求。本案中企业对乙肝病毒携带者的就业歧视,违反了宪法所规定的公民平等权和劳动权,这是对王某公民宪法基本权利的侵犯,电子公司应受到法律的制裁。

二、公民的基本义务

(一) 公民基本义务的概念

公民的基本义务即以宪法的形式所确认的国家、社会、他人对公民个人的基本要求。就国家主体而言,公民义务亦即国家权力,是国家主体的权力主张。公民的基本义务体系亦即国家的权力体系在公民权利体系中的张力表现。

(二) 我国宪法规定的公民基本义务的内容

根据我国宪法的规定,公民基本义务体系的内容主要有:

1. 维护祖国统一和民族团结的义务;
2. 遵守法纪和公德的义务;
3. 维护祖国安全、荣誉和利益的义务;
4. 保卫祖国的义务;
5. 依法纳税的义务;
6. 劳动的义务、受教育的义务;
7. 其他义务,如"夫妻双方实行计划生育的义务","父母有抚养教育未成年子女的义务,成年子女有赡养扶助父母的义务"。

第四节 国家机构

一、国家元首

(一) 国家元首的概念

国家元首,是国家在形式上的对内对外最高代表,通常是由宪法规定的一个国家对内对外的最高代表。国家元首是国家机构的重要组成部分,其最基本特征是代表国家。近现代意义上的国家元首,不仅是指特定的个人,而且是指一种国家制度。

(二) 国家元首的职权

各国国家元首享有的职权相差悬殊,有的国家元首享有广泛实权,有的仅为一个虚设机构。一元君主立宪制国家和内阁制共和国的国家元首统而不治,没有实际权力,主要起一种象征作用。二元君主立宪制国家、总统制共和国、半总统制共和国国家元首往往拥有立法、行政、军事等广泛的实际权力。国家元首的职权在各国宪法中大都有规定。从形式上看,各国的元首通常拥有以下程序上的职权:法律的公布权;赦免权;外交权;统率武装力量权;任免权;授予荣誉称号权;礼仪方面的职权。

(三) 我国国家元首:中华人民共和国主席

1. 我国国家主席的性质与地位

我国的国家主席是国家机构的主要组成部分。它与最高国家权力机关结合起来行使国家元首的职权,对外代表国家。根据现行宪法规定,中华人民共和国主席对外代表国家,并根据全国人大及其常委会的决定行使职权。因此,我国国家主席是一个独立的国家机关,是国家元首。

2. 我国国家主席的产生与任期

中华人民共和国主席、副主席由全国人民代表大会选举产生。按照宪法的规定,年满45周岁的、有选举权和被选举权的中国公民,才可以被选为中华人民共和国主席、副主席。中华人民共和国主席、副主席每届任期同全国人民代表大会每届任期相同。

根据《宪法》第八十四条的规定,国家主席缺位时,由副主席继任主席职位。

国家副主席缺位时,由全国人大补选。国家主席、副主席都缺位时,由全国人大补选;在补选前,由全国人大常委会委员长暂时代理主席职位。

3. 我国国家主席的职权

(1) 公布法律和发布命令权;

(2) 提名权与任免权;

(3) 外事权;

(4) 授予荣誉权。

二、立法机关

(一) 立法机关的概念

立法机关是指建立在现代间接民主政治的基础上,通过直接、普遍选举的方式选举代表而组成的议事机关,它是代表人民行使国家决策立法权的机关。

(二) 立法机关的职权

1. 立法权;

2. 监督权,包括质询权、倒阁权和弹劾权;

3. 调查权;

4. 财政权;

5. 人事的选举与任免权;

6. 批准外交条约和公约权。

三、行政机关

(一) 行政机关的概念

国家行政机关,简称政府、内阁,是指依照国家宪法和法律组织起来的、行使国家行政权力、组织管理国家行政事务的机关。行政权的基本特征是执行与管理。

(二) 行政机关的职权

行政机关的职权包括:行政立法权;行政许可权;行政确认权;行政检查权;行政奖励权;行政物质帮助权;行政处罚权;行政强制执行权;行政合同的签订权;行政复议权;行政监督权;行政指导权;行政裁决权;行政调解权;行政仲裁权;行政补偿、赔偿权等。

(三) 我国最高行政机关：国务院

1. 国务院的性质与地位

(1) 性质：即中央人民政府，是最高国家权力机关的执行机关，是最高国家行政机关。

(2) 地位：由全国人大产生，受其监督，并向它负责和报告工作，闭会期间由全国人大常委会行使其监督权，这表明了国务院于最高国家权力机关的从属关系。

2. 国务院的组成与任期

(1) 组成：由总理、副总理若干人、国务委员若干人、各部部长若干人，各委员会主任、审计长、秘书长组成。总理由国家主席提名，全国人大决定，其余人选由总理提名，全国人大或常委会决定，通过后均由国家主席任命。

(2) 任期：5年，总理、副总理、国务委员连任不超过两届。

3. 国务院的职权

《宪法》第八十九条规定的国务院职权共计18项之多，主要职权有：

(1) 根据宪法和法律，规定行政措施，制定行政法规，发布命令和决定；

(2) 提出议案权；

(3) 对所属部委和地方行政机关的监督权；

(4) 领导和管理各项行政工作；

(5) 对行政人员的任免、奖惩权；

(6) 最高权力机关授予的其他职权。

四、司法机关

(一) 司法机关的概念

司法机关是指享有通过对当事人提请其解决的各种纠纷而作出判断和对法律进行释义，最后宣告其对纠纷解决的终局性决定的机关。

(二) 司法机关的职权

司法机关的职权包括：程序规则确定权；法律纠纷受理权；法律的解释权；庭审指挥权；司法制裁权；司法释明权；司法行政权；司法裁决权；司法终局权。

(三) 人民法院

1. 人民法院的性质

人民法院是国家的审判机关，是我国国家机构的重要组成部分。中华人民共和国设立最高人民法院、地方各级人民法院和军事法院等专门人民法院。最高人民法院是最高国家审判机关,地方各级人民法院是国家的审判机关,国家审判权只能由各级人民法院统一行使。

2. 人民法院的组织体系

我国人民法院的组织体系是:最高人民法院、地方各级人民法院和专门人民法院。地方各级人民法院包括高级人民法院、中级人民法院和基层人民法院。专门人民法院包括军事法院、铁路法院、海事法院、森林法院。

根据宪法和人民法院组织法,最高人民法院是最高国家审判机关,最高人民法院监督地方各级人民法院和专门人民法院的审判工作,法院系统内部上下级之间是一种监督关系。

我国人民法院实行四级两审终审制的审级制度。

3. 人民法院的职权

根据《人民法院组织法》的规定,人民法院拥有依法审判刑事案件、民商案件、行政案件和法律规定的其他案件的职权。具体是:

(1) 最高人民法院的职权:审判案件权、制定司法解释和发布指导性案例权、审判监督权和法律规定的其他职权;

(2) 高级人民法院的职权:审判案件权、审判监督权和法律规定的其他职权;

(3) 中级人民法院的职权:审判案件权、审判监督权和法律规定的其他职权;

(4) 基层人民法院的职权:审判案件权、业务指导权和法律规定的其他职权。

我国《宪法》第一百三十一条规定:人民法院依照法律规定独立行使审判权,不受行政机关、社会团体和个人的干涉。

(四) 人民检察机关

1. 人民检察院的性质

人民检察院是国家的法律监督机关,是专门行使国家检察权的机关。人民检察院通过行使检察权,追诉犯罪,维护国家安全和社会秩序,维护个人和组织的合法权益,维护国家利益和社会公共利益,保障法律正确实施,维护社会公平正义,维护国家法制统一、尊严和权威,保障中国特色社会主义建设的顺利进行。

2. 人民检察院的组织体系

我国人民检察院的组织体系是：最高人民检察院、地方各级人民检察院和军事检察院等专门人民检察院。

地方各级人民检察院包括省级人民检察院、设区的市级人民检察院和基层人民检察院。

省级人民检察院，包括省、自治区、直辖市人民检察院；设区的市级人民检察院，包括省、自治区辖市人民检察院，自治州人民检察院，省、自治区、直辖市人民检察院分院；基层人民检察院，包括县、自治县、不设区的市、市辖区人民检察院。

最高人民检察院领导地方各级人民检察院和专门人民检察院的工作，上级人民检察院领导下级人民检察院的工作，检察院系统内部是领导与被领导的关系。

3. 人民检察院的职权

人民检察院作为我国法律监督机关，行使下列职权：

（1）依照法律规定对有关刑事案件行使侦查权；

（2）对刑事案件进行审查，批准或者决定是否逮捕犯罪嫌疑人；

（3）对刑事案件进行审查，决定是否提起公诉，对决定提起公诉的案件支持公诉；

（4）依照法律规定提起公益诉讼；

（5）对诉讼活动实行法律监督；

（6）对判决、裁定等生效法律文书的执行工作实行法律监督；

（7）对监狱、看守所的执法活动实行法律监督；

（8）法律规定的其他职权。

我国《宪法》第一百三十六条规定，人民检察院依照法律规定独立行使检察权，不受行政机关、社会团体和个人的干涉。

五、监察机关

（一）监察委员会的性质与职能

1. 监察委员会的性质

监察委员会是指国家设立的行使对公共权力机关及其工作人员进行监督，依法对其违法行为进行纠正和追究法律责任的特定专门机关。

2. 监察委员会的职能

依据《中华人民共和国监察法》第十一条和《全国人民代表大会常务委员会关于国家监察委员会制定监察法规的决定》的规定,监察委员会的职权有:

(1) 对公职人员开展廉政教育,对其依法履职、秉公用权、廉洁从政从业以及道德操守情况进行监督检查。

(2) 对涉嫌贪污贿赂、滥用职权、玩忽职守、权力寻租、利益输送、徇私舞弊以及浪费国家资财等职务违法和职务犯罪进行调查。

(3) 对违法的公职人员依法作出政务处分决定;对履行职责不力、失职失责的领导人员进行问责;对涉嫌职务犯罪的,将调查结果移送人民检察院依法审查、提起公诉;向监察对象所在单位提出监察建议。

(4) 制定监察法规权。为执行法律的规定需要制定监察法规的事项和为履行领导地方各级监察委员会工作的职责需要制定监察法规的事项,经国家监察委员会全体会议决定,制定监察法规。

我国《宪法》第一百二十七条规定,监察委员会依照法律规定独立行使监察权,不受行政机关、社会团体和个人的干涉。

(二) 监察委员会的组织体系和产生

1. 监察委员会的组织体系

中华人民共和国国家监察委员会是最高监察机关。省、自治区、直辖市、自治州、县、自治县、市、市辖区设立监察委员会。

2. 监察委员会的产生

国家监察委员会主任由全国人民代表大会选举产生,国家监察委员会副主任、委员由国家监察委员会主任提请全国人民代表大会常务委员会任免。

地方各级监察委员会主任由本级人民代表大会选举,地方各级监察委员会副主任、委员由地方各级监察委员会主任提请本级人民代表大会常务委员会任免。

(三) 监察委员会的组成与领导体制

1. 监察委员会的组成

国家监察委员会由主任、副主任若干人、委员若干人组成。

地方各级监察委员会由主任、副主任若干人、委员若干人组成。

2. 监察委员会的领导体制

依据《宪法》第一百二十三条的规定,中华人民共和国各级监察委员会是国家的监察机关。《宪法》第一百二十五条规定,中华人民共和国国家监察委员会是最高监察机关。国家监察委员会领导地方各级监察委员会的工作,上级监察委员会领导下级监察委员会的工作。

引例评析

1. 此事件标志着传统社会向现代社会的转变,而传统社会向现代社会的转变需要公共权力分工、分立和专业化,其中司法分工、分立和专业化是重要标记。

2. 公共权力分工、分立和专业化表明了公共权力从传统的无限、绝对的权力向有限、多中心、相对权力的转变,从而使国家权力能更好地保障和促进人权,这是宪法产生的目的所在。

3. 国王所代表的无限、不受约束的权力与权威,是英国资产阶级革命解决的重心,英国资产阶级革命是此事件的延续,直到1701年《王位继承法》正式确立君主立宪制,君主统而不治,享有治理权的内阁通过选举产生,民主法治正式确立。

4. 司法权的现代化在宪法和法治的形成过程中起着至关重要的作用。

5. 正因为英国普通法优先的传统使司法权逐渐现代化,才使人类近代不成文宪法首先产生于英国。

思考题

1. 宪法的本质和根本精神是什么?
2. 近代不成文宪法为什么首先产生于西方的英国?
3. 如何理解我国人民代表大会制度?
4. 法治的核心本质是什么?
5. 为什么宪法是人类共有的政治文明?
6. 为什么宪法为社会和国家治理提供了制度架构和规则认同?

案例分析

1. 衡阳破坏选举案

2012年12月28日至2013年1月3日,湖南省衡阳市召开第十四届人民代表大会第一次会议,共有527名市人大代表出席会议。在差额选举湖南省人大代表的过程中,发生了严重的以贿赂手段破坏选举的违纪违法案件。经查明共有56名当选的省人大代表存在送钱拉票行为,涉案金额人民币1.1亿余元,有

518名衡阳市人大代表和68名大会工作人员收受钱物,违法地选举省级人大代表。

简要分析: 我国实行人民代表大会制度,人大代表由人民直接或间接选举产生,县、乡的人大代表由选民直接选举,地市级、省级和全国人大的代表分别由县级、地市级、省级的人大代表间接选举产生。间接选举产生是指人大代表接受选民的委托,代表选民选举上一级的人大代表,应依法正确履行职责,不得接受贿赂等违法选举,否则要受到法律制裁。本案最终有200多人被刑事起诉而被判刑。

2. 齐玉苓教育权受侵害案

1990年,原告齐玉苓与被告之一陈晓琪都是山东省滕州市第八中学(简称"滕州八中")的初中学生,都参加了中等专科学校的预选考试。陈晓琪在预选考试中成绩不合格,失去继续参加统一招生考试的资格。而齐玉苓通过预选考试后,又在当年的统一招生考试中取得了超过委培生录取分数线的成绩。山东省济宁商业学校(简称"济宁商校")给齐玉苓发出录取通知书,由滕州八中转交。陈晓琪从滕州八中领取齐玉苓的录取通知书,并在其父亲陈克政的策划下,运用各种手段,以齐玉苓的名义到济宁商校就读直至毕业。毕业后,陈晓琪仍然使用齐玉苓的姓名,在中国银行滕州支行工作。

齐玉苓发现陈晓琪冒其姓名后,向山东省枣庄市中级人民法院提起民事诉讼,被告为陈晓琪、陈克政(陈晓琪的父亲)、济宁商校、滕州八中和山东省滕州市教育委员会。原告诉称:由于各被告共同弄虚作假,促成被告陈晓琪冒用原告的姓名进入济宁商校学习,致使原告的姓名权、受教育权以及其他相关权益被侵犯。请求法院判令被告停止侵害、赔礼道歉,并赔偿原告经济损失16万元,精神损失40万元。

简要分析: 公民的受教育权是我国宪法所规定的公民基本权利,也是公民基本义务。本案陈晓琪在其父亲陈克政的策划下,运用各种手段冒其顶替齐玉苓上学,侵害齐玉苓的姓名权、受教育权,并给齐玉苓的精神造成损害,应该停止侵害,给予被害人齐玉苓精神损害赔偿和赔礼道歉。

相关法律法规

1.《中华人民共和国宪法》,1982年12月4日通过,2018年3月11日第五次修正。

2.《中华人民共和国全国人民代表大会组织法》,1982年12月10日通过,2021年3月11日第一次修正。

3.《中华人民共和国全国人民代表大会和地方各级人民代表大会选举法》,1979年7月1日通过,2015年8月29日第六次修正。

4.《中华人民共和国全国人民代表大会议事规则》,1989年4月4日通过,2021年3月11日第一次修正。

5.《中华人民共和国全国人民代表大会常务委员会议事规则》,1987年11月24日通过,2009年4月24日第一次修正。

6.《中华人民共和国全国人民代表大会和地方各级人民代表大会代表法》,1992年4月3日通过,2015年8月29日第三次修正。

7.《中华人民共和国地方各级人民代表大会和地方各级人民政府组织法》,1979年7月1日通过,2015年8月29日第五次修正。

8.《中华人民共和国各级人民代表大会常务委员会监督法》,2006年8月27日通过)。

9.《中华人民共和国监察法》,2018年3月20日通过。

10.《中华人民共和国立法法》,2000年3月15日通过,2015年3月15日第一次修正。

11.《中华人民共和国民族区域自治法》,1984年5月31日通过,2001年2月28日第一次修正。

12.《中华人民共和国香港特别行政区基本法》,1990年4月4日通过,2021年3月30日第一次修正。

13.《中华人民共和国澳门特别行政区基本法》,1993年3月31日通过,2017年11月4日第三次修正。

第三章 行政法

导读

行政法主要包括行政法概述、行政主体、行政行为、行政程序和行政救济五部分。行政法概述主要从行政法概念、行政法律关系、行政法基本原则讲述行政法的一般原理。行政主体包括行政机关、法律法规规章授权组织及行政职权,讲述行政主体的种类及权力。行政行为介绍行政立法、行政许可、行政处罚、行政强制等四种常见的行政行为。行政程序的基本制度包括:信息公开、职能分离、听证、告知、说明理由制度。行政复议和行政赔偿构成行政救济制度。

引入案例

2020年1月,在我国湖北省武汉市出现新型冠状病毒。由于患者出现肺炎病症,中国媒体普遍将其简称为"新冠肺炎",其具有传染能力强、传播速度快等特点。"新冠"所到之处,人人闻之色变,人们的内心恐惧开始弥漫,正常的生活与工作节奏被严重打乱。面对这突如其来的"新冠"疫情,本着对人民身体健康和生命安全负责的精神,我国政府采取了一系列果断、有效的措施。其中包括公交、地铁、轮渡、长途客运暂停运营,机场、火车站离汉通道关闭,强制隔离,责令文体场所暂停活动、紧急取消人群聚集性活动,责令部分企业暂时停产停业等。这些措施对于控制"新冠"疫情,从而最终取得抗击"新冠肺炎"疫情斗争重大战略成果发挥了重要作用。然而,这些措施显然也和公民的人身自由权、财产权、隐私权等相冲突。

问题:新冠疫情的防控措施是否符合行政法的规定?(案例分析,请参阅章后"引例评析"部分)

第一节 行政法概述

行政法是关于行政的法,这是对行政法最直白的描述。要真正掌握行政法,就必须从阐述和研究行政开始,准确把握行政的含义。

一、行政与行政法

(一) 行政的含义

"行政"一词的英文是 administration,就其字面而言,带有经营、管理及执行的意义,一般理解为"事务的执行"。马克思指出:所有的国家都在行政机关无意地或有意地办事不力这一点上寻找原因,于是它们就把行政措施看作改正国家缺点的手段。根据马克思对行政本质的理解,行政具有以下两个主要特征:第一,行政是国家的组织活动,也即行政的主体是国家,而不是其他任何私人团体和社会组织。只有国家、国家机关才有权进行行政活动。第二,行政是与国家立法、司法等活动相区别的一种组织活动。

综合而言,行政是国家行政机关和法律、法规授权组织依照宪法和法律,运用国家行政权力,为实现国家行政职能对国家和社会事务进行组织和管理的活动。从行政法的意义上讲,行政主要指国家的行政管理或者说以国家行政管理为核心的行为。

(二) 行政法的概念及特征

行政法是国家重要部门法之一,它是调整行政关系的法律规范的总称,或者说是调整国家行政机关在行使其职权过程中发生的各种社会关系的法律规范的总称。

行政法的特征:

(1) 行政法在内容上的特征包括:①调整对象的确定性。②行政法内容的广泛性。③行政法内容的相对易变性。④行政法的实体性规范与程序性规范的交融性。

(2) 行政法在形式上的特征包括:①行政法没有统一的法典。②行政法律规范的形式渊源种类不一、数量繁多。

二、行政法律关系

(一) 行政法律关系的概念及特征

行政法律关系是指为行政法所调整的,具有行政法上权利与义务内容的各种社会关系的总和。简言之,行政法律关系就是受行政法调整的行政关系。

行政法律关系的特征:

(1) 在行政法律关系当事人中,必有一方是行政主体。

(2) 行政法律关系当事人的权利义务是由行政法律规范预先规定的。这是行政法律关系区别于民事法律关系的主要特征。

(3) 行政法律关系中双方当事人地位具有不对等性。行政主体以国家强制力保证其职权的行使,行政主体可以行使强制权,强制相对方履行义务。行政主体可以单方面地设定或变更行政法律关系,而无须征得相对方的同意。

(4) 行政主体实体上的权利义务是重合的,行政主体对社会实施行政管理时体现为权利主体,而相对于国家而言则体现为义务主体。

(5) 行政法律关系所引起的争议,在解决方式及程序上有其特殊性。行政法律关系中产生的争议,可通过与司法程序不同的行政程序来解决;法律规定可由人民法院解决行政争议,也可由行政主体先行裁决。

(二) 行政法律关系的构成要素

1. 行政法律关系主体

行政法律关系主体即行政法律关系当事人,是指参加行政法律关系享有权利、承担义务的当事人。尽管行政法律关系的参加者非常广泛,但根据行政法律关系的性质,可划分为行政主体和行政相对人两个组成部分。

(1) 行政主体

行政主体是能够以自己的名义依法拥有和行使行政职权,并能够对行使行政职权的行为造成的后果承担法律责任的机关和组织,包括国家行政机关和法律、法规、规章授权的企事业单位、社会团体和其他组织等。

(2) 行政相对人

行政相对人是指在行政法律关系中与行政主体相对应,处于被管理和被支配地位的机关、组织或个人。它表明行政管理活动中处于被管理地位的当事人绝不是单纯的被支配对象,而是既享有权利又承担义务的行政法律关系主体。

行政相对人主要包括公民、法人和不具备法人资格的其他组织。公民包括中国人、外国人和无国籍人;法人包括中国法人和外国法人;不具备法人资格的其他组织还包括法人内部的内设部门等。

2. 行政法律关系客体

行政法律关系的客体,是指行政法律关系当事人的权利、义务所指向的对象,包括物、行为和精神财富等。

(1) 物

物是行政法律关系比较常见的客体。作为行政法律关系客体的物,可以是物质形式,也可以是货币形式;可以是消费资料,也可以是生产资料。

(2) 行为

行为作为行政法律关系的客体,包括作为和不作为两种,它可以是行政主体的行为,也可以是行政相对人的行为。

(3) 精神财富

作为行政法律关系客体的精神财富,是指行政法律关系主体从事智力活动所取得的成果,如学术著作、专利、发明等。

(4) 人身

人身指的是人的身份和人的身体。行政行为可以对人的身份和身体发生直接的作用,前者如居民身份证管理,后者如行政拘留。

3. 行政法律关系内容

行政法律关系的内容是指行政法律关系主体即行政主体和行政相对人所享有的权利和所承担的义务的总和。

行政主体的行政职权主要有:行政规范权、行政命令权、行政处罚权、行政处理权、行政执行权、行政司法权等。行政主体的职责主要有:遵守行政法律、法规、规章;履行行政职务;遵守行政权限;遵循法定程序;符合行政目的,行政合理、适当等。

行政相对人在行政法律关系中的权利主要有:陈述权、申辩权、隐私权、行政监督权、行政救济权等。行政相对人所承担的义务主要有:遵守法律、法规和规章,服从行政命令,协助行政管理等。

(三) 行政法律关系的产生、变更与消灭

1. 行政法律关系的产生

行政法律关系的产生,也可称为行政法律关系的形成,除了必须存在行政法律关系的主体和客体以外,还必须具有两个基本的条件:(1)具有相应的行政法

律关系赖以发生的法律根据,即有行政法律规范的存在。(2)具有导致行政法律关系发生的法律事实。行政法律事实,是指由行政法律规范所规定的能够引起行政法律关系发生、变更或消灭的客观存在的现象或事实。行政法律事实,包括法律行为和法律事件。

2. 行政法律关系的变更

行政法律关系的变更是指行政法律关系要素的变更,包括主体变更、客体变更和内容变更。

(1) 行政法律关系主体的变更

行政法律关系主体变更包括主体的合并、分立,从而引起行政法律关系变更。如作为一方当事人的行政机关被合并到另一个行政机关,便属于行政法律关系主体的变更。

(2) 行政法律关系客体的变更

行政法律关系客体的变更,是指行政法律关系当事人权利义务所指向的对象,即物、行为和精神财富发生变更。如行政相对人申请复议,要求撤销违法的行政行为,后又补充要求责令该行政机关赔偿因违法行政行为而造成的损害。

(3) 行政法律关系内容的变更

行政法律关系内容的变更,是指行政法律关系双方当事人的权利义务发生变化。如在税收法律关系中,税率变化导致发生征税数额的变化。

3. 行政法律关系的消灭

行政法律关系的消灭,是指行政法律关系权利义务消灭,主要有两种情况:①一方或双方当事人消灭,从而使原行政法律关系消灭。②行政法律关系的全部内容因被撤销或履行不复存在,从而使行政法律关系消灭。

三、行政法的基本原则

(一) 行政合法性原则

1. 合法性原则的含义

合法性原则是指行政权的存在、行使必须依据法律,符合法律,不得与法律相抵触。行政合法性原则要求行政机关实施行政管理不仅应遵循宪法、法律,还要遵循行政法规、地方性法规、行政规章、自治条例和单行条例等。合法不仅指合乎实体法,也指合乎程序法。

2. 合法性原则的主要内容

(1) 法律保留原则

法律保留原则指行政活动的作出必须取得法律的授权,必须有法律的明文依据,否则不得为之。

(2) 法律优先原则

法律优先原则指行政应当受现行法律的约束,不得采取任何违反法律的措施。

法律优先原则和法律保留原则不同。前者是消极地禁止行政机关违反现行法律,后者是积极地要求行政活动必须有法律依据。在此意义上,法律保留原则的要求比法律优先原则更加严格。但是,法律保留原则不能完全适应现代行政的广泛性、多样性和灵活性等特点。一方面,如上所述,要求行政机关所有的行为依据都由立法机关制定是不现实的,部分行政机关在法律授权的范围内也可制定相应的规范,作为行政行为的依据;另一方面,有些对行政相对人不具有强制性的行政活动,如行政指导、行政调解,并不见得都需要有明确的规范依据,行政机关可视情况需要,裁量决定是否从事此类活动。因此,在现代国家,法律保留原则的适用,主要限于行政机关的行为或活动涉及特定重要事项的情形。相比较之下,法律优先原则可以得到普遍的适用,因为行政机关不得违反现行法律是行政法治的基本要求,与法律相抵触的行政行为,属于无效或者可撤销的行政行为。

(二) 行政合理性原则

1. 合理性原则的含义

行政合理性原则是行政法基本原则的另一个重要组成部分,指行政主体不仅应当按照行政法律规范所规定的条件、种类和幅度范围作出行政行为,而且要求行政行为的内容要符合立法精神和目的,符合公平正义等法律理性。

2. 合理性原则的主要内容

(1) 行政行为的动因应符合立法目的。当行政主体被赋予自由裁量权时,尤其要对立法目的进行特别考虑。凡是有悖于立法目的的行为都是不合理的行为。

(2) 行政行为应建立在正当考虑的基础上,不得考虑不相关因素,平等适用法律规范,不得对相同事实给予不同对待。正当考虑要求行政主体不能以执行法律的名义,将自己的偏见、歧视、恶意等强加给公民或组织,同时要求其在实施行政活动时必须出于公心,不抱成见、偏见,平等地对待所有行政相对人。相同的事实给予相同的对待,不同的事实给予不同的对待。

案例 3-1

肖某诉某县公安局治安处罚案

原告肖某及肖某善、肖某怀与本案第三人肖某胜因土地权属纠纷发生矛盾。2018年5月7日，原告及肖某善、肖某怀将第三人栽种在各方存在争议土地上的10多棵杨树苗拔掉，其中原告拔了2棵(价值不足10元)。当日，第三人向当地派出所报案。后原告将其拔掉的2棵杨树苗栽种在第三人的杏树园中，现存活1棵。在对双方调解不成的情况下，2018年5月27日，某县公安局根据《中华人民共和国治安管理处罚法》规定，对原告及肖某善、肖某怀各行政拘留5日。原告仍不服，向人民法院提起了行政诉讼。

简要分析：按照《中华人民共和国土地管理法》第十六条和《中华人民共和国森林法》第二十二条的规定，在土地或林地权属争议解决以前，任何一方不得改变土地利用现状，不得砍伐有争议的土地上的林木。第三人栽种杨树以后，双方发生争议，原告等人将第三人栽种的杨树拔掉，违反了上述的法律规定，客观上造成了树木无法存活的后果，属于故意损坏他人财物的违法行为。但原告损坏他人财产的数额较小，且原告采取了一定的补救措施，社会危害性较小。故被告对原告处以行政拘留5日的处罚与其社会危害程度相比，处罚偏重，显失公正。

(三) 程序正当原则

1. 公开。向社会公开政府信息，但涉及国家秘密、商业秘密、个人隐私的除外。
2. 公众参与。作出重要决定，尤其是对相对人不利的决定，应当听取其意见。
3. 回避。工作人员与相对人存在利害关系时，应当回避。

(四) 高效便民原则

1. 效率。遵守法定时限，禁止不合理延迟。
2. 便民。不能增加相对人的程序负担。

(五) 诚实守信原则

1. 信息真实。信息全面、准确、真实。
2. 信赖保护。非因法定事由并经法定程序，不得撤销、变更行政决定；撤销→赔偿；废止→补偿。

(六) 权责统一原则

1. 效能。法律授予行政执法权,确保政令有效。
2. 责任。违法或者不当行使职权,应当承担责任。

第二节 行政主体

一、行政主体的概念与特征

行政主体是指依法享有行政权,能够以自己的名义对外行使该项权力并对行为的效果承担法律责任的组织。

行政主体具有以下几方面的特征:第一,行政主体依法享有行政职权。第二,行政主体必须是能够以自己的名义行使行政职权的组织。第三,行政主体必须能够独立承受行政行为的法律效果,并能够对自己的行为负完全的法律责任。

二、行政主体的种类

(一) 行政机关

行政机关是指依法设立,代表国家行使行政管理权,组织和管理行政事务、社会事务的国家机关。

行政机关具有以下几方面的特征:第一,行政机关是国家机关之一,是国家机构的组成部分。第二,行政机关是执掌和行使国家行政权的机关,它有别于立法机关与司法机关。第三,行政机关是具有执行性质的机关,在我国,它是国家权力机关的执行机关。

(二) 法律、法规、规章授权的组织

法律、法规、规章授权的组织是指依法律、法规、规章的授权而取得特定行政职权的行政机关和其他社会组织。

法律、法规、规章授权的组织具有以下几个特征:第一,其职权来源是法律、法规、规章所明确授予的,除法律、法规、规章之外,任何行政机关及其他的行政主体均不具有授权的资格。第二,被授权的组织必须是行政机关以外的其他组织,行政机关系统内部的上级行政机关将本属于自己职权范围内的某些行政事务交由下级行政机关办理不是我们这里所讲的授权。第三,被授权的组织在被

授权范围内以自己的名义自主行使行政职权,而不是以授权人的名义实施行政职权,其行为的法律后果亦归属于该组织。

被授权组织的法律地位主要体现在以下三个方面:第一,被授权组织在行使法律、法规、规章所授职权时,享有与行政机关相同的行政主体地位。第二,被授权组织以自己的名义行使法律、法规、规章所授职权,并就行使所授职权的行为对外承担相应的法律责任。第三,被授权组织在执行其本身的非行政职能时,不享有行政权,也即不具有行政主体的地位。

案例3-2

陈某诉某省教育考试院教育行政处理案

2017年10月27日,陈某参加高等教育自学考试法律文书写作课程的考试。进入考场后,考试刚开始,陈某发现自己手机忘关,即向监考教师主动说明情况,并交出手机。对此,该考点的两位监考教师和考点主任以及考生在《某省自学考试违规情况登记表》中将该事实予以登记,并确认依据《国家教育考试违规处理办法》第五条第(一)项的规定,属考试违规。2017年11月6日,某省教育考试院在网上发布公告,对2017年10月高等教育自学考试中所认定的违规考生(包括陈某)准考证号、违规行为以及相应的处理意见予以公告,明确了考生如对所认定的违规事实存在异议,可在公告之日起向某省教育考试院陈述和申辩,逾期未陈述申辩的,将依法作出正式处理决定。2017年11月25日,某省教育考试院考务处对陈某作出了本次考试各科成绩无效的某教试院〔2017〕处字第×号某省高等教育自学考试违规处理决定。陈某不服,依法提起诉讼。

简要分析:某省教育考试院考务处是某省教育考试院的内设机构,内设机构一般不能以自己的名义对外独立作出涉及公民、法人或者其他组织权利义务的具体行政行为,除非有法律法规的明确授权。《国家教育考试违规处理办法》第二十一条规定,作出考试违规处理决定的主体是教育考试院,而非其内设机构。因此,就涉案的具体行政行为而言,某省教育考试院考务处不具有行政主体资格,无权对原告作出违规处理决定。

三、行政主体的职权

行政权是指行政主体执行法律、管理国家事务和社会事务的权力,是国家政权的一个重要组成部分。

(一) 行政权的特征

1. 行政权的法律性。行政权只能由法律产生,即由法律设定。"权自法出"是法治社会的基本标志。

2. 行政权的执行性。行政权本质上是一种执行权,其执行的内容是国家法律和权力机关的意志。这表明了行政权对国家意志的服从性和执行性。

3. 行政权的强制性。行政权的行使以国家强制力作保障,具有直接支配他方当事人的强制命令力量,也可通过行使行政职权迫使或禁止相对人作出某种行为、实施某些活动。

4. 行政权的不可处分性。行政权的不可处分性是指行使行政权的主体在无法律规定情况下无权自由处分所享有的行政权。

(二) 行政权的内容

1. 行政立法权。行政立法权是指行政机关制定、发布行政法规和行政规章的权力。

2. 行政执法权。行政执法权是指行政主体将法律的一般规定适用于具体的、特定的管理对象并作出具体行政行为的权力。

3. 行政司法权。行政司法权是指行政主体以第三者的身份居间裁决民事及行政争议纠纷的权力。这项权力在我国的主要表现形式有行政裁决、行政复议与行政调解等。

第三节 行 政 行 为

一、行政行为的概念与特征

行政行为是行政法律行为的简称,是行政主体代表国家行使行政职权所作出的能够直接或间接产生行政法上法律效果的行为。行政行为是与民事行为相对应的一种法律行为,是行政权运行的外在表现形式。

行政行为的特征:

(1) 行政行为是执行法律的行为。任何行政行为均需有法律根据,具有从属法律性,没有法律的明确规定或授权,行政主体不得作出任何行政行为。

(2) 行政行为具有一定的裁量性。作出行政行为必须有法律根据的要求,并不意味着行政主体只能按照法律的预先设计亦步亦趋,没有任何主动性。法律不管如何严密,也不可能将所有的细节予以规定,况且法律具有相对稳定性,而行政事务则有较大的变动性,如果不赋予行政行为较大的自由裁量空间,整个社会的行政管理将陷于被动甚至混乱的状态。

(3) 行政行为的单方意志性。行政主体在实施行政行为时,具有单方意志性,不必与行政相对人协商或征得其同意即可依法自主作出。

(4) 行政行为的强制性。行政行为是以国家强制力为保障实施的,带有强制性,行政相对人必须服从并配合行政行为,否则,行政主体将予以制裁或强制执行。强制性与单方意志性是紧密联系在一起的,没有行政行为的强制性,就无法实现行政行为的单方意志性。

二、行政行为的分类

(一) 抽象行政行为与具体行政行为

抽象行政行为是指以不特定的人或事情为管理对象,制定具有普遍约束力的行为规则的行为。其包括行政立法行为,即行政主体制定行政法规和行政规章的行为,也包括行政主体发布行政命令、通知、通告、决议、决定的行为等。抽象行政行为通常具有普遍性。

具体行政行为是指行政管理过程中,针对特定的人或事采取具体措施的行为。其行为的内容和结果将直接影响某一个人或组织的权益,一般包括行政许可、行政强制、行政处罚、行政征收、行政征用等。

案例 3-3

某石材厂不服某市人民政府行政扶优扶强措施案

2001 年 3 月 3 日,福建省某市人民政府下发了 14 号文件《关于 2001 年玄武岩石板材加工企业扶优扶强的意见》(以下简称《意见》),规定对 31 家企业要用倾斜增加供应荒料的办法扶优扶强。在某市政府确定的这 31 家所谓的扶优扶强企业中,就有 26 家达不到扶优扶强的条件。由于玄武岩石板材企业用的原料都是由福建玄武石材有限公司供应,供应数量有限,某市政府在《意见》中逐年提高扶优荒料提留量的做法,迫使某市某石材厂逐年减产。某石材厂认为某市政府的这种做法破坏了公平竞争的社会经济秩序,故向人民法院起诉请求撤销该文件。

简要分析： 一般将行政机关颁发《意见》的行为归于抽象行政行为，排除在行政诉讼范围之外。在本案中，该《意见》明确要求福建玄武石材有限公司向31家石板企业供应石料，将某石材厂排除在扶优扶强的范围之外，间接地使某石材厂的原料供应减少，对其权利产生了直接的实际影响。因此，该《意见》直接针对了特定的行政相对人，某市政府下发《意见》的行为是具体行政行为。

(二) 要式行政行为和不要式行政行为

要式行政行为是指必须根据法定方式进行或者必须具备法定的形式才能产生法律效力的行政行为。如行政处罚决定书必须以书面形式加盖公章。

不要式行政行为是指不需要具备特定形式或特定程序，只需行为人口头意思表示就可以生效的行政行为。一般在紧急情况出现或情况比较简单的条件下实施的行政行为，多是不要式行政行为。如公安机关对醉酒的人采取强制约束的行为。

(三) 羁束行政行为与自由裁量行政行为

羁束行政行为是指法律对行政机关所进行的行政行为作了明确具体的规定，行政机关只能依照法律的明确规定实施的行政行为。如行政机关发放居民身份证的行为，法律对发放的条件和期限已经作了非常明确的规定，行政机关只能按照法律的规定实施。

自由裁量行政行为是指法律对行政机关所进行的行政行为没有作出明确的规定，而只是规定了实施该行政行为的原则、幅度、精神、条件等，行政机关依据这些原则、幅度、精神、条件等而实施的行政行为。

三、抽象行政行为

(一) 行政立法行为

行政立法是指特定的国家行政机关依照法定权限和程序，制定和发布行政法规和行政规章的活动。

1. 一般行政法规的制定

主体	国务院
权限	①执行法律规定的事项；②执行宪法规定的国务院职权事项；③执行全国人大及其常委会授权的事项
立项	①由国务院有关部门报请立项；②由国务院法制机构拟订年度立法工作计划报国务院审批

(续表)

主体	国务院
起草	①由有关部门起草或由国务院法制机构起草、组织起草;②由起草部门主要负责人签字送审
审查	①国务院法制机构负责审查;②直接涉及公民、法人或其他组织切身利益的可以听证,有关行政许可的必须听证;③由法制机构主要负责人提请审议,但调整范围单一、各方面意见一致或法律配套法规可以传批
决定	①国务院常务会议审议,法制机构或起草部门做说明;或直接由国务院审批。②总理签署国务院令公布施行
公布	①标准文本为国务院公报文本;②公布30日后施行,但涉及国家安全、外汇汇率、货币政策确定及公布后不立即施行将有碍法规施行的,可以自公布之日起施行;③公布后30日内由办公厅报请备案
解释	①属条文本身问题的,国务院各部门和省级政府可要求解释,由国务院法制机构拟订解释草案报国务院同意后,由国务院或其授权的有关部门公布;②属具体应用问题的,国务院各部门与省级政府的法制机构可请求解释,由国务院法制机构解释答复;③涉及重大问题的,由国务院法制机构提出意见报国务院同意后答复

2. 授权行政法规的制定

范围	犯罪与刑罚、剥夺公民政治权利、限制人身自由的强制措施与处罚、司法制度属法律绝对保留
义务	严格按照授权目的和范围行使该权力;权力不得转授;立法须报授权规定机关备案
终止	条件成熟时国务院应报请全国人大及其常委会立法,立法后原授权立法及授权终止
识别	授权制定的行政法规一般称"某某暂行条例",而普通行政法规一般称"某某条例"

3. 行政规章的制定

类别	制定机关	报请立项	决定	公布	备案
部门规章	国务院组成部门、直属机构	部门工作机构	部务会议或委员会会议决定	标准文本为本部门或国务院公报	公布后30日内由法制机构报请备案
地方政府规章	省级政府和设区市的人民政府	政府工作部门或其下级政府	政府常务会议或全体会议决定	标准文本为地方政府公报	

（二）制定其他规范性文件的行为

其他抽象行政行为是指国家行政主体制定除行政法规、行政规章之外的具有普遍约束力的其他行政规范性文件的行为。

其他抽象行政行为的效力：其他行政规范性文件的效力低于法律、法规和规章，虽然不属于法的范畴，但它们同样也为人们设定了普遍遵守的行政规则，具有规范性和强制性。根据《中华人民共和国行政复议法》（简称《行政复议法》）的规定，公民、法人或其他组织认为行政机关的具体行政行为所依据的国务院部门的规定、县级以上地方各级人民政府及其工作部门的规定、乡和镇人民政府的规定不合法时，可以一并向行政复议机关提出对该规定的审查申请。

四、具体行政行为

（一）行政许可

行政许可是指在法律的一般禁止的情况下，行政主体根据行政相对人的申请，依照有关法律、法规的规定，通过颁发证明或批准、登记、认可等方式，允许其从事某项活动，行使某项权利，获得某种资格和能力的具体行政行为。

1. 行政许可的原则

（1）行政许可法定原则。行政许可法定包括行政许可的设定权限、实施标准和实施程序，都必须有明确的法的依据。这一原则实际上是行政法上的"职权法定"和"程序公正"这两项基本原则在行政许可中的具体体现。

（2）公开、公平、公正原则。《行政许可法》第五条第二款要求："有关行政许可的规定应当公布；未经公布的，不得作为实施行政许可的依据。行政许可的实施和结果，除涉及国家秘密、商业秘密或者个人隐私的外，应当公开。"

（3）便民原则。实施行政许可应当遵循便民的原则，提高办事效率，提供优质服务。

（4）信赖利益保护原则。信赖保护原则是指行政管理相对人对行政权力的正当合理信赖应当予以保护，行政机关不得擅自改变已生效的行政行为，确需改变行政行为的，对于由此给相对人造成的损失应当给予补偿。

（5）监督与责任原则。行政许可的监督原则包含：一是政府对行政许可机关的监督；二是行政相对人对行政主体所实施的行政许可行为的监督。

2. 行政许可的范围

（1）可以设定许可的范围。①一般许可：从事直接涉及公共利益或个人重大利益的特殊活动。②特许：有限自然资源的开发利用、公共资源的配置或特定行业的市场准入。③认可：特定职业行业资格、资质的确定。④核准：特定设备、设施、产品、物品的检验、检测、检疫。⑤登记：企业或其他组织的设立。

（2）可以不设许可的范围。通过下列方式能够予以规范的，可以不设行政许可：公民、法人或者其他组织能够自主决定的；市场竞争机制能够有效调节的；行业组织或者中介机构能够自律管理的；行政机关采用事后监督等其他行政管理方式能够解决的。

3. 行政许可的设定

（1）全国人大及其常委会的行政许可设定权。全国人大及其常委会可以通过制定法律的形式设定行政许可。

（2）国务院的行政许可设定权。国务院通过制定行政法规的形式来设定行政许可，应当限于"尚未制定法律"的可以设定行政许可的事项。必要时，国务院可以采用发布、决定的方式设定行政许可。

（3）地方人大及其常委会以及地方政府的行政许可设定权。尚未制定法律、行政法规的，地方性法规可以设定行政许可。

尚未制定法律、行政法规和地方性法规的，因行政管理的需要，确需立即实施行政许可的，省、自治区、直辖市人民政府规章可以设定临时性的行政许可。临时性的行政许可实施满一年需要继续实施的，应当提请本级人民代表大会及其常务委员会制定地方性法规。

地方性法规和省、自治区、直辖市人民政府规章，不得设定应当由国家统一确定的公民、法人或者其他组织的资格、资质的行政许可，不得设定企业或者其他组织的设立登记及其前置性行政许可。其设定的行政许可，不得限制其他地区的个人或者企业到本地区从事生产经营和提供服务，不得限制其他地区的商品进入本地区市场。

4. 行政许可的程序

行政许可的程序是指有关许可证的申请、审查、颁发或拒绝、修改更换、复查、中止、废止、撤销、转让的步骤和过程。

（1）行政许可的申请

行政相对人的申请，是行政许可程序的前提条件。行政相对人首先提出申请，并附许可机关要求的其他材料和证明，才能启动行政许可程序。相对人向许可机关提出行政许可申请，必须具备下列几项条件：第一，必须是向有权颁发申请事项许可证的行政机关提出。第二,必须是法律规定经许可方能进行的活动或事项。第三,申请人必须具有申请许可事项的行为能力。第四,必须有明确申请许可的书面意思表示。

(2) 行政许可申请的审核

对行政许可申请的审核,是指许可机关在接到申请人申请后,开始行政许可程序,依照法定权限进行审查核实。一般包括程序性和实质性两个方面。

程序性审核:审查核定申请许可的事项是否符合法定程序和法定形式,是否是向有权机关提出申请的,申请手续是否完备等。

实质性审核:审查核定申请许可的事项是否符合有关的法律规范规定的条件,核定申请人本身是否具备从事该事项的行为能力,并进行相应的实地核对查实。

(3) 颁发许可证明

许可机关经审核,认为符合法定条件的,向申请人颁发许可证;对不符合条件的,应依法拒绝颁发许可证,并允许其具备条件时再次申请。这是行政许可程序的最后阶段。

案例 3-4

某药品生产企业诉某省卫健委案

某省卫健委向全省所有医疗机构下发通知,规定凡是在本省的所有医院,包括公立医院、民营医院和私人诊所销售的药品,必须都已经在本省卫健委办理"登记"手续,对于未办理"登记"手续的药品,各医疗机构不得采购和销售。某药品生产企业将其刚投入试产的新药报到省卫健委备案,省卫健委要求其提交营业执照等资质文件十余种,该药品生产企业依要求提交相关文件后,省卫健委指出其中有两份资质文件不符合要求,故不能办理登记手续,因此该新药也不能在该省的医疗机构销售。该药品生产企业认为省卫健委要求"登记"的行政行为违法,侵犯了企业的自主经营权,属于滥用职权,于是将该省卫健委告上法庭。

简要分析:本案中省卫健委的做法显然不合法。因为根据《中华人民共和国药品管理法》第四十一条的规定,药品生产企业具有合法的营业执照和生产许可证,即合法药品产品企业,其产品经国家食品与药品监督管理部门批准上市后,就可以投入生产并在全国范围内销售。没有任何法律、法规或其他规范性文件对药品的销售再设定其他条件,而省卫健委本身制定的规范性文件,由于其效力层级较低,无权创设新的行政许可,所以本案的省卫健委要求药品生产企业的产品在本省的销售以申请"登记"为前置程序是于法无据的。

(二)行政处罚

行政处罚是指具有行政处罚权的行政主体为维护公共利益和社会秩序,保护公民、法人或其他组织的合法权益,依法对行政相对人违反行政法律规范、尚未构成犯罪的行为所实施的法律制裁。

1. 行政处罚的特征

(1) 行政处罚的主体是具有行政处罚权的行政机关和法律法规规章授权的组织。实施行政处罚的主体主要是行政机关,但又不局限于行政机关。依照行政处罚法的规定,法律法规规章授权的组织在授权范围内也可以实施行政处罚,具有行政处罚的主体资格。

(2) 行政处罚是针对行政相对人违反行政法律规范行为的制裁。行政处罚是对违反行政法律规范的行政相对人的人身自由、财产、名誉或其他权益的限制和剥夺,或者对其科以新的义务,体现了强烈的制裁性或惩戒性。

(3) 行政处罚的目的是有效实施行政管理,维护公共利益和社会秩序。行政处罚是为了有效实施行政管理,保护公民、法人或者其他组织的合法权益,同时也是为了惩戒和教育违法者,使其以后不再触犯法律。

(4) 行政处罚是对违反行政法律规范、尚未构成犯罪的行政相对人的制裁。

2. 行政处罚的种类

行政处罚的种类:

(1) 警告、通报批评;

(2) 罚款、没收违法所得、没收非法财物;

(3) 暂扣许可证件、降低资质等级、吊销许可证件;

(4) 限制开展生产经营活动、责令停产停业、责令关闭、限制从业;

(5) 行政拘留;

(6) 法律、行政法规规定的其他行政处罚。

3. 行政处罚的设定

(1) 法律的设定权

全国人大及其常委会制定的法律有权根据需要设定任何一种行政处罚。鉴于限制人身自由的行政处罚是影响公民权利最重的行政处罚,只能由国家权力机关以法律形式设定。

（2）行政法规的设定权

国务院作为我国最高国家行政机关，可以在行政法规中设定除限制人身自由以外的行政处罚。如果法律对违法行为已经作出行政处罚规定，行政法规需要作出具体规定的，必须在法律规定的给予行政处罚的行为、种类和幅度的范围内规定。

（3）地方性法规的设定权

行使地方性法规设定权的地方人大及其常委会在地方性法规中可以设定除限制人身自由、吊销营业执照以外的行政处罚。在法律、行政法规对违法行为已经作出行政处罚规定，地方性法规需要作出具体规定的，必须在法律、行政法规规定的给予行政处罚的行为、种类和幅度的范围内规定。

（4）部门规章的设定权

国务院部门规章可以在法律、行政法规规定的给予行政处罚的行为、种类和幅度的范围内作出具体规定。对于法律、行政法规尚未就某些违反行政管理秩序的行为作出规定的，国务院部门规章可以设定警告、通报批评或者一定数量罚款的行政处罚。罚款的限额由国务院规定。

（5）地方政府规章的设定权

地方政府规章可以在法律、行政法规规定的给予行政处罚的行为、种类和幅度的范围内作出具体规定。尚未制定法律、行政法规或地方性法规的，对违反行政管理秩序的行为，政府规章可以设定警告、通报批评或者一定数额罚款的行政处罚。罚款的限额由省、自治区、直辖市人民代表大会常务委员会规定。

4. 行政处罚的管辖

（1）级别管辖

级别管辖是指不同层级的行政机关在管辖和处理行政违法行为上的分工和权限。行政违法行为一般应当由违法行为发生地的县级人民政府有行政处罚权的行政机关管辖。县级及其以下的行政机关只是管辖一些程度较轻、影响较小的处罚。而县级以上的行政机关管辖一些特定领域和影响较大的行政处罚。省、自治区、直辖市根据当地实际情况，可以决定将基层管理迫切需要的县级人民政府部门的行政处罚权交由能够有效承接的乡镇人民政府、街道办事处行使，并定期组织评估。决定应当公布。

（2）地域管辖

地域管辖是指在同级行政处罚机关之间处理违法行为的分工和权限。《中华人民共和国行政处罚法》(简称《行政处罚法》)第二十二条规定:"行政处罚由违法行为发生地的行政机关管辖。法律、行政法规、部门规章另有规定的,从其规定。"这一条确定了行政处罚地域管辖的一般原则。所谓"违法行为发生地",包括违法行为的实施地、违法行为的结果地、违法行为的发现地等。除"违法行为发生地"为确定地域管辖的基本原则外,法律、行政法规、部门规章另行规定其他标准的,按照法律、行政法规、部门规章的规定。

(3) 职能管辖

行政处罚的职能管辖是用以确定拥有不同行政职能的行政机关在实施法定的行政处罚时的权限分工。首先,要求实施行政处罚的机关必须是有行政处罚权的机关,无行政处罚权的机关不能实施行政处罚;其次,要求有行政处罚权的机关必须在自己的职权范围内实施行政处罚,对超越自己的管辖范围以外的行政违法行为无行政处罚权,无权管辖。

(4) 移送管辖

移送管辖是指本无行政处罚管辖权的行政主体将已经受理的相对人违法案件依法移送给有管辖权的行政主体管辖的情形。受移送的行政主体认为自己无权受理的,应当报请上级行政机关指定管辖,但不得拒绝接收,也不得再次移送。

5. 行政处罚的程序

(1) 简易程序

行政处罚的简易程序又叫当场处罚程序,是指行政主体对符合法定条件的行政处罚事项,当场作出行政处罚决定的程序。《行政处罚法》第五十一规定:"违法事实确凿并有法定依据,对公民处以二百元以下、对法人或者其他组织处以三千元以下罚款或者警告的行政处罚的,可以当场作出行政处罚决定。法律另有规定的,从其规定。"

(2) 一般程序

行政处罚的一般程序又称普通程序,是行政机关进行行政处罚所遵循的最基本的程序。一般程序适用的具体过程应包括以下几个阶段:

① 立案

立案是指行政机关对具有行政违法行为,认为应当追究法律责任、予以行政处罚的行政相对人,决定进行调查处理的活动。

② 调查取证

调查取证是案件承办人对所要处罚的行政违法行为进行了解、核实和收集证据的过程。它是行政处罚的核心程序,也是立案程序的自然延伸,是裁决程序的基础。

③ 告知当事人

行政机关在作出行政处罚决定之前,应当告知当事人行政处罚决定的事实、理由及依据,并告知当事人依法享有的权利。行政机关在作出责令停产停业、吊销许可证或者执照、较大数额罚款等行政处罚决定之前,还应当告知当事人有要求举行听证的权利。

④ 听取当事人的陈述和申辩或举行听证

行政机关及其执法人员在作出行政处罚决定之前,应当听取当事人的陈述和申辩,除非当事人放弃陈述或者申辩的权利。如果行政机关拒绝听取当事人的陈述和申辩,则行政处罚决定不能成立。

⑤ 作出行政处罚决定

调查终结后分别作出如下决定:第一,确有应受行政处罚的违法行为的,根据情节轻重及具体情况,作出行政处罚决定;第二,违法行为轻微,依法可以不予行政处罚的,不予行政处罚;第三,违法事实不能成立的,不得给予行政处罚;第四,违法行为已构成犯罪的,移送司法机关。对情节复杂或者重大违法行为给予较重的行政处罚,行政机关的负责人应当集体讨论决定。

⑥ 制作行政处罚决定书

行政处罚决定书应当载明下列事项:当事人的情况;违法情况;行政处罚情况及法律依据;履行要求;救济途径及期限。

⑦ 行政处罚决定书的送达

送达是指行政机关依照法律规定的程序,将行政处罚决定书送交当事人的行为。送达在法律上意义重大,法律文书非经送达不能生效。

(3) 听证程序

听证程序是指行政机关为了查明案件事实、公正合理地实施行政处罚,在作出较大数额罚款、没收较大数额违法所得、没收较大价值非法财物,降低资质等级、吊销许可证件,责令停产停业、责令关闭、限制从业,其他较重的行政处罚等行政处罚决定之前,应当事人要求,通过公开举行由有关各方利害关系人参加的听证会,广泛听取意见的方式、方法和制度。

行政机关举行听证必须同时具备以下两个条件:第一,案件在听证适用范围之内;第二,当事人要求听证。行政机关在正式作出上述行政处罚决定之前,应当告知当事人有要求举行听证的权利。如果当事人要求听证,行政机关应当组织听证,组织听证的费用,由行政机关承担。

案例 3-5

毛某诉某交警支队交通管理行政处罚案

2019年5月25日晚11时30分左右,毛某驾驶轿车在东营区服装厂院内掉头时,与停靠在院内甬道边的三辆车剐蹭,造成三车不同程度受损。之后毛某驾驶车辆离开现场。2019年5月26日,某交警支队接到被剐蹭车主报案后,到现场进行了勘验、调查取证,同时通知毛某到交警支队接受处理。毛某于2019年5月27日到交警支队接受处理,并分别对三车主进行了赔偿。2019年5月30日,交警支队作出道路交通事故责任认定,认定毛某负事故全部责任。交警支队在并未告知毛某有要求听证权利的情况之下于2019年6月1日作出公安交通管理行政处罚决定,给予毛某罚款2000元、记12分的行政处罚。毛某认为,交警支队的具体行政行为程序违法,遂向法院提起行政诉讼,请求依法撤销交警支队2019年6月1日作出的对其罚款2000元的具体行政行为。

简要分析:某交警支队的处罚行为存在程序瑕疵,没有履行听证程序,剥夺了相对方听证的程序性权利。依《行政处罚法》之规定,行政机关作出较大数额罚款等行政处罚决定之前,应当告知当事人有要求举行听证的权利,当事人要求听证的,行政机关应当组织听证。交警支队剥夺了毛某的听证权利,违反了《行政处罚法》关于听证程序的规定。

(三) 行政强制

1. 行政强制执行

(1) 行政强制执行的概念

行政强制执行是指公民、法人或其他组织拒不履行行政法上的义务,行政机关或人民法院依法采取强制措施,迫使其履行义务的具体行政行为。

(2) 行政强制执行的种类

① 间接强制执行

间接强制执行是指行政主体通过间接手段,迫使义务人履行其应当履行的法定义务,或者达到与履行义务状态相同的措施。间接强制执行可以分为代执行和执行罚两种。

第一,代执行

代执行是指行政强制执行机关或者第三人代替义务人履行法定义务，并向义务人征收必要费用的强制执行措施。代执行必须具备以下条件：一是必须存在规定相对方作为义务的行政决定，只有在法定义务人负有义务而又不履行义务时，才产生代执行的可能。二是相对方不履行的义务是他人可以代为履行的作为义务，否则不能发生代执行。如违法建筑物的强制拆除等，都是可以代执行的。三是代执行的执行人可以是行政机关自己，也可以是行政机关以外的第三人，即公民或法人等。四是代执行实施之前，一般要以书面的形式对义务人进行告诫。

第二，执行罚

执行罚是指在当事人逾期不履行金钱义务时，行政机关要求当事人承担一定的金钱给付义务，促使其履行义务的执行方式。《中华人民共和国行政强制法》第四十五条第二款规定：加处罚款或者滞纳金的数额不得超出金钱给付义务的数额。

② 直接强制执行

直接强制执行是指义务人拒不履行其应履行的义务时，行政强制执行机关对其人身或财产施以强制力，直接强制义务人履行义务，或通过强制手段达到与义务人履行义务相同状态的一种强制执行措施。直接强制执行可分为人身强制执行与财产强制执行两种。

第一，对财产的行政强制执行

行政强制执行机关在义务人逾期不履行义务时，依照行政强制执行程序和法律的规定，对义务人的财产实施的具体强制执行方式。

强制划拨。如果义务人不履行金钱给付的义务，行政机关可以通知银行从义务人的存款中强行划拨相当数额的金钱。如某单位拒不缴付罚款，有关机关可以从其开户银行中强制划拨。

强制扣缴。如果义务人不肯履行缴纳金钱的义务，有关行政机关可以从义务人的另一笔款项中扣除并代为缴纳。强制扣缴与强制划拨并无本质上的区别，只是形式上不同。后者是指在银行账目上的变动，前者则是指扣除或取出货币。

强行拆除。对于违章建筑在规定期限内不自动拆除的，行政机关可以强行拆除。

另有如拍卖或者依法处理查封、扣押的场所、设施或财物；排除妨碍、恢复原状等都属于对财产的强制执行方式。

第二,对人身的行政强制执行

对人身的行政强制执行方式,是指当义务人不履行法定的人身义务或拒不接受公安机关依法作出的人身处罚时,执行机关依强制执行程序对其采取的强制执行措施。这类强制措施的执行机关主要是公安机关。

强制拘留。根据《中华人民共和国治安管理处罚法》的规定,受拘留处罚的人应当在限定的时间内,到指定的拘留所接受处罚。对抗拒执行的,强制拘留。

遣送出境。根据《中华人民共和国外国人入境出境管理法》的规定,对非法入境、非法居留的外国人,县级以上公安机关可以拘留审查,监视居住或者遣送出境。

2. 行政强制措施

(1) 行政强制措施的概念

行政强制措施是指行政机关在管理的过程中,为了预防或制止正在发生或可能发生的违法行为、危险状态或者不利后果,或者为了保全证据,确保案件查处工作的顺利进行而对行政相对人的人身自由、财产予以实施暂时性控制的一种具体行政行为。

(2) 行政强制措施的种类

行政强制措施是行政机关为了查明情况,或者为了预防,制止或控制违法、危害状态,或者为了保障行政管理工作的顺利进行,根据现实需要,依照职权对有关对象的人身、财产权利进行暂时性限制的强制措施。

根据有关法律、法规的规定,一般性强制措施的具体形式或手段主要有以下几种:

① 强制检查。包括对物的检查、对人体的检查,对人身的搜查,对场所的检查等。

② 查封、扣押、冻结,包括对财产和有关资料的封存。

③ 强制传唤与讯问。如公安机关对无正当理由不接受传唤或逃避传唤的,可以强制传唤其到一定的场所,并进行讯问。

④ 强制留置与盘问。如:人民警察对犯罪嫌疑人的留置与盘问、强行约束;公安机关对那些对本人有危险或对他人有危险的醉酒的人,强行约束到酒醒。

⑤ 强行带离现场。如公安机关对违法集会、游行、示威的人员强行带离现场。

⑥ 强制戒毒。如公安机关将那些吸食、注射毒品成瘾的人员送到戒毒所，对其强制进行药物和心理治疗，并进行法制教育。

⑦ 强制隔离。如公安、卫生、防疫等部门对患有严重传染性疾病的人予以隔离治疗。

第四节 行政程序

行政程序是行政主体实施行政行为所遵循的方式、步骤以及时限和顺序。在现代，行政主体实施行政行为往往离不开行政相对人的参与。行政程序作为规范行政权、体现法治形式合理性的行为过程，是实现行政法治的重要前提，而行政程序发达与否，是衡量一国行政法治实现程度的重要标志。

一、行政程序的基本原则

(一) 公开原则

公开原则是指用以规范行政权的行政程序，除涉及国家机密、商业秘密或者个人隐私外，应当一律向行政相对人和社会公开。在行政程序法中确立程序公开原则，是现代民主政治发展的基本要求。这一原则的法治意义是将行政权运作的基本过程公之于社会，接受社会的监督，防止行政权被滥用。

(二) 公正原则

公正是指行政主体行使行政权应当公正、公平，尤其是公正地行使行政自由裁量权。借助于行政程序的功能，并以程序公正、公平原则作为行政合法性原则的补充，确保行政主体正当地行使行政自由裁量权。

(三) 参与原则

参与原则是指行政主体在作出行政行为的过程中，除法律有特别规定外，应当尽可能为行政相对人提供参与行政行为的各种条件和机会。这一原则的法律价值是使行政相对人在行政程序中成为具有独立人格的主体，而不致成为为行政权随意支配的、附属性的客体。

(四) 效率原则

效率原则是指行政程序中的各种行为方式、步骤、时限、顺序的设置都必须有助于确保基本的行政效率，并在不损害行政相对人合法权益的前提下适当提高行政效率。效率原则不仅要求行为者在空间上遵守一定的顺序,而且要求这种行为实施的每一环节和整个过程必须有一定的时间限制。

二、行政程序的基本制度

(一) 信息公开制度

行政信息是行政主体在行使职权的过程中所形成的各种记录。行政信息公开是行政主体根据职权或者行政相对人的请求,将行政信息向行政相对人或者社会公开展示,并允许查阅、摘抄和复制。

信息公开的方式:①依职权公开。由于内容不同,相应的公开方式亦应有所区别。对于行政法规、行政规章等规范性文件的公开,以在该规范性文件制定主体的政府公报上发布为准。对于行政主体的组织、职权、管辖、办公时间,以及行政主体事实行政处理的条件、标准、程序等,应在办公场所中对外开放的布告栏中公布。有条件的话,还可以通过报纸、广播等新闻媒体向社会公告。②依申请公开。行政相对人、新闻记者和社会公众有权要求行政主体提供其未公布的有关信息,如会议决议、决定、政策文件、听证会记录、行政处罚或行政处分决定等,行政主体应为其提供便利。

(二) 职能分离制度

职能分离是指行政主体的审查案件职能和对案件裁决的职能,分别应由其不同的机构或人员来行使,以确保行政相对人的合法权益不受侵犯。

职能分离制度的内容:① 内部职能分离,是指在同一行政主体内部由不同的机构或人员分别行使案件调查、审查权与裁决权的一种制度。内部的职能分离仅仅是行政机关执行层级的分离,在行政机关决策层级则不发生职能分离的问题。② 职能完全分离,是指将行政案件的调查、审查权与裁决权,分别交给两个相互完全独立的机构来行使的一种制度。

(三) 听证制度

行政听证是行政机关在作出影响行政相对人合法权益的决定之前,由行政机关告知决定理由和听证权利,行政相对人陈述意见、提供证据,以及行政机关听取意见、接纳证据并作出相应决定等程序所构成的一种法律制度。听证制度能够防止偏私,确保行政权力的正确行使。行政机关只有在作出决定之前广泛听取和采纳不同角度的不同意见,才能对行政决定所涉事项有一个全面而正确的认识,据此作出的行政决定才会更加科学、合理。听证制度可以消弭潜在社会争议,疏导、缓和社会矛盾。

(四) 告知制度

告知是行政主体在行政行为过程中应当告诉行政相对人或者利害关系人的事实或者法律方面的情况,以保障他们的知情权。包括告知相对人相应权利,拟作出的行政决定及事实与法律依据等。

(五) 说明理由制度

说明理由是指行政主体在作出对行政相对人合法权益产生不利影响的行政行为时,除法律有特别规定外,必须向行政相对人说明其作出该行政行为的事实因素、法律依据以及裁量时所考虑的政策、公益等因素。

说明理由的内容:① 行政行为合法性理由。行政行为的合法性理由包括事实依据和法律依据两个方面。② 行政行为的正当性理由。用于支撑行政行为自由裁量的事实依据和法律依据,被称为行政行为的正当性理由。

案例 3-6

王某诉某县公安局消防科行政处罚违法案

2016年2月8日凌晨1时30分,某县职工宿舍楼王某住房发生火灾。经扑救灭火后,从当日上午开始,某县公安局消防科组织人员对火灾事故进行了调查。经询问王某及有关证人,进行现场勘查,于2月14日作出《火灾原因认定书》,认定这起火灾是从王某房内烧起的,起火点在房内北面距房门2.35米的低柜处,由于王某使用电器不慎,低柜燃烧引起火灾。但某县公安局消防科未将《火灾原因认定书》送达王某,亦未告知王某,如对火灾原因认定不服,可以要求重新认定,便于2016年3月13日作出了第16002号《消防管理处罚裁决书》,以王某使用电器不慎造成火灾事故为由,依据《江西省消防条例》第四十八条,决定给予责任人王某罚款1500元的处罚。

简要分析:在本案中,某县公安局消防科未按有关规定出具《火灾原因认定书》,未告知当事人有申请重新认定的权利,而径行作出处罚决定,实质上违反了向当事人告知处罚事实和理由,保障当事人申辩权、申诉权的基本程序要求。这显然是一种严重的程序缺陷,属于明显的程序违法,法院据此作出撤销判决。

第五节 行政救济

一、行政复议

行政复议是指公民、法人或者其他组织认为行政机关的具体行政行为侵犯其合法权益,依法向上级行政机关或者法律、法规规定的其他机关提出申请,由受理申请的行政机关对具体行政行为依法进行审查并作出处理决定的活动。

对于行政机关来说,行政复议是行政机关系统内部自我监督的一种重要形式;对于行政相对人来说,行政复议是对其被侵犯的权益的一种救济手段或途径。

(一) 行政复议的范围

1. 可申请复议的具体行政行为

可申请复议的具体行政行为包括:①对行政机关作出的行政处罚决定不服的。②对行政机关作出的行政强制措施决定不服的。③对行政机关作出的有关许可证、执照、资质证、资格证等证书变更、中止、撤销的决定不服的。④对行政机关作出的关于确认不动产的所有权或者使用权的决定不服的。⑤认为行政机关侵犯合法经营自主权的。⑥认为行政机关变更或者废止农业承包合同,侵犯其合法权益的。⑦认为行政机关违法要求履行义务的。⑧认为行政机关不依法办理行政许可等事项的。⑨认为行政机关不履行保护人身权、财产权、受教育权的法定职责的。⑩认为行政机关不依法发放抚恤金、社会保险金或者最低生活保障费的。⑪认为行政机关其他具体行政行为侵犯其合法权益的。这是一条概括性的规定,凡不属于上述列举情形的具体行政行为,只要侵犯了行政相对人的合法权益,行政相对人均可以提起行政复议申请。

2. 可申请附带复议的抽象行政行为

行政相对人认为行政机关的具体行政行为所依据的规定不合法,在对具体行政行为申请行政复议时,可以一并向行政复议机关提出对该规定的审查申请。主要包括:国务院部门的规定;县级以上地方人民政府及其工作部门的规定;乡、镇人民政府的规定。

3. 不可申请复议的行政行为

不可申请复议的行政行为包括:①行政法规和规章。②内部行政行为,行政机关对其所属国家公务员作出的行政处分或者其他人事处理决定，属于内部行政行为。③居间行为，行政机关对公民、法人或者其他组织之间的民事纠纷作出的调解或其他处理等行为。

(二) 行政复议的管辖

1. 一般管辖

行政复议申请的一般管辖，是指在通常情况下不服行政机关具体行政行为的复议申请管辖。它主要包括以下两种情况：

(1) 不服县级以上地方各级人民政府工作部门具体行政行为的复议申请管辖

对县级以上地方各级人民政府工作部门的具体行政行为不服的，由申请人选择，可以向该部门的本级人民政府申请行政复议，也可以向上一级主管部门申请行政复议。但对海关、金融、外汇管理等实行垂直领导的行政机关和国家安全机关的具体行政行为不服的，向上一级主管部门申请行政复议。

(2) 不服地方各级人民政府具体行政行为的复议申请管辖

对地方各级人民政府的具体行政行为不服的，向上一级地方人民政府申请行政复议。但对省、自治区、直辖市人民政府具体行政行为的复议申请管辖作出了例外规定，即对其行为不服的，向作出该具体行政行为的省级人民政府申请行政复议；对复议决定不服的，可以向人民法院提起行政诉讼或申请国务院作出最终裁决。

2. 特殊管辖

(1) 不服地方人民政府派出机关具体行政行为的复议申请管辖

对县级以上地方人民政府依法设立的派出机关的具体行政行为不服的，向设立该派出机关的人民政府申请行政复议。

(2) 不服政府工作部门设立的派出机构依法以自己名义作出的具体行政行为的复议申请管辖

对政府工作部门依法设立的派出机构依照法律、法规或者规章规定，以自己的名义作出的具体行政行为不服的，向设立该派出机构的部门或者该部门的本级地方人民政府申请行政复议。

(3) 不服法律、法规授权组织的具体行政行为的复议申请管辖

对法律、法规授权的组织的具体行政行为不服的，分别向直接管理该组织的地方人民政府、地方人民政府工作部门或者国务院部门申请行政复议。

(4) 不服两个或两个以上行政机关以共同名义作出的具体行政行为的复议申请管辖

对两个或两个以上行政机关以共同名义作出的具体行政行为不服的,向其共同上一级行政机关申请行政复议。

(5) 不服被撤销的行政机关在被撤销前作出的具体行政行为的复议申请管辖

对被撤销的行政机关在被撤销前所作出的具体行政行为不服的,向继续行使其职权的行政机关的上一级行政机关申请行政复议。

(三) 行政复议的程序

1. 复议申请

行政复议程序大体上依次经过申请、受理、审理、决定和执行等阶段。

(1) 申请复议的条件

申请复议应当具备以下条件:申请人合格,申请人必须是认为具体行政行为侵犯其合法权益的公民、法人或者其他组织;有明确的被申请人;有具体的复议请求和事实根据;属于申请复议范围;属于受理复议机关管辖;法律、法规规定的其他条件。

(2) 申请复议期限

行政相对人应当在知道相应具体行政行为之日起 60 天内提出复议申请,法律另有规定的除外。因不可抗力或者其他正当理由耽误法定申请期限的,申请期限自障碍消除之日起继续计算。

(3) 复议申请形式

申请人申请行政复议,可以书面申请,也可以口头申请。口头申请的,行政复议机关应当当场记录申请人的基本情况,行政复议请求,申请行政复议的主要事实、理由和时间。

2. 复议受理

复议机关在收到复议申请后,依法应当在收到之日起 5 日内,对申请书进行审查并作出如下处理:

① 对于符合申请复议条件的,且没有向人民法院提起诉讼的,依法应当决定受理;

② 对于不符合申请复议条件的,依法决定不予受理,告知申请人不予受理的理由;

③ 对于复议申请的内容有欠缺的复议申请,依法决定发还申请人并限期补正;

④ 对于复议申请符合《行政复议法》规定,但不属该机关管辖的,应当告知申请人向有管辖权的复议机关提出。

3. 复议审理

复议审理是行政复议机关对受理的行政争议案件进行合法性和适当性审查的过程,是行政复议程序的核心。

(1) 审理的方式

复议采取以书面审理为主,其他方式为辅的审理方式。所谓"书面审理",是指复议机关仅就双方所提供的书面材料进行审查后作出决定的一种审理方式。

(2) 审理依据

行政复议机关审理复议案件,以法律、行政法规、地方性法规、规章,以及上级行政机关依法制定和发布的具有普遍约束力的决定、命令为依据;复议机关审理民族自治地方的复议案件,并以该民族自治地方的自治条例、单行条例为依据。

(3) 审理期限

行政复议机关应当自受理申请之日起 60 日内作出行政复议决定;法律规定的行政复议期限少于 60 日的除外。情况复杂,不能在规定期限内作出行政复议决定的,经行政复议机关的负责人批准,可以适当延长,并告知申请人和被申请人;延长期限最多不超过 30 日。

4. 复议决定

行政复议决定是指复议机关对行政复议案件进行审理后所作的具有法律效力的评价。根据《行政复议法》第二十八条的规定,行政复议机关根据不同情况应当在受理行政复议申请之日起 60 日内分别作出不同决定,法律另有规定的除外。

(1) 维持决定

具体行政行为认定事实清楚,证据确凿,适用依据正确,程序合法,内容适当的,决定维持。

(2) 履行决定

被申请人不履行法定职责的,决定其在一定期限内履行。

(3) 撤销、变更和确认违法决定

具体行政行为有下列情形之一的,决定撤销、变更该具体行政行为,或者确认该具体行政行为违法;决定撤销该具体行政行为,或者确认该具体行政行为违法的,可以责令被申请人在一定期限内重新作出具体行政行为:①主要事实不清、证据不足的;②适用依据错误的;③违反法定程序的;④超越或者滥用职权的;⑤具体行政行为明显不当的。

（4）赔偿决定

申请人在申请行政复议时可以一并提出行政赔偿请求,行政复议机关对符合国家赔偿法的有关规定、应当给予赔偿的,在决定撤销、变更具体行政行为或者确认具体行政行为违法时,应当同时作出被申请人依法给予申请人赔偿的决定。

二、行政赔偿

行政赔偿是指行政机关及其工作人员在行使职权过程中违法侵犯公民、法人或其他组织的合法权益并造成损害,国家对此承担的赔偿责任。

（一）行政赔偿的范围

1. 侵犯人身自由权的行为

（1）行政拘留

行政拘留是公安机关依法对违反行政管理秩序的公民采取限制其人身自由的惩罚措施。

（2）限制人身自由的行政强制措施

行政强制措施是行政机关依法定职责采取强制手段限制特定公民的权利或强制其履行义务的措施。行政强制措施既可以针对财产,也可以施加于人身。

（3）非法拘禁或者以其他方法非法剥夺公民人身自由

其表现情形有两种:①无权限,指没有限制公民人身自由权的行政机关实施的剥夺公民人身自由的行为;②超过法定期限或者条件关押。

2. 侵犯生命健康权的行为

（1）暴力行为

以殴打、虐待等行为或者唆使、放纵他人以殴打、虐待等行为造成公民身体伤害或者死亡的。

（2）违法使用武器、警械

第一,依法不应有武器警械配备权的行政机关给其所属工作人员配备武器警械,该工作人员在行使职权过程中使用的;第二,不应佩带武器警械的行政机关工作人员私自携带武器警械并在行使职权过程中使用的;第三,依法佩带武器警械的行政机关工作人员,违反法律、法规的规定在不符合使用武器警械的条件、情形、场合使用武器警械,或者使用武器警械程度与被管理者的行为不相应、不相称、不相符的。

(3) 其他造成公民身体伤害或者死亡的违法行为

这是《国家赔偿法》的概括式规定,是指除《国家赔偿法》第三条列举规定的情况外,行政机关及其工作人员实施的、造成公民生命健康权损害的行为。

3. 侵犯财产权的行为

(1) 违法实施罚款、吊销许可证和执照、责令停产停业、没收财物等行政处罚的;(2)违法对财产采取查封、扣押、冻结等行政强制措施的;(3)违法征收、征用财产的;(4)造成财产损害的其他违法行为。

4. 国家不承担赔偿责任的情形

(1) 行政机关工作人员实施的与行使职权无关的个人行为;(2)因受害人自己行为致使损害发生的;(3)国家不承担赔偿责任的其他情形:不可抗力;第三人过错;受害人从其他途径获得补偿。

案例 3-7

王某诉某市税务局行政赔偿案

某税务局局长张某于 2016 年 3 月 7 日(星期日)驾驶单位的一辆轿车返回乡里探望母亲,在行驶途中不慎将路人王某撞伤。同年 5 月 14 日,王某以肇事人员系某市税务局负责人且肇事车辆为公务用车为由,以税务局为被告,向县人民法院提起行政赔偿诉讼,要求赔偿人民币 50 万元。

简要分析:本案的核心问题是该纠纷是否属于行政赔偿的范围。在本案中,是否能够成立行政赔偿诉讼,其关键点在于市税务局局长张某的行为是个人行为还是公务行为。公务员行为属性的二重性与公务员身份的二重性直接相关。在本案中,张某虽具有执行国家公务的合法资格,但是即便是开着单位的公车,亦不足以证明事故发生之时张某正在执行公务。张某当时正是利用单位公车办理个人事务,实施的是与职权无关的个人行为。根据《国家赔偿法》第五条的规定,不属于行政赔偿的范围,受害者只能通过民事诉讼的途径来救济受到侵害的个人利益。

(二) 行政赔偿义务机关的确认

行政赔偿义务机关是指代表国家处理赔偿请求、支付赔偿费用、参加赔偿诉讼的行政机关。

1. 单独的赔偿义务机关

行政机关及其工作人员行使行政职权侵犯公民、法人和其他组织的合法权益造成损害的,该行政机关为赔偿义务机关,这是确认行政赔偿义务机关的一般情况。

2. 共同赔偿义务机关

两个以上行政机关共同行使行政职权时侵犯公民、法人和其他组织的合法权益造成损害的,为共同赔偿义务机关。

3. 法律、法规、规章授权的组织

法律、法规、规章授权的组织在行使行政职权时侵犯公民、法人和其他组织的合法权益造成损害的,该组织为赔偿义务机关。

4. 委托的行政机关

受行政机关委托的组织或者个人在行使受委托职权时侵犯公民、法人和其他组织的合法权益造成损害的,委托的行政机关为赔偿义务机关。

5. 行政机关撤销时的赔偿义务机关

赔偿义务机关被撤销的,继续行使职权的行政机关为赔偿义务机关;没有继续行使其职权的行政机关,撤销该赔偿义务机关的行政机关为赔偿义务机关。

6. 经过行政复议的赔偿义务机关

经复议机关复议,最初造成侵权行为的行政机关为赔偿义务机关,但复议机关的复议决定加重损害的,复议机关对加重的部分履行赔偿义务。

7. 派出机关作赔偿义务机关

派出机关在法律、法规、规章的授权范围内行使职权时侵犯公民、法人或者其他组织的合法权益造成损害的,视为自己的侵权行为,自己作赔偿义务机关;派出机关执行设立机关交办的任务时侵害公民、法人或者其他组织合法权益的,应当视为受委托实施的侵权行为,由设立机关即委托的行政机关作赔偿义务机关。

(三) 行政赔偿的程序

行政赔偿的行政程序包括先行处理程序和一并处理程序。

1. 行政赔偿义务机关先行处理程序

行政赔偿义务机关先行处理程序是指行政赔偿请求人单独请求赔偿时,应先向行政赔偿义务机关提出赔偿请求,由该赔偿义务机关依法进行处理,或者由双方当事人就有关的赔偿范围、方式和金额等事项进行协商,从而解决争议的一种程序。行政赔偿先行处理程序是行政赔偿诉讼程序的前提,适用于单独提起赔偿请求的方式。

2. 一并处理程序

(1) 行政赔偿请求人请求提出的条件

行政赔偿请求人必须具有赔偿请求权:受害人依法享有行政赔偿请求权;受害公民死亡的,其继承人和有扶养关系的亲属有请求权;受害的法人或其他组织终止的,承受其权利的法人或其他组织有请求权。赔偿请求必须在法定的期限内提出。

国家赔偿请求时效为两年,自其知道或者应当知道国家机关及其工作人员行使职权时的行为侵犯其人身权、财产权之日起计算,但被羁押等限制人身自由期间不计算在内;在申请行政复议或者提起行政诉讼时一并提出赔偿请求的,适用行政复议法、行政诉讼法有关时效的规定。

(2) 行政赔偿的复议处理程序

行政赔偿的复议处理程序是指行政相对人认为行政机关的具体行政行为违法侵犯其合法权益并造成损害,向行政复议机关申请行政复议时一并提出赔偿请求,行政复议机关在审理复议案件过程中一并解决赔偿问题所适用的程序。

《国家赔偿法》第九条第二款规定:赔偿请求人要求赔偿,应当先向赔偿义务机关提出,也可以在申请行政复议或者提起行政诉讼时一并提出。

(3) 行政赔偿诉讼程序

① 行政赔偿诉讼程序是指公民、法人或者其他组织的合法权益受到行政机关及其工作人员违法行使职权行为的侵害,受害人依照国家赔偿法的规定,向人民法院提起的要求赔偿义务机关给予行政赔偿的程序。

② 请求人在提起行政赔偿诉讼前,要先行请求行政赔偿义务机关处理,即行政先行处理程序;不服行政处理决定的,可在法定期间内提起行政赔偿诉讼;或者在提起行政诉讼时一并提出行政赔偿请求。

(四) 国家赔偿的方式与标准

1. 赔偿方式

(1) 支付赔偿金。支付赔偿金在形式上表现为以国家财产支付一定数额的货币给受害人。这是它与返还财产和恢复原状的根本区别。支付赔偿金一般以受害人的实际损失为限额。支付赔偿金是国家赔偿的主要方式。

(2) 返还财产。返还财产中的财产具有多种性,它既可以是金钱,也可以是财物;返还财产只能适用于对财产权的损害。

(3) 恢复原状。恢复原状仅适用于对财产权的损害;恢复原状适用条件较为严格。

2. 赔偿标准

(1) 侵犯公民人身自由的,每日的赔偿金按照国家上年度职工日平均工资计算。

(2) 侵犯公民生命健康权的,赔偿金按照下列规定计算:①造成身体伤害的,应当支付医疗费,以及赔偿因误工减少的收入。②造成部分或者全部丧失劳动能力的,应当支付医疗费以及残疾赔偿金。③造成死亡的,应当支付死亡赔偿金、丧葬费,总额为国家上年度职工年平均工资的20倍。对死者生前抚养的无劳动能力的人,还应当支付生活费。

(3) 侵犯公民、法人和其他组织的财产权造成损害的,按照下列规定处理:①处罚款、罚金、追缴、没收财产,或者违反国家规定征收财物、摊派费用的,返还财产。②查封、扣押、冻结财产的,解除对财产的查封、扣押、冻结。应当返还的财产损坏的,能够恢复原状的恢复原状,不能恢复原状的,按照损害程度给付相应的赔偿金。应当返还的财产灭失的,给付相应的赔偿金。③财产已经拍卖的,给付拍卖所得的价款。④吊销许可证和执照、责令停产停业的,赔偿停产停业期间必要的经常性费用开支。⑤对财产权造成其他损害的,按照直接损失给予赔偿。

引例评析

《中华人民共和国传染病防治法》将传染病分为甲类、乙类和丙类。甲类传染病是指鼠疫、霍乱。乙类传染病包括传染性非典型肺炎、艾滋病等。同时规定对乙类传染病中传染性非典型肺炎、炭疽中的肺炭疽和人感染高致病性禽流感,采取本法所称甲类传染病的预防、控制措施。同时《中华人民共和国传染病防治法》第四十二条规定,传染病暴发、流行时,可以采取下列紧急措施并予以公告:"(一)限制或者停止集市、影剧院演出或者其他人群聚集的活动;(二)停工、停业、停课;(三)封闭或者封存被传染病病原体污染的公共饮用水源、食品以及相关物品;(四)控制或者扑杀染疫野生动物、家畜家禽;(五)封闭可能造成传染病扩散的场所。"由此可知,我国政府将"新冠"病毒确定为乙类而采取甲类传染病的预防、控制措施,有明文的法律依据,是符合行政法的。

思考题

1. 行政法上"合理性"含义及其主要内容是什么?
2. 试比较行政法律关系主体与行政主体的区别。
3. 行政许可的范围及可以不予行政许可的情形是什么?
4. 公开原则应如何在行政程序制度中得到体现?
5. 行政复议程序是如何规定的?

案例分析

1. 田某诉北京某大学拒绝颁发毕业证、学位证案

原告田某于1994年9月考取了北京某大学应用科学学院物理化学系。1996年2月29日在电磁学课程补考过程中,田某将写有电磁学公式的纸条带入考场。考试中,在去厕所时纸条掉出,被监考教师发现,按照考场纪律,停止了他的考试。1996年3月5日,学校根据1994年制定的校发〔94〕第068号《关于严格考试管理的紧急通知》中"凡考试作弊的学生一律按退学处理,取消学籍"的规定,对田某作出了按退学处理的决定。但该决定并没有向原告宣布、送达,学校也没有对田某办理退学的手续,田某继续留在学校学习。之后,田某在校学完了所有规定的课程。在1996年,田某的学生证丢失,学校还为其补办了学生证。1998年6月,原告所在院系向学校报送田某所在班级授予学士学位表,学校有关部门以田某已按退学处理,不具备北京某大学学籍为由,拒绝为其颁发毕业证书及授予学士学位。田某不服,依法提起行政诉讼。

简要分析:北京某大学颁发毕业证、学位证的行为是否属于行使行政职权的行政行为是本案争议的焦点。《中华人民共和国教育法》第二十二条规定:"国家实行学位制度。学位授予单位依法对达到一定学术水平或者专业技术水平的人员授予相应的学位,颁发学位证书。"《中华人民共和国学位条例》第八条规定:"学士学位,由国务院授权的高等学校授予。"北京某大学根据《中华人民共和国教育法》《中华人民共和国学位条例》的规定及国务院的授权对受教育者进行学籍管理,颁发学历与学位证书是依照法律规定行使行政职权,是具体行政行为。高等学校虽然不是行政机关,但是法律法规授权其依法颁发学历与学位证书,其是法律法规授权的行政主体,其依照法律法规授权行使所授予权力的行为,是行政行

为。北京某大学在作出处理决定后,并没有向田某宣布、送达,未办理退学手续,违反行政程序的规定。最后,法院判决北京某大学向田某颁发本科毕业证书。

2. 张某诉深圳市宝安区某镇政府强制执行案

张某系深圳市宝安区某镇村民,未经环保部门和土地规划部分审批,擅自在深圳一级水源保护区租赁土地开办养猪场。2000年4月13日,某镇政府向张某发出了《拆迁通知》,要求张某在4月20日前自行清撤养猪场。张某对此无异议,并联系客户出售存栏养猪,筹备搬迁。此时,恰逢深圳市、宝安区政府部署全市清拆违章建筑统一行动,某镇政府为了与上级"同步",提前于4月18日组织队伍将张某的养猪场强行拆毁,养猪场内尚未搬迁的养猪设备、饲料等物品遭到毁坏。张某遂起诉镇政府违反执法程序,要求赔偿。

简要分析:在本案中,某镇政府的《拆迁通知》是行政命令,具有执行力。但该执行力分为两个阶段,即自行执行阶段与强制执行阶段。4月13日至4月20日是《拆迁通知》所规定的自行执行阶段,该阶段具有封闭性,强制执行不得介入自行执行阶段。但是,在本案中,4月18日,即在《拆迁通知》的自行执行阶段,镇政府就强行实施拆迁行为,镇政府的行为显然不具有合法性。

3. 上海"钓鱼执法"事件

2009年10月14日,孙中界驾驶公司的金杯面包车行驶在上海市闸航路上,一年轻男人在马路边示意要其停车,孙中界停车后,年轻男子自行拉开车门,上了面包车。几分钟后,在行驶过程中,一辆面包车逼停金杯车。一辆依维柯汽车行驶过来,下来七八个上海浦东新区城市管理行政执法局执法人员,认定孙中界非法运营,下发了上海市浦东新区城市管理行政执法局调查处理通知书,称孙中界非法营运,责令其到浦东新区惠南镇沪南公路9758号接受调查处理。当天,孙中界回到家中,认为自己做好事帮助人而被冤枉为非法运营,一时复杂情绪难以自控,拿菜刀砍下了自己的一截手指以示清白。该事件经媒体报道,引起社会强烈反响,也引发了对于上海市这种"钓鱼式执法"的强烈关注。这种"钓鱼式执法"到底是行政执法形式的创新,还是一种违规的行政执法形式?

简要分析:2009年10月20日,上海市浦东新区人民政府成立了12名主要由上海市和浦东区的人大代表、政协委员、律师、中央和地方媒体的代表、社区和企业的代表等组成的调查小组,对孙中界涉嫌非法运营过程当中的有关问题进行调查。10月26日,浦东新区政府举行新闻通气会,通报联合调查组关于"孙中界事件"的调查报告和区政府关于此事件的处理意见,认为有关部门在执法过程中使用了不正当取证手段,为此向社会公众作出公开道歉。

相关法律法规

1.《中华人民共和国立法法》,2000年3月15日通过,2015年3月15日修正。

2.《中华人民共和国行政许可法》,2003年8月27日通过,2019年4月23日修正。

3.《中华人民共和国行政处罚法》,1996年3月17日通过,2021年1月22日第三次修订。

4.《中华人民共和国行政强制法》,2011年6月30日通过,2012年1月1日施行。

5.《中华人民共和国公务员法》,2005年4月27日通过,2018年12月29日修订。

6.《中华人民共和国行政复议法》,1999年4月29日通过,2017年9月1日第二次修正。

7.《中华人民共和国国家赔偿法》,1994年5月12日通过,2012年10月26日第二次修正。

8.《中华人民共和国行政复议法实施条例》,2007年5月29日通过,2007年8月1日施行。

9.《中华人民共和国政府信息公开条例》,2007年4月5日通过,2019年4月3日修订。

第四章 刑 法

导 读

刑法是一门理论与实务兼具、刚性与柔韧并蓄、博大与细腻同生的学科。刑法学分为总则和分则。刑法总则规定的是关于犯罪、刑事责任和刑罚的一般原理、原则;分则规定的是各种具体犯罪的罪状及其法定刑。二者是一般与特殊、共性与个性、抽象与具体的关系。其中总则指导分则,分则是总则确立的一般原理、原则的具体运用和体现。我国刑法分则主要以犯罪的同类客体为依据,将所有犯罪分为十大类。每一类犯罪中各种具体犯罪也大体是按照其社会危害程度,由重及轻排列的。

引入案例

甲生意上亏钱,乙欠下赌债,二人合谋干一件"靠谱"的事情以摆脱困境。甲按分工找到丙,骗丙相信钱某欠债不还,丙答应控制钱某的小孩以逼钱某还债,否则不放人。

丙按照甲所给线索将钱某的小孩骗到自己的住处看管起来,电告甲控制了钱某的小孩,甲通知乙行动。乙给钱某打电话:"你的儿子在我们手上,赶快交50万元赎人,否则撕票!"钱某看了一眼身旁的儿子,回了句"骗子!"便挂断电话,不再理睬。乙感觉异常,将情况告诉甲。甲来到丙处发现这个孩子不是钱某的小孩而是赵某的小孩,但没有告诉丙,只是嘱咐丙看好小孩,并从小孩口中套出其父赵某的电话号码。

甲与乙商定转而勒索赵某的钱财。第二天,小孩哭闹不止要离开,丙恐被人发觉,用手捂住小孩口、鼻,然后用胶带捆绑其双手并将嘴缠住,致其机械性窒息死亡。甲得知后与乙商定放弃勒索赵某财物,由乙和丙处理尸体。乙、丙二人将尸体连夜运至城外掩埋。第三天，乙打电话给赵某，威胁赵某赶快向指定账号打款30万元，不许报警，否则撕票。赵某当即报案，甲、乙、丙三人很快归案。

问题： 请分析甲、乙、丙的刑事责任（包括犯罪性质即罪名、犯罪形态、共同犯罪、数罪并罚等），须简述相应理由。（案例分析，请参阅章后"引例评析"部分）

第一节　刑法概述

一、刑法的概念与任务

刑法是规定犯罪及其法律后果的法律规范，即刑法是规定犯罪、刑事责任和刑罚的法律。具体来说，刑法是统治阶级为了维护本阶级政治上的统治和经济上的利益，根据自己的意志，以国家名义制定、颁布的规定犯罪、刑事责任和刑罚的法律。

中华人民共和国刑法的任务，是用刑罚同一切犯罪行为作斗争，以保卫国家安全，保卫人民民主专政的政权和社会主义制度，保护国有财产和劳动群众集体所有的财产，保护公民私人所有的财产，保护公民的人身权利、民主权利和其他权利，维护社会秩序、经济秩序，保障社会主义建设事业的顺利进行。

二、刑法的基本原则

刑法的基本原则，是指贯穿全部刑法规范，具有指导和制约全部刑事立法、司法，体现刑法内在精神的准则。

（一）罪刑法定原则

法律明文规定为犯罪行为的，依照法律定罪处刑；法律没有明文规定为犯罪行为的，不得定罪处刑。罪刑法定原则的经典表述为"法无明文规定不为罪，法无明文规定不处罚"。即行为是否构成犯罪、构成犯罪之后要如何定罪处罚，均由刑法加以明确规定。对于刑法分则罪名中没有规定为犯罪的行为，即使该行为具有一定的社会危害性，也不能被评价为犯罪。基于罪刑法定原则，又派生出以下具体原则：

（1）成文的罪刑法定——排斥习惯法。

（2）事前的罪刑法定——禁止溯及既往（实际上，我国只禁止重法溯及既往）。

（3）严格的罪刑法定——禁止类推解释。

（4）明确的罪刑法定——禁止绝对的不定期刑。

刑法规定罪刑法定原则具有重大意义：

第一，正确划定行为的罪与非罪、此罪与彼罪的界限。

第二，准确指引人们的行为。

第三，保障人权。

（二）适用刑法人人平等原则

对任何人犯罪，在适用法律上一律平等。不允许任何人有超越法律的特权。"法律面前人人平等"是我国宪法确立的社会主义法治的基本原则之一。适用刑法人人平等原则是宪法原则在刑法中的具体体现。该原则要求无论任何人、任何组织犯罪，都要在定罪上、量刑上、行刑上一律平等，不允许任何特权主体超越法律之上。

（三）罪刑相适应原则

刑罚的轻重，应当与犯罪分子所犯罪行和承担的刑事责任相适应。即犯罪分子犯多大的罪，就要承担相应的刑事责任，与罪行相比，刑罚不能畸重畸轻，能够匹配对过去行为的报应和对将来行为的预防即可。

三、刑法的效力

刑法的效力，也叫刑法的适用范围，是指刑法在什么地域范围、对哪些人、在什么时间内具有效力。由此可知，刑法的效力范围包括空间和时间两个维度。

（一）刑法的空间效力

关于刑法的空间效力，有以下几种不同的处理原则：

1. 属地原则

凡在中华人民共和国领域内犯罪的，除法律有特别规定的以外，都适用本法。凡在中华人民共和国船舶或者航空器内犯罪的，也适用本法。犯罪的行为或者结果有一项发生在中华人民共和国领域内的，就认为是在中华人民共和国领域内犯罪。

2. 属人原则

中华人民共和国公民在中华人民共和国领域外犯本法规定之罪的，适用本法，但是按本法规定的最高刑为三年以下有期徒刑的，可以不予追究。中华人民共和国国家工作人员和军人在中华人民共和国领域外犯本法规定之罪的，适用本法。

3. 保护原则

外国人在中华人民共和国领域外对中华人民共和国国家或者公民犯罪,而按本法规定的最低刑为三年以上有期徒刑的,可以适用本法,但是按照犯罪地的法律不受处罚的除外。

4. 普遍保护原则

对于中华人民共和国缔结或者参加的国际条约所规定的罪行,中华人民共和国在所承担条约义务的范围内行使刑事管辖权的,适用本法。

(二) 刑法的时间效力

刑法的时间效力,是指刑法的生效时间、失效时间及刑法是否具有溯及力的问题。

1. 刑法的生效时间

刑法的生效时间,是指刑法从什么时间开始具有法律效力。从我国的刑事立法活动看,刑法的生效时间有两种情况:

第一,自公布之日起生效。

第二,在颁布后过一段时间起生效。

2. 刑法的失效时间

刑法的失效时间,是指刑法从什么时候开始不再具有法律效力。关于刑法的失效,从我国刑事立法的情况看,主要有两种方式:

第一,明示废止。即以立法的方式明确宣布旧的法律失去法律效力。

第二,默示废止。即在立法中虽然没有明确地规定废止旧法,但是,因为旧法的规定或者与新的刑法的规定相抵触,或者已经被新的刑法所取代,因此旧的刑法自然予以废止。

3. 刑法的溯及力

刑法的溯及力,是指新的刑事法律生效后,对新的法律生效以前发生的未经审判或者判决未确定的行为是否适用的问题。如果适用,新的刑法就具有溯及力;如果不适用,新的刑法就不具有溯及力。

在刑法的溯及力问题上,主要有以下四种原则:

第一,从旧原则。即新的法律不具有溯及力,对于任何犯罪行为,无论新旧法律的规定如何,一律适用行为时的法律。

第二,从新原则。即新的法律具有溯及力,对于新法生效前发生的未经审判或者判决未确定的行为,无论新旧法律的规定如何,一律适用新的法律。

第三,从旧兼从轻原则。即新法原则上不具有溯及力,对于新法生效前发生的未经审判或者判决未确定的行为,原则上适用旧法,但当适用新法对被告人有利时,则适用新法。

第四,从新兼从轻原则。即新法原则上具有溯及力,对于新法生效前发生的未经审判或者判决未确定的行为,原则上适用新法,但当适用旧法对被告人有利时,则适用旧法。

目前,我国刑法适用从旧兼从轻原则,即原则上适用行为时的旧法,如果适用新法更有利于行为人,则适用于新法。

我国刑法规定:中华人民共和国成立以后本法施行以前的行为,如果当时的法律不认为是犯罪的,适用当时的法律;如果当时的法律认为是犯罪的,依照本法总则第四章第八节的规定应当追诉的,按照当时的法律追究刑事责任,但是如果本法不认为是犯罪或者处刑较轻的,适用本法。本法施行以前,依照当时的法律已经作出的生效判决,继续有效。

第二节 犯　　罪

一、犯罪的概念与特征

犯罪,是依照法律应当受到刑事处罚的侵害法益的行为。我国刑法规定:一切危害国家主权、领土完整和安全,分裂国家、颠覆人民民主专政的政权和推翻社会主义制度,破坏社会秩序和经济秩序,侵犯国有财产或者劳动群众集体所有的财产,侵犯公民私人所有的财产,侵犯公民的人身权利、民主权利和其他权利,以及其他危害社会的行为,依照法律应当受刑罚处罚的,都是犯罪,但是情节显著轻微危害不大的,不认为是犯罪。

犯罪具有以下基本特征:

第一,犯罪具有严重的社会危害性。

第二,犯罪具有刑事违法性。

第三,犯罪具有应受刑罚的惩罚性。

二、犯罪构成理论及要件

犯罪构成是指刑法规定的决定某一具体行为的社会危害性及其程度,而为该行为构成犯罪所必须具备的一切客观要件和主观要件的有机统一的整体。目前比较有影响力的犯罪构成理论有英美法系的双层次犯罪构成理论、大陆法系的三阶层犯罪构成理论、我国的四要件犯罪构成理论。各种模式的犯罪构成理论,本质上没有优劣之分,各有其特点和价值。

我国的四要件犯罪构成理论,主要从犯罪客体、犯罪的客观方面、犯罪主体、犯罪主观方面来判断具体行为是否符合某一犯罪的成立条件。

三、犯罪构成的要件

我国的四要件犯罪构成理论,主要从犯罪客体、犯罪客观方面、犯罪主体、犯罪主观方面来判断具体行为是否符合某一犯罪的成立要件。

(一) 犯罪客体

犯罪客体,是指我国刑法所保护的为犯罪行为所侵犯的社会关系。

(二) 犯罪客观方面

犯罪客观方面,是指刑法所规定的,说明行为对刑法所保护的社会关系的侵害性,行为成立犯罪所必须具备的客观事实特征。

(三) 犯罪主体

犯罪主体,是指实施危害社会的行为并依法应当负刑事责任的单位和个人。

自然人犯罪的,我国刑法规定,已满十六周岁的人犯罪,应当负刑事责任。

已满十四周岁不满十六周岁的人,犯故意杀人、故意伤害致人重伤或者死亡、强奸、抢劫、贩卖毒品、放火、爆炸、投放危险物质罪的,应当负刑事责任。

已满十二周岁不满十四周岁的人,犯故意杀人、故意伤害罪,致人死亡,或者以特别残忍手段致人重伤造成严重残疾,情节恶劣,经最高人民检察院核准追诉的,应当负刑事责任。

对依照前三款规定追究刑事责任的不满十八周岁的人,应当从轻或者减轻处罚。

因不满十六周岁不予刑事处罚的,责令他的家长或者监护人加以管教;在必要的时候,依法进行专门矫治教育。

已满七十五周岁的人故意犯罪的,可以从轻或者减轻处罚;过失犯罪的,应当从轻或者减轻处罚。

精神病人在不能辨认或者不能控制自己行为的时候造成危害结果,经法定程序鉴定确认的,不负刑事责任,但是应当责令他的家属或者监护人严加看管和医疗;在必要的时候,由政府强制医疗。

间歇性的精神病人在精神正常的时候犯罪,应当负刑事责任。

尚未完全丧失辨认或者控制自己行为能力的精神病人犯罪的,应当负刑事责任,但是可以从轻或者减轻处罚。

醉酒的人犯罪,应当负刑事责任。

又聋又哑的人或者盲人犯罪,可以从轻、减轻或者免除处罚。

单位犯罪的,我国刑法规定,公司、企业、事业单位、机关、团体实施的危害社会的行为,法律规定为单位犯罪的,应当负刑事责任。

单位犯罪的,对单位判处罚金,并对其直接负责的主管人员和其他直接责任人员判处刑罚。本法分则和其他法律另有规定的,依照其规定。

(四)犯罪主观方面

犯罪主观方面,是指行为人对其实施的行为所必然或可能引起的危害社会的结果所持的心理态度,这是犯罪主体应当承担刑事责任的主观基础。犯罪的主观方面可以分为故意和过失。

我国刑法规定,明知自己的行为会发生危害社会的结果,并且希望或者放任这种结果发生,因而构成犯罪的,是故意犯罪。故意犯罪,应当负刑事责任。

过失犯罪,是指应当预见自己的行为可能发生危害社会的结果,因为疏忽大意而没有预见,或者已经预见而轻信能够避免,以致发生这种结果的。过失犯罪,法律有规定的才负刑事责任。

四、故意犯罪的停止形态

故意犯罪的停止形态,是指部分故意犯罪在实施过程中,由于主客观方面原因停止后所呈现的各种具体状态,包括犯罪的完成形态与犯罪的未完成形态。

为了犯罪,准备工具、制造条件的,是犯罪预备。对于预备犯,可以比照既遂犯从轻、减轻处罚或者免除处罚。

已经着手实行犯罪,由于犯罪分子意志以外的原因而未得逞的,是犯罪未遂。对于未遂犯,可以比照既遂犯从轻或者减轻处罚。

在犯罪过程中,自动放弃犯罪或者自动有效地防止犯罪结果发生的,是犯罪中止。对于中止犯,没有造成损害的,应当免除处罚;造成损害的,应当减轻处罚。

案例 4-1

甲租用某房地产开发公司的场地开了一家酒店,并为酒店财产投了意外事故险。后因经营不善甚至无力支付租金,被迫关门。为还债,甲决定放火烧毁酒店,以骗取高额保险金。某日深夜,甲将酒店烧毁,并于其后向保险公司索赔,但被保险公司人员识破骗局,甲被抓获。

根据以上案情回答下列问题:

1. 甲的行为如何定性以及本案中的罪数问题。
2. 分析本案中甲的犯罪形态。

简要分析:

1. 结合本案,甲采用放火的手段烧毁酒店,从而虚构保险事故试图骗取保险金,构成保险诈骗罪。本案中,甲的放火烧酒店的行为,同时侵害了公共安全,因此也构成放火罪。并且放火旨在虚构保险事故,是保险诈骗行为的手段行为,两者之间存在牵连关系。原本根据牵连犯的一般处罚原则应当择一重处罚,但根据《中华人民共和国刑法》(简称《刑法》)第一百九十八条第二款规定,对甲应当以放火罪和保险诈骗罪实行数罪并罚。

2. 甲已经向保险公司提出保险金的赔偿请求,即着手实施了保险诈骗行为,由于意志以外的原因未能获得保险赔偿,是诈骗未遂。

五、共同犯罪

共同犯罪,是指二人以上共同故意犯罪。二人以上共同过失犯罪,不以共同犯罪论处;应当负刑事责任的,按照他们所犯的罪分别处罚。

主犯:组织、领导犯罪集团进行犯罪活动的或者在共同犯罪中起主要作用的,是主犯。

三人以上为共同实施犯罪而组成的较为固定的犯罪组织,是犯罪集团。

对组织、领导犯罪集团的首要分子,按照集团所犯的全部罪行处罚。

对于组织、领导犯罪集团的首要分子以外的主犯,应当按照其所参与的或者组织、指挥的全部犯罪处罚。

从犯:在共同犯罪中起次要或者辅助作用的,是从犯。

对于从犯,应当从轻、减轻处罚或者免除处罚。

胁从犯:对于被胁迫参加犯罪的,应当按照他的犯罪情节减轻处罚或者免除处罚。

教唆犯:教唆他人犯罪的,应当按照他在共同犯罪中所起的作用处罚。教唆不满十八周岁的人犯罪的,应当从重处罚。

如果被教唆的人没有犯被教唆的罪,对于教唆犯,可以从轻或者减轻处罚。

六、正当防卫与紧急避险

(一) 正当防卫

为了使国家、公共利益、本人或者他人的人身、财产和其他权利免受正在进行的不法侵害,而采取的制止不法侵害的行为,对不法侵害人造成损害的,属于正当防卫,不负刑事责任。

正当防卫明显超过必要限度造成重大损害的,应当负刑事责任,但是应当减轻或者免除处罚。

对正在进行行凶、杀人、抢劫、强奸、绑架以及其他严重危及人身安全的暴力犯罪,采取防卫行为,造成不法侵害人伤亡的,不属于防卫过当,不负刑事责任。

(二) 紧急避险

为了使国家、公共利益、本人或者他人的人身、财产和其他权利免受正在发生的危险,不得已采取的紧急避险行为,造成损害的,不负刑事责任。

紧急避险超过必要限度造成不应有的损害的,应当负刑事责任,但是应当减轻或者免除处罚。

案例 4-2

杨某系一私营中巴司机。某日,杨某在营运途中被交警以超载为由处以2 000元罚款。在与交警争执中,车上乘客纷纷换乘他车离开,仅余乘客张某、王某两人。杨某认为自己无端遭受损失,心中十分不满,当车继续行至某小学操场附近时,杨某突然喊了一声"撞死一个少一个",并驾车朝正在操场上玩耍的一群小学生撞去。乘客张某、王某见状急朝车外大喊,让学生们躲开。受雇给学校操场沙坑运沙子的刘某听见喊声,为了避免中巴车撞上小学生,遂驾运沙车拦截中巴车,两车相撞,致乘客张某、王某重伤。

根据上述案情回答下列问题:

1. 刘某致乘客张某、王某重伤的行为属于正当防卫还是紧急避险?

2. 若刘某的拦截行为导致的是杨某人身伤害的后果,则其行为属于正当防卫还是紧急避险?

3. 正当防卫与紧急避险在其作用对象上有何区别？

简要分析：本题目考点为司法实践中正当化事由的认定及区别。

1. 刘某致乘客张某、王某重伤的行为属于紧急避险。紧急避险是指为了使国家、公共利益、本人或者他人的人身、财产和其他权利免受正在发生的危险，不得已损害另一较小合法权益的行为。

2. 若刘某的拦截行为导致的是杨某人身伤害的后果，则其行为属于正当防卫。

3. 正当防卫与紧急避险两者行为指向的对象条件有所不同。正当防卫只能针对不法侵害人本人才能实施，而紧急避险则必然针对合法的第三者利益加以进行。在某些情形下，若某一行为针对的对象兼及不法侵害人本人与合法第三者时，则该行为不乏兼备正当防卫与紧急避险属性的可能。

第三节 刑　　罚

一、刑罚的概念与特征

刑罚是由国家最高权力机关在刑法中规定的、用以惩罚犯罪人的、由法院依法判处和特定机构依法执行的最严厉的强制方法。

刑罚的特征有：

第一，刑罚是国家最高权力机关在刑法中规定的强制方法。

第二，刑罚是用以惩罚犯罪人的强制方法。

第三，刑罚是由法院依法裁判科处的强制方法。

第四，刑罚是由特定机构执行的强制方法。

第五，刑罚是最严厉的强制方法。

第六，刑罚适用必须依照刑事诉讼程序。

二、刑罚的种类

我国的刑罚分为主刑和附加刑两种。主刑包括管制、拘役、有期徒刑、无期徒刑和死刑；附加刑包括罚金、剥夺政治权利、没收财产和驱逐出境。

（一）主刑

1. 管制。管制是对罪犯不予关押，但限制其一定自由的刑罚方法。

管制的期限,为三个月以上二年以下。判处管制,可以根据犯罪情况,同时禁止犯罪分子在执行期间从事特定活动,进入特定区域、场所,接触特定的人。

对判处管制的犯罪分子,依法实行社区矫正。

违反规定的禁止令的,由公安机关依照《中华人民共和国治安管理处罚法》的规定处罚。

被判处管制的犯罪分子,在执行期间,应当遵守下列规定:

第一,遵守法律、行政法规,服从监督;

第二,未经执行机关批准,不得行使言论、出版、集会、结社、游行、示威等自由权利;

第三,按照执行机关规定报告自己的活动情况;

第四,遵守执行机关关于会客的规定;

第五,离开所居住的市、县或者迁居,应当报经执行机关批准。

对于被判处管制的犯罪分子,在劳动中应当同工同酬。

被判处管制的犯罪分子,管制期满,执行机关应即向本人和其所在单位或者居住地的群众宣布解除管制。

管制的刑期,从判决执行之日起计算;判决执行以前先行羁押的,羁押一日折抵刑期二日。

2. 拘役。拘役是短期剥夺犯罪人人身自由,就近实行劳动改造的刑罚方法。

拘役的期限,为一个月以上六个月以下。

被判处拘役的犯罪分子,由公安机关就近执行。

在执行期间,被判处拘役的犯罪分子每月可以回家一天至两天;参加劳动的,可以酌量发给报酬。

拘役的刑期,从判决执行之日起计算;判决执行以前先行羁押的,羁押一日折抵刑期一日。

3. 有期徒刑。有期徒刑是剥夺犯罪人一定期限的人身自由的刑罚方法。

有期徒刑的期限,除刑法第五十条、第六十九条规定外,为六个月以上十五年以下。

4. 无期徒刑。无期徒刑是剥夺犯罪人终身自由的刑罚方法,是自由刑中最严厉的刑罚方法。其特点有:判决确定前的羁押时间不能折抵刑期;内容是对犯罪人实行劳动教育和改造;无期徒刑不能孤立适用,即对于被判处无期徒刑的犯罪分子应当附加剥夺政治权利终身。

5. 死刑。死刑是指剥夺犯罪人生命的刑罚方法。包括死刑立即执行与缓期两年执行两种。

死刑只适用于罪行极其严重的犯罪分子。对于应当判处死刑的犯罪分子,如果不是必须立即执行的,可以判处死刑同时宣告缓期两年执行。

死刑除依法由最高人民法院判决的以外,都应当报请最高人民法院核准。死刑缓期执行的,可以由高级人民法院判决或者核准。

犯罪的时候不满十八周岁的人和审判的时候怀孕的妇女,不适用死刑。

审判的时候已满七十五周岁的人,不适用死刑,但以特别残忍手段致人死亡的除外。

(二) 附加刑

1. 罚金。罚金是强制犯罪分子向国家缴纳一定数额金钱的刑罚方法。判处罚金,应当根据犯罪情节决定罚金数额。

罚金在判决指定的期限内一次或者分期缴纳。期满不缴纳的,强制缴纳。对于不能全部缴纳罚金的,人民法院在任何时候发现被执行人有可以执行的财产,应当随时追缴。

由于遭遇不能抗拒的灾祸等原因缴纳确实有困难的,经人民法院裁定,可以延期缴纳、酌情减少或者免除。

2. 剥夺政治权利。剥夺政治权利是指剥夺犯罪人参加管理国家和政治活动的权利的刑罚方法。

剥夺政治权利是指剥夺下列权利:

第一,选举权和被选举权;

第二,言论、出版、集会、结社、游行、示威自由的权利;

第三,担任国家机关职务的权利;

第四,担任国有公司、企业、事业单位和人民团体领导职务的权利。

3. 没收财产。没收财产是没收犯罪分子个人所有财产的一部或者全部。没收全部财产的,应当对犯罪分子个人及其扶养的家属保留必需的生活费用。

在判处没收财产的时候,不得没收属于犯罪分子家属所有或者应有的财产。

没收财产以前犯罪分子所负的正当债务,需要以没收的财产偿还的,经债权人请求,应当偿还。

4. 驱逐出境。驱逐出境是强迫犯罪的外国人离开中国国（边）境的刑罚方法。对于犯罪的外国人，可以独立适用或者附加适用驱逐出境。

三、刑罚的功能

刑罚的功能，指国家制定、裁量和执行刑罚对社会可能产生的积极作用。根据刑罚的作用对象不同，刑罚的功能可以分为对犯罪人的功能、对被害人的功能、对潜在犯罪人的功能和对一般守法者的功能。

（一）刑罚对犯罪人的功能

犯罪人是刑罚的直接作用对象，刑罚对犯罪人的功能指的是刑罚适用于犯罪人对犯罪人本身所具有的影响。刑罚对犯罪人的作用，既表现为外在的物理强制，又体现为内在的心理强制。前者表现为惩罚功能与剥夺或限制再犯能力功能，后者表现为刑罚的个别威慑功能、改造与感化功能。

1. 惩罚功能

刑罚对犯罪人的功能首先表现为惩罚，即将一定的刑罚施加于犯罪人而使其受到有形的权益剥夺和无形的心理痛苦。这是刑罚的本质属性，也是刑罚的最基本功能。如果刑罚不具有给人造成权益剥夺与心理痛苦的属性，则刑将不刑、罚将不罚。

2. 剥夺或限制再犯能力功能

根据犯罪的一般运动规律，如果犯罪人在初次犯罪后未受到一定控制，其便有可能再犯罪。刑罚的剥夺或限制再犯能力功能的提出正是基于这种对犯罪的再发性的认识。或者说，这一命题的提出是基于这样一种认识，即已经实施犯罪行为的人具有一定的人身危险性，他在社会上的存在，构成对社会正常生存条件的威胁，在一定条件下，可能再实施犯罪行为。而刑罚的执行，在剥夺或限制犯罪人的权利或资格时，构成对其再犯的妨碍，使之不具备再犯罪的条件而无法或难于再犯罪。

3. 个别威慑功能

刑罚的个别威慑功能是指刑罚对犯罪人产生的威慑作用。个别威慑又可以分为行刑前威慑与行刑后威慑。

行刑前威慑是指对犯罪人实际执行刑罚前，犯罪人基于对刑罚的畏惧而采取放弃犯罪或争取宽大处理的行动。

行刑后威慑是指刑罚的实际执行使犯罪人因恐惧再次受刑而不敢再犯罪。

4. 改造功能

改造功能是指通过刑罚的执行使犯罪人消除反社会的心理与意识,矫正其行为,在刑满释放、回归社会后不再犯罪。

5. 感化功能

感化功能是指在运用刑罚过程中对犯罪人采取某些宽大措施给其以人道待遇,可以起到瓦解其犯罪意志、消除其敌对情绪、促成其接受教育与自觉改造的作用。

(二) 刑罚对被害人的功能

被害人是受犯罪侵害的人,刑罚对被害人的功能指的是国家对犯罪人适用刑罚对被害人具有的积极作用。刑罚的运用对被害人具有安抚功能。

安抚主要是指刑罚的适用与执行,能在一定程度上满足被害人要求惩罚犯罪的强烈愿望,可以平息犯罪给其造成的激愤情绪,使其精神创伤可以得到抚慰,从犯罪所造成的深切痛感中得以解脱。

(三) 刑罚对潜在犯罪人的功能

潜在犯罪人是指尚未犯罪但具有犯罪的现实可能性的人。刑罚对潜在犯罪人的功能指的是国家用刑对潜在犯罪人具有的影响。

刑罚对潜在犯罪人具有一般威慑功能。一般威慑是指刑罚对潜在犯罪人具有的威慑作用。一般威慑包括立法威慑和司法威慑。

立法威慑是指国家以立法的方式将罪刑关系确定下来,通过刑法对各种具体犯罪及其法定刑的规定,使知法欲犯者望而止步,悬崖勒马。

司法威慑是指通过司法机关对犯罪人适用刑罚、对罪犯执行刑罚,使意图犯罪者得到警戒。在行刑阶段,行刑活动对潜在的犯罪人也具有威慑作用,如公开执行死刑对潜在犯罪人的威慑。但不应过多强调行刑威慑。

(四) 对一般守法者的功能(鼓励功能)

一般守法者指的是犯罪人、被害人、潜在犯罪人以外的其他社会成员。刑罚对其功能,指的是国家制刑与用刑对一般守法者具有的积极作用。

刑罚对守法者具有稳固守法意识、促成自觉守法、鼓励同犯罪作斗争的功能。

第四节 主 要 罪 名

一、危害国家安全罪

危害国家安全罪,是指故意危害中华人民共和国国家独立、国家领土完整和安全、国家的团结和统一,以及人民民主专政的政权和社会主义制度的行为。该类犯罪是我国刑法中性质最严重、危害性最大的一类犯罪,因此被排在十大类犯罪之首。

危害国家安全罪具有以下共同特征:

(1) 本类犯罪侵犯的同类客体是国家安全,即中华人民共和国的独立、领土完整和安全、国家的团结统一,以及人民民主专政的政权和社会主义制度。这是本类犯罪与其他各类犯罪区别的关键所在。

(2) 本类犯罪在客观方面表现为实施了背叛国家、分裂国家、投敌叛变、叛逃、间谍等各种危害中华人民共和国国家安全的行为。所有犯罪的表现形式都是作为,且大多数都属于行为犯。

(3) 本类犯罪的主体多数是一般主体,只有少数犯罪属于特殊主体,如:叛逃罪只能由国家机关工作人员或者掌握国家秘密的国家工作人员构成;背叛国家罪和投敌叛变罪只能由中国公民构成等。

(4) 本类犯罪的主观方面均为故意,其中大多数为直接故意,只有少数犯罪可以由间接故意构成。

关于危害国家安全罪应重点掌握的罪名如下:

(一) 间谍罪

1. 概念。间谍罪是指参加间谍组织或者接受间谍组织及其代理人的任务,或者为敌人指示轰击目标的行为。

2. 特征。只要具备以下三种行为之一即构成本罪:第一,参加间谍组织;第二,接受间谍组织及其代理人的任务;第三,为敌人指示轰击目标。

3. 认定。叛逃后又参加间谍组织或者接受间谍任务的,应当按照数罪并罚的原则处理。

(二) 为境外窃取、刺探、收买、非法提供国家秘密、情报罪

1. 概念。本罪是指为境外的机构、组织、人员窃取、刺探、收买、非法提供国家秘密、情报的行为。

2. 特征。表现为以窃取、刺探、收买、非法提供等方式将国家秘密、情报提供给境外。

3. 认定。本罪是故意犯罪,其犯罪对象是国家秘密、情报。国家秘密是指关系国家安全和利益,依照法定程序确定在一定时间内只限于一定范围内的人员知悉的事项;情报是指关系国家安全和利益尚未公开或者依照有关规定不应公开的事项。为境外窃取、刺探、收买、非法提供前述国家秘密、情报的,构成本罪。

案例 4-3

甲系某国家机关的机要员。为达出国目的,甲千方百计与境外人员拉关系。在朋友的引见下甲认识了境外某报刊的记者乙。乙表示可以帮助甲出国,但作为交换条件,甲得给他提供一些"内部消息"。于是,甲将自己保管的一份国家机密文件复印了一份给乙。事发后甲被逮捕。

问:甲的行为如何定性?为什么?

简要分析:本案甲构成为境外非法提供国家秘密罪,因为甲的行为完全符合本罪的构成要件。具体理由如下:

首先,甲将属于国家机密的文件复印给境外记者,危及了国家安全,符合本罪的客体要件。

其次,甲将自己保管的国家机密文件的复印件提供给境外记者,违反了国家保密法的有关规定,属于非法提供,且提供的对象也是境外报社的记者,符合本罪的客观要件。

再次,甲担任某国家机关的机要员,说明其已成年且精神正常,符合犯罪主体的条件。

最后,甲明知乙为境外记者,但为出国仍将国家机密文件提供给乙,显然具有为境外人员非法提供国家秘密的犯罪故意。

二、危害公共安全罪

关于危害公共安全罪应重点掌握的罪名如下:

（一）以危险方法危害公共安全罪

1. 概念。本罪是指故意使用放火、决水、爆炸、投放危险物质以外的其他危险方法，危害公共安全的行为。

2. 特征。危险方法应当与防火、决水、爆炸、投放危险物质的危害性相当，即对于"其他危险方法"必须进行同类解释。

3. 认定。行为人实施了与防火、决水、爆炸、投放危险物质性质相当的危险方法，危及公共安全的行为，可以认定为本罪。

（二）交通肇事罪

1. 概念。交通肇事罪，是指违反交通运输管理法规，因而发生重大事故，致人重伤、死亡或者使公私财产遭受重大损失的。

2. 特征。表现为在交通运输过程中，违反交通法规，因而发生重大事故，即违反交通法规与发生重大事故之间必须存在因果关系。

3. 认定。注意本罪的基本构成认定及加重犯罪构成认定。交通肇事罪是过失犯，指在交通运输过程中违反交通法规、发生重大事故致人重伤、死亡或者使公私财产遭受重大损失的即构成本罪。加重犯罪构成有两种情形，第一种是交通运输肇事后逃逸或者有其他特别恶劣情节的；第二种是因逃逸致人死亡的，即行为人在交通肇事后为逃避法律追究而逃跑，致使被害人因得不到救助而死亡的情形。

危害公共安全罪，是指故意或者过失实施的危害不特定或者多人的生命、健康和重大公私财产的安全的行为。

危害公共安全罪具有以下共同特征：

（1）本类犯罪侵犯的同类客体是社会的公共安全，即不特定或者多人的生命、健康和重大公私财产的安全。这是该类犯罪与其他涉及人身权利和财产权利犯罪区别的关键。

（2）本类犯罪在客观方面表现为实施了各种危害公共安全的行为。这里危害公共安全的行为有两类：一类是已经实际造成危害公共安全结果的行为，如炸死、炸伤20余人，烧毁一幢大楼等；另一类是尚未造成危害公共安全的实际结果，但足以危害公共安全的行为，如：将毒药投入食堂大锅饭里，但被及时发现，未造成人员中毒的结果；放火烧楼房被及时发现，未造成严重后果等。

（3）本类犯罪的主体既包括自然人主体，也包括单位主体，既有一般主体，也有特殊主体。其中自然人主体居多，单位主体是少数，只有非法制造、买卖、运输、邮寄、储存枪支、弹药、爆炸物罪,违规制造、销售枪支罪,非法出租、出借枪支罪等可以由单位构成;大多数为一般主体,只有个别是特殊主体,如非法出租、出借枪支罪,重大责任事故罪的主体即为特殊主体。尤其需要注意的是,本类犯罪中的放火罪、爆炸罪和投放危险物质罪的刑事责任年龄为14周岁。

(4) 本类犯罪的主观方面既有故意的,也有过失的。如放火罪、爆炸罪、破坏交通工具罪、劫持航空器罪等为故意犯罪,失火罪、交通肇事罪、工程重大安全事故罪等为过失犯罪。

三、破坏社会主义市场经济秩序罪

破坏社会主义市场经济秩序罪,是指违反国家市场经济管理法规,干扰国家对市场经济的管理活动,扰乱社会主义市场经济秩序,严重危害国民经济的行为。本类犯罪具有以下共同特征:

(1) 本类犯罪侵犯的同类客体是社会主义市场经济秩序,即国家通过法律调节所形成的公平公开、平等竞争、协调有序的社会主义市场经济状态。这是本类犯罪与其他犯罪区别的关键。

(2) 本类犯罪在客观方面表现为违反国家市场经济管理法规,实施了各种干扰国家市场经济管理活动、严重破坏社会主义市场经济秩序的行为。以违反国家市场经济管理法规为前提,是本类犯罪的一个突出特点。本类犯罪绝大多数都表现为作为,只有少数犯罪表现为不作为,如偷税罪,签订、履行合同失职被骗罪等就表现为不作为。

(3) 本类犯罪的主体多数为一般主体,且多数既可以由自然人构成,也可以由单位构成。属于特殊主体的犯罪主要有非国家工作人员受贿罪,非法经营同类营业罪,内幕交易、泄露内幕信息罪,逃税罪,抗税罪等;只能由自然人构成的犯罪主要是非国家工作人员受贿罪,抗税罪,签订、履行合同失职被骗罪等;只能由单位构成的犯罪有一个,即逃汇罪。

(4) 本类犯罪的主观方面绝大多数为故意。由过失构成的犯罪有签订、履行合同失职被骗罪、中介组织人员出具证明文件重大失实罪。

关于破坏社会主义市场经济秩序罪应重点掌握的罪名如下:

(一) 生产、销售伪劣产品罪

1. 概念。本罪是指生产者、销售者在产品中掺杂、掺假,以假充真,以次充好或者以不合格产品冒充合格产品,销售金额在5万元以上的行为。

2. 特征。有四种行为方式：第一，掺杂、掺假；第二，以假充真；第三，以次充好；第四，以不合格产品冒充合格产品。

3. 认定。本罪的认定关键在于对行为手段的解释。本条规定的"掺杂、掺假"，是指在产品中掺入杂质或者异物，致使产品质量不符合国家法律、法规或者产品明示质量标准规定的质量要求，降低、失去应有使用性能的行为；"以假充真"，是指以不具有某种使用性能的产品冒充具有该种使用性能的产品的行为；"以次充好"，是指以低等级、低档次产品冒充高等级、高档次产品，或者以残次、废旧零配件组合、拼装后冒充正品或者新产品的行为；"不合格产品"，是指不符合《中华人民共和国产品质量法》规定的质量要求的产品。伪劣产品尚未销售，但货值金额达到15万元以上的，虽然不构成既遂，但可以以生产、销售伪劣产品罪（未遂）定罪处罚。

(二) 洗钱罪

1. 概念。本罪是指明知是毒品、黑社会性质的组织、恐怖活动、走私、贪污贿赂、破坏金融管理秩序、金融诈骗犯罪的所得及其产生的收益，而掩饰、隐瞒其来源和性质的行为。

2. 特征。表现为以下几个方面：

第一，提供资金账户的；

第二，将财产转换为现金、金融票据、有价证券的；

第三，通过转账或者其他支付结算方式转移资金的；

第四，跨境转移资产的；

第五，以其他方法掩饰、隐瞒犯罪所得及其收益的来源和性质的。

3. 认定。如果事前有通谋，为上游犯罪人实施洗钱的，应当按照共同犯罪处罚；事前无通谋的，虽然在事后知道了其来源的非法性，但是不构成共同犯罪，而应当按照洗钱罪的规定定罪处罚。

四、侵犯公民人身权利、民主权利罪

侵犯公民人身权利、民主权利罪，是指故意或者过失地侵犯他人人身权利和其他与人身直接有关的权利，以及非法剥夺或者妨害公民自由地行使依法享有的管理国家事务和参加政治活动权利的行为。本类犯罪的特征是：(1)侵犯的客体是公民的人身权利、民主权利和其他与人身直接有关的权利；(2)客观方面表现为非法侵犯公民的人身权利、民主权利的行为；(3)犯罪的主体多为一般主体,少数是特殊主体;(4)主观方面只有过失致人死亡罪、过失致人重伤罪是过失,其余为故意。

关于侵犯公民人身权利、民主权利罪应重点掌握的罪名如下:

(一) 故意杀人罪

1. 概念。故意杀人罪,是指故意非法剥夺他人生命的行为。

2. 特征。(1)客体:他人的生命权利。(2)客观方面:非法剥夺他人生命的作为或者不作为。(3)主体:情节恶劣,经最高人民检察院核准追诉的,年满12周岁的,其余为14周岁的。(4)主观方面:非法剥夺他人生命的故意。

3. 认定。(1)本罪与以危险方法危害公共安全的犯罪的界限。以放火等危险方法致人死亡并危及公共安全的,构成危害公共安全的犯罪;未危及公共安全的,构成本罪。(2)本罪与强奸、抢劫致人死亡的界限。以强奸、抢劫的暴力手段致人死亡的,构成强奸罪或者抢劫罪;强奸、抢劫后杀人灭口的,以强奸罪或者抢劫罪与本罪数罪并罚。(3)致人自杀的处理。无违法行为的或者有错误行为但错误行为不是自杀的主要原因的,不构成犯罪;违法犯罪致人死亡的,死亡是犯罪后果,按照相应的犯罪定罪;以暴力、胁迫、欺骗、引诱的方法使没有自杀意图的人产生自杀意图并自杀的,帮助他人自杀的,构成本罪;相约自杀,双方自愿的不为罪,一方胁迫或者欺骗对方的是故意杀人。

(二) 故意伤害罪

1. 概念。故意伤害罪,是指故意非法剥夺他人身体健康的行为。

2. 特征。(1)客体:他人的身体健康(身体组织的完整或者身体器官的正常机能)。(2)客观方面:故意非法损害他人身体健康的作为或者不作为。(3)主体:以特别残忍手段致人重伤造成严重残疾,情节恶劣,经最高人民检察院核准追诉的,年满12周岁的;造成重伤或者死亡结果,年满14周岁的;其余为16周岁的。(4)主观方面:故意。

3. 认定。(1)重伤、轻伤、轻微伤的界限:轻微伤不构成犯罪;重伤是指使人肢体残废或者毁人容貌,使人丧失听觉、视觉或者其他器官机能,以及其他对于人身健康的重大伤害。(2)本罪与故意杀人罪的界限:故意的内容不同。

(三) 强奸罪

1. 概念。强奸罪,是指违背妇女意志,使用暴力、胁迫或者其他手段,强行与妇女发生性交的行为。

2. 特征。(1)客体：妇女(年满14周岁的女性)的性的权利。(2)客观方面：违背妇女意志，强行与妇女发生性交的行为。(3)主体：年满14周岁的男子。(4)主观方面：直接故意，有奸淫的目的。

3. 认定。(1)强奸与通奸的界限：区别在于是否违背妇女的意志。(2)强奸未遂与强制猥亵、侮辱妇女罪的界限：关键在于行为人主观上是否具有奸淫的目的。

(四) 绑架罪

1. 概念。绑架罪，是指以勒索财物为目的或者出于其他目的，采用暴力、胁迫或者麻醉方法，劫持他人作为人质的行为。

2. 特征。(1)客体：他人的人身权利(勒索财物的，还侵犯财产所有权)。(2)客观方面：采用暴力、胁迫、麻醉方法劫持他人的行为，偷盗婴幼儿的行为。(3)主体：一般主体。(4)主观方面：故意，并具有勒索财物或者其他目的。

3. 认定。(1)本罪与非法拘禁罪的界限：客体不同；客观方面不同。(2)既遂的标准：完成绑架人质的行为即为既遂。

(五) 拐卖妇女、儿童罪

1. 概念。拐卖妇女、儿童罪，是指以出卖为目的，拐骗、绑架、收买、贩卖、接送、中转妇女、儿童的行为。

2. 特征。(1)客体：妇女、儿童的人身自由和人格尊严权利，同时侵犯他人的婚姻家庭关系。(2)客观方面：拐骗、绑架、收买、贩卖、接送、中转妇女、儿童的行为。(3)主体：一般主体。(4)主观方面：故意，并且具有"出卖"的目的。

3. 认定。(1)本罪与以勒索财物为目的的绑架罪的界限：客体不同；犯罪对象不同；取财方式不同；主观目的不同。(2)拐卖妇女罪与借介绍婚姻从中索取钱财的界限：目的不同；有无欺骗和违背妇女的意志的因素。(3)本罪与诈骗罪的界限：客体不同；客观方面不同；主观方面不同。(4)拐卖儿童罪与绑架罪(偷盗婴幼儿构成的绑架罪)的界限：犯罪对象不同；犯罪目的不同。(5)拐卖儿童罪与拐骗儿童罪的界限：犯罪目的不同。

案例 4-4

某晚，甲男趁乙女不备，在乙女臀部扎了一针麻醉药，致乙昏迷，甲趁机拿走乙手提包中的现金 2 000 元。甲正欲离开，发现乙貌美，顿生歹意，便奸淫乙。乙在被奸淫的过程中苏醒，奋起反抗。甲害怕罪行暴露，于是产生杀人灭口的念头,用地上的石块向乙猛砸,致乙昏迷。甲认为乙已死,将乙女投入江中,逃离现场。法医鉴定,乙因溺水窒息死亡。对甲的行为应当如何处理?

简要分析:甲用麻醉方法当场夺取他人财物,其行为构成抢劫罪;利用受害人不能反抗的条件奸淫妇女,构成强奸罪;杀人灭口构成故意杀人罪。杀人的实行行为虽然未能引起被害人死亡的结果,但其后的毁尸灭迹的行为是其故意杀人行为的组成部分,是在其杀人的故意的支配之下实施的,故甲仍然应当对乙死亡的结果负刑事责任,即甲应当负故意杀人既遂之责。综上所述,对甲应当以抢劫罪、强奸罪、故意杀人罪实行数罪并罚。

五、侵犯财产罪

侵犯财产罪,是指以非法占有为目的,攫取公私财产或者故意毁坏公私财物的行为。本类犯罪的特征是:(1)客体:公私财产的所有权。(2)客观方面:非法侵犯公私财产的行为。(3)主体:多数为一般主体,少数是特殊主体。(4)主观方面:故意。

关于侵犯财产罪应重点掌握的罪名如下:

(一) 抢劫罪

1. 概念。抢劫罪,是指以非法占有为目的,对公私财产的所有人或管理人,当场使用暴力、胁迫或者其他方法强行劫取财物的行为。

2. 特征。(1)客体:公私财产所有权和他人的人身权利。(2)客观方面:对公私财物的所有人、管理人当场使用暴力、胁迫或者其他方法,迫使其当场交出财物或者将财物抢走的行为。(3)主体:年满14周岁的人。(4)主观方面:直接故意;以非法占有公私财物为目的。

3. 认定。(1)罪与非罪的界限:抢劫情节显著轻微危害不大的,不构成犯罪;无非法占有的目的的,不构成抢劫罪。(2)本罪与抢夺罪的界限:抢劫罪是以暴力、胁迫或者其他方法使被害人不敢、不能、不知反抗而获取财物;抢夺罪是出其不意直接夺取他人财物。(3)抢劫致人重伤、死亡与故意杀人罪的界限:抢劫的方法行为致人重伤、死亡的,构成抢劫罪;抢劫财物之后杀人灭口的,以抢劫罪与故意杀人罪实行数罪并罚;将人故意伤害或者杀死后,临时起意拿走他人财物的,以故意伤害罪或者故意杀人罪与盗窃罪实行数罪并罚。(4)转化型的抢劫罪的适用条件:实施了盗窃、诈骗、抢夺行为;在实施盗窃、诈骗、抢夺行为的过程中当场使用暴力或者以暴力相威胁;使用暴力或者以暴力相威胁的目的是窝藏赃物、抗拒抓捕或者毁灭罪证。(5)本罪与以勒索财物为目的的绑架罪的界限：行为手段不尽相同；实施行为的时间和地点不同；犯罪对象不尽相同；归属的类罪名不同。(6)以胁迫方式实施的抢劫罪与敲诈勒索罪的界限：威胁的方式不同；实施威胁的时间不同；威胁的内容不尽相同；获得财物的时间不尽相同。

(二) 盗窃罪

1. 概念。盗窃罪，是指以非法占有为目的，秘密窃取数额较大的公私财物或者多次盗窃公私财物的行为。

2. 特征。(1)客体：公私财产的所有权。(2)客观方面：秘密窃取(以行为人自认为财物所有人、管理人不会发觉的方法非法占有财物)数额较大的公私财物或者多次(一年内入户盗窃或者在公共场所扒窃3次以上)盗窃公私财物的行为。(3)主体：一般主体。(4)主观方面：故意；以非法占有公私财物为目的。

3. 认定。(1)罪与非罪的界限：盗窃的数额是否较大或者是否多次盗窃。但是，在一定情况下，盗窃数额达到数额较大的起点的，可以不作为犯罪处理；盗窃数额接近数额较大的起点的，也可以追究刑事责任。(2)与破坏交通工具罪、破坏交通设施罪、破坏电力设备罪、破坏易燃易爆设备罪的界限：盗窃正在使用中的上述设备并且足以危害公共安全的，构成危害公共安全的犯罪；否则，构成盗窃罪。(3)与破坏生产经营罪的界限：盗窃机器设备机器零部件的，如果以破坏生产经营为目的，构成破坏生产经营罪；被盗物品价值巨大，同时也破坏了生产经营的，根据想象竞合犯的处断原则择一重罪处断。(4)与盗窃枪支、弹药、爆炸物、危险物质罪和盗窃国家机关公文、证件、印章罪的界限：以上述特定物品为盗窃的目标的，构成特定的犯罪；不知是特定的物品而盗窃的，构成盗窃罪。

(三) 诈骗罪

1. 概念。诈骗罪，是指以非法占有为目的，骗取数额较大的公私财物的行为。

2. 特征。(1)客体：公私财物的所有权。(2)客观方面：使用欺骗方法，骗取数额较大的公私财物的行为(捏造事实或者隐瞒事实真相，使受害人信以为真，"自愿"交出公私财物)。(3)主体：一般主体。(4)主观方面：直接故意；以非法占有公私财物为目的。

3. 认定。(1)罪与非罪的界限：诈骗的数额是否较大；是否有非法占有的目的。(2)与招摇撞骗罪的界限：犯罪手段不同；骗取的利益不同；犯罪客体不尽相同；主观目的不尽相同。(3)与非法经营罪的界限：客体不同；客观行为方式的主要方面不同。

(四) 侵占罪

1. 概念。侵占罪,是指以非法占有为目的,将为他人保管的财物或者他人的遗忘物、埋藏物占为己有,数额较大且拒不交还的行为。

2. 特征。(1)客体:公私财物的所有权。(2)客观方面:非法占有代为保管的他人财物、遗忘物、埋藏物,数额较大,拒不交还的行为。(3)主体:一般主体。(4)主观方面:故意;以非法占有他人财物为目的。

3. 认定。(1)与不当得利的界限:占有他人财物的故意形成的时间不同;行为是主动的还是被动的;行为性质和法律后果不同。(2)与盗窃罪的界限:故意形成的时间不同;客观方面不同;犯罪对象不同。

(五) 职务侵占罪

1. 概念。职务侵占罪,是指公司、企业或者其他单位的人员,利用职务上的便利,将本单位财物非法占为己有,数额较大的行为。

2. 特征。(1)客体:公司、企业或者其他单位的财产所有权。(2)客观方面:利用职务上的便利,将本单位财物非法占为己有,数额较大的行为。(3)主体:不属于国家工作人员的公司、企业或者其他单位的人员(含村民小组组长)。(4)主观方面:故意;以将本单位财物非法占为己有为目的。

3. 认定。(1)与侵占罪的界限:主体不同;客观方面表现不同;犯罪对象不同。(2)与盗窃罪的界限:主体不同;客观方面不同;犯罪对象范围不同;行为次数对犯罪构成的作用不同。(3)与贪污罪的界限:犯罪主体不同;构成犯罪的数额标准不同。

(六) 挪用资金罪

1. 概念。挪用资金罪,是指公司、企业或者其他单位中的非国家工作人员,利用职务上的便利,挪用本单位资金归个人使用或者借贷给他人,数额较大、超过3个月未还的,或者数额较大、进行营利活动的,或者进行非法活动的行为。

2. 特征。(1)客体:公私财产的所有权。(2)客观方面:利用职务上的便利,挪用本单位资金归个人使用或者借贷给他人。数额较大、超过3个月未还的,或者虽未超过3个月,但数额较大、进行营利活动的,或者进行非法活动的行为。(3)主体:公司、企业或者其他单位中的非国家工作人员。(4)主观方面:直接故意;目的是暂时取得本单位资金的使用权,一般是准备以后归还。

3. 认定。(1)罪与非罪的界限:挪用资金的多少;挪用时间的长短;挪用以后的用途。(2)与职务侵占罪的界限:侵犯客体的具体内容不同;犯罪对象的范围不同;犯罪的手段、方式不同;犯罪目的不同。(3)与挪用特定款物罪的界限:客体与对象不同;用途不同;对危害结果的要求不同;主体不同。

六、贪污贿赂罪

贪污贿赂罪,是指行为人贪污、挪用、私分公共财物,索取、收受贿赂,破坏公务行为的廉洁性,或者以国家工作人员、国有单位为对象进行贿赂、收买公务人员的行为。本类犯罪的特征是:(1)侵犯的客体主要是国家工作人员公务行为的廉洁性,多数犯罪同时也侵犯了公共财产或国有资产的所有权,如贪污罪、私分国有资产罪、私分罚没财物罪。这类犯罪的本质就在于以公权牟取私利,具有渎职性犯罪与贪利性犯罪的双重特点。(2)在客观方面一般表现为国家工作人员利用职务上的便利,贪污、挪用、私分公共财物或国有资产,收受或者索取贿赂,牟取非法利益,亵渎公务行为的廉洁性。其中行贿罪、介绍贿赂罪、单位行贿罪的客观行为不具有渎职性,隐瞒境外存款罪是不作为构成,巨额财产来源不明罪则属于持有型犯罪。(3)大多数犯罪的主体是特殊主体,即国家工作人员,少数犯罪的主体是一般主体,如行贿罪、介绍贿赂罪,还有少数犯罪的主体则只能是单位,如单位受贿罪、单位行贿罪、私分国有财产罪、私分罚没财产物罪。(4)在主观方面只能由直接故意构成。

关于贪污贿赂罪中应重点掌握的罪名如下:

(一) 贪污罪

1. 概念。贪污罪是指国家工作人员利用职务上的便利,侵吞、窃取、骗取或者以其他手段非法占有公共财物的行为。

2. 特征。(1)侵犯的客体是复杂客体,即同时侵犯了国家工作人员公务行为的廉洁性和公共财产的所有权。(2)客观方面表现为行为人利用职务上的便利,侵吞、窃取、骗取或者以其他手段非法占有公共财物的行为。(3)犯罪的主体是特殊主体,即必须是国家工作人员。(4)主观方面必须出于故意,并且具有利用职务上的便利非法占有公共财物的犯罪目的。

3. 认定。认定本罪应注意划清本罪与非罪,本罪与盗窃罪、诈骗罪、侵占罪以及职务侵占罪的界限。

(二) 挪用公款罪

1. 概念。挪用公款罪是指国家工作人员利用职务上的便利,挪用公款归个人使用,进行非法活动,或者挪用公款数额较大、进行营利活动,或者挪用公款数额较大、超过 3 个月未还的行为。

2. 特征。(1)侵犯的客体是复杂客体,即同时侵犯了公务行为的廉洁性和公款的部分所有权。(2)客观方面表现为行为人利用职务上的便利,挪用公款归个人使用,进行非法活动,或者挪用公款数额较大、进行营利活动,或者挪用公款数额较大、超过 3 个月未还的行为。(3)犯罪的主体是特殊主体,即必须是国家工作人员。(4)主观方面必须出于故意,并且具有非法挪用公款归个人使用的犯罪目的。

3. 认定。认定本罪需要划清本罪与合法借款行为,本罪与贪污罪、挪用资金罪的界限。

(三) 受贿罪

1. 概念。受贿罪是指国家工作人员利用职务上的便利,索取他人财物,或者非法收受他人财物,为他人谋取利益的行为。

2. 特征。(1)侵犯的客体是国家工作人员公务行为的廉洁性,索贿还侵犯他人的财产权利。(2)客观方面表现为行为人利用职务上的便利,索取他人财物,或者非法收受他人财物,为他人谋取利益的行为。(3)犯罪主体是特殊主体,即必须是国家工作人员。(4)主观方面必须出于故意。

3. 认定。认定本罪应注意划清本罪与接受正当馈赠、取得合法报酬行为、一般受贿行为,本罪与贪污罪、非国家工作人员受贿罪以及敲诈勒索罪的界限。

(四) 行贿罪

1. 概念。行贿罪是指行为人为谋取不正当利益,给予国家工作人员以财物的行为。

2. 特征。(1)客体是公务行为的廉洁性。(2)客观方面必须实施了给予国家工作人员以财物的行为。(3)犯罪的主体是一般主体,凡年满 16 周岁的具有刑事责任能力的自然人均可构成本罪的主体。(4)主观方面必须出于故意,并且具有谋取不正当利益的犯罪目的。

3. 认定。认定本罪必须划清本罪与馈赠礼物、一般行贿行为以及本罪与对非国家工作人员行贿罪的界限。

案例 4-5

2009年1月，李某、徐某在自己家乡黑龙江，组成"黑龙帮"，两人积极发展成员，制定帮规。"黑龙帮"向所在地区做生意的摊位收取"保护费"，具有一定的经济实力，但该帮不具有国家工作人员的非法保护（俗称"保护伞"）。2009年2月，李某、徐某等人在向摊主陈某收取"保护费"时，陈某称最近生意亏本，不同意支付，李某、徐某等人便拳脚相加，造成陈某重伤。2009年6月、7月，李某、徐某等人又领导其成员数次实施抢劫行为。2009年8月，徐某带领瞿某等数人盗窃了一家便利店。同月案发，李某、徐某等人被公安机关抓获，案发当时瞿某只参与过2009年8月的盗窃活动。

根据上述案情回答下列问题：

1. 黑社会性质组织应当如何认定？是否以具有"保护伞"为要件？
2. 实施组织、领导、参加黑社会性质组织又实施了其他犯罪的，应当如何认定？
3. 组织者、领导者应当承担何种责任？
4. 本案中，李某、徐某、瞿某的行为应当如何定性？

简要分析：

1. 认定黑社会的特征：(1)组织结构比较紧密，人数较多，有明确的组织者、领导者，骨干成员基本固定，有较为严格的组织纪律；(2)通过违法犯罪活动或者其他手段获取经济利益，具有经济实力；(3)通过贿赂、威胁等手段，引诱、逼迫国家工作人员参加黑社会性质的组织活动，或者为其提供非法保护；(4)在一定区域或者行业范围内，以暴力、威胁、滋扰等手段，大肆进行敲诈勒索、欺行霸市、聚众斗殴、寻衅滋事、故意伤害等违法犯罪活动，严重破坏社会经济秩序。

不要求具有保护伞。

2. 行为人组织、领导、参加黑社会性质的组织，又实施了其他犯罪的，应当数罪并罚。

3. 对于黑社会性质组织的组织者、领导者，应当按照其所组织、领导的黑社会性质组织所犯的全部罪行处罚。

4. 对李某、徐某，应当以组织、领导黑社会性质组织罪与故意伤害罪、抢劫罪、盗窃罪实行数罪并罚；对于瞿某，作为积极参加者，应当以参加黑社会性质组织罪及盗窃罪承担刑事责任，实行数罪并罚。

引例评析

1. 甲、乙构成共同绑架罪。(1)甲与乙预谋绑架,并利用丙的不知情行为,尽管丙误将赵某的小孩作为钱某的小孩非法拘禁,但是甲、乙借此实施索要钱某财物的行为,即绑架他人为人质,进而勒索第三人的财物,符合绑架罪犯罪构成,构成共同绑架罪。(2)甲、乙所犯绑架罪属于未遂,可以从轻或者减轻处罚。理由是:虽然侵犯了赵某小孩的人身权利,但是没有造成钱某的担忧,没有侵犯也不可能侵犯到钱某的人身自由与权利,当然也不可能勒索到钱某的财物,所以是绑架罪未遂。

2. 在甲与乙商定放弃犯罪时,乙假意答应甲放弃犯罪,实际上借助于原来的犯罪,对赵某谎称绑架了其小孩,继续实施勒索赵某财物的行为,构成敲诈勒索罪与诈骗罪想象竞合犯,应当从一重罪论处。理由是:因为人质已经不复存在,其行为不仅构成敲诈勒索罪,同时构成诈骗罪。乙向赵某发出的是虚假的能够引起赵某恐慌、担忧的信息,同时具有虚假性质和要挟性质,因而构成敲诈勒索罪与诈骗罪的想象竞合犯,应当从一重罪论处,并与之前所犯绑架罪(未遂),数罪并罚。

3. 丙构成非法拘禁罪和故意杀人罪,应当分别定罪量刑,然后数罪并罚。

(1)①丙哄骗小孩离开父母,并实行控制,是出于非法剥夺他人人身自由目的而实行的行为,所以构成非法拘禁罪。②因为丙没有参加甲、乙绑架预谋,对于甲、乙实施绑架犯罪不知情,所以不能与甲、乙构成共同绑架罪,而是单独构成非法拘禁罪。

丙犯非法拘禁罪,是甲、乙共同实施绑架罪的一部分——绑架他人作为人质,甲、乙对于丙的非法拘禁行为负责。甲、乙、丙在非法拘禁罪范围内构成共同犯罪;甲、乙既构成绑架罪又构成非法拘禁罪,是想象竞合犯,从一重罪论处;丙则因为没有绑架犯罪故意,仅有非法拘禁罪故意,所以只成立非法拘禁罪。

(2)答案一:丙为控制小孩采取捆绑行为致其死亡,构成故意杀人罪。①这是一种具有高度危险的侵犯人身权利的行为,可能造成死亡的结果,可以评价为杀人行为,丙主观上对此有明知并持放任的态度,是间接故意杀人,因而构成故意杀人罪。②甲、乙对于人质的死亡没有故意、过失,没有罪责。具体来说,丙的杀人故意行为超出了非法拘禁之共同犯罪故意范围,应当由丙单独负责,甲、乙没有罪过、罪责。

答案二：丙构成过失致人死亡罪。丙应当预见到自己的行为可能造成小孩死亡，但是丙不希望也不容忍小孩死亡，主观上是疏忽大意过失，构成过失致人死亡罪。

按照事前分工，看护小孩属于丙的责任，小孩的安全由丙负责，甲、乙二人均不在现场，没有可能保证防止、避免小孩死亡，所以，甲、乙不构成过失致人死亡罪。

思考题

1. 如何贯彻罪刑相适应原则？
2. 我国刑法对于溯及力问题采取什么原则？为什么？
3. 犯罪对象与犯罪客体的关系是什么？
4. 如何理解犯罪客观方面的要件在犯罪构成中的地位？
5. 不作为犯的成立条件是什么？
6. 犯罪主体的特殊身份有什么意义？
7. 为什么说罪过是行为人承担刑事责任的主观基础？
8. 如何区分疏忽大意的过失和过于自信的过失？
9. 结果犯与行为犯在既遂形态上有何不同？

案例分析

1. 甲在2003年10月15日见路边一辆面包车没有上锁，即将车开走，前往A市。行驶途中，行人乙拦车要求搭乘，甲同意。甲见乙提包内有巨额现金，遂起意图财。行驶到某偏僻处时，甲谎称发生故障，请乙下车帮助推车。乙将手提包放在面包车座位上，然后下车。甲乘机发动面包车欲逃。乙察觉出甲的意图后，紧抓住车门不放，被面包车拖行10余米。甲见乙仍不松手并跟着车跑，便加速疾驶，使乙摔倒在地，造成重伤。乙报警后，公安机关根据汽车号牌将甲查获。

讯问过程中，虽有乙的指认并查获赃物，但甲拒不交代。侦查人员丙、丁对此十分气愤，对甲进行殴打，造成甲轻伤。在这种情况下，甲供述了以上犯罪事实，同时还交代了其在B市所犯的以下罪行：2003年6月的一天，甲于某小学放学之际，在校门前拦截了一名一年级男生，将其骗走，随即带该男生到某个体商店，向商店老板购买价值5000余元的高档烟酒。在交款时，甲声称未带够钱，将男生留在商店，回去拿钱交款后再将男生带走。商店老板以为男生是甲的儿子便同意了。甲携带烟酒逃之夭夭。公安机关查明,甲身边确有若干与甲骗来的烟酒名称相同的烟酒,但未能查找到商店老板和男生。

本案移送检察机关审查起诉后,甲称其认罪口供均系侦查人员丙、丁对他刑讯逼供所致,推翻了以前所有的有罪供述。经检察人员调查核实,确认了侦查人员丙、丁对甲刑讯逼供的事实。

问题:

请根据我国刑法的有关规定,对上述案例中甲、丙、丁的各种行为及相关事实分别进行分析,并提出处理意见。

简要分析:

(1) 甲开走他人面包车的行为构成盗窃罪,即使面包车没有锁,但根据社会的一般观念,该车属于他人占有的财物,而非遗忘物。

(2) 甲对乙的行为构成抢劫罪,甲虽然开始打算实施抢夺,但在乙抓住车门不放时,甲加速行驶的行为已经属于暴力行为,因而不是转化型抢劫,而应直接认定为抢劫罪,而且属于抢劫罪的结果加重犯。

(3) 甲对男生的行为构成拐骗儿童罪而不构成拐卖儿童罪。表面上看甲以儿童换取了商品,但这种行为并非属于出卖儿童,商店老板也没有收买儿童的意思。

(4) 甲对商店老板的行为构成诈骗罪。

(5) 丙、丁对甲的行为构成刑讯逼供罪。

2. 钱某从毒品走私犯手中购买海洛因 2 500 克,准备贩卖牟利。为遮人耳目,钱某从医院太平间偷盗了一具婴儿尸体,将海洛因藏匿于婴儿的尸体内携带到某市。为使海洛因尽快脱手,钱某将海洛因掺杂在自己卷制的香烟中,号称"神烟",包治百病,使不明真相的刘某、潘某等 10 余人吸食成瘾,不得不高价向钱某购买"神烟"。钱某被抓获时,大部分海洛因已卖出,只剩下 400 余克。

问题:

钱某触犯了哪些罪名?钱某所触犯罪名中的法定最高刑是什么?对钱某可否适用法定最高刑?为什么?

简要分析: 钱某触犯了三个罪名:贩卖运输毒品罪、盗窃尸体罪和欺骗他人吸食毒品罪。钱某触犯这三个罪名中法定最高刑是《刑法》第三百四十七条规定的走私、贩卖、运输、制造毒品罪,这个罪可以判处死刑。《刑法》第三百零二条规定的盗窃、侮辱、故意毁坏尸体、尸骨、骨灰罪和第三百五十三条规定的引诱、教唆、欺骗他人吸毒罪都不能适用死刑。对钱某可以适用死刑。根据《刑法》第三百四十七条第二款的规定,贩卖50克以上的海洛因,处15年以上有期徒刑、无期徒刑或死刑,本案中钱某贩卖海洛因达2 500克,数量特别巨大,且又有盗窃尸体和欺骗他人吸毒的犯罪行为,根据其情节,应该处以死刑。

3. 甲某认为妻子与其离婚,是妻姐丁某从中挑拨所致,遂产生杀死丁某及其家人后劫持飞机逃往我国台湾之念,并得到乙的赞同。之后,甲乙二人购买催泪枪一支,并将催泪枪分解伪装,进行了两次登机试验。同时又准备了毒药"赤血盐",用于杀害丁及其家人。甲乙二人决定于1999年11月8日晚,杀死丁及其全家后乘长春市至厦门市的班机,将飞机劫持至台湾。11月3日,由甲出资、乙去长春购买了11月7日长春市至厦门市的飞机票两张。后来,乙感到害怕,独自一人到公安机关报案。公安机关接到报案后,将甲抓获,阻止了事态的进一步发展。

问题:

甲构成何罪?应当如何处罚?乙构成何罪?应当如何处罚?

简要分析:甲构成劫持航空器罪(犯罪预备)和投放危险物质罪(犯罪预备),甲与乙就犯罪开始准备工具、制造条件,但在预备阶段,均因警察制止而被迫停止,对其要实行数罪并罚,并可以比照既遂犯从轻、减轻或免除处罚。乙构成劫持航空器罪(犯罪中止)和投放危险物质罪(犯罪中止),甲与乙就犯罪开始准备工具、制造条件,但在预备阶段,乙放弃犯罪,投案自首,并阻止甲继续犯罪,成立犯罪中止,依法应数罪并罚,但应免除处罚。我国刑法规定,犯罪中止没有造成损害结果的,应当免除处罚。

相关法律法规

1.《中华人民共和国刑法》,1979年7月1日通过,1997年3月14日修订,2020年12月26日修正。

2.《中华人民共和国刑法修正案(十一)》,2020年12月26日通过,自2021年3月1日起施行。

3.《中华人民共和国刑法修正案(十)》,2017年11月4日通过并施行。

4.《中华人民共和国刑法修正案(九)》,2015年8月29日通过,自2015年11月1日起施行。

5.《中华人民共和国刑法修正案(七)》,2009年2月28日通过并施行。

6.《中华人民共和国刑法修正案(六)》,2006年6月29日通过并施行。

7.《中华人民共和国刑法修正案(五)》,2005年2月28日通过并施行。

8.《中华人民共和国刑法修正案(四)》,2002年12月28日通过并施行。

9.《中华人民共和国刑法修正案(三)》,2001年12月29日通过并施行。

10.《中华人民共和国刑法修正案(二)》,2001年8月31日通过并施行。

11.《中华人民共和国刑法修正案》,1999年12月25日通过并施行。

12. 最高人民法院最高人民检察院公安部《关于依法适用正当防卫制度的指导意见》,2020年8月28日施行。

13. 最高人民法院《关于审理抢劫刑事案件适用法律若干问题的指导意见》,2016年1月6日施行。

14. 最高人民法院《关于审理交通肇事刑事案件具体应用法律若干问题的解释》,2000年11月21日施行。

第五章 民 法

导 读

2020年5月28日第十三届全国人民代表大会第三次会议通过了《中华人民共和国民法典》(以下简称《民法典》)。《民法典》的内容包括总则编、物权编、合同编、人格权编、婚姻家庭编、继承编、侵权责任编七编和附则。它的颁布,宣告了我国从此进入了民法典时代,同时也意味着现行的《中华人民共和国民法总则》《中华人民共和国民法通则》《中华人民共和国婚姻法》《中华人民共和国继承法》《中华人民共和国收养法》《中华人民共和国担保法》《中华人民共和国合同法》《中华人民共和国物权法》《中华人民共和国侵权责任法》同时废止。本章依据《民法典》的体系主要介绍民法的基本理论、物权、合同、人格权、婚姻家庭及继承、侵权责任等方面的内容。其中民法的基本理论主要介绍民事法律制度中具有普遍适用性与引领性的内容;物权包括所有权、用益物权、担保物权;合同制度主要是关于合同通则、典型合同及准合同的内容;人格权包括物质性人格权及精神性人格权;婚姻家庭及继承制度是关于结婚、家庭关系、离婚、收养及继承的内容;侵权责任包含了一般侵权责任及特殊侵权责任的规定。

引入案例

李某和王某是邻居,李某要去边疆地区支教,临行前将自己的电脑委托王某保管。一个月后,李某电告王某说自己新买了一台电脑,委托其保管的电脑可以以适当价格出售,但是显示器不要卖。张某知道此事后,对王某说自己想买,但希望王某对李某说电脑有毛病,以便以低价购买,王某便按张某的意思告诉了李某,李某同意低价出售,张某便以较低的价格购买了该电脑。过了一段时间王某嫌显示器碍事,便以李某的名义以合理价格卖给了赵某,赵某已经付钱,但是王某尚未交货。李某此时支教期满,回来后了解到真实情况,产生了纠纷。

问题:

(1) 李某能否要求张某返还电脑?对于李某的损失,应当如何承担?

(2) 王某向赵某出售显示器的行为性质如何认定?赵某的知情与否,是否会产生不同的法律效果?

(3) 若王某以自己的名义将显示器卖给不知情的赵某,但是没有交货,则此时王某的行为性质如何认定?赵某能否主张对显示器的所有权?

(案例分析,请参阅章后"引例评析"部分)

第一节 民法概述

孟德斯鸠:"在民法慈母般的眼神中,每个人就是整个国家。"民法原理在我们现实生活中无处不在,衣食住行各方面都有可能会和民法打上交道,毫不夸张地说,我们每个人从出生到死亡基本上都生活在民法的框架范围内。民法作为法律体系中一个重要的法律部门,从广义方面理解,是指调整民事活动的所有法律规范的总称,包括形式上的民法或民法典、单行民事法规和其他法律中的民事法律规范;从狭义方面理解,是指形式上的民法,我国的《民法典》即属于形式上的民法。

一、民法的调整对象及基本原则

(一) 民法的调整对象

民法的调整对象是指民法所调整的社会关系的范围和性质。《民法典》总则编第二条规定:"民法调整平等主体的自然人、法人和非法人组织之间的人身关系和财产关系。"所以我国民法的调整对象是平等主体之间的人身关系及财产关系。

1. 平等主体之间的人身关系。人身关系是指人与人之间基于人格和身份而形成的具有人身属性的社会关系,包括人格关系和身份关系。人格关系是指民事主体基于人格利益而发生的社会关系。身份关系是指主体之间基于彼此的身份而形成的社会关系。人身关系具有与民事主体的人身不可分离、不直接体现财产利益的特征。

2. 平等主体之间的财产关系。财产关系是指人们在产品的生产、分配、交换和消费过程中形成的具有经济内容的社会关系。财产关系在法律上表现为静态的财产所有关系和动态的财产流转关系,主要包括所有权关系、债权关系、知识产权的财产关系和婚姻家庭中的财产关系。

必须注意的是,我们不能将财产关系和人身关系完全分裂开来。实际上,在民法中,对人身关系的调整往往要通过财产补偿的方法来实现。比如,当民事主体的人身权受到侵犯时,受害人既可以请求侵权人承担非财产性侵权责任,也可以同时请求其承担损害赔偿责任,包括支付医疗费、误工费等财产性的补偿。这是因为,人的存在本身就需要财产的支撑,脱离财产关系的单纯人格关系是不存在的,这也就是所谓的"无财产即无人格"。

(二) 民法的基本原则

民法的基本原则作为成文法局限性的补充工具,是一项不可或缺的设计,其贯穿于民事立法、司法、守法始终,是民法精神实质之所在。民法的基本原则具有立法准则、行为准则、审判准则及弥补民事法律规范缺陷的功能。

1. 平等原则。民事主体在民事活动中的法律地位一律平等,这是民事法律关系最本质的特征。这一原则包含三层意思:任何民事主体在民事关系中的法律地位都是平等的;民事主体在民事活动中平等地享有民事权利和承担民事义务;民事主体所享有的民事权利平等地受到法律保护。

2. 自愿原则。民事主体从事民事活动,应当遵循自愿原则,按照自己的意思设立、变更、终止民事法律关系。自愿原则又称为私法自治原则,具体表现为所有权自由、遗嘱自由、合同自由等。

3. 公平原则。民事主体从事民事活动,应当遵循公平原则,合理确定各方的权利和义务。公平原则是指民事主体在从事民事活动中应当合乎社会公认的公平观念;司法机关在行使裁判权的时候,也应当体现公平观念。

4. 诚信原则。民事主体从事民事活动,应当遵循诚信原则,秉持诚实,恪守承诺。诚信原则是指民事主体参加民事活动,行使权利和履行义务都应当诚实守信,以善意的方式履行义务,不得滥用权利去规避法律或合同规定的义务;同时,诚信原则还要求维持当事人之间的利益以及当事人利益与社会利益之间的平衡。

5. 公序良俗原则。民事主体从事民事活动,不得违反法律,不得违背公序良俗。公序良俗即公共秩序和善良风俗,一切民事活动应当遵守公共秩序及善良风俗。《民法典》总则编第一百五十三条第二款规定:违背公序良俗的民事法律行为无效。例如,代孕合同、对于婚外情人的遗赠等被认定为无效,都是基于其对于公序良俗原则的违反。

6. 绿色原则。民事主体从事民事活动,应当有利于节约资源、保护生态环境。在民事立法、司法以及民事活动中,贯彻此项原则,有利于构建生态时代人与自然的新型关系。

二、民事法律关系的主体

民事法律关系是由民事法律规范所确立的以民事权利和民事义务为主要内容的法律关系,包括三个不可缺一的要素,即主体、客体和内容。民事法律关系的主体是指参加民事法律关系,享有民事权利和承担民事义务的人,又称民事主体。民事法律关系的内容,是民事主体之间就一定的客体所发生的权利义务关系。民事法律关系的客体是指民事法律关系的主体享有的民事权利和负有的民事义务所指向的事物。通说认为,民事法律关系的客体主要有四类,即物、行为、智力成果、人身利益。

民事法律关系的主体包括自然人、法人和非法人组织。此外,国家也可以成为民事主体,参与民事法律关系。

(一) 自然人

1. 自然人的民事权利能力

自然人的民事权利能力是指民事法律赋予民事主体从事民事活动,从而享有民事权利和承担民事义务的资格。根据《民法典》总则编的规定,自然人从出生时起到死亡时止,具有民事权利能力,依法享有民事权利,承担民事义务。民事权利能力是一种资格,这种资格是由法律赋予的,不能转让或者放弃,除非法律有特别规定,任何民事主体的民事权利能力不受限制和剥夺。自然人的民事权利能力一律平等。涉及遗产继承、接受赠与等胎儿利益保护的,胎儿被视为具有民事权利能力。但是胎儿娩出时为死体的,其民事权利能力自始不存在。

2. 自然人的民事行为能力

自然人的民事行为能力是指自然人得依自己的意思表示,通过自己独立的行为,取得民事权利和承担民事义务的能力。自然人具有权利能力是具有行为能力的前提,具有行为能力则是独立实现权利能力内容的必要条件。行为能力的基础就是必须具有正确识别事物、判断事物的能力,即具有意思能力。具有意思能力必须满足两个方面的法律要求:其一,要达到一定的年龄,有一定的社会活动经验；其二，要有健康正常的精神状态，能够理智从事民事活动。据此，自然人的民事行为能力可分为完全行为能力人、限制行为能力人、无行为能力人。

完全行为能力人是指年满18周岁，以及16周岁以上不满18周岁以自己劳动收入作为主要生活来源的人；限制行为能力人是指8周岁以上不满18周岁的未成年人以及18周岁以上不能完全辨认自己行为的成年人；无行为能力人是指不满8周岁的未成年人以及8周岁以上但完全不能辨认自己行为的人。

完全民事行为能力人可以独立实施民事法律行为。限制民事行为能力人实施民事法律行为由其法定代理人代理或者经其法定代理人同意、追认，但是可以独立实施纯获利益的民事法律行为或者与其智力、精神健康状况相适应的民事法律行为。无民事行为能力人则由其法定代理人代理实施民事法律行为。

无民事行为能力人、限制民事行为能力人的监护人是其法定代理人。不能辨认或者不能完全辨认自己行为的成年人，其利害关系人或者有关组织可以向法院申请认定该成年人为无民事行为能力人或者限制民事行为能力人。被法院认定为无民事行为能力人或者限制民事行为能力人的，经本人、利害关系人或者有关组织申请，法院可以根据其智力、精神健康恢复的状况，认定该成年人恢复为限制民事行为能力人或者完全民事行为能力人。

3. 监护

监护制度，主要为弥补行为能力的不足而设定。民法上的监护是为了监督和保护无民事行为能力人和限制民事行为能力人的合法权益而设置的一项民事法律制度。履行监督和保护职责的人就是监护人；被监督、保护的人是被监护人。

(1) 监护人的确定。父母是未成年子女的监护人。未成年人的父母已经死亡或者没有监护能力的，由有监护能力的人按以下顺序担任监护人：祖父母、外祖父母；兄、姐。无民事行为能力或者限制民事行为能力的成年人，由有监护能力的人按以下顺序担任监护人：配偶；父母、子女；其他近亲属。上述两种情况下，其他愿意担任监护人的个人或者组织，经被监护人住所地的居民委员会、村民委员会或者民政部门同意，也可担任监护人。没有依法具有监护资格的人的，监护人由民政部门担任，也可以由具备履行监护职责条件的被监护人住所地的居民委员会、村民委员会担任。

(2) 监护人的职责。监护人代理被监护人实施民事法律行为，保护被监护人的人身权利、财产权利以及其他合法权益等。监护人应当按照最有利于被监护人的原则履行监护职责,除为维护被监护人利益外,不得处分被监护人的财产。

4. 自然人的住所

自然人以户籍登记或者其他有效身份登记记载的居所为住所;经常居所与住所不一致的,经常居所视为住所。

自然人离开住所地最后连续居住1年以上的地方,为经常居住地。但住医院治疗的除外。自然人由其户籍所在地迁出后至迁入另一地之前,无经常居住地的,仍以其原户籍所在地为住所。

5. 宣告失踪和宣告死亡

宣告失踪是法院依照法定程序对自然人失踪的事实加以确认和宣告的制度。自然人下落不明满2年的,利害关系人可以向法院申请宣告该自然人为失踪人。失踪人的财产由其配偶、成年子女或者其他愿意担任财产代管人的人代管。代管人应当妥善管理失踪人的财产,维护其财产权益。失踪人所欠税款、债务和应付的其他费用,由财产代管人从失踪人的财产中支付。财产代管人因故意或者重大过失造成失踪人财产损失的,应当承担赔偿责任。失踪人重新出现,经本人或者利害关系人申请,法院应当撤销失踪宣告。

宣告死亡是法院依照法定程序对失踪人已死亡的一种法律推定。自然人下落不明满4年,或因意外事件下落不明满2年,或因意外事件下落不明经有关机关证明其不可能生存的,利害关系人可以向法院申请宣告该自然人死亡。自然人被宣告死亡但是并未死亡的,不影响其在被宣告死亡期间实施的民事法律行为的效力。被宣告死亡的人重新出现,经本人或者利害关系人申请,法院应当撤销死亡宣告。被宣告死亡的人的婚姻关系,自死亡宣告之日起消灭。死亡宣告被撤销的,婚姻关系自撤销死亡宣告之日起自行恢复,但是其配偶再婚或者向婚姻登记机关书面声明不愿意恢复的除外。在被宣告死亡期间其子女被他人依法收养的,死亡宣告被撤销后,不得以未经本人同意为由主张收养关系无效。被撤销死亡宣告的人有权请求依照继承法取得其财产的民事主体返还财产。无法返还的,应当给予适当补偿。

6. 个体工商户和农村承包经营户

自然人从事工商业经营,经依法登记,为个体工商户。个体工商户可以起字号。个体工商户的债务,个人经营的,以个人财产承担;家庭经营的,以家庭财产承担;无法区分的,以家庭财产承担。

农村集体经济组织的成员,依法取得农村土地承包经营权,从事家庭承包经营的,为农村承包经营户。农村承包经营户的债务,以从事农村土地承包经营的农户财产承担;事实上由农户部分成员经营的,以该部分成员的财产承担。

(二) 法人

1. 法人的概念与特征

法人是具有民事权利能力和民事行为能力,依法独立享有民事权利和承担民事义务的组织。法人应当依法成立,应当有自己的名称、组织机构、住所、财产或者经费。法人成立的具体条件和程序,依照法律、行政法规的规定。

法人的民事权利能力和民事行为能力具有同一性。一般情形,法人的民事权利能力与民事行为能力始于法人成立,终于注销登记(依法不需要注销登记的,清算完成时终止)。

法人以其全部财产独立承担民事责任。依照法律或者法人章程的规定,代表法人从事民事活动的负责人,为法人的法定代表人,其以法人名义从事的民事活动,法律后果由法人承受。

2. 法人的分类

(1) 营利法人。以取得利润并分配给股东等出资人为目的的法人,为营利法人。营利法人包括有限责任公司、股份有限公司和其他企业法人等。

(2) 非营利法人。为公益目的或者其他非营利目的成立,不向出资人、设立人或者会员分配所取得利润的法人,为非营利法人,包括事业单位、社会团体、基金会、社会服务机构等。

(3) 特别法人。《民法典》总则编规定:机关法人、农村集体经济组织法人、城镇农村的合作经济组织法人、基层群众性自治组织法人,为特别法人。

(三) 非法人组织

非法人组织是不具有法人资格,但是能够依法以自己的名义从事民事活动的组织,包括个人独资企业、合伙企业、不具有法人资格的专业服务机构等。非法人组织的财产不足以清偿债务的,其出资人或者设立人承担无限责任。法律另有规定的,依照其规定。

三、民事权利

民事权利本质上是指法律为了保障民事主体的特定利益而提供法律之力的

保护,是法律之力和特定利益的结合,是类型化了的利益。

(一)民事权利的内容

民事权利包括人身权和财产权。自然人的人身自由、人格尊严和个人信息受法律保护。自然人享有生命权、身体权、健康权、姓名权、肖像权、名誉权、荣誉权、隐私权、婚姻自主权、继承权等权利。自然人因婚姻、家庭关系等产生的人身权利受法律保护。法人、非法人组织享有名称权、名誉权、荣誉权等权利。民事主体依法享有物权、债权、知识产权、股权和其他投资性权利,其财产权利受法律平等保护。民事主体享有法律规定的其他民事权利和利益。

(二)民事权利的取得和行使

民事权利可以依据民事法律行为、事实行为、法律规定的事件或者法律规定的其他方式获得。民事主体按照自己的意愿依法行使民事权利,不受干涉。其行使权利时,应当履行法律规定的和当事人约定的义务,不得滥用民事权利损害国家利益、社会公共利益或者他人合法权益。

四、民事法律行为与代理

(一)民事法律行为

民事法律行为是指民事主体通过意思表示设立、变更、终止民事法律关系的行为,例如订立合同、授权代理等。民事法律行为以行为人的意思表示为必备要素。意思表示是构成法律行为的核心要素,是指行为人将要进行法律行为的意思以一定方式表现于外部。民事法律行为可以基于双方或者多方的意思表示一致成立,也可以基于单方的意思表示成立。

1. 民事法律行为的分类

(1)单方法律行为、双方法律行为与共同法律行为。单方法律行为基于单方的意思表示即可成立,如遗嘱的作出。双方法律行为需当事人双方交叉的意思表示达成合意才能成立,如合同的缔结。共同法律行为指多个当事人就实现统一目的有一致的意思表示才能成立的行为,如解散法人的协议。

(2)要式法律行为与非要式法律行为。根据法律规定,法律行为必须由特定形式作出的,为要式法律行为。此外属非要式法律行为。

(3)诺成法律行为与要物法律行为。只要行为人达成一致的意思表示即成立民事法律关系的行为,为诺成法律行为。某种民事法律关系的成立,不仅要有意思表示的一致,而且需要有物的交付,为要物法律行为,如借贷合同的成立。

(4) 单务法律行为与双务法律行为。单务法律行为指一方负有义务而另一方只享有权利的法律行为,如赠与行为。双务法律行为指双方都负有义务的法律行为,一方的义务也是他方的权利,如买卖合同。

(5) 有偿法律行为与无偿法律行为。一方提供某种利益或服务,对方对此进行相应的支付,为有偿法律行为。双方法律行为多为有偿法律行为,但也有无偿法律行为,如赠与行为是双方法律行为,但是属于无偿法律行为。

2. 民事法律行为的效力

民事法律行为具备下列条件时有效:行为人具有相应的民事行为能力;意思表示真实;不违反法律、行政法规的强制性规定,不违反公序良俗。只要其中任何一项要件出现瑕疵,就有可能导致法律行为无效或撤销。

(1) 无效民事行为。主要包括以下情形:无民事行为能力人实施的民事法律行为;行为人与相对人以虚假的意思表示实施的民事法律行为;违反法律、行政法规的强制性规定(但是该强制性规定不导致该民事法律行为无效的除外);违背公序良俗;行为人与相对人恶意串通,损害他人合法权益的民事法律行为。民事法律行为部分无效,不影响其他部分效力的,其他部分仍然有效。

(2) 可撤销的民事行为。主要包括以下情形:基于重大误解实施的民事法律行为;以欺诈、胁迫手段使对方在违背真实意思情况下实施的民事法律行为;一方利用对方处于危困状态、缺乏判断能力等情形而实施的民事法律行为。上述情形下,行为人、受欺诈方、受胁迫方、受损害方有权请求法院或者仲裁机构予以撤销。

(3) 无效或被撤销民事行为的法律后果。无效的或者被撤销的民事法律行为自始没有法律约束力。民事法律行为无效、被撤销或者确定不发生效力后,行为人因该行为取得的财产,应当予以返还;不能返还或者没有必要返还的,应当折价补偿。有过错的一方应当赔偿对方由此所受到的损失;各方都有过错的,应当各自承担相应的责任。法律另有规定的,依照其规定。

3. 附条件和附期限的民事法律行为

(1) 民事法律行为可以附条件,但是按照其性质不得附条件的除外。附生效条件的民事法律行为,自条件成就时生效。附解除条件的民事法律行为,自条件成就时失效。对于附条件的民事法律行为,当事人为自己的利益不正当地阻止条件成就的,视为条件已成就;不正当地促成条件成就的,视为条件不成就。

(2) 民事法律行为可以附期限，但是按照其性质不得附期限的除外。附生效期限的民事法律行为，自期限届至时生效。附终止期限的民事法律行为，自期限届满时失效。

(二) 代理

1. 代理的概念与特征

代理是指代理人在代理权限范围内，以被代理人的名义实施民事法律行为，由此产生的法律后果由被代理人承担。代理有如下特征：(1)代理人以被代理人的名义实施民事行为。由代理产生的法律后果归属于被代理人。这一特征使代理区别于行纪活动。(2)代理人在代理权限范围内独立为意思表示。这将代理人与传话人、居间人区别开来。(3)代理行为以产生一定的法律后果为目的。凡不与第三人产生权利义务关系的一般替代行为，如代送书信，不属于民法上的代理。依照法律规定、当事人约定或者民事法律行为的性质，应当由本人亲自实施的民事法律行为，不得代理。

2. 代理的种类

(1) 委托代理、法定代理与指定代理。委托代理是基于被代理人的委托授权而发生的代理关系。法定代理是根据法律的规定而发生的代理关系，主要是为无民事行为能力人或者限制民事行为能力人设立代理人的方式。指定代理是根据法院和有关单位依法指定而发生的代理关系，如在继承开始时指定遗产代管人。

(2) 一般代理与特别代理。一般代理是指代理权范围及于代理事项的全部。特别代理是指代理权限被限定于一定范围或一定事项的某些方面。

(3) 单独代理与共同代理。单独代理是指代理权仅授予一人的代理。共同代理是指数人为同一事项实施代理，应当共同行使代理权，但是当事人另有约定的除外。

(4) 本代理与复代理。本代理指基于被代理人选任代理人而发生的代理关系。代理人为被代理人利益而转委托代理的，为复代理。代理人需要转委托第三人代理的，应当取得被代理人的同意或者追认。

3. 代理关系中的责任承担

(1) 代理人知道或者应当知道代理事项违法仍然实施代理行为，或者被代理人知道或者应当知道代理人的代理行为违法未作反对表示的，被代理人和代理人应当承担连带责任。

(2) 转委托代理经被代理人同意或者追认的,被代理人可以就代理事务直接指示转委托的第三人,代理人仅就第三人的选任以及对第三人的指示承担责任;未经被代理人同意或者追认的,代理人应当对转委托的第三人的行为承担责任,但在紧急情况下代理人为了维护被代理人的利益需要转委托第三人代理的除外。

(3) 行为人没有代理权、超越代理权或者代理权终止后,仍然实施代理行为,未经被代理人追认的,对被代理人不发生效力。善意相对人有权请求行为人履行债务或者就其受到的损害请求行为人赔偿,赔偿的范围不得超过被代理人追认时相对人所能获得的利益。相对人知道或者应当知道行为人无权代理的,相对人和行为人按照各自的过错承担责任。行为人没有代理权、超越代理权或者代理权终止后,仍然实施代理行为,相对人有理由相信行为人有代理权的,代理行为有效,此为表见代理。

4. 代理关系的终止

(1) 委托代理终止的情形：代理期限届满或者代理事务完成;被代理人取消委托或者代理人辞去委托;代理人丧失民事行为能力;代理人或者被代理人死亡;作为代理人或者被代理人的法人、非法人组织终止。

(2) 法定代理终止的情形：被代理人取得或者恢复完全民事行为能力;代理人丧失民事行为能力;代理人或者被代理人死亡;法律规定的其他情形。

五、民事责任

(一) 民事责任的构成要件

民事责任是民事主体不履行民事义务或者侵犯他人民事权利时应承担的一种法律责任。一般而言,构成民事责任的条件有以下四项：(1)民事违法行为或违约行为的存在;(2)损害事实的存在;(3)违法行为或违约行为与损害事实之间存在因果关系;(4)行为人主观上有过错。行为人只对自己有过错的行为负责,称为"过错责任原则"。"过错推定原则"是过错责任原则的一种特殊表现形式,适用于"行为人不能证明自己没有过错的,推定其有过错"的情形。在法律有特别规定时,行为人承担民事责任并不需要"主观过错"这一要件,即"无过错责任原则",适用于"行为人损害他人民事权益,不论行为人有无过错,法律规定应当承担侵权责任"的情形。"公平责任原则"则适用于"当事人对损害都无过错,又不能适用无过错责任原则,致使受害人遭受重大损害得不到补偿、显失公平的情形下,法院可以根据实际情况确定双方合理分担损失"的情形。

(二) 违反合同的民事责任

当事人一方不履行合同义务或者履行合同义务不符合约定的,应当承担违约责任。违约可分为预期违约和实际违约两种形态。前者指一方在合同履行期限届满以前明确表示或者以自己的行为表明不履行合同义务。后者指一方在履行期限届满时未履行合同义务或者履行合同义务不符合约定,包括不履行和不完全履行。因当事人一方的违约行为,损害对方人身权益、财产权益的,受损害方有权选择其承担违约责任或者侵权责任。

(三) 侵权的民事责任

行为人不法侵害他人的人身权利或者财产权利使他人遭受损失时,行为人应承担侵权责任。除了一般的侵权责任,《民法典》侵权责任编还规定了特殊的侵权责任,主要有产品责任、机动车交通事故责任、医疗损害责任、环境污染责任、高度危险责任、饲养动物损害责任和物件损害责任。此外,对监护人、用人单位、网络用户和网络服务提供者、公共场所管理人或群众性活动组织者和教育机构等作为责任主体也有特殊规定。

(四) 承担民事责任的方式

承担民事责任的方式主要有停止侵害,排除妨碍,消除危险,返还财产,恢复原状,修理、重作、更换,继续履行,赔偿损失,支付违约金,消除影响、恢复名誉,赔礼道歉。法律规定惩罚性赔偿的,依照其规定。这些责任承担方式可以单独适用,也可以合并适用。

(五) 免除民事责任的情形

行为人有违约或侵权的事实,但由于不可归责的事由,法律规定可以不承担民事责任。主要有以下情形:(1)因不可抗力不能履行民事义务的,不承担民事责任。法律另有规定的,依照其规定。不可抗力指不能预见、不能避免且不能克服的客观情况。(2)因正当防卫造成损害的,不承担民事责任。(3)因紧急避险造成损害,危险由自然原因引起的,紧急避险人不承担民事责任,可以给予适当补偿。(4)因自愿实施紧急救助行为造成受助人损害的,救助人不承担民事责任。

六、诉讼时效与期间计算

(一) 诉讼时效

1. 诉讼时效的概念

诉讼时效是指权利人经过法定期限不行使自己的权利,法律规定消灭其胜诉权。诉讼时效期间届满的，义务人可以提出不履行义务的抗辩。但是，诉讼时效期间届满后，义务人同意履行的，不得以诉讼时效期间届满为由抗辩；义务人已自愿履行的，不得请求返还。

以下请求权不适用诉讼时效的规定：请求停止侵害、排除妨碍、消除危险；不动产物权和登记的动产物权的权利人请求返还财产；请求支付抚养费、赡养费或者扶养费；依法不适用诉讼时效的其他请求权。

2. 一般诉讼时效与特殊诉讼时效

《民法典》总则编规定向法院请求保护民事权利的诉讼时效期间为3年。法律另有规定的，依照其规定。此为一般诉讼时效。有些单行法规对诉讼时效期间另有规定，为特殊诉讼时效。如《民法典》合同编规定国际货物买卖合同和技术进出口合同争议提起诉讼或者申请仲裁的时效期间为4年，自当事人知道或者应当知道其权利受到侵害之日起计算。

3. 诉讼时效的开始、中止及中断

（1）诉讼时效期间自权利人知道或者应当知道权利受到损害以及义务人之日起计算。法律另有规定的，依照其规定。但是自权利受到损害之日起超过20年的，法院不予保护；有特殊情况的，法院可以根据权利人的申请决定延长。《民法典》总则编还对几种特殊情况下诉讼时效期间的开始作了规定。

（2）为保护权利人利益不因出现法定事由不能在时效期间届满前提起诉讼而受到损害，法律规定了诉讼时效中止制度。在诉讼时效期间的最后6个月内，因下列障碍不能行使请求权的，诉讼时效中止：不可抗力；无民事行为能力人或者限制民事行为能力人没有法定代理人，或者法定代理人死亡、丧失民事行为能力、丧失代理权；继承开始后未确定继承人或者遗产管理人；权利人被义务人或者其他人控制；其他导致权利人不能行使请求权的障碍。自中止时效的原因消除之日起满6个月，诉讼时效期间届满。

（3）有下列情形之一的，诉讼时效中断，从中断、有关程序终结时起，诉讼时效期间重新计算：权利人向义务人提出履行请求；义务人同意履行义务；权利人提起诉讼或者申请仲裁；与提起诉讼或者申请仲裁具有同等效力的其他情形。

(二) 期间计算

期间指在以一定的时点为起点与以另一时点为终点之间的一段时间。民法所称的期间按照公历年、月、日、小时计算。期间的计算方法依照《民法典》总则编的规定，但是法律另有规定或者当事人另有约定的除外。

案例 5-1

包养协议无效

已婚男子张先生与李女士订立《双方协议》,该协议约定:张先生借给李女士 500 万元,用于购买杭州市某房产,李女士必须承诺终身不嫁他人,一生做张先生的情人。如果李女士违反协议,则应当返还借款。如果张先生提出解除情人关系,则李女士有权不归还借款,将该笔借款充抵作精神赔偿款和生活补助款。后两人感情不和,张先生一纸诉状将李女士告上法院,请求确认双方之间的协议无效,要求李女士归还借款 500 万元。

简要分析: 张先生能否要回这 500 万元,关键要看这份包养情妇的协议是否有效。在本案中,双方的协议虽然用了"借"这个字,但两者实质上并不是正常的借贷关系,而是附条件的赠与关系,即以张先生要求李女士与其保持情人关系为条件而成立的赠与合同。判断该合同是否有效不应仅依据该协议表面的约定,还需要深入理解公序良俗原则。《民法典》第八条规定,民事主体从事民事活动,不得违反法律,不得违背公序良俗。本案中张先生无视夫妻感情和道德规范,与李女士订立情人协议,欲以金钱来维系、制约双方的情人关系,该协议的内容和目的损害了社会善良风俗,违反了公序良俗原则,应属无效行为。法律行为无效,所得财产应当返还。所以,原告要求被告返还已支付给被告的 500 万元的诉讼请求符合法律规定,法院予以了支持。

第二节 物 权

一、物权概述

(一) 物权的概念与特征

1. 物权的概念

物权是权利人依法对特定的物享有直接支配和排他的权利,包括所有权、用益物权和担保物权。《民法典》物权编规范因物的归属和利用而产生的民事关系。物包括不动产和动产。法律规定权利作为物权客体的,依照其规定。

2. 物权的特征

物权具有如下特征:(1)支配性。物权人可以直接对物进行支配,不需要借助其他人的行为。(2)对世性。物权的权利主体是特定的,而义务主体是不特定的。权利人以外的其他任何人都负有不得侵害他人物权的义务。(3)排他性。主要表现在两个方面:一是同一物上不能同时设立两个内容相互冲突的物权;二是物权具有直接排除他人不法侵害的效力。

(二) 物权法的基本原则

1. 平等保护原则。我国实行社会主义市场经济,保障一切市场主体的平等法律地位和发展权利。国家、集体、私人的物权和其他权利人的物权受法律保护,任何单位和个人不得侵犯。

2. 一物一权原则。一物之上只能成立一个所有权,不能同时成立多个所有权。一物一权的"权"不包含他物权,允许所有权人在自己所有的物上设立以使用为目的的用益物权和以担保为目的的担保物权。

3. 物权法定原则。物权的种类和内容,由法律规定。

4. 物权公示原则。不动产物权的设立、变更、转让和消灭,应当依照法律规定登记。动产物权的设立和转让,应当依照法律规定交付。

(三) 物权的种类

1. 自物权与他物权。自物权是权利人对自己的财产享有的权利,也即所有权,所有权人依法对其财产享有占有、使用、收益和处分的权利,是一种最完整、最充分的物权。他物权是在他人所有的物上设定的物权,包括用益物权和担保物权。用益物权以物的使用、收益为内容,如地上权、地役权;担保物权为担保债的履行而设定,如抵押权、质权、留置权。

2. 动产物权与不动产物权。这是根据物权的客体是动产还是不动产所作的分类。动产物权与不动产物权的取得方法、成立要件等各有不同。一般而言,动产物权的公示方法为占有,不动产物权的公示方法为登记。

3. 主物权与从物权。这是根据物权是否可以独立存在所作的分类。主物权指本身可以独立存在的物权,如所有权。从物权指必须依附其他权利而存在的物权,如为担保的债权而设定的抵押权。

(四) 物权的变动

1. 不动产物权的变动

不动产物权的设立、变更、转让和消灭,经依法登记,发生效力;未经登记,不发生效力,但法律另有规定的除外,此为登记要件主义。《民法典》物权编区分合同效力与物权变动的效力,规定当事人之间订立有关设立、变更、转让和消灭不动产物权的合同,除法律另有规定或者合同另有规定外,自合同成立时生效;未办理物权登记的,不影响合同效力。

2. 动产物权的变动

动产物权的设立和转让,自交付时发生效力,但法律另有规定的除外。船舶、航空器和机动车等物权的设立、变更、转让和消灭,未经登记,不得对抗善意第三人。此为登记对抗主义。交付分为现实的交付和观念的交付。前者指出让人将动产的占有实际转移给受让人。后者指特殊情形下法律允许当事人经过约定,并不实际交付动产而发生物权变动,主要有简易交付、指示交付和占有改定。

《民法典》物权编规定,动产物权设立和转让前,权利人已经依法占有该动产的,物权自法律行为生效时发生效力。动产物权设立和转让前,第三人依法占有该动产的,负有交付义务的人可以通过转让请求第三人返还原物的权利代替交付。动产物权转让时,双方又约定由出让人继续占有该动产的,物权自该约定生效时发生效力。

(五) 物权的效力

1. 物权的排他效力,是指在同一物上不能同时成立两个以上内容不相容的物权,即已成立的物权具有排除在该物上再成立与其不相容物权的效力。

2. 物权的优先效力。主要体现在两个方面:一是物权相互间的优先效力。先成立的物权具有优先于后成立的物权的效力;二是物权优先于债权的效力。某物已为债权的标的,就该物再成立物权时,物权有优先效力。但不动产租赁使用权是例外情况。如甲将其所有的房屋出租给乙,其后又将该房屋出卖给丙,丙取得房屋所有权后,乙仍可以向丙主张其租赁使用权。此外,债权人依破产程序或强制执行程序行使债权时,在债务人财产上成立的物权具有优先效力。

3. 物权的追及效力,是指物权的标的物被不法行为人恶意占有时,物权人可以依法请求其返还原物。

4. 物权的排除妨碍效力。指物权人在其物被侵害或有被侵害危险时,有权请求排除侵害或防止侵害,以恢复其物权的圆满状态。

(六) 物权的民法保护

1. 因物权的归属、内容发生争议的,利害关系人可以请求确认权利。

2. 无权占有不动产或者动产的,权利人可以请求返还原物。

3. 妨害物权或者可能妨害物权的,权利人可以请求排除妨害或者消除危险。

4. 造成不动产或者动产毁损的,权利人可以请求修理、重作、更换或者恢复原状。

5. 侵害物权,造成权利人损害的,权利人可以请求损害赔偿,也可以请求承担其他民事责任。损害赔偿的请求可以单独提出,也可以在行使物权请求权的同时提出。

以上物权保护方式,可以单独适用,也可以根据权利被侵害的情形合并适用。

二、所有权

(一) 所有权的一般原理

1. 所有权的概念与内容

所有权人对自己的不动产或者动产,依法享有占有、使用、收益、处分的权利。所有权是完全物权,是他物权的基础,具有独占性和排他性。所有权人有权在自己的不动产或者动产上设立用益物权和担保物权。用益物权人、担保物权人行使权利,不得损害所有权人的权益。所有权的具体权能包括:(1)占有:指对财产的实际控制。财产一般由所有人占有,但也可能与所有人脱离而归非所有人占有。根据是否有法律依据,非所有人占有又可分为合法占有与非法占有。前者指依据法律规定或所有人的同意的占有,如依合法租赁关系而占有。后者指没有法律依据也没有取得所有人同意的占有,又可分为善意占有和恶意占有。善意占有是指不知道或不应当知道无占有权而占有他人财产;恶意占有是指知道或应当知道无占有权而占有他人财产。这种区分的意义在于判定是否应该承担返还原物和赔偿损失的法律后果。(2)使用:指对财产进行使用和利用。使用权是直接于占有物上行使的权利,以占有物为前提。(3)收益:指在财产上取得经济利益,包括法定孳息和天然孳息,前者如利息、租金,后者如果实、子畜。收益权一般通过对物的使用来实现,但某些情况下所有人并不行使使用权而直接获取收益。(4)处分:指对财产进行处置,决定财产在事实上和法律上的命运。这是所有权人最基本的权利。为了公共利益的需要,依照法律规定的权限和程序征收、征用不动产或者动产的,应当给予公平、合理的补偿。

2. 所有权的取得与消灭

(1)所有权的取得。分为原始取得和继受取得。前者指由于某种事实的发生取得所有权;后者指通过民事法律行为取得所有权,如通过买卖、赠与、继承等。《民法典》总则编还规定了善意取得制度,指无处分权人将不动产或者动产转让给受让人的,符合下列情形的,受让人取得所有权:受让人受让该不动产或者动产时是善意的;以合理的价格转让;转让的不动产或者动产依照法律规定应当登记的已经登记,不需要登记的已经交付给受让人。另外,拾得遗失物,应当返还权利人。拾得漂流物、发现埋藏物或者隐藏物的,参照拾得遗失物的有关规定。

(2) 所有权的消灭。主要原因有所有权的转让、所有权客体灭失、所有权主体消灭、所有权的抛弃和所有权被强制消灭等情形。

(二) 国家所有权和集体所有权、私人所有权

国家所有权即全民所有权,是指法律规定属于国有的财产为国家所有。国家机关对其直接支配的不动产和动产,享有占有、使用以及依照法律和国务院的有关规定处分的权利。国家举办的事业单位对其直接支配的不动产和动产,享有占有、使用以及依照法律和国务院的有关规定收益、处分的权利。

集体所有的不动产和动产包括:法律规定属于集体所有的土地和森林、山岭、草原、荒地、滩涂;集体所有的建筑物、生产设施、农田水利设施;集体所有的教育、科学、文化、卫生、体育等设施;集体所有的其他不动产和动产。城镇集体所有的不动产和动产,依照法律、行政法规的规定由本集体享有占有、使用、收益和处分的权利。集体组织对其所有的财产,有权通过承包或租赁,交由其成员个人经营。

私人对其合法的收入、房屋、生活用品、生产工具、原材料等不动产和动产享有所有权。私人不限于自然人,还包括非公有制性质的法人及非法人组织。《民法典》第二百六十七条规定:"私人的合法财产受法律保护,禁止任何组织或者个人侵占、哄抢、破坏。"私人财产在特定情况下可以被公权力征收或者征用。《民法典》第一百一十七条规定:"为了公共利益的需要,依照法律规定的权限和程序征收、征用不动产或者动产的,应当给予公平、合理的补偿。"

(三) 业主的建筑物区分所有权

业主对建筑物内的住宅、经营性住房等专有部分享有所有权,对专有部分以外的共有部分享有共有和共同管理的权利。业主对其建筑物专有部分享有占有、使用、收益和处分的权利。业主行使权利不得危及建筑物的安全,不得损害其他业主的合法权益。业主对建筑物专有部分以外的共有部分,享有权利,承担义务;不得以放弃权利不履行义务。业主转让建筑物内的住宅、经营性用房,其

对共有部分享有的共有和共同管理的权利一并转让。业主可以设立业主大会，选举业主委员会。业主大会或者业主委员会的决定，对业主具有约束力。其作出的决定侵害业主合法权益的，受侵害的业主可以请求法院予以撤销。业主大会和业主委员会对任意弃置垃圾等损害他人合法权益的行为，有权依照法律、法规以及管理规约，要求行为人停止侵害、消除危险、排除妨害、恢复原状、赔偿损失。业主对侵害自己合法权益的行为，有权请求其承担民事责任。

(四) 相邻关系

相邻关系是指相互毗邻的不动产权利人之间在行使所有权时，因相互间给予便利或接受限制所发生的权利义务关系。不动产的相邻权利人应当按照有利生产、方便生活、团结互助、公平合理的原则，正确处理相邻关系。法律、法规对处理相邻关系有规定的，依照其规定。法律、法规没有规定的，可以按照当地习惯。相邻关系主要有：相邻用水、排水关系；相邻通行关系；相邻修建施工、铺设管线关系；相邻通风、采光关系；相邻排污关系。

(五) 共有

共有是指由两个或两个以上主体对共有财产共同享有所有权。共有包括按份共有和共同共有。按份共有人对共有的不动产或者动产按照其份额享有所有权。按份共有人可以转让其享有的共有的不动产或者动产份额。其他共有人在同等条件下享有优先购买的权利。共同共有人对共有的不动产或者动产共同享有所有权。除共有人另有约定外，按份共有人按照份额享有债权、承担债务，共同共有人共同享有债权、承担债务。偿还债务超过自己应当承担份额的按份共有人，有权向其他共有人追偿。

三、用益物权

(一) 用益物权的一般原理

用益物权是指以对物的使用收益为目的的物权。用益物权是从所有权分离出来的他物权，对所有权的行使有所限制。用益物权人对他人所有的不动产或者动产，依法享有占有、使用和收益的权利。用益物权人行使权利，应当遵守法律有关保护和合理开发利用资源的规定。所有权人不得干涉用益物权人行使权利。

(二) 土地承包经营权

土地承包经营权人依法对其承包经营的耕地、林地、草地等享有占有、使用和收益的权利，有权从事种植业、林业、畜牧业等农业生产。土地承包经营权自土地承包经营权合同生效时设立。县级以上地方政府应当向土地承包经营权人发放土地承包经营权证、林权证、草原使用权证,并登记造册,确认土地承包经营权。土地承包经营权人依照《中华人民共和国农村土地承包法》的规定,有权将土地承包经营权采取转包、互换、转让等方式流转。流转的期限不得超过承包期的剩余期限。未经依法批准,不得将承包地用于非农建设。

(三) 建设用地使用权

建设用地使用权人依法对国家所有的土地享有占有、使用和收益的权利,有权利用该土地建造建筑物、构筑物及其附属设施。建设用地使用权可以在土地的地表、地上或者地下分别设立。设立建设用地使用权,可以采取出让或者划拨等方式。工业、商业、旅游、娱乐和商品住宅等经营性用地以及同一土地上有两个以上意向用地者的,应当采取招标、拍卖等公开竞价的方式出让。设立建设用地使用权的,应当向登记机构申请登记。建设用地使用权自登记时设立。建设用地使用权人有权将建设用地使用权转让、互换、出资、赠与或者抵押,但法律另有规定的除外。

(四) 宅基地使用权

宅基地使用权人依法对集体所有的土地享有占有和使用的权利,有权依法利用该土地建造住宅及其附属设施。宅基地使用权的取得、行使和转让,适用《中华人民共和国土地管理法》等法律和国家有关规定。宅基地因自然灾害等原因灭失的,宅基地使用权消灭。对失去宅基地的村民,应当重新分配宅基地。已经登记的宅基地使用权转让或消灭的,应当及时办理变更登记或者注销登记。

(五) 居住权

居住权是指自然人按照合同约定或遗嘱指定,对他人的住宅享有占有、使用以满足生活居住需要的用益物权。居住权的设立应当采用书面形式订立合同,并向登记机构申请登记。居住权自登记时设立。居住权的消灭事由有:期限届满、居住权人死亡、居住的住宅毁损灭失等,其消灭应当及时办理注销登记。居住权一般具有无偿性,但是当事人另有约定的除外。居住权不得转让、继承。设立居住权的住宅不得出租,但是当事人另有约定的除外。

(六) 地役权

地役权人有权按照合同约定,利用他人的不动产,以提高自己的不动产的效益。设立地役权,当事人应当采取书面形式订立地役权合同。地役权自合同生效时设立。当事人要求登记的,可以向登记机构申请地役权登记;未经登记的,不得对抗善意第三人。

四、担保物权

(一) 担保物权的一般原理

债权人在借贷、买卖等民事活动中,为保障实现其债权,需要担保的,可以依法设立担保物权。担保物权人在债务人不履行到期债务或者发生当事人约定的实现担保物权的情形,依法享有就担保财产优先受偿的权利,但法律另有规定的除外。担保物权是一种从属于债权的从物权,以债权的存在为前提,随着债权的消灭而消灭。设立担保物权,应当依法订立担保合同。担保物权的担保范围包括主债权及其利息、违约金、损害赔偿金、保管担保财产和实现担保物权的费用。当事人另有约定的,按照约定。

(二) 抵押权

为担保债务的履行,债务人或者第三人不转移财产的占有,将该财产抵押给债权人的,债务人不履行到期债务或者发生当事人约定的实现抵押权的情形,债权人有权就该财产优先受偿。以建筑物和其他土地附着物、建设用地使用权、海域使用权、正在建造的建筑物、船舶、航空器,应当办理抵押登记,抵押权自登记时设立。以动产抵押的,抵押权自抵押合同生效时设立,未经登记不得对抗善意第三人。此外,为担保债务的履行,债务人或者第三人对一定期间内将要连续发生的债权提供担保财产的,债务人不履行到期债务或者发生当事人约定的实现抵押权的情形,抵押权人有权在最高债权额限度内就该担保财产优先受偿,此为最高额抵押权。

(三) 质权

为担保债务的履行,债务人或者第三人将其动产或权利出质给债权人占有的,债务人不履行到期债务或者发生当事人约定的实现质权的情形,债权人有权就该动产或权利优先受偿。质权包括动产质权和权利质权。质权以质权人实际占有质物为条件,质权人负有妥善保管质物的义务。权利质押的标的主要包括:汇票、支票、本票;债券、存款单;仓单、提单;可以转让的基金份额、股权;可以转让的注册商标专用权、专利权、著作权等知识产权中的财产权;现有的以及将有的应收账款;法律、行政法规规定可以出质的其他财产权利。

(四) 留置权

债务人不履行到期债务,债权人可以留置已经合法占有的债务人的动产,并有权就该动产优先受偿。留置权多发生于保管合同、运输合同、加工承揽合同中。留置物只能是动产,并由留置权人实际占有,留置权人负有妥善保管留置财产的义务。留置权人有权收取留置财产的孳息。

留置财产为可分物的,留置财产的价值应当相当于债务的金额。留置权人与债务人应当约定留置财产后的债务履行期间;没有约定或者约定不明确的,留置权人应当给债务人六十日以上履行债务的期间,但不易保管的动产除外。

同一动产上已设立抵押权或者质权,该动产又被留置的,留置权人优先受偿。

案例 5-2

祖宅挖出古钱币,究竟归谁所有?

汪先生的祖宅拆迁,在拆房过程中,于其祖宅范围内发现大量古钱币,后博物馆介入挖掘,并将清理出的13袋古钱币以国家出土文物为由收为馆藏。汪先生认为自己在拆迁前已向拆迁办、居委会等有关部门反映其祖父在宅基地下埋藏钱币的事实。且其祖父曾经经营槽坊,故古钱币确为其祖父所埋,应归其家族所有,遂要求博物馆返还收走的古钱币,遭到博物馆拒绝。因此,汪先生及其家族内的六人诉至法院,以博物馆将其祖宅范围内发掘的埋藏物收归国有,侵犯了其所有权为由,要求法院判令博物馆返还涉案的13袋古钱币。

简要分析:本案中13袋古钱币的归属问题是争议焦点。根据《民法典》第二百四十条的规定,所有权人对自己的不动产或者动产,依法享有占有、使用、收益和处分的权利。所有权可分为不动产所有权和动产所有权。除法律规定专属于国家或者集体所有的财产外,私人可享有一切物的所有权。本案中,埋藏在汪先生祖宅地下的古钱币属于所有权的客体,且为动产所有权。同时,基于古钱币埋藏位置、汪先生祖父曾经营槽坊和汪先生在拆迁前向相关部门反映古钱币情况的事实,可以认定涉案古钱币由汪先生祖父所埋,属于有主的文物。尽管法律规定属于国家所有的文物归国家所有,但我国法律并不禁止公民个人合法地拥有文物。因此汪先生及其家族中六人依法可以继承并合法占有涉案古钱币。

第三节 合 同

一、合同通则

(一) 合同的概念和种类

1. 合同的概念

《民法典》合同编所称合同是民事主体之间设立、变更、终止民事法律关系的协议。

婚姻、收养、监护等有关身份关系的协议,适用其他法律的规定。合同以相互间意思表示的一致为条件。合同当事人的法律地位平等。当事人自愿订立合同,遵循公平原则确定各方的权利和义务,遵循诚实信用原则行使权利、履行义务。

2. 合同的种类

(1) 双务合同与单务合同。双务合同指双方当事人之间互有权利和义务,如租赁合同。单务合同指当事人一方只享有权利而他方只负有义务,如赠与合同。

(2) 有偿合同与无偿合同。有偿合同指双方当事人各因自己的给付而从对方获得权益,如买卖合同。无偿合同指只有一方给付并且不因自己的给付从对方获得利益。单务合同大多为无偿合同,但有些合同(如有息贷款合同)可由当事人协商确定为无偿或有偿。

(3) 要式合同和非要式合同。要式合同为法律规定必须依一定的形式或程序来签订的合同,反之则为非要式合同。

(4) 有名合同和无名合同。有名合同为法律上对之有特殊规定的合同,反之则为无名合同。《民法典》合同编对买卖,供用电、水、气、热力,赠与,借款,租赁,融资租赁,承揽,建设工程,运输,技术,保管,仓储,委托,行纪及居间等19种有名合同分别作了系统规定。

(5) 诺成合同与实践合同。诺成合同指经协商当事人双方就合同主要条款达成协议即可成立的合同,如供应合同。实践合同指除了协议一致还要交付预定标的物才能成立的合同,如借用合同。

(二) 合同的订立和效力

1. 合同的订立

当事人订立合同,采取要约、承诺方式。要约是希望和他人订立合同的意思表示,该意思表示应当符合下列规定:内容具体确定;表明经受要约人承诺,要约人即受该意思表示约束。要约到达受要约人时生效。要约可以撤回。要约可以撤销,但以下情形除外:要约人确定了承诺期限或者以其他形式明示要约不可撤销;受要约人有理由认为要约是不可撤销的,并已经为履行合同做了准备工作。

承诺是受要约人同意要约的意思表示。承诺应当以通知的方式作出,但根据交易习惯或者要约表明可以通过行为作出承诺的除外。承诺应当在要约确定的期限到达要约人。承诺可以撤回。承诺的内容应当与要约的内容一致。

受要约人对要约的内容作出实质性变更的,为新要约。有关合同标的、数量、质量、价款或者报酬、履行期限、履行地点和方式、违约责任和解决争议方法等的变更,是对要约内容的实质性变更。

2. 合同的效力

依法成立的合同,自成立时生效。法律、行政法规规定应当办理批准等手续生效的,依照其规定。合同效力瑕疵的类型有未生效合同、效力待定的合同、无效合同及可撤销合同。

(1)对于未生效合同,如果是因为未办理批准等手续影响合同生效的,不影响合同中履行报批等义务条款以及相关条款的效力。应当办理申请批准等手续的当事人未履行义务的,对方可以请求其承担违反该义务的责任。此规则同样适用于"应当办理批准等手续的合同变更、转让、解除"之情形。

(2)效力待定的合同主要有两类:一是限制民事行为能力人依法不能独立订立的合同,二是基于狭义无权代理而订立的合同。

(3)无效合同及可撤销合同在《民法典》合同编中未作特别规定,应适用总则编中有关民事法律行为无效及可撤销的相关规定。

(三) 合同的履行和担保

1. 合同的履行

当事人应当按照约定全面履行自己的义务,应当遵循诚实信用原则,根据合同的性质、目的和交易习惯履行通知、协助、保密等义务。合同生效后,当事人就质量、价款或者报酬、履行地点等内容没有约定或者约定不明确的,可以协议补充;不能达成补充协议的,按照合同有关条款或者交易习惯确定,在此情形下,如果仍不能确定的,按照《民法典》合同编第五百一十一条的规定履行。

《民法典》合同编对合同履行中的抗辩权也作了规定。同时履行抗辩权指当事人互负债务,没有先后履行顺序的,应当同时履行。一方在对方履行之前有权拒绝其履行要求。一方在对方履行债务不符合约定时,有权拒绝其相应的履行要求。先履行抗辩权指当事人互负债务,有先后履行顺序的,先履行一方未履行的,后履行一方有权拒绝其履行要求。先履行一方履行债务不符合规定的,后履行一方有权拒绝其相应的履行要求。不安抗辩权指应当先履行债务的当事人有确切证据证明对方有下列情形之一的,可以中止履行:经营状况严重恶化;转移财产、抽逃资金,以逃避债务;丧失商业信誉;有丧失或者可能丧失履行债务能力的其他情形。中止履行应当及时通知对方。对方提供适当担保时,应当恢复履行。对方在合理期限内未恢复履行能力并且未提供适当担保的,中止履行的一方可以解除合同。债权人分立、合并或者变更住所没有通知债务人,致使履行债务发生困难的,债务人可以中止履行或者将标的物提存。

因债务人怠于行使其对第三人的权利而危及债权人的债权实现时,债权人可以向法院请求以自己的名义代位行使债务人对相对人的权利,但该权利专属于债务人自身的除外。因债务人放弃其债权、放弃债权担保或者无偿转让财产等危及债权人债权的实现时,债权人可以请求法院撤销债务人的行为。债务人以明显不合理的低价转让财产或者高价受让财产、为他人提供担保,危及债权人债权时,并且受让人知道该情形的,债权人也可以请求法院撤销债务人的行为。

2. 合同的担保

在借贷、买卖、货物运输、加工承揽等经济活动中,债权人需要以担保方式保障其债权实现的,可以依法设定担保。担保方式主要有保证、定金、抵押、质押、留置。

在介绍担保物权时已对后三种担保方式有所阐述,在此不再赘述,只介绍保证和定金这两种担保方式。

(1) 保证。保证是指保证人和债权人约定,当债务人不履行债务时,保证人按照约定履行债务或者承担责任的行为。保证合同主要包括被保证的主债权种类和数额、履行债务的期限、保证的方式、保证担保的范围和保证的期间等内容。

保证的方式有一般保证和连带责任保证。前者为当事人在保证合同中约定债务人不能履行债务时由保证人承担保证责任。后者为当事人在保证合同中约定保证人与债务人承担连带责任。没有约定或者约定不明确的,按照连带责任保证承担保证责任。一般保证和连带责任保证的保证人享有债务人的抗辩权。

债务人放弃对债务的抗辩权的,保证人仍有权抗辩。

(2) 定金。当事人可以约定一方向对方给付定金作为债权的担保。给付定金的一方不履行约定的债务,无权要求返还定金;收受定金的一方不履行约定的债务,应当双倍返还定金。定金应当以书面形式约定。当事人在定金合同中应当约定交付定金的期限。定金合同从实际交付定金之日起生效。定金的数额由当事人约定,但不得超过主合同标的额的20%。

(四) 合同的变更和转让

当事人协商一致,可以变更合同。法律、行政法规规定变更合同应当办理批准等手续的,依照其规定。当事人对合同变更的内容约定不明确的,推定为未变更。债权人可以将合同的权利全部或者部分转让给第三人,下列情形除外:根据合同性质不得转让;按照当事人约定不得转让;依照法律规定不得转让。债权人转让权利的,应当通知债务人。债务人对让与人的抗辩可以向受让人主张;债务人对让与人享有债权,并且债务人的债权先于转让的债权到期或者同时到期的,债务人可以向受让人主张抵销。债务人将合同的义务全部或者部分转移给第三人的,应当经债权人同意。新债务人可以主张原债务人对债权人的抗辩。

(五) 合同的权利义务终止

合同权利义务终止的情形主要有:债务已经履行;债务相互抵销;债务人依法将标的物提存;债权人免除债务;债权债务同归于一人;法律规定或者当事人约定终止的其他情形。从广义上说,合同解除也属于合同终止的一种原因。

当事人协商一致,可以解除合同。有下列情形之一的,当事人可以解除合同:因不可抗力致使不能实现合同目的;在履行期限届满之前,当事人一方明确表示或者以自己的行为表明不履行主要债务;当事人一方迟延履行主要债务,经催告后在合理期限内仍未履行;当事人一方迟延履行债务或者有其他违约行为致使不能实现合同目的;法律规定的其他情形。

当事人互负到期债务,该债务的标的物种类、品质相同的,任何一方可以将自己的债务与对方的债务抵销,但依照法律规定或者按照合同性质不得抵销的除外;标的物种类、品质不相同的,经双方协商一致也可以抵销。

提存是指因债权人原因,债务人无法清偿到期债务,债务人可将合同标的物交付给提存部门,从而完成债务的清偿。有下列情形之一,难以履行债务的,债务人可以将标的物提存:债权人无正当理由拒绝受领;债权人下落不明;债权人死亡未确定继承人、遗产管理人或者丧失民事行为能力未确定监护人;法律规定的其他情形。标的物不适于提存或者提存费用过高的，债务人依法可以拍卖或者变卖标的物，提存所得价款。

（六）违约责任

当事人一方不履行合同义务或者履行合同义务不符合约定的，应当承担继续履行、采取补救措施或者赔偿损失等违约责任。质量不符合约定的，应当按照当事人的约定承担违约责任。对违约责任没有约定或者约定不明确，依照《民法典》合同编第五百一十条的规定仍不能确定的，受损害方根据标的的性质以及损失的大小，可以合理选择请求对方承担修理、更换、重作、退货、减少价款或者报酬等违约责任。

当事人一方不履行合同义务或者履行合同义务不符合约定，给对方造成损失的，损失赔偿额应当相当于因违约所造成的损失，包括合同履行后可以获得的利益，但不得超过违约一方订立合同时预见到或者应当预见到的因违约可能造成的损失。当事人可以约定一方违约时应当根据违约情况向对方支付一定数额的违约金，也可以约定因违约产生的损失赔偿额的计算方法。

二、典型合同

典型合同是指法律上对合同的类型、内容都作出了明确规定的合同，它是相对于非典型合同而言的，非典型合同是指法律上尚未确定一定的名称与规则的合同。《民法典》合同编对十九种典型合同作了规定，分别为买卖合同、供用电水气热力合同、赠与合同、借款合同、保证合同、租赁合同、融资租赁合同、保理合同、承揽合同、建设工程合同、运输合同、技术合同、保管合同、仓储合同、委托合同、物业服务合同、行纪合同、中介合同、合伙合同。

（一）典型合同的法律适用

典型合同的法律适用规则是：

1. 应当适用《民法典》合同编第二分编关于该种典型合同的具体规范，因为这是法律对于这种合同的专门规定。

2.《民法典》合同编第一分编的基本原则和民法的基本原则，对于各种典型合同的法律适用具有指导意义，应当遵守这些基本原则，如果适用具体规范出现极不适当的结果时，应当适用基本原则的规定。

3. 关于基准性合同的法律规定，例如买卖合同和委托合同，对于其他典型合同具有准用性。例如具有委托因素的合同关系，如中介、行纪、承揽、建设工程和技术开发等合同,优先适用这些合同的法律规范,如果没有相应规定的,则可以适用委托合同的法律规定。

(二) 典型合同的种类

《民法典》合同编规定的典型合同包括以下几种:

1. 买卖合同,是指出卖人转移标的物的所有权于买受人,买受人支付相应价款的合同。买卖合同的效力分为两种:广义的买卖合同效力包括对外效力和对内效力两种。对外效力的核心是合同债权的不可侵犯性,买卖合同的对内效力也就是狭义效力,是以合同内容为核心,表现为出卖人和买受人双方所享有的权利和所承担的义务。

2. 供用电、水、气、热力合同,是指一方提供电、水、气、热力供另一方利用,另一方支付报酬的合同。

3. 赠与合同,是指赠与人将自己的财产无偿给予受赠人,受赠人表示接受赠与的合同。

4. 借款合同,是指借款人向贷款人借款,到期返还借款并支付利息的合同。

5. 保证合同,是指为保障债权的实现,保证人和债权人约定,当债务人不履行到期债务或者发生当事人约定的情形时,保证人履行债务或者承担责任的合同。

6. 租赁合同,是指出租人将租赁物交付承租人使用、收益,承租人支付租金的合同。出租人是将租赁物交付对方使用、收益的一方当事人。

7. 融资租赁合同,是指出租人根据承租人对出卖人、租赁物的选择,向出卖人购买租赁物,提供给承租人使用,承租人支付租金的合同。

8. 保理合同,是指应收账款债权人将现有的或者将有的应收账款转让给保理人,保理人提供资金融通、应收账款管理或者催收、应收账款债务人付款担保等服务的合同。

9. 承揽合同,是指承揽人按照定做人的要求完成工作,交付工作成果,定做人支付报酬的合同。

10. 建设工程合同,是指承包人进行工程建设,发包人支付价款的合同,包括工程勘察、设计、施工合同。

11. 运输合同,是指承运人将旅客或者货物从起运地点运输到约定地点,旅客、托收人或者收货人支付票款或者运输费用的合同,包括客运合同、货运合同和多式联运合同。

12. 技术合同,是指当事人就技术开发、转让、许可、咨询或者服务订立的确立相互之间权利和义务的合同,包括技术开发合同、技术转让合同、技术许可合同、技术咨询合同、技术服务合同。

13. 保管合同又称寄托合同、寄存合同,是指保管人保管寄存人交付的保管物,并返还该物的合同。

14. 仓储合同又称仓储保管合同,是指保管人储存存货人交付的仓储物,存货人支付仓储费的合同。

15. 委托合同又称委任合同,是指委托人和受托人约定,由受托人处理委托人事务的合同。

16. 物业服务合同,是指物业服务人在物业服务区域内,为业主提供建筑物及其附属设施的维修养护、环境卫生和相关秩序的管理维护等物业服务,业主支付物业费的合同。

17. 行纪合同又称信托合同,是指行纪人以自己的名义为委托人从事贸易活动,委托人支付报酬的合同。

18. 中介合同,是指中介人向委托人报告订立合同的机会或者提供订立合同的媒介服务,委托人支付报酬的合同。

19. 合伙合同,是指两个以上合伙人为了共同的事业目的,订立的共享利益、共担风险的协议。

三、准合同

(一) 无因管理

无因管理是指没有法定义务或者约定的义务,为避免他人利益受到损失而进行管理或者服务的行为。例如,收留迷路的儿童,雨夜为出门的邻居抢修房屋。管理他人事务的人被称为管理人,其事务被他人管理的人被称为本人或者受益人。《民法典》第一百二十一条规定:"没有法定的或者约定的义务,为避免他人利益受损失而进行管理的人,有权请求受益人偿还由此支出的必要费用。"无因管理是一种事实行为,是债的发生原因之一。《民法典》第九百七十九条至第九百八十四条对无因管理作了具体规定。

1. 无因管理的构成要件

(1) 必须是管理他人事务。他人的事务是指与生活有关的事项,既可能是纯财产意义上的事项,也可能是与财产利益毫不相关的事项。这种事务必须是他人的,并且能够发生债权债务关系,是合法事项。管理是实现事务内容的行为。它不仅包括看管、保管、保养等一般管理行为,而且包括提供服务等行为。

(2) 必须有为他人谋利益的意思。管理人确有为他人谋取利益或者避免损失的动机。从动机上看,管理人应当有为他人利益而管理的动因;从效果上看,管理人取得的利益最终归本人享有。

(3) 必须没有法定或者约定的义务。无因管理中的"无因",就是指"没有法定或者约定的义务"。如果有法定义务或者约定义务,就不存在无因管理问题。

2. 无因管理的权利义务

(1) 管理人的义务

管理人在实施无因管理行为时,承担管理义务与通知和返还的义务。

管理人的管理义务涉及管理方法和注意程度。管理人应当按照有利于本人的方法为本人管理事务,并且原则上应与一般债务人负同等的注意义务,如同管理自己的事务那样管理本人的事务。

管理人在能够通知本人的情况下,应当及时通知本人其管理事务的事项,将因处理事务收取的金钱、财物及孳息等返还本人。

(2) 本人的义务

管理人为本人管理事务是出于义举,不得要求本人支付报酬,但有权要求受益人偿付由此而支出的必要费用。换言之,本人负有偿付管理人由管理行为而支出的必要费用的义务。必要费用是指必不可少的费用。

(二) 不当得利

不当得利是指没有合法根据而通过造成他人损失所取得的不当利益。当事人之间因不当得利所发生的债权债务关系,被称为不当得利之债。获得利益的一方为得利人,受到损失的一方为受损方。《民法典》第一百二十二条规定:"因他人没有法律根据,取得不当利益,受损失的人有权请求其返还不当利益。"《民法典》第九百八十五条至第九百八十八条对不当得利作了具体规定。

不当得利是日常生活中经常发生的现象。例如,取存款时银行收款人多付了现金,甲鱼塘里的鱼游到了乙的鱼塘,都会发生不当得利。

1. 不当得利的构成要件

(1) 取得利益。取得利益是指取得财产利益,即因一定的事实而使得得利人的财产增加,包括积极增加和消极增加。积极增加是指得利人的财产因得利而直接增多;后者是指得利人的财产本应减少而没有减少,如少支付了应当支付的存款。

(2) 他人受到了损失。一方受益而他人并未受损,并不构成不当得利。例如,拣别人废弃的垃圾而出售,就不构成不当得利。要构成不当得利,必须有一方受到了损失。受到损失是指财产减少,包括积极减少和消极减少。积极减少是指财产的直接减少,消极减少是指应当增加的财产没有增加。

(3) 一方受益与他方受损之间有因果关系。这种因果关系是指一方的受益是由于他方的受损而产生的,如果没有这种因果关系,得利人就没有义务返还利益。

(4) 受益没有合法根据。这是指一方受益缺乏合法的原因。如果有合法的原因,就不再是不当得利。

2. 不当得利之债的履行

不当得利人应当将取得的不当利益返还受损失的人。不当得利人返还的利益可以是原物、原物的价款或者其他利益。

案例 5-3

网上购物被取消订单,如何维权?

小王某日看到 Y 公司网站上正在举办"名表新品折上最高立减 500 元",A 款手表和 B 款手表的商品价格均为 558 元,C 款手表的价格则为 780 元。小王在订购商品的同时支付了每块手表 500 元的现金优惠券,并选择余款的支付方式为货到付款。随后,小王收到 Y 公司的订单确认邮件,其中 C 款手表的订单总计 280 元,并告知预计送达日期,A、B 款手表订单则显示"该商品暂时缺货,现在可以订购,到货后,会邮件通知"。不料,几日后,小王再次收到 Y 公司的邮件通知,称 3 款手表均不能采购到货,无法发出,已经将缺货商品删除,已支付的款项将会尽快退到电子账户或礼品卡中,并承诺删除缺货商品后,将不会影响订单已享有的优惠。Y 公司随后将小王账户中的上述 3 个订单全部删除。

简要分析:小王的订单被 Y 公司取消,从法律角度看涉及合同成立与否的问题。合同成立与否,要判断双方是否完成了要约和承诺的行为。要约是希望和他人订立合同的意思表示,承诺则是受要约人同意要约的意思表示。一般而言,要约的内容应是具体确定的,比如会列出商品的名称、规格、价格等内容,且表明接受受要约人承诺,要约人即受该意思表示约束。受要约人承诺一旦生效,双方即完成合意,合同成立。本案中,Y公司将其待售商品的名称、型号、价款等详细信息陈列于其网站之上,内容明确具体,与商品标价陈列出售具有同一意义,根据法律规定和一般交易观念判断,符合要约的特性。消费者小王通过网站在其有库存或者其允许的状态下自由选购点击加入购物车,并在确定其他送货、付款信息之后确认订单,应当视为进行了承诺。根据《民法典》第四百九十一条第二款的规定,当事人一方通过互联网等信息网络发布的商品或者服务信息符合要约条件的,对方选择该商品或者服务并提交订单成功时合同成立,但是当事人另有约定的除外。因此,在小王提交订单成功时,网购合同已经成立。故判决认为,Y公司应当向小王交付其订购的3块手表,小王也应在收货同时向Y公司支付剩余货款。

第四节 人 格 权

一、人格权的主要内容

人格权是民事主体享有的生命权、身体权、健康权、姓名权、名称权、肖像权、名誉权、荣誉权、隐私权等权利。此外,自然人还享有基于人身自由、人格尊严产生的其他人格权益。

二、一般人格权

(一) 含义

一般人格权是指民事主体基于人格平等、人格独立、人格自由以及人格尊严等根本人格利益而享有的人格权。一般人格权的内容通常概括为人格平等、人格独立、人格自由及人格尊严四个方面。我国民事立法,确定了一般人格权。

(二) 特征

1. 主体的普遍性

理论上讲,自然人、法人及其他组织均平等地享有一般人格权。但我国民事立法明确规定,一般人格权属于自然人。

2. 权利客体的高度概括性

一般人格权的客体是高度概括的民事主体的一般人格利益，是具体人格权之外的、尚未或无法具体化的人格利益，它涵盖了具体人格利益之外民事主体应当享有的所有其他人格利益。

3. 权利内容的不确定性

一般人格权的内容无法事先确定，也不应当事先确定。

4. 所保护利益的根本性

人格平等、独立、自由和尊严都是民事主体之所以成为民事主体最根本的条件。

(三) 功能

1. 产生具体人格权。
2. 解释具体人格权。
3. 补充具体人格权。

三、具体人格权

(一) 生命权、身体权及健康权

1. 生命权

自然人享有生命权，有权维护自己的生命安全和生命尊严。任何组织或者个人不得侵害他人的生命权。构成生命权的侵害，需要产生死亡的结果，侵权人的主观意图不具有决定意义。

2. 身体权

自然人享有身体权，有权维护自己的身体完整和行动自由。任何组织或者个人不得侵害他人的身体权。身体权，强调保持身体完整和身体合理支配权。只要是身体的有机组成部分，无论"真假"均是身体权保护的客体。

3. 健康权

自然人享有健康权，有权维护自己的身心健康。任何组织或者个人不得侵害他人的健康权。健康权，强调的是健康维护、劳动能力保持和健康利益支配。

(二) 姓名权和名称权

任何组织或者个人不得以干涉、盗用、假冒等方式侵害他人的姓名权或者名称权。

1. 姓名权

自然人享有姓名权,有权依法决定、使用、变更或者许可他人使用自己的姓名,但是不得违背公序良俗。

自然人的姓氏选择应遵守以下规则:自然人的姓氏应当随父姓或者母姓,但是有下列情形之一的,可以在父姓和母姓之外选取姓氏:

(1) 选取其他直系长辈血亲的姓氏;

(2) 因由法定扶养人以外的人扶养而选取扶养人姓氏;

(3) 有不违背公序良俗的其他正当理由;

(4) 少数民族自然人的姓氏可以遵从本民族的文化传统和风俗习惯。

2. 名称权

法人、非法人组织享有名称权,有权依法使用、变更、转让或者许可他人使用自己的名称。名称权的主体为法人、非法人组织,名称的获得、变更、使用、被冒用或盗用侵权,与自然人姓名权一致。其独特之处在于具有转让权。名称往往代表的是市场信誉,其可以通过转让名称传递下去,自然人的姓名是其个人人格的独特标志,与个人人格有着密不可分的联系,因此难以通过姓名转让传递。

(三) 肖像权

自然人享有肖像权,有权依法制作、使用、公开或者许可他人使用自己的肖像。肖像是通过影像、雕塑、绘画等方式在一定载体上所反映的特定自然人可以被识别的外部形象。

1. 侵犯肖像权的方式

(1) 丑化、污损他人肖像;

(2) 利用信息技术手段伪造等方式侵害他人的肖像权;

(3) 除法律另有规定,未经肖像权人同意,制作、使用、公开肖像权人的肖像;

(4) 未经肖像权人同意,肖像作品权利人以发表、复制、发行、出租、展览等方式使用或者公开肖像权人的肖像。

2. 肖像权的合理使用

合理实施下列行为的,可以不经肖像权人同意:

(1) 为个人学习、艺术欣赏、课堂教学或者科学研究,在必要范围内使用肖像权人已经公开的肖像;

(2) 为实施新闻报道,不可避免地制作、使用、公开肖像权人的肖像;

(3) 为依法履行职责,国家机关在必要范围内制作、使用、公开肖像权人的肖像;

(4) 为展示特定公共环境,不可避免地制作、使用、公开肖像权人的肖像;

(5) 为维护公共利益或者肖像权人合法权益,制作、使用、公开肖像权人的肖像的其他行为。

(四) 名誉权与荣誉权

1. 侵害名誉权的情形

(1) 新闻报道、舆论监督中的侵权

行为人实施新闻报道、舆论监督等行为,影响他人名誉的,一般不承担民事责任,但是有下列情形之一的,构成侵权:捏造事实、歪曲事实;对他人提供的严重失实内容未尽到合理核实义务;使用侮辱性言辞等贬损他人名誉。

(2) 文学艺术创作中的侵权

行为人发表的文学、艺术作品以真人真事或者特定人为描述对象,含有侮辱、诽谤内容,侵害他人名誉权的,受害人有权依法请求该行为人承担民事责任;行为人发表的文学、艺术作品不以特定人为描述对象,仅其中的情节与该特定人的情况相似的,不承担民事责任。

(3) 报刊、网络报道侵权

报刊、网络等媒体报道的内容失实,侵害他人名誉权的,受害人有权请求该媒体及时采取更正或者删除等必要措施;媒体不及时采取措施的,受害人有权请求人民法院责令该媒体在一定期限内履行。

(4) 信用评价不当侵权

民事主体可以依法查询自己的信用评价;发现信用评价不当的,有权提出异议并请求采取更正、删除等必要措施;信用评价人应当及时核查,经核查属实的,应当及时采取必要措施。

2. 荣誉权的侵权方式

(1) 非法剥夺他人的荣誉称号,诋毁、贬损他人的荣誉;

(2) 获得的荣誉称号应当记载而没有记载的;

(3) 获得的荣誉称号记载错误。

(五) 隐私权与个人信息权

1. 隐私权

自然人享有隐私权。任何组织或者个人不得以刺探、侵扰、泄露、公开等方式侵害他人的隐私权。隐私是自然人的私人生活安宁和不愿为他人知晓的私密空间、私密活动、私密信息。

侵犯隐私权的常见方式：(1)以短信、电话、即时通信工具、电子邮件、传单等方式侵扰他人的私人生活安宁；(2)进入、窥视、拍摄他人的住宅、宾馆房间等私密空间；(3)拍摄、窃听、窥视、公开他人的私密活动；(4)拍摄、窥视他人身体的私密部位；(5)收集、处理他人的私密信息；(6)以其他方式侵害他人的隐私权。

2. 个人信息权

自然人的个人信息受法律保护。个人信息是以电子或者其他方式记录的能够单独或者与其他信息结合识别特定自然人的各种信息，包括自然人的姓名、出生日期、身份证件号码、生物识别信息、住址、电话号码、电子邮箱、健康信息、行踪信息等。

信息收集掌控者的义务：(1)信息收集者、控制者不得泄露、篡改其收集、存储的个人信息；(2)未经被收集者同意，不得向他人非法提供个人信息，但是经过加工无法识别特定个人且不能复原的除外；(3)信息收集者、控制者应当采取技术措施和其他必要措施，确保其收集、存储的个人信息安全，防止信息泄露、篡改、丢失；(4)发生或者可能发生个人信息泄露、篡改、丢失的，应当及时采取补救措施，依照规定告知被收集者并向有关主管部门报告；(5)国家机关及其工作人员对于履行职责过程中知悉的自然人的隐私和个人信息，应当予以保密，不得泄露或者向他人非法提供。

个人信息权人的权利：(1)自然人可以向信息控制者依法查阅、抄录或者复制其个人信息；(2)发现信息有错误的，有权提出异议并请求及时采取更正等必要措施；(3)自然人发现信息控制者违反法律、行政法规的规定或者双方的约定收集、处理其个人信息的，有权请求信息控制者及时删除。

3. 个人信息权与隐私权的关系

个人信息中的私密信息，同时适用隐私权保护的有关规定，这意味着侵犯个人信息中的私密信息，也会侵犯隐私权。

此权利与隐私权不同，表现有二：

(1)隐私保护的内容通常是权利人不愿为他人所知的信息；个人信息权所保护的个人信息在必要时可以为他人所知，甚至需要主动提供，比如身份证信息、个人财产信息、家庭住址等。

（2）侵犯隐私权通常是对于自然人不愿为他人所知信息的披露、公开；侵犯个人信息权往往是未经同意，擅自搜集、使用、加工、贩卖或非法公开个人信息资料，而这种资料，权利人在必要的时候可以自主决定是否公开或向他人提供。

案例 5-4

在小区中张贴判决书，是否侵犯个人隐私？

丁女士与汪先生因名誉权纠纷通过法院开庭审理，作出判决：判决丁女士在小区和微信群中对汪先生发表道歉文章。判决书送达后，汪先生在不隐去判决书中丁女士个人信息的情况下，擅自将判决书张贴小区内，并在多家网络平台上公布。知晓不妥后，汪先生对判决书进行了撤除、添加技术处理等措施。丁女士由此向法院提起诉讼，要求被告汪先生停止侵犯隐私权，公开道歉，赔偿精神损害以及调查费用。

简要分析：汪先生的行为是构成对丁女士隐私权的侵犯还是个人信息的侵犯，涉及民法中的"隐私权"和"个人信息"。《民法典》第一千零三十二条规定："自然人享有隐私权。任何组织或者个人不得以刺探、侵扰、泄露、公开等方式侵害他人的隐私权。隐私是自然人的私人生活安宁和不愿为他人知晓的私密空间、私密活动、私密信息。"第一千零三十四条规定："自然人的个人信息受法律保护。个人信息是以电子或者其他方式记录的能够单独或者与其他信息结合识别特定自然人的各种信息，包括自然人的姓名、出生日期、身份证件号码、生物识别信息、住址、电话号码、电子邮箱、健康信息、行踪信息等。"隐私和个人信息应当区分，个人信息是除去隐私之外作为独立保护客体的信息，隐私强调私密性，个人信息强调可识别性。个人信息中包括了私密信息，因此，对于私密信息同时也适用隐私权保护的规定。本案中，判决书中原告丁女士个人信息属于《民法典》第一千零三十四条规定的个人信息的范畴，不属于《民法典》第一千零三十二条规定的私密空间、私密活动、私密信息。汪先生侵犯了丁女士的个人信息受保护的权利，应按照个人信息规范予以保护，而非隐私权。

第五节 婚姻家庭及继承制度

一、婚姻家庭制度

(一) 结婚

1. 结婚的条件

(1) 必须具备的条件

《民法典》规定,结婚必须男女双方完全自愿,不许任何一方对他方加以强迫或任何第三者加以干涉。结婚年龄,男不得早于22周岁,女不得早于20周岁。结婚还应符合一夫一妻的条件。

(2) 必须排除的条件

《民法典》规定,直系血亲或者三代以内的旁系血亲禁止结婚。《民法典》删除了原《婚姻法》有关"患有医学上认为不应当结婚的疾病"时禁止结婚的情形,将其规定为撤销婚姻的情形。

2. 结婚的法定程序

要求结婚的男女双方必须亲自到婚姻登记机关申请结婚登记。婚姻登记机关应当对结婚登记当事人出具的证件、证明材料进行审查并询问相关情况。符合《民法典》规定的,予以登记,发给结婚证。取得结婚证,即确立夫妻关系。未办理结婚登记的,应当补办登记。

3. 无效婚姻和可撤销婚姻

有下列情形之一的,婚姻无效:重婚的;有禁止结婚的亲属关系的;未到法定婚龄的。因胁迫结婚的,受胁迫的一方可以向人民法院请求撤销该婚姻,该请求应当自胁迫行为终止之日起1年内提出。被非法限制人身自由的当事人请求撤销婚姻的,应当自恢复人身自由之日起1年内提出。一方患有重大疾病的,应当在结婚登记前如实告知另一方;不如实告知的,另一方可以向人民法院请求撤销婚姻。请求撤销婚姻的,应当自知道或者应当知道撤销事由之日起一年内提出。

无效或被撤销的婚姻,自始无效。当事人不具有夫妻的权利和义务。同居期间所得的财产,由当事人协议处理;协议不成的,由人民法院根据照顾无过错方的原则判决。对重婚导致的无效婚姻的财产处理,不得侵害合法婚姻当事人的财产权益。当事人所生的子女,适用《民法典》有关父母子女的规定。

(二) 离婚

1. 离婚的法律程序

(1) 双方自愿离婚

男女双方自愿离婚的,准予离婚。双方必须亲自到婚姻登记机关申请离婚登记。婚姻登记机关应当对离婚登记当事人出具的证件、证明材料进行审查并询问相关情况。对当事人确属自愿离婚,并已对子女抚养、财产、债务处理等问题达成一致处理意见的,应当当场予以登记,发给离婚证。办理离婚登记的当事人有下列情形之一的,婚姻登记机关不予受理:未达成离婚协议的;属于无民事行为能力人或者限制民事行为能力人的;其结婚登记不是在中国内地办理的。

(2) 一方要求离婚

男女一方要求离婚的,可由有关部门进行调解或直接向人民法院提起离婚诉讼。法院审理离婚案件,应当进行调解;如感情确已破裂,调解无效的,应准予离婚。"感情确已破裂"主要包括以下情形:重婚或有配偶者与他人同居的;实施家庭暴力或虐待、遗弃家庭成员的;有赌博、吸毒等恶习屡教不改的;因感情不和分居满2年的;其他导致夫妻感情破裂的情形,如夫妻双方因是否生育发生纠纷。此外,一方被宣告失踪,另一方提出离婚诉讼的,应准予离婚。

现役军人的配偶要求离婚,须得军人同意,但军人一方有重大过错的除外。女方在怀孕期间、分娩后1年内或终止妊娠后6个月内,男方不得提出离婚。女方提出离婚的,或者人民法院认为确有必要受理男方离婚请求的,不在此限。

2. 离婚的法律后果

(1) 离婚后的父母子女关系

父母与子女间的关系,不因父母离婚而消除。离婚后,父母对于子女仍有抚养、教育和保护的权利和义务。不满两周岁的子女以由母亲直接抚养为原则。已满两周岁的子女,如双方因抚养问题发生争执不能达成协议时,由人民法院根据最有利于未成年子女原则和双方的具体情况判决。离婚后,一方抚养的子女,另一方应负担必要的生活费和教育费的一部分或全部,负担费用的多少和期限的长短,由双方协议;协议不成的,由人民法院判决。此种协议或判决不妨碍子女在必要时向父母任何一方提出超过协议或判决原定数额的合理要求。

离婚后,不直接抚养子女的父或母,有探望子女的权利,另一方有协助的义务。行使探望权利的方式、时间由当事人协议;协议不成时,由人民法院判决。

父或母探望子女,不利于子女身心健康的,由人民法院依法中止探望的权利;中止的事由消失后,应当恢复探望的权利。

(2) 离婚后的夫妻财产关系

离婚时,夫妻的共同财产由双方协议处理;协议不成时,由人民法院根据财产的具体情况,按照照顾子女、女方和无过错方权益的原则判决。对夫或妻在家庭土地承包经营中享有的权益等,应当依法予以保护。夫妻书面约定婚姻关系存续期间所得的财产归各自所有,一方因抚育子女、照料老人、协助另一方工作等负担较多义务的,离婚时有权向另一方请求补偿,另一方应当予以补偿。原为夫妻共同生活所负的债务,应当共同偿还。共同财产不足清偿的,或财产归各自所有的,由双方协议清偿;协议不成时,由人民法院判决。如一方生活困难,有负担能力的另一方应从其住房等个人财产中给予适当帮助。具体办法由双方协议;协议不成时,由人民法院判决。

(三) 家庭关系

1. 夫妻关系

夫妻关系是指夫妻双方因合法婚姻产生的人身和财产方面的权利和义务关系。夫妻在家庭中地位平等。夫妻双方都有各用自己姓名的权利,都有参加生产、工作、学习和社会活动的自由。夫妻双方都有实行计划生育的义务。夫妻有互相扶养的义务,一方不履行扶养义务时,需要扶养的一方,有要求对方付给扶养费的权利。夫妻有相互继承遗产的权利。

夫妻对共同所有的财产,有平等的处理权。夫妻在婚姻关系存续期间所得的下列财产,归夫妻共同所有:工资、奖金、劳务报酬;生产、经营、投资的收益;知识产权的收益;继承或受赠的财产,但遗赠或赠与合同中确定只归夫或妻一方的财产除外;其他应当归共同所有的财产。有下列情形之一的,为夫妻一方的财产:一方的婚前财产;一方因受到人身损害获得的赔偿或补偿;遗嘱或赠与合同中确定只归夫或妻一方的财产;一方专用的生活用品;其他应当归一方的财产。夫妻可以约定婚姻关系存续期间所得的财产以及婚前财产归各自所有、共同所有或部分各自所有、部分共同所有,约定应当采用书面形式,该约定对双方具有约束力。夫妻对婚姻关系存续期间所得的财产约定归各自所有的,夫或妻一方对外所负的债务,第三人知道该约定的,以夫或妻一方所有的财产清偿。

2. 父母子女关系

父母子女关系是指基于自然血亲或法律拟制而发生的父母与子女间的权利

和义务关系。父母不履行抚养义务时,未成年的或不能独立生活的子女,有要求父母给付抚养费的权利。成年子女不履行赡养义务时,缺乏劳动能力的或生活困难的父母,有要求成年子女付给赡养费的权利。禁止溺婴、弃婴和其他残害婴儿的行为。父母有保护和教育未成年子女的权利和义务。在未成年子女对国家、集体或他人造成损害时,父母有承担民事责任的义务。父母和子女有相互继承遗产的权利。子女应当尊重父母的婚姻权利,子女对父母的赡养义务不因父母的婚姻关系变化而终止。

非婚生子女享有与婚生子女同等的权利。不直接抚养非婚生子女的生父或生母,应当负担未成年子女或者不能独立生活的成年子女的抚养费。继父或继母和受其抚养教育的继子女间的权利义务关系,适用《民法典》对父母子女关系的有关规定。养父母与养子女间的权利义务关系,自收养关系成立之日起,适用法律关于父母子女关系的规定;养子女与生父母之间的权利义务关系,因收养关系的成立而消除。收养关系解除后,养子女与养父母及其他近亲属间的权利义务关系即行消除,与生父母及其他近亲属间的权利义务关系自行恢复,但成年养子女与生父母及其他近亲属间的权利义务关系是否恢复,可以协商确定。收养关系解除后,经养父母抚养的成年养子女,对缺乏劳动能力又缺乏生活来源的养父母,应当给付生活费。因养子女成年后虐待、遗弃养父母而解除收养关系的,养父母可以要求养子女补偿收养期间支出的生活费和教育费。

3. 其他家庭成员之间关系

有负担能力的祖父母、外祖父母,对于父母已经死亡或父母无力抚养的未成年的孙子女、外孙子女,有抚养的义务。有负担能力的孙子女、外孙子女,对于子女已经死亡或子女无力赡养的祖父母、外祖父母,有赡养的义务。有负担能力的兄、姐,对于父母已经死亡或父母无力抚养的未成年的弟、妹,有扶养的义务。由兄、姐抚养长大的有负担能力的弟、妹,对于缺乏劳动能力又缺乏生活来源的兄、姐,有扶养的义务。

(四) 救助措施与法律责任

实施家庭暴力或虐待家庭成员,受害人有权提出请求,居民委员会、村民委员会以及所在单位应当予以劝阻、调解;受害人提出请求的,公安机关应当依照治安管理处罚的法律规定予以行政处罚。对正在实施的家庭暴力,受害人有权提出请求,居民委员会、村民委员会应当予以劝阻;公安机关应当予以制止。

对遗弃家庭成员,受害人有权提出请求,居民委员会、村民委员会以及所在单位应当予以劝阻、调解；受害人提出请求的，法院应当依法作出支付扶养费、抚养费、赡养费的判决。

对重婚的，对实施家庭暴力或虐待、遗弃家庭成员构成犯罪的，依法追究刑事责任。受害人可以依照《中华人民共和国刑事诉讼法》的有关规定，向法院自诉；公安机关应当依法侦查，检察院应当依法提起公诉。

重婚或有配偶者与他人同居，或实施家庭暴力，或虐待、遗弃家庭成员，导致离婚的，无过错方有权请求损害赔偿。

离婚时，一方隐藏、转移、变卖、毁损夫妻共同财产，或伪造债务企图侵占另一方财产的，分割夫妻共同财产时，对隐藏、转移、变卖、毁损夫妻共同财产或伪造债务的一方，可以少分或不分。离婚后，另一方发现有上述行为的，可以向法院提起诉讼，请求再次分割夫妻共同财产。

对拒不执行有关扶养费、抚养费、赡养费、财产分割、遗产继承、探望子女等判决或裁定的，由法院依法强制执行。有关个人和单位应负协助执行的责任。

二、继承制度

财产继承是将死者遗留的财产转移给继承人的一种法律制度。继承从被继承人死亡时开始。遗产是公民死亡时遗留的个人合法财产。继承开始后，按照法定继承办理；有遗嘱的，按照遗嘱继承或者遗赠办理；有遗赠扶养协议的，按照协议办理。继承人有下列行为之一的，丧失继承权：(1)故意杀害被继承人的；(2)为争夺遗产而杀害被继承人的；(3)遗弃被继承人的，或者虐待被继承人情节严重的；(4)伪造、篡改或者销毁遗嘱，情节严重的。

(一) 法定继承

1. 法定继承的顺序

我国法定继承人的范围是：配偶、子女、父母；兄弟姐妹、祖父母、外祖父母。其中前三者为第一顺序继承人，后三者为第二顺序继承人。继承开始后，由第一顺序继承人继承，第二顺序继承人不继承。没有第一顺序继承人继承的，由第二顺序继承人继承。丧偶儿媳对公、婆，丧偶女婿对岳父、岳母，尽了主要赡养义务的，作为第一顺序继承人。

2. 代位继承与转继承

代位继承又称为间接继承，是指有继承权的继承人先于被继承人死亡时，由法律规定范围的人代替其地位所进行的继承。主要情形有：(1)被继承人的子女先于被继承人死亡时,由被继承人子女的晚辈直系血亲代替死亡的长辈直系血亲继承被继承人遗产;(2)在被继承人无配偶、子女、父母继承其财产,被继承人的兄弟姐妹又先于被继承人死亡时,由被继承人兄弟姐妹的子女代替死亡的父母继承被继承人遗产。代位继承的发生条件是由法律直接规定的,因此,代位继承只存在于法定继承之中,遗嘱继承不适用代位继承。

若继承已经开始,继承人已取得继承遗产的权利,但在遗产分割前死亡,其应继承份额转由其继承人取得。此为转继承,在法定继承和遗嘱继承中均可发生。

3. 遗产的分配

同一顺序继承人继承遗产的份额,一般应当均等。对生活有特殊困难的缺乏劳动能力的继承人,分配遗产时应当予以照顾。对被继承人尽了主要扶养义务或者与被继承人共同生活的继承人,分配遗产时可以多分。有扶养能力和有扶养条件的继承人,不尽扶养义务的,分配遗产时应当不分或者少分。继承人协商同意的,继承遗产的份额也可以不均等。对继承人以外的依靠被继承人扶养的缺乏劳动能力又没有生活来源的人,或者继承人以外的对被继承人扶养较多的人,可以分给适当的遗产。

(二) 遗嘱继承和遗赠

自然人可以立遗嘱将个人财产指定由法定继承人的一人或者数人继承,此为遗嘱继承。自然人可以立遗嘱将个人财产赠与国家、集体或者法定继承人以外的人,此为遗赠。

遗嘱可以分为公证遗嘱、自书遗嘱、代书遗嘱、录音遗嘱和口头遗嘱。代书、录音和口头遗嘱应当由两个以上见证人在场见证。不能作为遗嘱见证人的有:无行为能力人、限制行为能力人以及其他不具有见证能力的人,继承人、受遗赠人,与继承人、受遗赠人有利害关系的人。口头遗嘱只在危急情况下采用,危急情况解除后,遗嘱人能够用书面或者录音形式立遗嘱的,所立的口头遗嘱无效。遗嘱应当对缺乏劳动能力又没有生活来源的继承人保留必要的遗产份额。遗嘱人可以撤回、变更所立遗嘱。立有数份遗嘱,内容相抵触的,以最后的遗嘱为准。遗嘱继承或者遗赠附有义务的,继承人或者受遗赠人应当履行义务。无行为能力人或者限制行为能力人所立的遗嘱无效。遗嘱必须表示遗嘱人的真实意思,受胁迫、欺骗所立的遗嘱无效。伪造的遗嘱无效。遗嘱被篡改的,篡改的内容无效。

自然人可以与继承人以外的组织或个人签订遗赠扶养协议。按照协议,该组织或个人承担该自然人生养死葬的义务,享有受遗赠的权利。

(三) 遗产的处理

1. 继承的接受与放弃

继承开始后,继承人放弃继承的,应当在遗产处理前以书面形式作出放弃继承的表示。到期没有表示的,视为接受继承。受遗赠人应当在知道受遗赠后六十日内作出接受或者放弃受遗赠的表示。到期没有表示的,视为放弃受遗赠。有下列情形之一的,遗产中的有关部分按照法定继承办理:遗嘱继承人放弃继承或者受遗赠人放弃受遗赠的;遗嘱继承人丧失继承权的或受遗赠人丧失受遗赠权的;遗嘱继承人、受遗赠人先于遗嘱人死亡或者终止的;遗嘱无效部分所涉及的遗产;遗嘱未处分的遗产。

2. 遗产的分割

遗产分割时,应当保留胎儿的继承份额。胎儿出生时是死体的,保留的份额按照法定继承办理。遗产分割应当有利于生产和生活需要,不损害遗产的效用。不宜分割的遗产,可以采取折价、适当补偿或者共有等方法处理。

3. 被继承人债务的清偿

继承遗产应当清偿被继承人依法应当缴纳的税款和债务,缴纳税款和清偿债务以遗产实际价值为限。超过遗产实际价值部分,继承人自愿偿还的不在此限。继承人放弃继承的,对被继承人依法应当缴纳的税款和债务可以不负偿还责任。执行遗赠不得妨碍清偿遗赠人依法应当缴纳的税款和债务。

4. 无人继承的遗产

无人继承又无人受遗赠的遗产,归国家所有;死者生前是集体所有制组织成员的,归所在集体所有制组织所有。

案例 5-5

夫妻一方能否请求分割另一方的"私房钱"?

王女士和李先生皆为离异人士,二人再婚后因琐事经常争吵最终导致感情破裂,无法共同生活,王女士向法院起诉要求与李先生离婚。但王女士有些"私房钱",存在银行里,夫妻关系存续期间王女士通过 ATM 转账及卡取的方式将该账户内的 195 000 元偷偷转给其姐姐,李先生并不知情。要离婚了,李先生能否要求分割王女士银行卡里的存款?

简要分析:本案涉及民法中"夫妻一方隐匿共同财产"的问题。首先要判断这里的私房钱是否属于夫妻共同财产。王女士认为该笔存款是其经营饭店所得收益,李先生则认为王女士名下的银行存款是其婚前房屋出租所得。根据《民法典》第一千零六十二条第一款第(二)项的规定,夫妻在婚姻关系存续期间所得的生产、经营、投资的收益属于夫妻共同财产。另外,对于夫妻一方个人所有房屋的婚后收益的归属,最高人民法院的意见认为,一方个人所有的房屋婚后用于出租,其租金收入属于经营性收入,应认定为夫妻共同财产。因此,应将该项存款认定为夫妻双方共同财产。其次,既然"私房钱"属于夫妻共同财产,夫妻两人都可以获得,具体应该怎么分割?《民法典》第一千零九十二条规定:"夫妻一方隐藏、转移、变卖、毁损、挥霍夫妻共同财产,或者伪造夫妻共同债务企图侵占另一方财产的,在离婚分割夫妻共同财产时,对该方可以少分或者不分。离婚后,另一方发现有上述行为的,可以向人民法院提起诉讼,请求再次分割夫妻共同财产。"在本案中,王女士把钱偷偷转给其姐姐的行为,应认定为在夫妻双方离婚时的隐藏、转移夫妻共同财产的行为。法院据此认为对王女士名下的银行存款,王女士可以少分。

第六节 侵权责任

一、侵权责任的一般规定及基本原理

(一) 侵权责任概念及特征

侵权责任是指侵权人一方对自己的侵权行为或者准侵权行为造成的损害等后果依法应当承担的各种民事责任。

其特征主要是:

(1) 侵权责任是民事责任的一种基本形式。

(2) 侵权责任的本质是不利的法律后果。

(3) 侵权责任的形式多样化。

(二) 侵权责任的归责原则

侵权责任归责原则,是归责的一般规则,是据以确定行为人承担侵权民事责任的根据和标准,也是贯穿于侵权责任法之中,并对各个侵权责任规则起着统帅作用的指导方针。

侵权责任归责原则应当包括过错责任原则和无过错责任原则。这两种归责原则各自反映了不同的立法政策,在实现侵权责任法功能方面起着不同的作用。

1. 过错责任原则

过错责任原则是指以行为人的过错作为归责根据的原则。通俗而言,是在追究责任时考虑并且必须有过错才承担责任的一种归责。一般的过错责任原则是指受害人举证证明加害人有过错,若不能证明,则加害人无责任。过错推定责任是过错责任原则的特殊形态,指的是首先推定加害人有过错,若加害人不能证明自己没过错,则有责。

2. 无过错责任原则

无过错责任原则是指不问行为人主观是否有过错,只要有行为、损害后果以及二者之间存在因果关系,就应承担民事责任的归责原则。其包含两层含义:一是无过错责任原则不以行为人的过错为构成要件;二是无过错责任原则的适用必须有法律的明确规定。其归责事由和依据包括两个方面:其一,危险。现代社会,高科技的发展带来了很多的危险活动和危险物品利用,这些通常是对人类社会有利的,故而法律容许这些危险活动和危险物品利用的进行,但是为了实现对受害人的救济,要求行为人对自己所生危险给他人造成的伤害,承担危险责任。其二,控制力。某人对于他人基于特定关系而具有控制力,依法具有监督管理的义务,并且可能从这种控制力中获取利益。此外,享有控制力的主体一般比被控制的对象拥有更为雄厚的偿付能力,因此,该享有控制力的主体须对被控制对象造成他人损害的行为承担替代责任。

(三) 一般过错侵权的构成要件

1. 主观过错

所谓过错,是指行为人在行为的过程中,主观上具有可谴责性,应当进行否定性评价的心理状态。其包括两种形态,即故意和过失。

2. 违法行为

违法行为,是指民事主体所实施的违反法定义务的行为。这里所谓的"违法",指的是违反广义的法,既包括违反广义的法律,也包括违背公序良俗和法定义务。

3. 损害事实

损害事实,是指他人财产或者人身权益所遭受的不利影响,包括财产损害、非财产损害。非财产损害又包括人身损害、精神损害。财产损害是一种经济损失,可以用金钱来估量,而非财产损害则通常不能用金钱来估量。另外,加害人造成了受害人财产损害时,其承担的侵权责任一般是赔偿损失,而若加害人造成受害人非财产损害时,受害人除了要求加害人赔偿损失之外,还可以要求其承担赔礼道歉、恢复名誉、消除影响等其他侵权责任。

4. 因果关系

因果关系,是指行为人的行为及其物件与损害事实之间存在引起与被引起的客观联系。法学上关于因果关系的理论极其复杂,就民法上的侵权而言,通说采纳相当因果关系说。简而言之,没有行为没有结果;有该行为通常会有该结果。

(四) 数人侵权行为

1. 共同加害行为

《民法典》侵权责任编规定,二人以上共同实施侵权行为,造成他人损害的,应当承担连带责任。共同加害行为,又称"狭义共同侵权行为",是指两人以上的行为人基于共同过错致使他人合法权益遭受损害,依法应承担连带责任的侵权行为。

2. 教唆、帮助的共同侵权行为

教唆、帮助无民事行为能力人、限制民事行为能力人实施侵权行为的,应当承担侵权责任;该无民事行为能力人、限制民事行为能力人的监护人未尽到监护责任的,应当承担相应的责任。

3. 主观无意思联络的数人侵权

无意思联络的数人侵权行为,是指二人以上没有进行意思联络,客观上分别实施侵权行为造成同一损害的行为。可以分为两种类型:

(1) 承担按份责任的无意思联络数人侵权。此种情形,理论上称为行为的间接结合。

(2) 承担连带责任的无意思联络数人侵权。此种情形,理论上称为行为的直接结合。

4. 共同危险行为

共同危险行为,指二人以上实施危及他人人身安全或财产安全的危险行为,仅是其中的一人或数人的行为实质上造成他人的损害,但又无法确定实际侵害人的情形。例如,几个厨师在酒店厨房里吸烟且随地乱扔烟头,其后引起酒店着火,却无法确定是由何人所扔烟头导致火灾的发生,这几个厨师乱扔烟头的行为就是共同危险行为。

(五) 侵权责任的责任方式

侵权责任的责任方式,是指侵权行为人就自己实施的侵权行为应当承担的具体的民事责任方式。对此,《民法典》总则编第一百七十九条作出了详细列举,其中除了继续履行与支付违约金之外,均可做侵权责任的承担方式。具体而言,"承担民事责任方式主要有:(一)停止侵害;(二)排除妨碍;(三)消除危险;(四)返还财产;(五)恢复原状;(六)修理、重作、更换;(七)继续履行;(八)赔偿损失;(九)支付违约金;(十)消除影响,恢复名誉;(十一)赔礼道歉。法律规定惩罚性赔偿的,依照其规定。"此条规定的承担民事责任的方式,可以单独适用,也可以合并适用。

(六) 侵权责任的抗辩事由

理论上说,侵权责任的免责事由通常包括正当理由和外来原因。前者如依法执行职务、正当防卫、紧急避险、受害人同意和紧急救助行为;后者如不可抗力、意外事件、受害人过错、第三人原因等。

1. 正当理由

正当理由着眼于加害行为本身的合法性或合理性进行抗辩,即承认某行为是损害发生的原因,但主张行为的实施有合法的根据。其主要包括:依法执行职务、正当防卫、紧急避险、受害人同意、紧急救助行为。

2. 外来原因

外来原因是指行为人将损害发生的全部或部分原因归结于某种外部事件或他人的行为,从而主张其行为不构成或不单独构成法律上应负责的原因。其主要包括:不可抗力、意外事件、受害人过错、第三人原因等。

二、特殊责任主体的侵权责任

(一) 监护人责任

监护人责任是指作为被监护人的无民事行为能力人、限制民事行为能力人造成他人损害的,由监护人承担的侵权责任。

监护人责任是替代责任、无过错责任。监护人在承担赔偿责任时,并非必须使用监护人的财产。有财产的被监护人造成他人损害的,先从本人财产中支付赔偿费用;不足部分,才由监护人赔偿。

（二）用人者责任

1. 用人单位责任

用人单位责任是指用人单位的工作人员因执行工作任务造成他人损害的，由用人单位承担的侵权责任。此处的用人单位，既包括国家机关，也包括一般法人及其他组织。用人单位责任是替代责任、无过错责任。用人单位责任以用人单位与直接侵权人存在特定关系为前提，即用人单位与工作人员存在隶属关系、管理关系等，既包括正式工，也包括临时工。用人单位责任是用人单位对工作人员在执行职务时致害行为所承担的责任。用人单位承担侵权责任后，可以向有故意或者重大过失的工作人员追偿。

2. 劳务派遣时的单位责任

劳务派遣期间，被派遣的工作人员因执行工作任务造成他人损害的，由接受劳务派遣的用工单位承担侵权责任。劳务派遣单位有过错的，承担相应的责任。

3. 个人之间形成劳务关系中接受劳务

在个人之间形成劳务关系的情况下，提供劳务一方因劳务造成他人损害的，由接受劳务一方承担侵权责任。提供劳务一方因劳务自己受到损害的，根据双方各自的过错承担相应的责任。

（三）互联网上的侵权责任

互联网上的侵权责任也即网络侵权责任，是指网络用户、网络服务提供者利用网络侵害他人民事权益所应承担的责任。既包括实施侵权行为的网络用户应当承担的侵权责任，又包括提供网络服务的网络服务提供者应当承担的侵权责任。在网络用户和网络服务提供者构成单独侵权的情况下，按照过错责任原则，应当由行为人单独承担侵权责任。但是《民法典》对网络服务提供者的侵权责任作了特别规定，也就是网络服务提供者的侵权责任不仅仅是网络服务提供者的直接侵权责任，还包括网络用户侵权时网络服务提供者所应承担的责任。针对后一种情形，《民法典》规定了通知与反通知规则、知道规则。

1. 通知与反通知规则

通知规则又称为"通知—删除"规则，即网络用户利用网络服务实施侵权行为时，权利人有权通知网络服务提供者采取删除、屏蔽、断开链接等必要措施。通知应当包括构成侵权的初步证据及权利人的真实身份信息。网络服务提供者接到通知后，应当及时将该通知转送相关网络用户，并根据构成侵权的初步证据和服务类型采取必要措施;未及时采取必要措施的,对损害的扩大部分与该网络用户承担连带责任。权利人因错误通知造成网络用户或者网络服务提供者损害的,应当承担侵权责任。法律另有规定的,依照其规定。

反通知规则是指网络用户接到转送的通知后,可以向网络服务提供者提交不存在侵权行为的声明。声明应当包括不存在侵权行为的初步证据及网络用户的真实身份信息。网络服务提供者接到声明后,应当将该声明转送发出通知的权利人,并告知其可以向有关部门投诉或者向人民法院提起诉讼。网络服务提供者在转送声明到达权利人后的合理期限内,未收到权利人已经投诉或者提起诉讼通知的,应当及时终止所采取的措施。

2. 知道规则

知道规则是指网络服务提供者知道或者应当知道网络用户利用其网络服务侵害他人民事权益,未采取必要措施的,与该网络用户承担连带责任。

(四) 违反安全保障义务的侵权责任

安全保障义务是指宾馆、商场、银行、车站、机场、体育场馆、娱乐场所等经营场所、公共场所的经营者、管理人或者群众性活动的组织者,应尽的合理限度范围内使他人免受损害的义务。

1. 责任主体

责任主体是负有安全保障义务的主体,即宾馆、商场、银行、车站、机场、体育场馆、娱乐场所等经营场所、公共场所的经营者、管理人或者群众性活动的组织者。

2. 归责原则

违反安全保障义务的侵权责任适用过错责任原则。安全保障义务就其性质而言属于注意义务,未尽到适当的注意义务,即应被认定为存在过错。

3. 违反安全保障义务侵权责任的承担

(1) 直接责任。在没有第三人的行为介入的情况下,经营场所、公共场所的经营者、管理人或者群众性活动的组织者未尽到安全保障义务,造成他人损害的,应当承担直接侵权责任。

(2) 补充责任。在损害是由第三人的行为所致的情况下,由第三人承担侵权责任;经营者、管理人或者组织者未尽到安全保障义务的,承担相应的补充责任。

(3) 经营者、管理人或者组织者承担补充责任后,可以向第三人追偿。

(五) 幼儿园、学校等教育机构的侵权责任

学校、幼儿园和其他教育机构的侵权责任,是指在学校、幼儿园和其他教育机构的教育、教学活动中或者在负有管理责任的校舍、场地、其他教育教学设施、生活设施中,幼儿园、学校或者其他教育机构未尽教育、管理职责,致使学习或者生活的无民事行为能力人和限制民事行为能力人遭受损害或者致他人损害的,学校、幼儿园或者其他教育机构应当承担的与其过错相应的侵权责任。

1. 无民事行为能力人在幼儿园、学校或者其他教育机构学习、生活期间受到人身损害的,幼儿园、学校或者其他教育机构应当承担责任,但能够证明尽到教育、管理职责的,不承担侵权责任。

2. 限制民事行为能力人在学校或者其他教育机构学习、生活期间受到人身损害,学校或者其他教育机构未尽到教育、管理职责的,应当承担侵权责任。

3. 无民事行为能力人或者限制民事行为能力人在幼儿园、学校或者其他教育机构学习、生活期间,受到幼儿园、学校或者其他教育机构以外的人员人身损害的,由侵权人承担侵权责任;幼儿园、学校或者其他教育机构未尽到管理职责的,承担相应的补充责任,幼儿园、学校或者其他教育机构承担补充责任后,可以向第三人追偿。

三、典型侵权责任

(一) 产品责任

产品责任是指产品的生产者和销售者,因制造、销售的产品存在缺陷造成他人的人身或者财产损害而应当承担的侵权责任。

生产者和销售者直接对受害人承担责任的,均适用无过错责任原则;生产者的最终责任属于无过错责任;销售者不能指明缺陷产品的生产者也不能指明缺陷产品的供货者的,销售者即被视为生产者,其对最终责任的承担也适用无过错责任原则。

(二) 机动车交通事故责任

机动车交通事故责任,是指在道路上驾驶机动车,过失或意外造成人身伤亡、财产损失而应当承担的侵权责任。

《中华人民共和国道路交通安全法》第七十六条第一款规定:"机动车发生交通事故造成人身伤亡、财产损失的,由保险公司在机动车第三者责任强制保险责任限额范围内予以赔偿;不足的部分,按照下列规定承担赔偿责任:(一)机动车之间发生交通事故的,由有过错的一方承担赔偿责任;双方都有过错的,按照各自过错的比例分担责任。(二)机动车与非机动车驾驶人、行人之间发生交通事故,非机动车驾驶人、行人没有过错的,由机动车一方承担赔偿责任;有证据证明非机动车驾驶人、行人有过错的,根据过错程度适当减轻机动车一方的赔偿责任;机动车一方没有过错的,承担不超过百分之十的赔偿责任。"

(三) 医疗损害责任

医疗损害责任,是指因医疗机构及其医务人员的过错,患者在诊疗活动中受到损害,由医疗机构承担的侵权责任。

医疗机构及其医务人员应当按照规定填写并妥善保管住院志、医嘱单、检验报告、手术及麻醉记录、病理资料、护理记录、医疗费用等病历资料。患者要求查阅、复制上述的病历资料的,医疗机构应当及时提供。医疗机构及其医务人员应当对患者的隐私和个人信息保密。泄露患者的隐私和个人信息,或者未经患者同意公开其病历资料的,应当承担侵权责任。医疗机构及其医务人员不得违反诊疗规范实施不必要的检查。

(四) 环境污染和生态破坏责任

环境污染和生态破坏责任,是指污染环境、破坏生态造成他人财产或者人身损害而应承担的侵权责任,其是典型的无过错责任侵权。侵权人故意违反国家规定污染环境、破坏生态,造成严重后果,被侵权人有权请求相应的惩罚性赔偿。

因第三人的过错污染环境、破坏生态造成损害的,被侵权人可以向侵权人请求赔偿,也可以向第三人请求赔偿。侵权人赔偿后,有权向第三人追偿。据此,第三人过错导致环境污染、破坏生态侵权的,污染者、破坏者不再能够直接免责,而是两者之间成立不真正连带责任。

(五) 高度危险责任

高度危险责任,是指从事高度危险作业造成他人损害或者保有高度危险物品致人损害而应承担的侵权责任。这两种类型的责任均是典型的无过错责任。

(六) 饲养动物损害责任

饲养动物损害责任,是指饲养的动物致人损害,动物饲养人或管理人依法承担的侵权责任。

动物饲养人或者管理人依法用于减轻或者免除自己侵权责任的抗辩事由包括:被侵权人故意或者重大过失;第三人过错。

(七) 建筑物和物件损害责任

建筑物和物件损害责任，是指建筑物、构筑物、道路、林木等物造成他人损害时，责任人应当承担的侵权责任。建筑物和物件损害责任是替代责任，物件致人损害的基础是物而非人的行为，所以是物件的所有人、管理人或者使用人替致人损害的物件承担的责任。

建筑物和物件损害责任在侵权责任法上规定有数种具体类型，不同类型适用不同的归责原则，具体如下：

（1）适用过错推定责任的，以行为人存在过错为必要，只是行为人需要证明自己对物件致害行为没有过错，否则需要承担侵权责任。

（2）适用无过错责任的。如在公共的道路上堆放、倾倒、遗撒妨碍通行的，追究行为人责任。

（3）公平分担损失的，不以过错为构成要件。如抛掷物、坠落物致害找不到责任人时分担损失的规定。

案例 5-6

高空坠物"凶手"不明，应向谁索赔？

小区 12 栋的住户丁阿姨抱着自己刚刚一个月大的孙女何小小在 11 栋楼下晒太阳，突然高空坠落一个石块，何小小被砸伤。小区 11 栋 2 单元共住有 132 户，除去 1 楼 4 户外，总计 128 户。派出所接到报案后采取逐层逐户的方式进行调查，但是未能查出石块的来源。丁阿姨应向谁要求赔偿？可否要求整栋楼住户赔偿？

简要分析：本案涉及民法中的"加害人不明之抛掷物品致害的法律后果问题"。我国《民法典》第一千二百五十四条第一款规定："禁止从建筑物中抛掷物品。从建筑物中抛掷物品或者从建筑物上坠落的物品造成他人损害的，由侵权人依法承担侵权责任；经调查难以确定具体侵权人的，除能够证明自己不是侵权人的外，由可能加害的建筑物使用人给予补偿。"那么在本案中 11 栋 2 单元的住户，除了一楼 4 名住户，其余 128 户都是法条中"可能"的加害人，都需要承担何小小受伤的责任。

引例评析

（1）李某可以要求张某返还电脑。王某滥用代理权，与相对人串通订立合同，属于恶意串通，应属无效。法律行为无效后，能够返还的应当返还，李某可主张返还。对于李某的损失,王某与张某应承担连带责任,这是因为代理人和相对人恶意串通,损害被代理人合法权益的,代理人和相对人应当承担连带责任。张某与王某的通谋代理行为给李某带来损害的,二人应向李某承担连带责任。

(2)王某向赵某出售显示器的行为构成无权代理。被代理人李某追认之前,效力待定。若被代理人李某追认,则无论赵某是否知情,买卖显示器的合同均在李某与赵某之间发生效力,任何一方未按照约定履行义务,则均需要承担违约责任。若被代理人李某不追认,则法律行为归于无效,此时,若赵某不知情,属于善意相对人,可选择主张无权代理人王某履行债务或赔偿损失。若赵某知情,则赵某应当与王某按照各自的过错承担责任。

(3)王某的行为构成无权处分。赵某不能取得所有权。因为不知情的受让人要构成善意取得,必须支付合理价格的同时完成动产的交付和不动产的登记,本案中,赵某虽然已经支付了合理价格,但是,显示器尚未交付,赵某不能取得所有权。

思考题

1. 论民法的平等原则。
2. 如何用民事方法对民事权利进行保护?
3. 生命权、健康权与身体权的关系如何?
4. 论物权变动的公示公信原则。
5. 论一般侵权行为的构成要件。
6. 论述要约的效力。
7. 如何判断夫妻感情是否确已破裂?

案例分析

1. 电梯中劝阻老人吸烟,老人猝死,怎么办?

某天,段大叔与小杨两人先后进入小区的电梯,小杨看到段大叔在电梯里吸烟,于是跟段大叔说在电梯里吸烟对他人健康有害,希望段大叔不要在电梯里吸烟。随后,两人发生语言争执。不幸的是,段大叔心脏病突然发作。小杨是一名医生,当时就对段大叔积极施救,但段大叔还是离开了人世。据小区的监控视频显示,在整个争执的过程当中,双方没有肢体冲突,只有语言交流。段大叔的情绪显得比较激动,边说话边向小杨靠近,小杨则比较冷静。事件发生后,段大叔的妻子田阿姨认为正是小杨的劝说,才导致段大叔的心脏病发作,进而导致段大叔离开人世,故而起诉至法院,要求小杨承担段大叔死亡的损害赔偿责任。小杨是否需要承担段大叔死亡的损害赔偿责任?

简要分析:按照《民法典》第一千一百六十五条的规定,行为人因过错侵害他人民事权益造成损害的,应当承担侵权责任。本案中,小杨是否要承担侵权责任的关键在于其劝阻吸烟行为与段大叔死亡之间是否存在因果关系以及小杨在整个劝阻吸烟的过程当中是否具有过错。段大叔由于情绪激动,心脏病发作,不幸去世。虽然小杨的劝阻吸烟行为与段大叔死亡是先后发生的,但是两者之间不具有法律上的因果关系。小杨与段大叔并不相识,其不知道段大叔有心脏病。小杨是基于保护公共环境的初衷,才劝阻段大叔吸烟的。在段大叔心脏病发作之后,小杨积极施救。所以,小杨并没有侵害段大叔生命权的故意。此外,在劝阻过程中,小杨始终保持冷静,并无过激的举动,属于正常的劝阻行为,所以小杨也没有因为疏忽或者懈怠,而侵害段大叔生命权,并不存在过失。所以,法院最终认定小杨没有过错,不需要承担侵权责任。

2. 代孕孩子应由谁来监护?口头监护协议受法律保护吗?

张大伟和李小花是一对恩爱的小夫妻。但由于李小花不能生育,于是他们反复商讨后决定找人代孕生子。由丈夫张大伟提供精子,购买她人卵子,再通过体外授精联合胚胎移植技术,委托其他女性代孕产子。代孕者成功生育一对双胞胎张小宝、张小囡,张大伟的父母张大爷和张大娘二人喜出望外。但天有不测风云,孩子5岁时张大伟因病过世。张大爷和张大娘想亲自抚养两个孩子。李小花坚决反对,她认为,自己虽然与两个孩子没有血缘关系,但一直将两个孩子视如己出,亲自抚养,自己就是孩子的妈妈。而张大爷已经年过八旬,张大娘也七十有余,根本没有能力抚养孩子。因此,李小花主张应该由她抚养两个孩子。双方因此发生争议,张大爷和张大娘诉至法院,请求法院将两个孩子的监护权判给他们二老。

另外,由于儿子壮年去世,张大爷和张大娘夫妇二人老来丧子,考虑自己年事已高,腿脚也不灵便,为了防止将来两人孤苦及老无所依,老两口遂与邻居陈大姐口头约定,当他们行动不便或者老年痴呆后,由陈大姐监护二老。为了防止陈大姐日后反悔,老两口还特地邀请两位居委会阿姨前来作见证。张大爷夫妇的官司能打赢吗?他们与陈大姐的约定有效吗?

简要分析:本案涉及未成年人监护与成年人意定监护两种制度。未成年人监护是给未成年人确立监护人的制度。根据《民法典》第二十六、二十七条的规定，父母对未成年子女负有抚养、教育和保护的义务；父母是未成年子女的监护人；未成年人的父母已经死亡或者没有监护能力的，则由有监护能力的人按照下列顺序担任监护人："（一）祖父母、外祖父母；（二）兄、姐；（三）其他愿意担任监护人的个人或者组织，但是须经未成年人住所地的居民委员会、村民委员会或者民政部门同意。"本案中，李小花与两个孩子尽管没有血缘关系，但李小花已经与两个孩子事实上形成了有抚养关系的继父母子女关系，且李小花长期和两个孩子共同生活，建立了深厚的感情基础。相比之下，张大爷和张大娘夫妇虽然与孩子有隔代上的血缘关系，但由于两人年事已高，身体健康状况也不佳，同时又未与两个孩子建立起密切的生活联系，因此不具备监护能力。综合考虑儿童的最佳利益，法院判决由李小花作为孩子的监护人，继续抚养两个孩子。

成年人意定监护是指成年人在还具有完全民事行为能力时，通过书面协议的方式提前为自己选定将来的监护人，在其丧失行为能力时由后者履行监护职责的制度。我国《民法典》第三十三条规定，具有完全民事行为能力的成年人，可以与其近亲属、其他愿意担任监护人的个人或者组织事先协商，以书面形式确定自己的监护人，在自己丧失或者部分丧失民事行为能力时，由该监护人履行监护职责。本案中，张大爷和张大娘夫妇订立协议时，仍具有完全的民事行为能力，陈大姐是夫妇俩的邻居，由于法律对于意定监护的人选未设限制，陈大姐可以作为监护协议中的当事人。不过，虽然有两位居委会阿姨的见证，但张大爷和张大娘夫妇与陈大姐关于监护的协议是口头达成的，显然不符合《民法典》对成年人意定监护书面形式的要求。因此，本案中老两口与陈大姐达成的口头监护协议无效。

3. 汇错了款，能追回来吗？

某次，A公司要将货款汇给B公司，但是由于B公司与C公司的名称只差一个字，且C公司之前也跟A公司有业务往来，A公司有其银行账户，结果A公司的财务人员不小心把100万元打进了C公司的银行账户。据悉，A公司虽然之前与C公司存在业务往来，但是双方当时不存在债权债务关系。换言之，C公司获得该笔钱没有法律依据。于是，A公司的老板赶紧跟C公司的老板联系，要求C公司将100万元返还给A公司，C公司的老板表示愿意返还。但是，过了一段时间C公司仍然没有将钱返还给A公司。于是，A公司一气之下起诉C公司，要求其返还100万元。在这种情况下，钱还要得回来吗？

简要分析： 本案涉及民法中的不当得利问题。按照《民法典》第九百八十五条的规定，不当得利指的是得利人没有法律根据取得不当利益，导致他人利益受损的事实。受损失的人可以请求得利人返还取得的利益。本案中，C 公司获得利益，A 公司受损，A 公司损失与 C 公司获利之间有因果关系，而且 A 公司与 C 公司之间并不存在债权债务关系，C 公司获得 100 万元并没有法律依据。所以，C 公司获得 100 万元属于不当得利。《民法典》第九百八十六条还规定：得利人不知道且不应当知道取得的利益没有法律根据，取得的利益已经不存在的，不承担返还该利益的义务。显然，本案中，C 公司并不符合该条件，因为 A 公司汇错款之后，A 公司的老板即联系 C 公司的老板，要求 C 公司将钱返还给 A 公司，且对方明确表示愿意返还，所以 C 公司还是应该返还其获得的 100 万元。

4. 网络游戏装备被盗，怎么办？

小吴是网络游戏发烧友，其注册了网络公司"热血传奇"的游戏用户。有一天，小吴发现上述账户中的游戏装备莫名被盗，遂向公安局派出所报案。派出所接到小吴的报案后，网络安全保卫支队即向网络公司发函，要求网络公司予以协助查询。其后，小吴以其游戏装备被盗为由向法院提起诉讼，要求判令网络公司继续履行网络服务合同，恢复被盗的游戏装备。小吴对其网络游戏装备所享有的权益是否受法律保护？

简要分析： 首先游戏装备是网络游戏用户通过合法途径支付费用购买的，被认为是具有财产价值的网络虚拟财产，用户自然对该虚拟财产享有权利。网络虚拟财产是数字等数据信息形式的客观存在，具有财产价值，本案中的游戏装备财产价值较大。公民、法人的合法的民事权益受法律保护，任何组织和个人不得侵犯。《民法典》第一百二十七条明确规定，法律对数据、网络虚拟财产的保护有规定的，依照其规定。因此，网络虚拟财产作为法律权利的客体，对其保护应当不存在争议。而且，网络游戏用户与网络公司之间存在事实上的网络服务合同关系，网络公司负有为用户妥善保管游戏装备及保障用户正常使用该游戏装备的义务。因此，在用户的游戏装备发生异常时，经营网络游戏业务的网络公司应当采取冻结装备、恢复装备等处置措施。本案中的小吴最终获得了法院的支持，网络公司恢复了其被盗的游戏装备。

相关法律法规

1.《中华人民共和国民法典》，2020 年 5 月 28 日公布，2021 年 1 月 1 日施行。

2.《中华人民共和国著作权法》,1990年9月7日通过,2001年10月27日第一次修正,2010年2月26日第二次修正,2020年11月11日第二次修正。

3.《中华人民共和国专利法》,1984年3月12日通过,1992年9月4日第一次修正,2000年8月25日第二次修正,2008年12月27日第三次修正,2020年10月17日第四次修正。

4.《中华人民共和国商标法》,1982年8月23日通过,1993年2月22日第一次修正,2001年10月27日第二次修正,2013年8月30日第三次修正,2019年4月23日第四次修正。

5.《中华人民共和国公司法》,1993年12月29日通过,1999年12月25日第一次修正,2004年8月28日第二次修正,2013年12月28日第三次修正,2018年10月26日第四次修正。

6.《中华人民共和国合伙企业法》,1997年2月23日通过,2006年8月27日修订。

7.《中华人民共和国个人独资企业法》,1999年8月30日通过,2000年1月1日施行。

8.《中华人民共和国中外合资经营企业法》,1979年7月1日通过,1990年4月4日第一次修正,2001年3月15日第二次修正,2016年9月3日第三次修正。

9.《中华人民共和国中外合作经营企业法》,1988年4月13日通过,2000年10月31日第一次修正,2016年9月3日第二次修正,2016年11月7日第三次修正,2017年11月4日第四次修正。

10.《中华人民共和国外资企业法》,1986年4月12日通过,2000年10月31日第一次修正,2016年9月3日第二次修正。

11.《中华人民共和国企业破产法》,2006年8月27日通过,2007年6月1日施行。

12.《中华人民共和国票据法》,1995年5月10日通过,2004年8月28日修正。

13.《中华人民共和国证券法》,1998年12月29日通过,2004年8月28日第一次修正,2005年10月27日第一次修订,2013年6月29日第二次修正,2014年8月31日第三次修正,2019年12月28日第二次修订。

14.《中华人民共和国证券投资基金法》,2003 年 10 月 28 日通过,2012 年 12 月 28 日修订,2015 年 4 月 24 日修正。

15.《中华人民共和国保险法》,1995 年 6 月 30 日通过,2002 年 10 月 28 日第一次修正,2009 年 2 月 28 日修订,2014 年 8 月 31 日第二次修正,2015 年 4 月 24 日第三次修正。

16.《中华人民共和国海商法》,1992 年 11 月 7 日通过,1993 年 7 月 1 日施行。

17.《中华人民共和国民事诉讼法》,1991 年 4 月 9 日通过,2007 年 10 月 28 日第一次修正,2012 年 8 月 31 日第二次修正,2017 年 6 月 27 日第三次修正,2021 年 12 月 24 日第四次修正。

18.《中华人民共和国人民调解法》,2010 年 8 月 28 日通过,2011 年 1 月 1 日施行。

19.《中华人民共和国仲裁法》,1994 年 8 月 31 日通过,2009 年 8 月 27 日第一次修正,2017 年 9 月 1 日第二次修正。

第六章 商 法

导读

商法是调整市场经济关系中商人及商事活动的法律规范的总称。商法包括商法基本原理、商事主体法和商事行为法三部分。商法基本原理主要研究商法的概念、特征,商法的起源与发展,商法的渊源和体系及商法的基本原则;商事主体法主要内容包括公司企业法及外商投资法;证券法、保险法、票据法、海商法以及企业破产法等构成了商事行为法的主要内容。

引入案例

2014年2月25日,威鹏化学工业有限责任公司(简称"威鹏公司")与宁丽日杂有限责任公司(简称"宁丽公司")签订了购销化肥合同。合同规定:由威鹏公司给宁丽公司销售碳酸氢氨化肥4 500吨,每吨182元,货款共计819 000元,4月至8月分批供货,每次供货不少于600吨,货款每月底结算。此外,合同还规定了违约责任。合同签订后,威鹏公司从4月21日至5月27日共向宁丽公司发运化肥1 675吨,宁丽公司一直未付货款。之后威鹏公司多次催要,宁丽公司一直声称付款有困难,威鹏公司遂向法院起诉。

受诉法院查明,某县经济委员会已于2014年6月27日发出文件,将宁丽公司合并到某县工业供销公司,并内部行文通知启用"某工业物资公司"。宁丽公司领导机构已撤销,其财产已全部合并到某县工业供销公司,但由于某县工业供销公司发现宁丽公司负债过多,不愿合并,便一直未到某县工商行政管理局办理变更登记。宁丽公司也未办理注销登记。

问题:

(1) 威鹏公司和宁丽公司的购销合同是否有效?

(2) 某县经济委员会发文要求宁丽公司合并到某县工业供销公司是否有效？

(3) 宁丽公司以合并为由，要求某工业物资公司承担货款的支付责任是否成立？

（案例分析，请参阅章后"引例评析"部分）

第一节　商法的基本原理

一、商法的概念和特征

商法，又称商事法，是指调整商事主体参加的商事关系之特别私法。商法和民法均属于私法，都调整人身关系和财产关系，但相对于民法，商法有以下特点：

第一，商法规范具有一定强制性。与民法相比，虽然商法律属于私法，但为了兼顾商事关系中的多种价值和利益，商法中存在若干公法或者强行法内容。如，上市公司都有信息披露的义务，包括财务状况、公司治理、社会和环境责任等。

第二，商法规范具有易变性。商法必须对变化发展的社会经济生活及时作出回应，否则，他们可能被现实所摒弃。如为进一步扩大对外开放、积极促进外商投资、保护外商投资合法权益、规范外商投资管理、推动形成全面开放新格局，2020年1月1日起，《中华人民共和国外商投资法》正式施行，该法取代了原"外资三法"，是新形势下国家关于外商投资活动全面的、基本的法律规范。

第三，商法规范具有技术性。商法关注商业活动的特殊性，立法中注重技术性规范的设立，例如票据法中票据的出票、背书、承兑、追索，海商法中的船舶、船舶的吨位、碰撞、共同海损规则等。

第四，商法规范具有国际性。商法国际性特征不仅体现在比民法更多的国际公约和条约上，而且也体现在与国内法律高度统一或相似上。如中国的海商法在很大程度上与国际海事公约和条约有着高度的一致性。

二、商法的调整对象

商法的调整对象是商事关系。商事关系是一种特殊的民事关系，主要包括商事组织关系和商事交易关系。它在主体、客体和内容上，区别于一般民事关系。

1. 商事关系的主体。《中华人民共和国商事主体登记管理条例》第四条规定的商事主体,主要是指依法登记的个体工商户、有限责任公司、股份有限公司和其他企业法人(全民所有制企业、集体所有制企业、联营企业)等营利法人及其分支机构,农民专业合作社、农民专业合作社联合社等特别法人及其分支机构,合伙企业、个人独资企业等非法人企业及其分支机构,外国公司分公司。

2. 商事关系的客体

商事关系的客体是指商事权利义务关系指向的对象。商事主体利用营业资产并从事经营活动,与其他民事主体之间形成特殊的权利义务关系,相应地,商事关系的客体既包括不动产和动产,又包括营业或营业资产等,还包括其他权利或利益。

3. 商事关系的内容

商事关系的内容即商事权利义务关系。在双方或多方商事关系中,各方当事人按照意思自治等规则确定相互之间的权利义务关系。在单方商事关系中,商事主体既要遵循商法和民法原则,又要遵守消费者权益保护法的特别规定。

三、商法的基本原则

(一) 交易公平原则

这主要体现在平等和诚信原则方面。平等意味着商事交易主体的法律地位平等,每一方都有权利按照自己的意愿进行交易,任何人都不能强迫他人进行交易。

(二) 交易便捷原则

这主要体现在标准化交易、交易时间的缩短、诉讼时效较短等方面。例如,《票据法》中规定持票人对出票人的追索权应当在出票之日起六个月内行使,对其前手的追索权应当在被拒绝承兑或拒付之日起六个月内行使,其前手对前手的再追索权应当在付款或被诉之日起三个月内行使。

(三) 交易安全原则

这主要体现在强制性规则、公开性、外部性和严格责任等方面。公开性的要求在公司法中有许多反映,例如,企业登记信息和上市公司的信息披露,以及海商法中的船舶登记信息。公司中经理和董事事实上的责任、票据背书连续证据上的效力都是外部性的典型体现。严格责任是指商人或企业即使没有过错,在法律特别规定的场合下,也要向相对人承担责任,目的是加大商事主体的法律责任。

案例 6-1

内幕交易案

A 股份有限公司(以下简称"A 公司")于 2016 年 12 月向社会公开发行人民币普通股票并在上海证券交易所上市。2016 年 5 月,中国证监会接到举报,反映 A 公司及其有关单位和个人存在如下问题:

(1) A 公司公布的 2015 年度年报显示的利润总额是人民币 1 200 万元,实际是亏损人民币 250 万元。为 A 公司负责审计的 B 会计师事务所的注册会计师张某和李某按 A 公司的要求,对 A 公司的财务会计报告出具了"标准无保留意见"的审计报告。

(2) A 公司以自有资金通过 15 个自然人股票账户的名义买卖股票。

(3) A 公司的副经理李某告知其同学王某,A 公司正在与某高科技公司商谈重组事宜,王某因此从 2015 年 3 月上旬起分批买入 100 万手 A 公司股票。同年 7 月下旬,A 公司公告其与某高科技公司的重组事宜,同月王某卖出上述股票,获利 1 800 万元。

问题:

(1) 根据《证券法》的规定,对 A 公司编制虚假利润的行为,A 公司及其直接负责人员应当承担何种法律责任? 为 A 公司 2015 年度财务报告出具审计报告的 B 会计师事务所及经办注册会计师张某和李某应当承担何种法律责任?

(2) A 公司以自然人名义买卖股票的行为是否违法,并说明理由。

(3) 王某买卖 A 公司股票的行为是否违法,并说明理由。

简要分析:

(1) 首先,根据《证券法》的规定,对 A 公司编制虚假利润的行为,由证券监督管理机构责令改正,处以 30 万元以上 60 万元以下的罚款。对直接负责人员给予警告,并处以 3 万元以上 30 万元以下的罚款。构成犯罪的,依法追究刑事责任。其次,对负责 A 公司审计事务的 B 会计师事务所,应当没收违法所得,并处以违法所得 1 倍以上 5 倍以下的罚款,并由有关主管部门责令该机构停业,吊销注册会计师张某和李某的资格证书。造成损失的,承担连带赔偿责任。构成犯罪的,依法追究刑事责任。

(2) 根据《证券法》的规定,禁止法人以个人名义开立账户,买卖证券,A公司以自然人名义买卖股票的行为违法。

(3) 根据《证券法》的规定,王某属于非法获取证券交易内幕信息的人员,不得买入或者卖出该公司证券,否则构成内幕交易的违法行为。构成犯罪的,依法追究其刑事责任。

第二节　商事主体法

一、商事主体的概念、特征和分类

(一) 商事主体的概念

商事主体也称商事法律关系主体,是指依照商法的规定具有商事权利能力和商事行为能力,能够以自己的名义独立从事商事行为,在商事法律关系中享有权利和承担义务的个人和组织。

(二) 商事主体的特征

第一,商事主体由商法规定。商事主体是不同于一般民事主体的特殊主体,具有特殊的权利能力和行为能力,何种组织和个人能够作为商事主体参加商事活动,并在其中享有权利,承担义务,是由商事法律、法规直接确认和赋予的。

第二,商事主体依法具有商事能力。商事主体的商事能力包括商事权利能力和商事行为能力,不具有相应能力的个人或组织不能成为商事主体。

第三,商事主体的身份或资格经商事登记而取得。商事主体成立必须向注册登记机构提交规定的申请文件,办理商事登记手续,未经登记不得从事经营活动。从事金融、证券等特殊行业经营的商事主体的成立还必须获得特许审批。

第四,商事主体以从事营利性活动为其常业。商事主体的商事行为通常以营业的方式进行,即以获取利益为目的,连续、稳定地从事范围确定的经营活动。

(三) 商事主体的分类

我国商事主体主要是依照商事主体的组织形式进行划分的,分为:商法人如公司法人,商合伙如合伙企业,商个人如个体工商户、农业生产经营者等。

二、公司法

(一) 公司及公司法概述

1. 公司的概念及法律特征

公司是企业的一种组织形式，它是依照公司法设立并以营利为目的的企业法人。根据我国《公司法》第二条规定，公司主要指依照我国公司法在中国境内设立的有限责任公司和股份有限公司。作为一个经济实体，公司具有以下法律特征：①依法设立。公司必须依法定条件、法定程序设立，这一方面要求公司的章程、资本、组织机构、活动原则等必须合法，另一方面，要求公司设立要经过法定程序，进行工商登记，对于从事特定行业的公司还可能依据特别法或行政命令设立。②以营利为目的的经济组织。营利目的不仅要求公司本身为营利而活动，而且要求公司有盈利时应当将其分配给股东，使其得到利益。③以股东投资行为为基础设立。公司由股东的投资行为设立，股东的投资财产构成公司的独立法人财产，公司对其财产享有法人财产权，股东因其投资行为形成的权利是股权。④具有法人资格。公司是企业法人，应当符合民法规定的法人条件，最主要的是有独立的法人财产和独立承担民事责任。

2. 公司法概念、性质和历史沿革

公司法是规定公司设立、组织、活动、解散及其对内、对外关系的法律规范的总称。公司法的概念有广义和狭义之分。狭义的公司法，仅指《公司法》这一形式意义的规范性文件；广义的公司法，则是调整公司组织关系，规范公司行为的法律规范的总称，其表现形式不仅包括《公司法》，还包括《中华人民共和国市场主体管理条例》等。

公司法是组织法和行为法结合的法律，而以组织法为公司法的本质特征和主要内容。作为组织法，它确立公司的法人人格与法律地位，规范公司股东之间、股东与公司之间的权利义务关系，规定公司的名称、住所、权利能力、公司章程，规范公司内部组织机构的设置、权限与运作，调整公司的设立、变更与终止，规定公司与其他企业间的控制关系以及法律责任等。在调整公司组织关系的同时，公司法也对与公司组织活动有关的行为加以调整，如公司股份的发行和转让、公司债券的发行和转让等，但与公司组织活动无关的行为，如商品买卖、租赁、加工承揽等，不属于公司法的调整范围。

公司法具有强制法规范与任意法规范相结合的特点。虽然公司法调整的主要是商事活动中的法律关系,但其中仍存在许多强制性规范。因为在现代社会中,公司活动影响的不仅是股东、债权人、员工等直接利害关系人的利益,而且涉及社会利益、公众利益,所以,必须由国家通过立法加以介入,以维护社会公正、交易安全,保障经济秩序。我国《公司法》在一定程度上强调当事人的意思自由,许多事项允许股东在章程中自行决定,但在法律的整体性质上仍然具有国家意志介入的特点。

此外,公司法还在一定程度上具有实体法与程序法结合的特点,既有关于公司权利、股东权利等实体方面的内容,也有公司设立、变更、清算等程序方面的内容。

(二) 有限责任公司

1. 有限责任公司的概念与特征

有限责任公司亦称有限公司,是指依公司法设立,由一定人数的股东出资组成,股东以其出资额为限对公司债务承担责任,公司以其全部资产对其债务承担责任的企业法人。

有限责任公司的特征体现在以下五个方面:

第一,股东责任的有限性。有限责任公司由五十个以下股东共同设立,且股东以出资额为限对外承担责任,这不同于无限责任。

第二,股东出资的非股份性。股份有限公司为自身运营的需要和保护公司债权者的权益,要有相当规模的注册资本作为基础,且这些资本是以股份的形式存在的。这是有限责任公司与股份有限公司的区别之一。

第三,公司资本的封闭性。有限责任公司不能向社会募集股份,不能发行股票,有限责任公司的股本只能由全体股东认缴。

第四,股东人数的限制性。我国《公司法》规定,有限责任公司股东人数在五十人以下。

第五,公司组织的简便性。有限责任公司的机关设置也比股份有限公司简单、灵活,对于股东人数少的有限责任公司可以不设立董事会,设立一名执行董事,也可以不设立监事会,设立一至两名监事。

2. 有限责任公司设立的条件

实践中,大多数有限责任公司采取发起设立方式。所谓发起设立,是指公司资本由发起人全部认购,不向他人招募资本的公司设立方式。全体发起人设立有限责任公司,应当具备下列条件:

(1) 股东符合法定人数。有限责任公司由五十个以下的股东出资设立。

(2) 有符合公司章程规定的全体股东认缴的出资额。2013年《公司法》修订后,公司的注册资本实缴登记制改为认缴登记制。公司章程规定的注册资本无需限期缴纳,可以由公司自己决定缴纳的时间和期限。

(3) 股东共同制定公司章程。公司章程是记载公司组织规范和行为规范的书面文件,它对公司、股东、董事、监事、经理都具有约束力,公司章程由全体股东订立,并签名盖章。

(4) 有公司名称,建立符合有限责任公司要求的组织机构。

(5) 有公司住所。公司法人是法律所赋予的商事权利主体,需要进行必要的商事活动,而进行必要的商事活动,离不开作为开展商事活动必要前提的长期固定的中心活动地址即住所。我国《公司法》第十条规定,公司以其主要办事机构所在地为住所。

3. 有限责任公司的组织机构

(1) 股东会

有限责任公司的股东会由全体股东组成,它是公司的权力机构,根据《公司法》的规定,股东会依法行使下列职权:①决定公司的经营方针和投资计划;②选举和更换非由职工代表担任的董事、监事,决定有关董事、监事的报酬事项;③审议批准董事会的报告;④审议批准监事会或者监事的报告;⑤审议批准公司的年度财务预算方案、决算方案;⑥审议批准公司的利润分配方案和弥补亏损方案;⑦对公司增加或者减少注册资本作出决议;⑧对发行公司债券作出决议;⑨对公司合并、分立、解散、清算或者变更公司形式作出决议;⑩修改公司章程;⑪公司章程规定的其他职权。

(2) 董事会

董事会是由董事组成的,对内掌管公司事务、对外代表公司的经营决策和业务执行机构,由三人至十三人组成。股东人数较少或者规模较小的有限责任公司,可以设一名执行董事,不设董事会。执行董事可以兼任公司经理。两个以上的国有企业或者两个以上的其他国有投资主体投资设立的有限责任公司,其董事会成员中应当有公司职工代表;其他有限责任公司董事会成员中可以有公司职工代表。董事会中的职工代表由公司职工通过职工代表大会、职工大会或者其他形式民主选举产生。董事会设董事长一人,可以设副董事长。董事长、副董事长的产生办法由公司章程规定。董事任期由公司章程规定,但每届任期不得超过三年。董事任期届满,连选可以连任。董事任期届满未及时改选,或者董事在任期内辞职导致董事会成员低于法定人数的,在改选出的董事就任前,原董事仍应当依照法律、行政法规和公司章程的规定,履行董事职务。董事会对股东会负责,行使下列职权:①召集股东会会议,并向股东会报告工作;②执行股东会的决议;③决定公司的经营计划和投资方案;④制订公司的年度财务预算方案、决算方案;⑤制订公司的利润分配方案和弥补亏损方案;⑥制订公司增加或者减少注册资本以及发行公司债券的方案;⑦制订公司合并、分立、解散或者变更公司形式的方案;⑧决定公司内部管理机构的设置;⑨决定聘任或者解聘公司经理及其报酬事项,并根据经理的提名决定聘任或者解聘公司副经理、财务负责人及其报酬事项;⑩制定公司的基本管理制度;⑪公司章程规定的其他职权。

董事会会议由董事长召集和主持;董事长不能履行职务或者不履行职务的,由副董事长召集和主持;副董事长不能履行职务或者不履行职务的,由半数以上董事共同推举一名董事召集和主持。董事会的议事方式和表决程序,除《公司法》有规定的外,由公司章程规定。董事会应当对所议事项的决定作成会议记录,出席会议的董事应当在会议记录上签名。董事会决议的表决,实行一人一票。

(3) 经理

经理是有限责任公司负责日常经营管理工作的高级管理人员。有限责任公司可以设经理,由董事会决定聘任或者解聘。经理对董事会负责,行使下列职权:①主持公司的生产经营管理工作,组织实施董事会决议;②组织实施公司年度经营计划和投资方案;③拟订公司内部管理机构设置方案;④拟订公司的基本管理制度;⑤制定公司的具体规章;⑥提请聘任或者解聘公司副经理、财务负责人;⑦决定聘任或者解聘除应由董事会决定聘任或者解聘以外的负责管理人员;⑧董事会授予的其他职权。公司章程对经理职权另有规定的,从其规定。经理有权列席董事会会议。

(4) 监事会

监事会是监督公司业务和财务状况的机构。有限责任公司设监事会,其成员不得少于三人。股东人数较少或者规模较小的有限责任公司,可以设一至二名监事,不设监事会。

监事会应当包括股东代表和适当比例的公司职工代表,其中职工代表的比例不得低于三分之一,具体比例由公司章程规定。监事会中的职工代表由公司职工通过职工代表大会、职工大会或者其他形式民主选举产生。

监事会设主席一人,由全体监事过半数选举产生。监事会主席召集和主持监事会会议;监事会主席不能履行职务或者不履行职务的,由半数以上监事共同推举一名监事召集和主持监事会会议。董事、高级管理人员不得兼任监事。监事的任期每届为三年。监事任期届满,连选可以连任。

监事会、不设监事会的公司的监事行使下列职权:①检查公司财务;②对董事、高级管理人员执行公司职务的行为进行监督,对违反法律、行政法规、公司章程或者股东会决议的董事、高级管理人员提出罢免的建议;③当董事、高级管理人员的行为损害公司的利益时,要求董事、高级管理人员予以纠正;④提议召开临时股东会会议,在董事会不履行《公司法》规定的召集和主持股东会会议职责时召集和主持股东会会议;⑤向股东会会议提出提案;⑥依照《公司法》第一百五十一条的规定,对董事、高级管理人员提起诉讼;⑦公司章程规定的其他职权。

4. 一人有限责任公司和国有独资公司的特别规定

(1) 一人有限责任公司

一人有限责任公司,是指只有一个自然人股东或者一个法人股东的有限责任公司。一个自然人只能投资设立一个一人有限责任公司。该一人有限责任公司不能投资设立新的一人有限责任公司。一人有限责任公司应当在公司登记中注明自然人独资或者法人独资,并在公司营业执照中载明。一人有限责任公司章程由股东制定。一人有限责任公司不设股东会。股东作出《公司法》第三十七条第一款所列决定时,应当采用书面形式,并由股东签名后置备于公司。一人有限责任公司的股东不能证明公司财产独立于股东自己的财产的,应当对公司债务承担连带责任。

(2) 国有独资公司

国有独资公司,是指国家单独出资、由国务院或者地方人民政府授权本级人民政府国有资产监督管理机构履行出资人职责的有限责任公司。国有独资公司章程由国有资产监督管理机构制定,或者由董事会制定报国有资产监督管理机构批准。国有独资公司不设股东会,由国有资产监督管理机构行使股东会职权。国有资产监督管理机构可以授权公司董事会行使股东会的部分职权,决定公司的重大事项,但公司的合并、分立、解散、增加或者减少注册资本和发行公司债券,必须由国有资产监督管理机构决定;其中,重要的国有独资公司合并、分立、解散、申请破产的,应当由国有资产监督管理机构审核后,报本级人民政府批准。

国有独资公司设董事会,董事每届任期不得超过三年。董事会成员中应当有公司职工代表。董事会设董事长一人,可以设副董事长。董事长、副董事长由国有资产监督管理机构从董事会成员中指定。

董事会成员由国有资产监督管理机构委派;但是,董事会成员中的职工代表由公司职工代表大会选举产生。国有独资公司的董事长、副董事长、董事、高级管理人员,未经国有资产监督管理机构同意,不得在其他有限责任公司、股份有限公司或者其他经济组织兼职。国有独资公司监事会成员不得少于五人,其中职工代表的比例不得低于三分之一,具体比例由公司章程规定。

监事会成员由国有资产监督管理机构委派;但是,监事会成员中的职工代表由公司职工代表大会选举产生。监事会主席由国有资产监督管理机构从监事会成员中指定。监事会行使《公司法》规定的职权和国务院规定的其他职权。

(三) 股份有限公司

1. 股份有限公司的概念和特征

股份有限公司是指公司资本分为等额股份,股东以其认购的股份为限对公司承担责任,公司以其全部资产对公司债务承担责任的企业法人。与有限责任公司相比具有以下特征:①公司组织具有浓厚的资本性。②资本募集的公开性。③公司资本的股份性。④公司经营的公开性。⑤股东责任的有限性。

2. 股份有限公司设立

(1) 设立条件

① 发起人符合法定的资格,达到法定的人数。发起人的资格是指发起人依法取得的创立股份有限公司的资格。股份有限公司的发起人应有二人以上二百人以下,可以是自然人,也可以是法人,但发起人中须有半数以上的在中国境内有住所。

② 有符合公司章程规定的全体发起人认购的股本总额或者募集的实收股本总额。股份有限公司采取发起设立方式设立的,注册资本为在公司登记机关登记的全体发起人认购的股本总额。在发起人认购的股份缴足前,不得向他人募集股份。股份有限公司采取募集方式设立的,注册资本为在公司登记机关登记的实收股本总额。法律、行政法规以及国务院决定对股份有限公司注册资本实缴、注册资本最低限额另有规定的,从其规定。

③ 股份发行、筹办事项符合法律规定。股份发行、筹办事项符合法律规定,是设立股份有限公司所必须遵循的原则。股份的发行是指股份有限公司在设立

时为了筹集公司资本,出售和募集股份的法律行为。设立阶段的发行分为发起设立发行和募集设立发行两种。以发起方式设立股份有限公司的,发起人以书面认足公司章程规定其认购的股份,并按公司章程规定缴纳出资。股份公司注册资本必须是实收资本,公司设立时,必须一次性缴纳。以募集方式设立股份有限公司的,发起人认购的股份不得少于公司股份总数的百分之三十五,其余股份应当向社会公开募集。

④ 发起人制定公司章程,采用募集方式设立的经创立大会通过。发行股份的股款缴足后,必须经依法设立的验资机构验资并出具证明。发起人应当自股款缴足之日起三十日内主持召开公司创立大会。创立大会由发起人、认股人组成。创立大会应有代表股份总数过半数的发起人、认股人出席,方可举行。创立大会时公司章程的决议,必须经出席主席会议的认股人所持表决权过半数通过。

⑤ 有公司名称,建立符合公司要求的组织机构。公司名称是股份有限公司作为法人必须具备的条件。公司名称必须符合企业名称登记管理的有关规定,股份有限公司的名称还应标明"股份有限公司"字样。股份有限公司必须有一定的组织机构,对公司实行内部管理和对外代表公司。股份有限公司的组织机构是股东大会、董事会、监事会和经理。股东大会作出决议;董事会是执行公司股东大会决议的执行机构;监事会是公司的监督机构,依法对董事、经理和公司的活动实行监督;经理由董事会聘任,主持公司的日常生产经营管理工作,组织实施董事会决议。

⑥ 有公司住所。公司主要办事机构所在地为公司住所。

3. 股份有限公司的组织机构

(1) 股东大会

股东大会是股份有限公司的最高权力机关,由全体股东组成,其职权与有限责任公司股东会基本相同。股东大会应当每年召开一次年会。有下列情形之一的,应当在两个月内召开临时股东大会:①董事人数不足《公司法》规定人数或者公司章程所定人数的三分之二时;②公司未弥补的亏损达实收股本总额三分之一时;③单独或者合计持有公司百分之十以上股份的股东请求时;④董事会认为必要时;⑤监事会提议召开时;⑥公司章程规定的其他情形。

股东大会会议由董事会召集,董事长主持;董事长不能履行职务或者不履行职务的,由副董事长主持;副董事长不能履行职务或者不履行职务的,由半数以上董事共同推举一名董事主持。

董事会不能履行或者不履行召集股东大会会议职责的,监事会应当及时召集和主持;监事会不召集和主持的,连续九十日以上单独或者合计持有公司百分之十以上股份的股东可以自行召集和主持。

召开股东大会会议,应当将会议召开的时间、地点和审议的事项于会议召开二十日前通知各股东;临时股东大会应当于会议召开十五日前通知各股东;发行无记名股票的,应当于会议召开三十日前公告会议召开的时间、地点和审议事项。

单独或者合计持有公司百分之三以上股份的股东,可以在股东大会召开十日前提出临时提案并书面提交董事会;董事会应当在收到提案后二日内通知其他股东,并将该临时提案提交股东大会审议。临时提案的内容应当属于股东大会职权范围,并有明确议题和具体决议事项。

股东大会选举董事、监事,可以依照公司章程的规定或者股东大会的决议,实行累积投票制。累积投票制,是指股东大会选举董事或者监事时,每一股份拥有与应选董事或者监事人数相同的表决权,股东拥有的表决权可以集中使用。

(2) 董事会和经理

董事会是由董事组成的、对内掌管公司事务、对外代表公司的经营决策机构。股份有限公司设董事会,其成员为五人至十九人。董事会成员中可以有公司职工代表。董事会中的职工代表由公司职工通过职工代表大会、职工大会或者其他形式民主选举产生。有限责任公司董事任期和董事会职权的规定,适用于股份有限公司董事和董事会。董事会每年度至少召开两次会议,每次会议应当于会议召开十日前通知全体董事和监事。代表十分之一以上表决权的股东、三分之一以上董事或者监事会,可以提议召开董事会临时会议。董事长应当自接到提议后十日内,召集和主持董事会会议。董事会召开临时会议,可以另定召集董事会的通知方式和通知时限。董事会会议应有过半数的董事出席方可举行。董事会作出决议,必须经全体董事的过半数通过。董事会决议的表决,实行一人一票。

董事会会议,应由董事本人出席;董事因故不能出席,可以书面委托其他董事代为出席,委托书中应载明授权范围。董事会应当对会议所议事项的决定作成会议记录,出席会议的董事应当在会议记录上签名。董事应当对董事会的决议承担责任。董事会的决议违反法律、行政法规或者公司章程、股东大会决议,致使公司遭受严重损失的,参与决议的董事对公司负赔偿责任。但经证明在表决时曾表明异议并记载于会议记录的,该董事可以免除责任。

股份有限公司设经理,由董事会决定聘任或者解聘,公司董事会可以决定由董事会成员兼任经理。有限责任公司经理职权的规定,适用于股份有限公司经理。

(3) 监事会

股份有限公司设监事会,其成员不得少于三人。

监事会应当包括股东代表和适当比例的公司职工代表,其中职工代表的比例不得低于三分之一,具体比例由公司章程规定。监事会中的职工代表由公司职工通过职工代表大会、职工大会或者其他形式民主选举产生。

监事会设主席一人,可以设副主席。监事会主席和副主席由全体监事过半数选举产生。监事会主席召集和主持监事会会议。股份有限公司监事任期及职权与有限责任公司相同。监事会每六个月至少召开一次会议。监事可以提议召开临时监事会会议。监事会决议应当经半数以上监事通过。董事、高级管理人员不得兼任监事。监事会应当对所议事项的决定作成会议记录,出席会议的监事应当在会议记录上签名。

4. 股份有限公司的股份发行和转让

(1) 股份发行

股份有限公司的资本划分为股份,每一股的金额相等。公司的股份采取股票的形式。股票是公司签发的证明股东所持股份的凭证。股份的发行,实行公平、公正的原则,同种类的每一股份应当具有同等权利。同次发行的同种类股票,每股的发行条件和价格应当相同;任何单位或者个人所认购的股份,每股应当支付相同价款。股票发行价格可以按票面金额,也可以超过票面金额,但不得低于票面金额。股票采用纸面形式或者国务院证券监督管理机构规定的其他形式。股票由法定代表人签名,公司盖章。发起人的股票,应当标明发起人股票字样。公司发行的股票,可以为记名股票,也可以为无记名股票。公司向发起人、法人发行的股票,应当为记名股票,并应当记载该发起人、法人的名称或者姓名,不得另立户名或者以代表人姓名记名。

(2) 股份转让

① 股东持有的股份可以依法转让

股东转让其股份,应当在依法设立的证券交易场所进行或者按照国务院规定的其他方式进行。记名股票,由股东以背书方式或者法律、行政法规规定的其他方式转让;转让后由公司将受让人的姓名或者名称及住所记载于股东名册。股东大会召开前二十日内或者公司决定分配股利的基准日前五日内,不得进行股东名册的变更登记。但是,法律对上市公司股东名册变更登记另有规定的,从其规定。无记名股票的转让,由股东将该股票交付给受让人后即发生转让的效力。

② 股份转让的限制

发起人持有的本公司股份,自公司成立之日起一年内不得转让。公司公开发行股份前已发行的股份,自公司股票在证券交易所上市交易之日起一年内不得转让。

公司董事、监事、高级管理人员应当向公司申报所持有的本公司的股份及其变动情况,在任职期间每年转让的股份不得超过其所持有本公司股份总数的百分之二十五;所持本公司股份自公司股票上市交易之日起一年内不得转让。上述人员离职后半年内,不得转让其所持有的本公司股份。公司章程可以对公司董事、监事、高级管理人员转让其所持有的本公司股份作出其他限制性规定。

公司不得收购本公司股份。但是,有下列情形之一的除外(参见《公司法》第一百四十二条):

第一,减少公司注册资本;第二,与持有本公司股份的其他公司合并;第三,将股份用于员工持股计划或者股权激励;第四,股东因对股东大会作出的公司合并、分立决议持异议,要求公司收购其股份;第五,将股份用于转换上市公司发行的可转换为股票的公司债券;第六,上市公司为维护公司价值及股东权益所必需。

公司因前款第(一)项、第(二)项规定的情形收购本公司股份的,应当经股东大会决议;公司因前款第(三)项、第(五)项、第(六)项规定的情形收购本公司股份的,可以依照公司章程的规定或者股东大会的授权,经三分之二以上董事出席的董事会会议决议。

公司依照本条第一款规定收购本公司股份后,属于第一项情形的,应当自收购之日起十日内注销;属于第(二)项、第(四)项情形的,应当在六个月内转让或者注销;属于第(三)项、第(五)项、第(六)项情形的,公司合计持有的本公司股份数不得超过本公司已发行股份总额的百分之十,并应当在三年内转让或者注销。

上市公司收购本公司股份的,应当依照《中华人民共和国证券法》的规定履行信息披露义务。上市公司因本条第一款第(三)项、第(五)项、第(六)项规定的情形收购本公司股份的,应当通过公开的集中交易方式进行。

公司不得接受本公司的股票作为质押权的标的。

(四) 公司的合并、分立、解散和清算

1. 公司合并

公司合并可以采取吸收合并或者新设合并。一个公司吸收其他公司为吸收合并,被吸收的公司解散。两个以上公司合并设立一个新的公司为新设合并,合并各方解散。

公司合并,应当由合并各方签订合并协议,并编制资产负债表及财产清单。公司应当自作出合并决议之日起十日内通知债权人,并于三十日内在报纸上公告。债权人自接到通知书之日起三十日内,未接到通知书的自公告之日起四十五日内,可以要求公司清偿债务或者提供相应的担保。

公司合并时,合并各方的债权、债务,应当由合并后存续的公司或者新设的公司承继。

2. 公司分立

公司分立,是指一个公司依照《公司法》有关规定,分成两个以上公司,公司分立可以采取存续分立和解散分立两种形式。

公司分立,应当编制资产负债表及财产清单。公司应当自作出分立决议之日起十日内通知债权人,并于三十日内在报纸上公告。

公司分立前的债务由分立后的公司承担连带责任。但是,公司在分立前与债权人就债务清偿达成的书面协议另有约定的除外。

3. 公司合并或分立后的登记

公司合并或者分立,登记事项发生变更的,应当依法向公司登记机关办理变更登记;公司解散的,应当依法办理公司注销登记;设立新公司的,应当依法办理公司设立登记。

4. 公司解散

根据《公司法》第一百八十条的规定:"公司因下列原因解散:(一)公司章程规定的营业期限届满或者公司章程规定的其他解散事由出现;(二)股东会或者股东大会决议解散;(三)因公司合并或者分立需要解散;(四)依法被吊销营业执照、责令关闭或者被撤销;(五)人民法院依照本法第一百八十二条的规定予以解散。"

5. 公司清算

(1) 清算小组

公司因《公司法》第一百八十条第(一)项、第(二)项、第(四)项、第(五)项规定而解散的,应当在解散事由出现之日起十五日内成立清算组,开始清算。有限责任公司的清算组由股东组成,股份有限公司的清算组由董事或者股东大会确定的人员组成。逾期不成立清算组进行清算的,债权人可以申请人民法院指定有关人员组成清算组进行清算。人民法院应当受理该申请,并及时组织清算组进行清算。

清算组在清算期间行使下列职权:①清理公司财产,分别编制资产负债表和财产清单;②通知、公告债权人;③处理与清算有关的公司未了结的业务;④清缴所欠税款以及清算过程中产生的税款;⑤清理债权、债务;⑥处理公司清偿债务后的剩余财产;⑦代表公司参与民事诉讼活动。

(2) 清算程序

① 债权人权利的宣告。清算组应当自成立之日起十日内通知债权人,并于六十日内在报纸上公告。债权人应当自接到通知书之日起三十日内,未接到通知书的自公告之日起四十五日内,向清算组申报其债权。债权人申报债权,应当说明债权的有关事项,并提供证明材料。清算组应当对债权进行登记。在申报债权期间,清算组不得对债权人进行清偿。

② 清偿顺序。清算组在清理公司财产、编制资产负债表和财产清单后,应当制定清算方案,并报股东会、股东大会或者人民法院确认。公司财产在分别支付清算费用、职工的工资、社会保险费用和法定补偿金,缴纳所欠税款,清偿公司债务后的剩余财产,有限责任公司按照股东的出资比例分配,股份有限公司按照股东持有的股份比例分配。清算期间,公司存续,但不得开展与清算无关的经营活动。公司财产在未按前款规定清偿前,不得分配给股东。

③ 注销登记。清算结束后,清算组应当制作清算报告,报股东会、股东大会或者人民法院确认,并报送公司登记机关,申请注销公司登记,公告公司终止。

案例 6-2

公司清算案

2017年初,甲股份有限公司由于市场情况发生重大变化,如继续经营将导致公司损失惨重。3月20日,该公司召开了股东大会,以出席会议的股东所持表决权的半数通过决议解散公司。4月15日,股东大会选任公司五名董事组成清算组。清算组成立后于5月5日起正式启动清算工作,将公司解散及清算事项分别通知了有关的公司债权人,并于5月20日、5月31日分别在报纸上进行了公告,规定自公告之日起三个月内未向公司申报债权者,将不对其负清偿义务。问该公司清算有哪些不当之处?

简要分析:根据我国《公司法》的规定,股份有限公司决议解散公司,须经出席股东大会的股东所持表决权的2/3以上的多数通过,故甲股份有限公司的清算决议方式是不合法的。

根据我国《公司法》的规定,清算组应当自成立之日起十日内通知债权人,并于六十日内在报纸上公告。债权人应当自接到通知书之日起三十日内,未接到通知书的自公告之日起四十五日内,向清算组申报其债权。甲股份有限公司在3月20日通过了股东大会决议,而至4月15日才成立清算组,未能在十五日内成立清算组,整整迟了十天。另外,清算组成立后,应当立即着手公司清算工作,但迟至5月5日才正式启动清算工作,超过了自成立之日起十日内通知债权人的期限,且公告之日起申报债权的期限是四十五天,不是三个月。这些都是不合法的。

三、合伙企业法

(一) 合伙及合伙企业

1. 合伙

合伙,是指两个以上的人为着共同目的,相互约定共同出资、共同经营、共享收益、共担风险的自愿联合。

2. 合伙企业

合伙企业是指自然人、法人和其他组织依照《合伙企业法》在中国境内设立的普通合伙企业和有限合伙企业。普通合伙企业由普通合伙人组成,合伙人对合伙企业债务承担无限连带责任。《合伙企业法》对普通合伙人承担责任的形式有特别规定的(指特殊的普通合伙企业),从其规定。有限合伙企业由普通合伙人和有限合伙人组成,普通合伙人对合伙企业债务承担无限连带责任,有限合伙人以其认缴的出资额为限对合伙企业债务承担责任。

(二) 普通合伙企业设立和登记

1. 设立条件

设立合伙企业,应当具备下列条件:①有两个以上合伙人。合伙人为自然人的,应当具有完全民事行为能力;②有书面合伙协议;③有合伙人认缴或者实际缴付的出资;④有合伙企业的名称和生产经营场所;⑤法律、行政法规规定的其他条件。

2. 设立登记

(1) 合伙企业设立分支机构的,应当向分支机构所在地的企业登记机关申请设立登记,领取营业执照。

(2) 合伙企业的营业执照签发日期,为合伙企业成立日期。

(三) 普通合伙企业的事务执行

1. 事务执行的形式

可以由全体合伙人共同执行合伙事务,可以委托一个或者数个合伙人执行合伙事务。委托一个或者数个合伙人执行合伙事务的,其他合伙人不再执行合伙事务。除合伙协议另有约定外,合伙企业的下列事项应当经全体合伙人一致同意:①改变合伙企业的名称;②改变合伙企业的经营范围、主要经营场所的地点;③处分合伙企业的不动产;④转让或者处分合伙企业的知识产权和其他财产权利;⑤以合伙企业名义为他人提供担保;⑥聘任合伙人以外的人担任合伙企业的经营管理人员。

合伙人对合伙企业有关事项作出决议,按照合伙协议约定的表决办法办理。

合伙协议未约定或者约定不明确的,实行合伙人一人一票并经全体合伙人过半数通过的表决办法。

合伙人对《合伙企业法》规定或者合伙协议约定必须经全体合伙人一致同意始得执行的事务擅自处理,给合伙企业或者其他合伙人造成损失的,依法承担赔偿责任。

2. 普通合伙人权利和义务

(1) 合伙人权利

合伙人对执行合伙事务享有同等的权利。执行合伙事务的合伙人对外代表合伙企业,不执行合伙事务的合伙人对合伙事务执行情况享有监督权利。合伙人分别执行合伙事务的,执行事务合伙人可以对其他合伙人执行的事务提出异议。提出异议时,应当暂停该项事务的执行。受委托执行合伙事务的合伙人不按照合伙协议或者全体合伙人的决定执行事务的,其他合伙人可以决定撤销该委托。合伙人为了解合伙企业的经营状况和财务状况,有权查阅合伙企业会计账簿等财务资料。

(2) 合伙人义务

合伙事务执行人向不参加执行事务的合伙人报告企业经营状况和财务状

况。合伙人不得自营或者同他人合作经营与本合伙企业相竞争的业务。除合伙协议另有约定或经全体合伙人一致同意外,合伙人不得同本合伙企业进行交易。

(四) 有限合伙企业

1. 有限合伙企业的设立

有限合伙企业由两个以上五十个以下合伙人设立。有限合伙企业至少应当有一个普通合伙人。有限合伙企业仅剩有限合伙人的,应当解散;有限合伙企业仅剩普通合伙人的,转为普通合伙企业。

国有独资公司、国有企业、上市公司以及公益性的事业单位、社会团体不得成为普通合伙人,可以成为有限合伙人。有限合伙人不得以劳务出资,普通合伙人可以以劳务出资。有限合伙企业名称中应当标明"有限合伙"字样。

2. 有限合伙企业事务执行

有限合伙人不执行合伙事务,不得对外代表有限合伙企业。有限合伙人的下列行为不视为执行合伙事务:①参与决定普通合伙人入伙、退伙;②对企业的经营管理提出建议;③参与选择承办有限合伙企业审计业务的会计师事务所;④获取经审计的有限合伙企业财务会计报告;⑤对涉及自身利益的情况,查阅有限合伙企业财务会计账簿等财务资料;⑥在有限合伙企业中的利益受到侵害时,向有责任的合伙人主张权利或者提起诉讼;⑦执行事务合伙人怠于行使权利时,督促其行使权利或者为了本企业的利益以自己的名义提起诉讼;⑧依法为本企业提供担保。

3. 利润分配

有限合伙企业不得将全部利润分配给部分合伙人;但是,合伙协议另有约定的除外。

案例 6-3

合伙企业利润分配案

甲、乙、丙签订书面合伙协议共同投资设立一普通合伙企业,其中甲出资18万元,乙出资16万元,丙出资14万元。合伙协议中未约定利润和亏损分担比例。在合伙经营之前,乙曾欠丁公司一笔款项12万元。现丁公司从该合伙企业购进一批货物价款为12万元,丁以乙曾欠其12万元为由要求将货款抵销。乙表示同意,甲、丙对此不满,三人遂决定解散该合伙企业。

问题：

（1）乙和丁的做法是否合法？

（2）该企业解散时，该如何分配利润和分担亏损？

简要分析：

（1）根据《合伙企业法》规定，合伙企业中某一合伙人的债权人不得以该债权抵销其对合伙企业的债务。所以乙和丁的做法不合法。

（2）根据《合伙企业法》第三十三条第一款规定："合伙企业的利润分配、亏损分担，按照合伙协议的约定办理；合伙协议未约定或者约定不明确的，由合伙人协商决定；协商不成的，由合伙人按照实缴出资比例分配、分担；无法确定出资比例的，由合伙人平均分配、分担。"

4. 有限合伙人权利

有限合伙人可以同本有限合伙企业进行交易；但是，合伙协议另有约定的除外。有限合伙人可以自营或者同他人合作经营与本有限合伙企业相竞争的业务；但是，合伙协议另有约定的除外。有限合伙人可以将其在有限合伙企业中的财产份额出质；但是，合伙协议另有约定的除外。有限合伙人可以按照合伙协议的约定向合伙人以外的人转让其在有限合伙企业中的财产份额，但应当提前三十日通知其他合伙人。

5. 责任承担

第三人有理由相信有限合伙人为普通合伙人并与其交易的，该有限合伙人对该笔交易承担与普通合伙人同样的责任。有限合伙人未经授权以有限合伙企业名义与他人进行交易，给有限合伙企业或者其他合伙人造成损失的，该有限合伙人应当承担赔偿责任。

（五）合伙企业的解散和清算

1. 合伙企业解散

合伙企业有下列情形之一的，应当解散：①合伙期限届满，合伙人决定不再经营；②合伙协议约定的解散事由出现；③全体合伙人决定解散；④合伙人已不具备法定人数满三十天；⑤合伙协议约定的合伙目的已经实现或者无法实现；⑥依法被吊销营业执照、责令关闭或者被撤销的；⑦法律、行政法规规定的其他原因。

2. 合伙企业清算

（1）清算人。清算人由全体合伙人担任；经全体合伙人过半数同意，可以自合伙企业解散事由出现后十五日内指定一个或者数个合伙人，或者委托第三人担任清算人。

自合伙企业解散事由出现之日起十五日内未确定清算人的,合伙人或者其他利害关系人可以申请人民法院指定清算人。

(2)债权申报。清算人自被确定之日起十日内将合伙企业解散事项通知债权人,并于六十日内在报纸上公告。债权人应当自接到通知书之日起三十日内,未接到通知书的自公告之日起四十五日内,向清算人申报债权。

债权人申报债权,应当说明债权的有关事项,并提供证明材料。清算人应当对债权进行登记。

(3)清算顺序。合伙企业财产在支付清算费用和职工工资、社会保险费用、法定补偿金以及缴纳所欠税款、清偿债务后的剩余财产再按照《合伙企业法》第三十三条第一款的规定进行分配。

(4)企业注销。清算结束,清算人在十五日内向企业登记机关申请办理合伙企业注销登记。合伙企业注销后,原普通合伙人对合伙企业存续期间的债务仍应承担无限连带责任。

四、个人独资企业法

(一)个人独资企业的概念及特征

个人独资企业是指依照《中华人民共和国个人独资企业法》(简称《个人独资企业法》)在中国境内设立,由一个自然人投资,财产为投资人个人所有,投资人以其个人财产对企业债务承担无限责任的经营实体。个人独资企业具有如下特征:①由一个自然人投资;②投资人对企业的债务承担无限责任;③属非法人企业,是独立的民事主体,可以以自己的名义从事民事活动。

(二)个人独资企业的设立和经营

1. 设立条件

个人独资企业的设立应当符合法律所规定的条件。就其设立的条件和程序,比合伙企业和公司企业更容易和宽松。

(1)投资人为一个自然人且只能是中国公民。法律、行政法规规定禁止从事营利性活动的人,不得作为投资人申请设立个人独资企业,如国家公务员、党政机关领导干部、警官、法官、检察官、商业银行工作人员等不得作为投资人申请设立个人独资企业。

(2)要有合法的企业名称。企业名称是企业之间相互区别的一个符号,为和其他企业类型相区分,个人独资企业名称中不得使用"有限""有限责任""公司"等字样。个人独资企业的名称可以叫作厂、店、部、商行等。

(3) 有投资人申报的出资。投资人可以个人财产出资,也可以家庭共有财产作为个人出资,以家庭共有财产出资的,应当在申请企业设立登记时在申请书中注明,否则被视为个人财产出资。

(4) 有固定的生产经营场所和必要的生产经营条件。所谓必要的生产经营条件,一般包括与企业生产经营范围和规模相适应的必要的设备、设施,以及符合国家规定的安全、卫生的工作条件等。

(5) 有必要的从业人员。即要有满足其生产经营业务开展的管理类、技术类、生产类、营销类等方面的人员等。

2. 经营方式

个人独资企业投资人可以自行管理企业事务,也可以委托或者聘用其他具有民事行为能力的人负责企业的事务管理。投资人委托或者聘用他人管理个人独资企业事务,应当与受托人或者被聘用的人签订书面合同,明确委托的具体内容和授予的权利范围。

投资人对受托人或者被聘用的人员职权的限制,不得对抗善意第三人。投资人委托或者聘用的管理个人独资企业事务的人员不得有下列行为:①利用职务上的便利,索取或者收受贿赂;②利用职务或者工作上的便利侵占企业财产;③挪用企业的资金归个人使用或者借贷给他人;④擅自将企业资金以个人名义或者以他人名义开立账户储存;⑤擅自以企业财产提供担保;⑥未经投资人同意,从事与本企业相竞争的业务;⑦未经投资人同意,同本企业订立合同或者进行交易;⑧未经投资人同意,擅自将企业商标或者其他知识产权转让给他人使用;⑨泄露本企业的商业秘密;⑩法律、行政法规禁止的其他行为。

(三) 个人独资企业的解散与清算

1. 个人独资企业的解散

个人独资企业有下列情形之一时,应当解散:①投资人决定解散;②投资人死亡或者被宣告死亡,无继承人或者继承人决定放弃继承;③被依法吊销营业执照;④法律、行政法规规定的其他情形。

2. 个人独资企业的清算

(1) 确定清算人。个人独资企业解散,由投资人自行清算或者由债权人申请人民法院指定清算人进行清算。

(2) 通知和公告债权人。投资人自行清算的,应当在清算前十五日内书面通知债权人,无法通知的,应当予以公告。债权人应当在接到通知之日起三十日内,未接到通知的应当在公告之日起六十日内,向投资人申报其债权。

(3) 分配财产。财产分配应当按照法定清偿顺序进行:①所欠职工工资和社会保险费用;②所欠税款;③其他债务。个人独资企业财产不足以清偿债务的,投资人应当以其个人的其他财产予以清偿。

(4) 办理注销登记。个人独资企业清算结束后,投资人或者人民法院指定的清算人应当编制清算报告,并于十五日内到登记机关办理注销登记。

案例 6-4

个人独资企业财产分配案

2014年1月15日,甲出资15万元设立个人独资企业A(以下简称"A企业"),甲聘请乙管理企业事务,同时规定,凡乙对外签订的标的额超过10万元的合同,必须经过甲同意。2月10日,乙未经甲同意,以A企业名义向善意第三人丙购入价值12万元的货物。

2014年7月,A企业发生亏损,不能支付到期的丁的债务,甲决定解散该企业,并请求人民法院指定清算人。7月10日,人民法院指定M作为清算人对A企业进行清算。经审查,A企业和甲的资产及债权债务如下:

(1) A企业欠缴税款2 000元,欠乙的工资5 000元,欠社会保险费用5 000元,欠丁10万元;

(2) A企业的银行存款1万元,实物折价8万元;

(3) 甲在B合伙企业出资6万元,占50%的出资额,B合伙企业每年可向合伙人分配利润;

(4) 甲个人其他可执行财产价值2万元。

问题:

(1) 乙于2月10日以A企业名义向丙购买价值12万元货物的行为是否有效?为什么?

(2) A企业的财产清偿顺序是什么?

(3) 如何满足丁的债权请求?

简要分析:

(1) 根据《个人独资企业法》的规定,投资人对被聘用的人员职权的限制,不得对抗善意第三人,因此乙和丙之间的购货合同有效。

(2) 根据《个人独资企业法》的规定,A 企业的财产清偿顺序为:①职工工资和社会保险费用;②税款;③其他债务。

(3) 首先,用 A 企业的银行存款和实物折价共 9 万元清偿所欠乙的工资、社会保险费用、税款后,剩余 78 000 元用于清偿所欠丁的债务;其次,A 企业剩余财产全部用于清偿后,仍欠丁 22 000 元,可用甲个人财产清偿;最后,在用甲个人财产清偿时,可用甲个人其他可执行的财产 2 万元清偿。

五、外商投资法

2019 年 3 月 15 日,第十三届全国人民代表大会第二次会议通过的《中华人民共和国外商投资法》是一部外资领域新的基础性法律,自 2020 年 1 月 1 日起施行。

(一) 外商投资及外商投资企业

外商投资,是指外国的自然人、企业或者其他组织(以下称"外国投资者")直接或者间接在中国境内进行的投资活动,包括下列情形:①外国投资者单独或者与其他投资者共同在中国境内设立外商投资企业;②外国投资者取得中国境内企业的股份、股权、财产份额或者其他类似权益;③外国投资者单独或者与其他投资者共同在中国境内投资新建项目;④法律、行政法规或者国务院规定的其他方式的投资。

外商投资企业,是指全部或者部分由外国投资者投资,依照中国法律在中国境内经登记注册设立的企业。外商投资企业属于中国的企业。外商投资企业的组织形式、组织机构及其活动准则,适用《公司法》《合伙企业法》等法律的规定。

(二) 外商投资促进制度

外商投资促进制度主要体现在以下五个方面:(1)确立了准入前国民待遇和负面清单管理制度。准入前国民待遇,是指在投资准入阶段给予外国投资者及其投资不低于本国投资者及其投资的待遇;所称负面清单,是指国家规定在特定领域对外商投资实施的准入特别管理措施。(2)提高外商投资政策的透明度。制定与外商投资有关的法律、法规、规章,应当采取适当方式征求外商投资企业的意见和建议,与外商投资有关的规范性文件、裁判文书等,应当依法及时公布。

(3)保障外商投资企业平等参与市场竞争。外商投资企业依法平等适用国家支持企业发展的各项政策,国家保障外商投资企业依法平等参与标准制定工作,强化标准制定的信息公开和社会监督。(4)加强外商投资服务。国家保障外商投资企业依法通过公平竞争参与政府采购活动。各级人民政府及其有关部门应当按照便利、高效、透明的原则,简化办事程序,提高办事效率,优化政务服务,进一步提高外商投资服务水平。有关主管部门应当编制和公布外商投资指引,为外国投资者和外商投资企业提供服务和便利。(5)依法依规鼓励和引导外商投资。外商投资企业可以依法通过公开发行股票、公司债券等证券和其他方式进行融资。

(三) 外商投资保护制度

为加强对外商投资合法权益的保护,《外商投资法》总则中规定,国家依法保护外国投资者在中国境内的投资、收益和其他合法权益。同时,设"投资保护"专章,从四个方面作了规定,向外商投资提供与时俱进的法治保障。

1. 加强对外商投资企业的产权保护。国家对外国投资者的投资不实行征收;在特殊情况下,国家为了公共利益的需要,可以依照法律规定对外国投资者的投资实行征收或者征用,征收、征用应当依照法定程序进行,并及时给予公平、合理的补偿。外国投资者在中国境内的出资、利润、资本收益、资产处置所得、知识产权许可使用费、依法获得的补偿或者赔偿、清算所得等,可以依法以人民币或者外汇自由汇入、汇出。国家保护外国投资者和外商投资企业的知识产权,鼓励基于自愿原则和商业规则开展技术合作。

2. 强化对涉及外商投资规范性文件制定的约束。各级人民政府及其有关部门制定涉及外商投资的规范性文件,应当符合法律法规的规定,没有法律、行政法规依据的,不得减损外商投资企业的合法权益或者增加其义务,不得设置市场准入和退出条件,不得干预外商投资企业的正常生产经营活动。

3. 促使地方政府守约践诺。地方各级人民政府及其有关部门应当严格履行依法作出的政策承诺和依法订立的各类合同;因国家利益、公共利益需要改变政府承诺和合同约定的,应当严格依照法定权限和程序进行,并对外国投资者、外商投资企业因此受到的损失予以补偿。

4. 完善外商投资企业投诉工作机制。国家建立外商投资企业投诉工作机制,及时处理外商投资企业或者其投资者反映的问题,协调完善相关政策措施。

(四) 外商投资管理制度

为加强对外商投资的管理,《外商投资法》从四个方面作了规定：

1. 落实了外商投资负面清单管理制度。外商投资准入负面清单规定禁止投资的领域,外国投资者不得投资。

2. 明确了外商投资项目的核准、备案制度。外商投资需要办理投资项目核准、备案的,按照国家有关规定执行。

3. 建立了外商投资信息报告制度。外国投资者或者外商投资企业应当通过企业登记系统以及企业信用信息公示系统向商务主管部门报送投资信息。

4. 确立了外商投资安全审查制度。国家建立外商投资安全审查制度,对影响或者可能影响国家安全的外商投资进行安全审查。依法作出的安全审查决定为最终决定。

第二节　商事行为法

一、商事行为概述

(一) 商事行为的概念和特征

商事行为,又称商行为、商业行为、营业行为,是指法律主体以营利为主要目的而实施的,并且通常具有连续性的经营行为。企业的经营行为一般视为商事行为,但明显不以营利为目的之行为除外。

商事行为是一种特殊法律行为,既具有法律行为的共性,又有其自身的特性。与一般法律行为相比,商事行为具有以下特征：①以营利为目的的法律行为；②经营性行为；③商事主体从事的行为；④体现商事经营特点的行为；⑤受法律严格规范和约束的行为。

(二) 商事行为分类

1. 单方商事行为与双方商事行为

根据商事行为的双方是否均为商人,将商事行为分为单方商事行为与双方商事行为。单方商事行为也称混合交易行为,是指行为人一方为商事主体而另一方不是商事主体所从事的行为。关于单方商事行为的法律适用,各国商法规定不尽相同,大陆法系国家商法主张两种商事行为均适用,英美法系国家商法则认为单方商事行为不适用商法。双方商事行为是指当事人双方都作为商事主体而从事的行为。这类行为必然应适用商法。

2. 一般商事行为与特殊商事行为

根据商法对商事行为进行调整的共性和特性的不同,将商事行为分为一般商事行为和特殊商事行为。一般商事行为是指在商事交易中具有共性,并受商法规则调整的行为,它主要涉及商事物权行为、商事债权行为、商事交易结算行为、商事给付行为等。特殊商事行为是指在商事交易中具有个性,并受商法中的特别法或特别规则调整的商事行为。传统商法理论中的特殊商事行为主要分为商事买卖、商事运输、商事仓储、商事担保、商事代理、商事居间、商事行纪、商事保险、海商、商事票据、商事证券等。

3. 绝对商事行为与相对商事行为

根据行为的客观性质和是否附加条件,将商事行为分为绝对商事行为和相对商事行为。绝对商事行为,亦称"客观商事行为",指仅根据行为的形式或性质以及法律的规定而必然被确定为商事行为的行为。绝对商事行为只能由法律限定列举,不得进行法律上的推定解释,一般情况下,许多国家都规定,投机性买卖行为、票据行为、证券交易行为、融资租赁行为、保险行为、海商事行为等都属于绝对商事行为。相对商事行为,亦称"主观商事行为""营业商事行为",它是指在法律所列举的范围内,仅由商人实施或仅基于营利性目的实施时方可被认定为商事行为的行为。行为的主观性、行为的自身性质、行为人的身份都可成为认定商事行为构成的要素。

4. 基本商事行为与辅助商事行为

根据商事行为在同一经营活动中引起商事关系成立的作用不同,将商事行为分为基本商事行为和辅助商事行为。基本商事行为是指直接从事经营的商事行为,它是绝对商事行为和相对商事行为的总称,并且构成了商事主体与商事行为概念的基础。随着经济的发展,基本商事行为的概念得到了明显的扩大。辅助商事行为,又称附属商事行为,是指行为本身并不直接达到商事主体欲达到的营利目的,但能对以营利为目的的商事行为的实现起辅助作用的商事行为。

5. 必然商事行为与推定商事行为

依据商事行为的认定由法律直接规定还是需根据行为性质推定的不同,将商事行为分为必然商事行为和推定商事行为。必然商事行为又称固有商事行为,是指由商事主体实施的经营行为,或商法典明确列举规定,即便非商事主体实施亦应认定其商事行为性质的行为。推定商事行为又称准商事行为,是指不能依据商法规定直接认定，必须在商法规定或事实的基础上加以推定才能确认其性质的商事行为。

二、证券法

(一) 证券概述

1. 证券的概念及特征

证券是一个外延很广的概念，本章所讨论的是有价证券中的资本证券。证券是指资金需求者为了筹措中长期资金而向投资者发行，由投资者购买且能对一定的收益拥有请求权的投资凭证。证券可以采取纸面形式或证券监管机构规定的其他形式

证券主要具有以下三个方面的特征：

(1) 证券是一种财产性权利凭证。持有证券，意味着持有人对该证券所代表的财产拥有控制权，但该控制权不是直接控制权，而是间接控制权。

(2) 证券是一种流通性权利凭证。证券具有可转让性和变现性，持有者可以将证券转让出售，以实现自身权利。

(3) 证券是一种含有风险性的权利凭证。证券的风险性，表现为由于证券市场的变化或发行人的原因，使投资者不能获得预期收入，甚至发生损失的可能性。投资不同的证券，风险不同。

2. 有价证券的分类

(1) 按证券发行主体的不同，分为政府证券、金融证券和公司债券。

(2) 按证券是否在证券交易所挂牌交易，分为上市证券和非上市证券。

(3) 根据募集方式的不同，分为公募证券和私募证券。

(4) 依转移方式不同，分为记名有价证券、无记名有价证券和指示有价证券。

(5) 依持券人享有权利的性质不同，分为股票、债券、新股认购权利证书、投资基金证券及其他衍生金融工具等。资产支持证券、资产管理产品发行、交易的管理办法，由国务院依照《证券法》的原则规定。

(二) 证券发行和承销

1. 证券发行

(1) 证券发行方式

证券发行包括公开和非公开两种。公开发行证券，必须符合法律、行政法规

规定的条件,并依法报经国务院证券监督管理机构或者国务院授权的部门注册;未经依法注册,任何单位和个人不得公开发行证券。有下列情形之一的,为公开发行:①向不特定对象发行证券;②向特定对象发行证券累计超过二百人,但依法实施员工持股计划的员工人数不计算在内;③法律、行政法规规定的其他发行行为。非公开发行证券,不得采用广告、公开劝诱和变相公开方式。

案例 6-5

证券发行案

某公司甲的发起人决定以非公开发行股份方式设立某公司甲。但为了能募集更多的资金,甲公司的发起人利用散发募集资金宣传单、召开投资推介会、在地方电视台进行"公司"形象宣传等方式,最终确定了250个出资人。请问甲公司发行股份的方式是非公开方式吗?说明理由。

简要分析: 甲公司发行股份的方式是公开发行方式。因为甲公司采用了公开劝诱、广告等公开发行方式。并且向特定对象发行证券达二百五十人,超过二百人上限,应当定性为公开发行股份。

(2) 证券发行的条件

① 股票发行的条件

《证券法》第十二条规定,公司首次公开发行新股,应当符合下列条件:(一)具备健全且运行良好的组织机构;(二)具有持续经营能力;(三)最近三年财务会计报告被出具无保留意见审计报告;(四)发行人及其控股股东、实际控制人最近三年不存在贪污、贿赂、侵占财产、挪用财产或者破坏社会主义市场经济秩序的刑事犯罪;(五)经国务院批准的国务院证券监督管理机构规定的其他条件。上市公司发行新股,应当符合经国务院批准的国务院证券监督管理机构规定的条件,具体管理办法由国务院证券监督管理机构规定。

② 债券发行的条件

《证券法》第十五条规定,公开发行公司债券,应当符合下列条件:(一)具备健全且运行良好的组织机构;(二)最近三年平均可分配利润足以支付公司债券一年的利息;(三)国务院规定的其他条件。

公开发行公司债券筹集的资金,必须按照公司债券募集办法所列资金用途使用,不得用于弥补亏损和非生产性支出。上市公司发行可转换为股票的公司债券,除应当符合第十五条第一款规定的条件外,还应当符合《证券法》第十二条第二款的规定。但是,按照公司债券募集办法,上市公司通过收购本公司股份的方式进行公司债券转换的除外。

2. 证券承销

发行人向不特定对象公开发行的证券,法律、行政法规规定应当由证券公司承销的,发行人应当同证券公司签订承销协议。证券承销业务采取代销或者包销方式。承销协议载明下列事项:①当事人的名称、住所及法定代表人姓名;②代销、包销证券的种类、数量、金额及发行价格;③代销、包销的期限及起止日期;④代销、包销的付款方式及日期;⑤代销、包销的费用和结算办法;⑥违约责任;⑦国务院证券监督管理机构规定的其他事项。

证券的代销、包销期限最长不得超过九十日。股票发行采用代销方式,代销期限届满,向投资者出售的股票数量未达到拟公开发行股票数量百分之七十的,为发行失败。发行人应当按照发行价并加算银行同期存款利息返还股票认购人。公开发行股票,代销、包销期限届满,发行人应当在规定的期限内将股票发行情况报国务院证券监督管理机构备案。

案例6-6

美伦企业债券发行条件案

美伦是一家集体所有制企业,受市场疲软影响,面临倒闭境地。由于美伦企业之前一直是所在县的利税大户,县政府欲对其采取积极扶持的政策。为了转产筹集资金,美伦企业向县政府申请发行债券,县政府予以批准,并协助美伦企业向社会进行宣传。不久,美伦企业发行的价值150万元的债券很快被认购完毕。债券的票面记载为:票面金额100元,年利率15%,美伦企业以及发行日期和编号。问:美伦企业债券的发行存在哪些问题?

简要分析:首先,我国《公司法》第一百五十九条规定,股份有限公司、国有独资公司和两个以上的国有企业或者其他两个以上的国有投资主体投资设立的有限责任公司,为筹集生产经营资金,可以依照本法发行公司债券。美伦是集体所有制企业,不具备发行债券的主体资格。其次,发行债券要由国务院证券管理部门批准后才能发行,本案中,由县政府批准发行债券,这是不符合法律规定的。再有,发行债券必须在债券上载明公司的名称、债券票面金额、利率、偿还期限等事项,并由董事长签名、公司盖章,本案中,债券票面缺少法定记载事项。最后,债券的发行应当由证券公司承销,而不能由美伦自行发售。

(三) 证券交易和上市

1. 证券交易

（1）证券交易的概念

证券交易是指证券持有人按照交易规则，将证券出让给其他投资者的行为。证券交易当事人依法买卖的证券，必须是依法发行并交付的证券。非依法发行的证券，不得买卖。

（2）证券交易的场所

公开发行的证券，应当在依法设立的证券交易所上市交易或者在国务院批准的其他全国性证券交易场所交易。非公开发行的证券，可以在证券交易所、国务院批准的其他全国性证券交易场所、按照国务院规定设立的区域性股权市场转让。

（3）证券交易的限制

依法发行的证券，《公司法》和其他法律对其转让期限有限制性规定的，在规定的期限内不得转让。上市公司持有百分之五以上股份的股东、实际控制人、董事、监事、高级管理人员，以及其他持有发行人首次公开发行前发行的股份或者上市公司向特定对象发行股份的股东，转让其持有的本公司股份的，不得违反法律、行政法规和国务院证券监督管理机构关于持有期限、卖出时间、卖出数量、卖出方式、信息披露等规定，并应当遵守证券交易所的业务规则。

2. 证券上市与终止

（1）证券上市概念

证券上市是指发行人发行的证券，以法定条件和程序，在证券交易所或其他法定交易市场公开挂牌交易的法律行为。

（2）证券上市的条件

申请证券上市交易，应当向证券交易所提出申请，由证券交易所依法审核同意，并由双方签订上市协议。证券交易所根据国务院授权的部门的决定安排政府债券上市交易。

申请证券上市交易，应当符合证券交易所上市规则规定的上市条件。

证券交易所上市规则规定的上市条件，应当对发行人的经营年限、财务状况、最低公开发行比例和公司治理、诚信记录等提出要求。

公司证券上市交易申请经证券交易所审核同意后，签订上市协议的公司应当在规定的期限内公告公司债券上市文件及有关文件，并将其申请文件置备于指定场所供公众查阅。

(3) 证券上市终止

上市交易的证券,有证券交易所规定的终止上市情形的,由证券交易所按照业务规则终止其上市交易。证券交易所决定终止证券上市交易的,应当及时公告,并报国务院证券监督管理机构备案。对证券交易所作出的不予上市交易、终止上市交易决定不服的,可以向证券交易所设立的复核机构申请复核。

3. 证券交易禁止性行为

(1) 内幕交易行为

内幕交易行为是指证券交易内幕信息的知情人和非法获取内幕信息的人利用内幕信息从事证券交易活动。

证券交易活动中,涉及发行人的经营、财务或者对该发行人证券的市场价格有重大影响的尚未公开的信息,为内幕信息。

证券交易内幕信息的知情人和非法获取内幕信息的人,在内幕信息公开前,不得买卖该公司的证券,或者泄露该信息,或者建议他人买卖该证券。持有或者通过协议、其他安排与他人共同持有公司百分之五以上股份的自然人、法人、非法人组织收购上市公司的股份,《证券法》另有规定的,适用其规定。内幕交易行为给投资者造成损失的,应当依法承担赔偿责任。

(2) 操纵市场行为

禁止任何人以下列手段操纵证券市场,影响或者意图影响证券交易价格或者证券交易量:①单独或者通过合谋,集中资金优势、持股优势或者利用信息优势联合或者连续买卖;②与他人串通,以事先约定的时间、价格和方式相互进行证券交易;③在自己实际控制的账户之间进行证券交易;④不以成交为目的,频繁或者大量申报并撤销申报;⑤利用虚假或者不确定的重大信息,诱导投资者进行证券交易;⑥对证券、发行人公开作出评价、预测或者投资建议,并进行反向证券交易;⑦利用在其他相关市场的活动操纵证券市场;⑧操纵证券市场的其他手段。操纵证券市场行为给投资者造成损失的,应当依法承担赔偿责任。

(3) 欺诈客户行为

禁止证券公司及其从业人员从事下列损害客户利益的欺诈行为:①违背客户的委托为其买卖证券;②不在规定时间内向客户提供交易的确认文件;③未经客户的委托,擅自为客户买卖证券,或者假借客户的名义买卖证券;④为牟取佣金收入,诱使客户进行不必要的证券买卖;⑤其他违背客户真实意思表示,损害客户利益的行为。欺诈客户行为给客户造成损失的,行为人应当依法承担赔偿责任。

(4) 虚假陈述

禁止任何单位和个人编造、传播虚假信息或者误导性信息,扰乱证券市场。禁止证券交易场所、证券公司、证券登记结算机构、证券服务机构及其从业人员,证券业协会、证券监督管理机构及其工作人员,在证券交易活动中作出虚假陈述或者信息误导。

编造、传播虚假信息或者误导性信息,扰乱证券市场,给投资者造成损失的,应当依法承担赔偿责任。

(四) 上市公司的收购

1. 概述

投资者可以采取要约收购、协议收购及其他合法方式收购上市公司。在上市公司收购中,收购人持有的被收购的上市公司的股票,在收购行为完成后的十二个月内不得转让。收购行为完成后,收购人与被收购公司合并,并将该公司解散的,被解散公司的原有股票由收购人依法更换。

2. 要约收购

要约收购是指收购人通过向目标公司的股东发出购买其所持该公司股份的书面意见表示,并按照依法公告的收购要约中所规定的收购条件、价格期限以及其他规定事项,收购目标公司股份的收购方式。收购要约约定的收购期限不得少于三十日,并不得超过六十日。

3. 协议收购

协议收购是指投资者在证券交易场所之外与目标公司的大股东就股票价格、数量等方面进行私下协商,购买目标公司的股票,以期达到对目标公司兼并或控股的收购方式。

收购行为完成后,收购人应当在十五日内将收购情况报告国务院证券监督管理机构和证券交易所,并予公告。

三、票据法

(一) 票据的概念及特征

票据有广义和狭义之分。广义的票据是指用以证明或以设定权利为目的而制成的各种书面凭证。狭义的票据是指出票人依票据法签发的,约定由自己或委托他人无条件支付一定金额给收款人或持票人的有价证券。狭义票据专指汇票、本票和支票。

票据是设权证券,权利义务产生于证券的作出,其区别于证权证券如股票;票据是金钱债权证券,以给付一定的金额为标的的债权;票据是要式证券,必须严格依据票据法规定的格式作成,否则会影响票据的效力甚至票据无效;票据是无因证券,票据权利仅依票据法的规定发生,而不需要考虑票据权利发生的原因或基础;票据是文义证券,票据所创设的一切权利和义务,完全地、严格地以票据上所记载的文字为准;票据是完全有价证券,证券与权利在任何情况下都不可以分离。

(二) 票据的种类

现在国际上一般都公认,票据应包括汇票、本票和支票。汇票与支票是委托式的票据,它是由出票人签发的,委托付款人于规定的基本时间无条件地向收款人支付一定金额的流通证券。因此,汇票与支票都有三个基本当事人,即出票人、收款人和付款人。支票与汇票的主要区别在于,支票必须以银行为付款人,而汇票的付款人则不以银行为限,既可以是银行,也可以不是银行。本票是允诺式的票据,它是由出票人允诺于规定时间无条件地由他自己向收款人支付一定金额的流通证券。所以,本票只有两个基本当事人,即出票人和收款人。

(三) 汇票

汇票是出票人签发的,委托付款人在见票时或者在指定日期无条件支付确定的金额给收款人或者持票人的票据。

1. 汇票的出票

出票是指出票人签发票据并将其交付给收款人的票据行为。这是产生票据关系的一种基本票据行为。出票包括两个内容:①由出票人制作汇票,并在其上签名;②将票据交付给收款人。

汇票必须记载下列事项:

① 表明"汇票"字样;②无条件支付委托;③确定的金额;④付款人的姓名;⑤收款人名称;⑥出票日期;⑦出票人签章。汇票未记载前款规定事项之一的,汇票无效。

汇票的到期日有以下四种规定方式:①定日付款,即在出票时订明在某个日期付款;②见票即付,即要求付款人在持票人向其提示汇票时付款;③出票后定期付款,即从出票日起算,于出票日后的一定期间内(如一个月)付款;④见票后定期付款,即从持票人提示汇票后起算,于见票后的一定期间内(如三个月)付款。

2. 汇票的背书

汇票的背书就是指持票人以转让票据权利或将票据权利授予他人为目的，在票据背面或在粘单上记载有关事项并签章的行为。在汇票背面签名的人被称为背书人，接受经过背书的汇票人被称为被背书人。

背书有两种效力：一是把汇票上的权利转让给被背书人；二是背书人对包括被背书人在内的一切后手担保该汇票必然会被承兑或付款，如汇票的承兑人或付款人拒绝承兑或付款，任何后手都有权向背书人进行追索。

以背书转让的汇票，背书应当连续。持票人以背书的连续，证明其汇票权利。

3. 汇票的保证

汇票的保证是指由汇票债务人以外的第三人，以担保特定债务人履行票据债务为目的，而在票据上所为的一种附属票据行为。票据保证是保证债务的一种。保证人可以为出票人或背书人、承兑人提供保证。

汇票保证有如下特点：①汇票保证是一种要式行为。汇票保证应在汇票上或粘单上作出，表明"保证"字样，并有保证人的名称和住所，被保证人的名称，保证日期，以及保证人签名。②汇票保证具有独立性。在汇票保证的场合下，即使被保证的主债务因任何原因无效，除因款式欠缺而无效外，保证人仍应承担义务。③汇票保证人不得享有先诉抗辩权。被保证的汇票，保证人应当与被保证人对持票人承担连带责任。

4. 汇票的承兑

承兑是指汇票付款人承兑在汇票到期日支付汇票金额的票据行为，为汇票所独有。付款人决定承兑汇票后，就成为票据主债务人，应当依汇票记载的文义承担到期付款的责任。

持票人是否向付款人提示承兑主要有以下情形：①凡属见票后定期付款的汇票，持票人必须向付款人提示承兑，否则就无法确定付款的到期日；②凡汇票上载明必须提示承兑的汇票，持票人必须按汇票上的规定提示承兑；③凡汇票上规定须在付款人的营业地或住所地以外的其他地点付款者，持票人亦必须向付款人提示承兑，以便付款人作好付款准备；④凡是见票即付的汇票毋须提示承兑；⑤凡汇票上载有"不得承兑"条款的汇票，持票人不得向付款人要求承兑。

承兑的方式通常是由付款人在汇票正面表明"承兑"字样，签上自己的姓名，并注明承兑的日期。

5. 汇票的付款

汇票的付款是指汇票的付款人在汇票的到期日向持票人支付汇票金额,以消灭票据关系的行为。付款程序包括提示付款、汇票支付和收回汇票三阶段。持票人必须在法定时间内向付款人提示付款。对于到期支付的票据,付款人应在提示付款当日足额付款。

6. 汇票的追索权

当汇票遭到拒付时,为了保护持票人的利益,各国法律都认为持票人有权向前手背书人以及汇票的出票人请求偿还汇票上的金额,这项权利在票据法上被称为追索权。按照票据法的规定,持票人在行使追索权时必须具备以下条件:①汇票遭到拒绝承兑或拒绝付款的有关证明。②已在法定期限内向付款人作承兑提示或付款提示,如由于付款人或承兑人死亡、逃避或其他原因,无法向其提示时,或付款人、承兑人宣告破产时,则无须作上述承兑提示或付款提示。③必须在汇票遭到拒付后的法定期间内作成拒绝证书。④必须在汇票遭到拒付后的法定期间内将拒付事实通知其前手。

案例6-7

持票人追索权案

A公司为还债向B公司背书转让了一张由C公司为出票人的经过D银行承兑的汇票。B公司将该汇票质押给E银行作为贷款担保。贷款到期后B公司未还款,E银行向D银行提示付款遭拒绝,理由是E银行并非持票人而只是质权人;且由于C公司申请承兑时涉嫌诈骗,现正接受警方调查。

问题:

(1) D银行的抗辩理由是否成立,为什么?

(2) 在D银行拒绝付款后,E银行可怎样依据票据法维护自己利益?

简要分析:

(1) 根据票据的无因性,D银行在见票时即应付款,不得提出抗辩事由。

(2) B公司和C公司都是E银行的前手,因此持票人E银行可以向其前手即B公司或者C公司行使追索权,维护自己的利益。

(四) 本票和支票

1. 本票

本票是指出票人签发的、承诺自己在见票时无条件支付确定的金额给收款人或持票人的票据。在国外,本票以其出票人身份为标准,可以分为银行本票和商业本票,我国票据法仅承认银行本票。本票的当事人只有两个,一个是出票人,另一个是收款人。出票人完成出票行为后就成为该本票的付款人,自负到期付款的义务,而不像汇票那样由出票人委托他人支付票据金额,这是本票的一个主要特点。

2. 支票

支票是出票人签发的、委托办理支票存款业务的银行或者其他金融机构在见票时无条件支付确定的金额给收款人或者持票人的票据。

支票和汇票一样有三个当事人,即出票人、付款人与收款人。支票的出票人是支票的债务人。支票与汇票有许多相似之处,但也有一些区别,主要是:①支票的付款人限于银行;而汇票的付款人则不以银行为限。②支票均为见票即付;而汇票则不限于见票即付。

四、保险法

(一) 保险的概述

1. 保险

保险,是指投保人根据合同约定,向保险人支付保险费,保险人对于合同约定的可能发生的事故因其发生所造成的财产损失承担赔偿保险金责任,或者当被保险人死亡、伤残、疾病或者达到合同约定的年龄、期限等条件时承担给付保险金责任的商业保险行为。

2. 保险的作用

保险是避免风险、防范风险、转移风险和分散风险的一种法律活动,也是通过缴纳保费获得一定回报的投资活动。一类是财产保险,一类是人身保险。其中,财产保险是对事故赔偿的一种偶然行为。

3. 构成保险制度的条件

(1) 保险是以赔偿为目的的保险事项,必须是投保人的活动环境中存在着危险因素,在发生意外事故的危险时,才能赔偿。

(2) 保险是以满足条件为目的的给付,这些条件能够得到满足的,才能得到给付。

(3) 保险公司与投保人约定的保险事项的危险不可能存在的或条件不可能实现的,或者保险合同生效前已经发生的危险,以及在保险合同已经结束之后发生的危险都不构成保险危险,投保人不能对此要求赔付,保险人也不会因此赔付。

(二) 保险法概述

1. 保险法的概念

保险法是调整我国的保险组织和保险行为(保险合同)的基本法。保险法由三个部分组成。第一部分是保险业法,第二部分是保险合同法,第三部分是保险特别法。

2. 保险法的基本原则

(1) 最大诚信原则

保险法上的最大诚信原则,是指保险合同的双方当事人在合同的订立和履行过程中,必须以最大的诚意履行自己的义务,互不欺骗和隐瞒,恪守合同的约定。

(2) 保险利益原则

《保险法》第十二条第六款规定:"保险利益是指投保人或者被保险人对保险标的具有的法律上承认的利益。"人身保险是以人的寿命和身体为保险标的的保险。财产保险是以财产及其有关利益为保险标的的保险。

保险法规定无论是财产保险,还是人身保险,当事人所签订保险合同的效力必须以保险利益的存在为前提。保险利益必须是可保利益,可保利益是合法利益,人身保险中投保人对被保险人必须具有一定亲属血缘关系或者被保险人认可的事实。

《保险法》第三十一条第一款、第二款规定:"投保人对下列人员具有保险利益:(一)本人;(二)配偶、子女、父母;(三)前项以外与投保人有抚养、赡养或者扶养关系的家庭其他成员、近亲属;(四)与投保人有劳动关系的劳动者。除前款规定外,被保险人同意投保人为其订立合同的,视为投保人对被保险人具有可保利益。"财产保险中,保险事故发生时,被保险人对保险标的具有保险利益的,有权向保险人请求赔偿保险金。人身保险中,订立合同时,投保人对被保险人不具有保险利益的合同无效。

案例 6-8

财产合同保险利益案

某企业甲欠企业乙贷款 30 万元后,甲将自有的轿车作价 30 万元抵付给乙。车辆尚在办理过户手续的过程中,乙企业向该市保险公司投保。保险公司向乙企业出具了保险单,保险单上注明了投保人为乙企业,保险车辆为该轿车。后在保险期间内,车辆出险全损。乙企业向保险公司提出索赔遭到拒绝,保险公司的理由是投保时乙企业不是车辆的所有人,对其无保险利益,保险合同无效。请问保险公司的理由是否成立?

简要分析:《保险法》第十二条第二款规定:"财产保险的被保险人在保险事故发生时,对保险标的应当具有保险利益。"一般来说,财产保险利益在保险合同订立时可以不存在,但在事故发生时则必须存在。若保险利益在合同订立时存在,但在保险事故发生时丧失,则投保人或被保险人对于合同标的已无利害关系,自然无损失和补偿而言,故保险合同失效。保险公司以投保时乙企业对车辆无保险利益为由主张保险合同无效不成立。

(3) 损失补偿原则

损失补偿原则是指在保险期限内,保险人在保险合同所约定的危险事故发生后,对被保险人所遭受的实际损失或损害进行的补偿。保险人在运用补偿原则时,应掌握几个限度:经济补偿应以实际损失为限;以保险金额为限;以保险利益为限。损失补偿原则在保险法上主要表现为:超额保险的无效规则、重复保险的比例分摊规则、保险代位求偿规则、委付规则等。

(4) 近因原则

在保险法中,近因指造成保险标的损害的主要的、起决定作用的原因。近因原则是确定保险人对保险标的的损失是否负保险责任以及负何种保险责任的原则。它要求,在约定的保险责任范围内,保险人所承保危险的发生与保险标的的损害之间必须存在直接的因果关系,保险人才对损失负赔偿责任。

案例 6-9

近因原则

2013 年 12 月 2 日,宏兴甘鲜果品有限责任公司与哈尔滨隆兴有限责任公司签订了一批购销柑橘合同,共计 5 000 篓,价值 90 000 元。宏兴甘鲜果品有限责任公司通过铁路承运部门投保了货物运输综合险,保费 3 500 元。2013 年 12 月 25 日,保险公司出具了保险单。2014 年 1 月,柑橘到达目的地以后,收货人发现:一节车厢门被撬开,保温棉被被掀开 2 米,货物丢失 120 篓,冻坏变质 240 篓。直接损失 6 480 元。当时气温为零下 20 摄氏度。宏兴甘鲜果品有限责任公司向保险公司索赔。保险公司同意赔偿丢失的货物 120 篓,拒绝赔偿被冻坏的 240 篓,认为造成该 240 篓损失的原因是天气寒冷,不在货物运输综合险的保险责任范围内。双方诉至法院,法院应如何裁判?

简要分析:本案中,货物因遭受盗窃或整件提货不着的损失在货物运输综合险的理赔责任范围;盗窃是柑橘冻坏主要的、起决定性作用的因素,是柑橘冻坏的前因,棉被破损导致柑橘被寒冷的天气冻坏是盗窃行为所致,是柑橘冻坏的后因。可见,天气寒冷冻坏货物是盗窃的必然的结果、自然延续的结果。最后法院应认定柑橘冻坏的原因是盗窃,不是天气寒冷。判保险公司全额赔偿,并负担诉讼费是适用了近因原则。

(三) 保险合同法律制度

1. 保险合同概述

保险合同是投保人与保险人约定保险权利义务关系的协议。按照协议,投保人向保险人支付一定数额的保险费,保险人承诺于特定事件发生或约定期限届至之时,向投保方赔偿或给付相应的金钱(保险金)或者其他利益。

保险合同属于特种合同,与非保险合同存在较大差异,表现为以下几点:①保险合同是一种特殊的双务有偿合同。保险合同的双务有偿内容是否实现是不确定的,保险合同双务有偿性的实现不适用"对待履行"和"对价履行"的原则,投保人不享有"同时履行抗辩权"。②保险合同为诺成合同。保险合同是基于投保人和保险人双方意思表示一致而成立的合同。《保险法》第十三条第一款规定:"投保人提出保险要求,经保险人同意承保,保险合同成立。保险人应当及时向投保人签发保险单或者其他保险凭证。"③保险合同是附和合同。根据国际保险市场的惯例,投保人和保险人也可以协商增加条款或修改格式合同条款,但是,这种增加或修改的内容必须使用附加特约的方式,另行签署附加条款,贴附于格式合同文本上,而不能对格式合同条款进行直接的改动。④保险合同是射幸合同。在保险合同中,投保人交付保险费的义务是确定的,但保险人是否承担保险赔偿责任则是不确定的。⑤保险合同是非要式合同。虽然现实中双方当事人签订的往往是保险人预先准备的书面合同,但理论上而言,保险合同是非要式合同。

基于保险合同的特殊性,因此,保险合同首先应适用《保险法》的规定,在《保险法》没有规定的情况下才适用《民法典·合同编》的规定。

2. 保险人的主要义务

(1) 赔付保险金

保险公司赔偿或给付须满足以下条件:①必须是保险标的受到损失;②财

产损失或人身灾害必须是由保险合同中规定的危险引起的;③财产保险损失的赔偿不能超过保险金额;④财产损失应当发生在合同约定的地点,在约定的地点以外场所发生的损失不在保险责任范围内。人身保险中保险金的给付以保险金额为准。

(2) 支付必要的费用

保险人须承担投保人或被保险人为减少保险标的的损失而付出的施救费用、诉讼费用和理赔费用。

3. 投保人(被保险人和受益人)的主要义务

(1) 交付保险费

如果投保人不按照合同约定的时间交纳保险费,将导致保险合同中止,在此期间发生保险事故的,保险公司不给予赔付。

(2) 如实告知义务

在保险合同订立时,投保人应将有关保险标的或者被保险人的重要事实,如实告知保险人。

(3) 危险增加时的通知

在保险标的的危险增加时,通知保险人。投保人如不履行告知义务造成损失的,保险人不承担赔偿责任。

(4) 防止损失扩大的补救义务

在保险事故发生后,投保人(被保险人)有义务采取一切必要的措施避免损失的扩大。如果投保人没有采取措施防止损失扩大的,无权就扩大的部分请求赔偿。

4. 订立保险合同的条件

(1) 财产保险合同

构成条件主要有:第一,须为法律上承认的利益,也称适法利益;第二,须为金钱利益,凡不能以金钱计算的利益不能作为保险利益;第三,须为确定利益,无论是现有利益,还是预期利益都是客观存在的,并且可计算的。

(2) 人身保险合同

构成条件主要有:第一,投保人与保险标的之间须有利害关系;第二,投保人与保险公司的保险合同中的保险利益必须是适法利益,即投保人与被保险人之间的利害关系必须符合法律的规定,没有违反法律法规对人身保险合同的禁止性规定。

5. 保险条款

(1) 基础条款

① 保险标的及价值

保险标的决定了保险的险种,并且是判断投保人或被保险人是否是保险利益存在的根据。保险价值是指保险标的的价值。保险价值是确定保险金额的依据。

② 保险金额

保险金额,指保险人承担赔偿或者给付保险金责任的最高限额。在财产保险中,保险金额要由保险价值来确定,保险金额不能超过保险价值。人身保险的保险金额是合同约定保险人承担的最高限额或实际给付金额。

③ 保险费的支付和保险期限

保险费金额由双方在保险合同中约定,支付方法有一次付清和分期交纳两种。保险期限是保单所提供的保障期限,指保险责任从开始到终止的时间。不同保险合同有不同的保险期限。

(2) 重点条款

① 保险责任

保险责任须明确保险人所承担的风险范围,即保险人可能承保的危险。构成可保危险须符合以下条件:可能性、合法性、偶然性、确定性、未来性。

② 保险责任的免除

保险责任的免除是指保险人不负责赔偿或给付责任的范围。

③ 合同的特约条款

合同的特约条款主要有协议条款、保证条款和附加条款。

6. 合同的履行

保险合同的履行,是指保险合同生效后,合同主体全面、适当完成各自承担的约定义务的行为。从内容上看,有投保人、被保险人和保险人的合同义务的履行。从程序上看,包括索赔、理赔、代位求偿三个环节。

7. 合同的变更

在保险合同的有效期内,投保人和保险人经协商同意,可以变更保险合同的有关内容。合同的变更包括:主体的变更、客体的变更、内容的变更和期限的变更等。

8. 合同的解除

保险合同的解除,是在保险合同有效成立后,法律规定或当事人约定的解除条件具备时,双方协议或当事人一方或双方行使解除权而使保险合同消灭的法律行为。

(1) 任意解除

保险责任开始前,投保人要求解除合同的,应当向保险人支付手续费,保险人应当退还保险费。保险责任开始后,投保人要求解除合同的,保险人可以收取自保险责任开始之日起至合同解除之日止期间的保险费,剩余部分退还投保人。除另有规定或者保险合同另有约定外,保险合同成立后,保险人不得解除保险合同。货物运输保险合同和运输工具航程保险合同,保险责任开始后,合同当事人均不得解除合同。

(2) 法定解除

投保人或被保险人有下列行为之一的,保险人可以解除保险合同:第一,投保人故意或者因重大过失未履行如实告知义务,足以影响保险人决定是否同意承保或者提高保险费率的;第二,谎称或故意制造保险事故的;第三,保险标的的转让导致危险程度显著增加的;第四,未按约定履行对保险标的的安全应尽的责任的;第五,保险期内,保险标的危险程度显著增加,被保险人未及时通知保险人的;第六,投保人未缴纳保费的;第七,保险年龄不真实或不符合的;第八,保险标的发生部分损失的。

(3) 约定解除

约定解除即双方当事人依约定解除条件解除保险合同关系。保险合同的解除应当采用书面形式。

(四) 保险公司

1. 保险公司的设立

(1) 设立保险公司的条件

① 分业保险条件。保险公司实行人身保险和财产保险分业经营模式,即经营财产保险业务的公司不得经营人身保险业务,经营人身保险业务的公司不得经营财产保险业务。

② 资本金条件。《保险法》第六十九条规定,设立保险公司,其注册资本的最低限额为人民币二亿元。国务院保险监督管理机构根据保险公司的业务范围、经营规模,可以调整其注册资本的最低限额,但不得低于本条第一款规定的限额。保险公司的注册资本必须为实缴货币资本。

③ 高级管理人员的资格条件。保险公司的董事、监事和高级管理人员,应

当品行良好，熟悉与保险相关的法律、行政法规，具有履行职责所需的经营管理能力，并在任职前取得保险监督管理机构核准的任职资格。

④ 有健全的组织机构和管理制度。

⑤ 有符合要求的营业场所和与经营业务有关的其他设施。

⑥ 法律、行政法规和国务院保险管理机构规定的其他条件。

（2）设立保险公司的程序

申请设立保险公司应当向国务院保险监督管理机构提出书面申请，国务院保险监督管理机构应对保险公司依据保险法第七十条提交的材料进行审查，自受理之日起六个月内作出批准或不批准筹建的决定，并书面通知申请人。

2. 保险公司的变更

保险公司变更的范围包括：公司变更名称；变更注册资本；变更公司或者分支机构的营业场所；撤销分支机构；公司分立或者合并；修改公司章程；变更出资额占有限责任公司资本总额百分之五以上的股东，或者变更持有股份有限公司股份百分之五以上的股东；国务院保险监督管理机构规定的其他情形。

3. 保险公司解散与清算

（1）解散

保险公司因分立、合并需要解散，或者股东会、股东大会决议解散，或者公司章程规定的解散事由出现，经国务院保险监督管理机构批准后解散。

经营有人寿保险业务的保险公司，除因分立、合并或者被依法撤销外，不得解散。

（2）清算

保险公司解散，应当依法成立清算组进行清算。保险公司有《中华人民共和国企业破产法》第二条规定情形的，经国务院保险监督管理机构同意，保险公司或者其债权人可以依法向人民法院申请重整、和解或者破产清算；国务院保险监督管理机构也可以依法向人民法院申请对该保险公司进行重整或者破产清算。

（3）人寿保险公司清算的条件

经营人寿保险业务的保险公司被依法撤销的或者被依法破产的，其持有的人寿保险合同及准备金，必须转移给其他经营有人寿保险业务的保险公司；不能同其他保险公司达成转让协议的，由国务院保险监督管理机构指定经营有人寿保险业务的保险公司接受转让。

4. 保险公司的组织

(1) 保险公司的组织形式

保险公司应当采取股份有限公司或者国有独资公司形式。股份保险公司依照公司法的规定组成股东会、董事会、监事会和经理部门,完善其法人治理结构。

(2) 保险公司的分支机构

保险公司在我国境内外设立分支机构,须经保险监督管理机构批准,取得分支机构经营保险业务许可证。分支机构不具有法人资格,其民事责任由保险(总)公司承担。

5. 保险公司的业务范围

(1) 财产保险。财产保险的业务范围主要包括:企业财产保险、家庭财产保险和涉外财产保险。

(2) 责任保险。责任保险是指保险公司承担由被保险人的侵权行为而应依法承担的民事赔偿责任的一种特殊的险种。包括雇主责任险、承运人责任险、公众责任险、产品责任险、职业责任险以及机动车投保中的第三者责任险等。

(3) 担保保险。担保保险,包括信用保险和保证保险。信用保险包括商业信用风险保险、预付款信用保险、保证信用保险、财务信用保险、诚实信用保险等险种。保证保险包括投资保险和履约保险两种。

(4) 人寿保险。人寿保险可分为生存保险、死亡保险和生死两全保险三个险种。

(5) 人身意外伤害险。该险种可以单独承保,也可以作为人寿保险的附加责任一并承保。

(6) 健康保险。健康保险主要以被保险人的身体为保险标的,是对被保险人在患有疾病或意外伤害时,就医所使用的直接医疗费用或间接损失进行补偿的一种保险。

(五) 保险业的监督管理

1. 保监会的检查

保监会(国务院保险监督管理机构)有权检查保险公司的业务状况、财务状况及资金运用状况,有权要求保险公司在规定的期限内提供有关的书面报告和资料。

2. 整顿

整顿是指保监会对经营管理不善,已经发生赔付风险或者可能发生赔付风险的保险公司采取的一种行政措施。当保险公司因经营管理不善,资产负债比例失调,丧失赔付能力或者即将丧失赔付能力时,保监会可以对之作出限期改正的决定。保险公司未在期限内改正的,由保监会决定选派保险专业人员和指定该保险公司的有关人员组成整顿组,在一定程度上约束或取代该保险公司的民事行为能力,对该公司进行整顿。保监会做出的整顿决定应当载明被整顿保险公司的名称、整顿理由、整顿组成员和整顿期限,并予以公告。

3. 接管

保险公司的偿付能力严重不足的,或保险公司违反《保险法》的规定,损害社会公共利益,可能严重危及或者已经严重危及保险公司的偿付能力的,保监会可以对该保险公司实行接管,成立接管组和制定接管的实施办法,并向社会予以公告。接管的期限由保监会决定,期限届满,但未达到接管目的的,可以适当延期,但接管期限最长不得超过两年。

五、海商法

(一) 船舶及海运当事人

1. 船舶的法律特征

海商法上的船舶是指除了用于军事目的和公共目的,吨位大于 20 吨的适宜海上航行的船和其他海上移动式装置,它必须是在海上或与大海相连接的水域中进行海运的大船。海商法上的船舶必须是用于商业目的船舶,用于军事目的和政府公共目的船舶不属于这个范畴。

船舶所有权的取得、修改和终止都必须经过船舶登记管理机关的登记,如果缺乏这样的登记,任何船舶所有权的取得、修改和终止都不能对抗第三人。

每个船舶都具有自己的个性特征,这主要表现在四个方面:①每一艘船舶都有自己的名字。船舶的名字通常被印在船体上,且在船舶登记管理机关有登记,未经过批准,船舶的名字不能被任意改动。②每一艘船舶都有自己的国籍。③每一艘船舶都有自己的登记港口,就像自然人有自己的住所,法人有自己的营业地一样。④如果船舶经过法定期间下落不明,可以被宣告灭失,就像自然人被宣告失踪一样。

2. 船舶所有权、抵押权、优先权

(1) 船舶所有权

船舶所有权,是指船舶所有人依法对其船舶享有占有、使用、收益和处分的权利。国家所有的船舶由国家授予具有法人资格的全民所有制企业经营管理的,《海商法》有关船舶所有人的规定适用于该法人。船舶所有权的取得、转让和消灭,应当向船舶登记机关登记;未经登记的,不得对抗第三人。船舶所有权的转让,应当签订书面合同。船舶由两个以上的法人或者个人共有的,应当向船舶登记机关登记;未经登记的,不得对抗第三人。

(2) 船舶抵押权

船舶抵押权,是指抵押权人对于抵押人提供的作为债务担保的船舶,在抵押人不履行债务时,可以依法拍卖,从卖得的价款中优先受偿的权利。

船舶所有人或者船舶所有人授权的人可以设定船舶抵押权。船舶抵押权的设定,应当签订书面合同。设定船舶抵押权,由抵押权人和抵押人共同向船舶登记机关办理抵押权登记;未经登记的,不得对抗第三人。船舶抵押权登记,包括下列主要项目:①船舶抵押权人和抵押人的姓名或者名称、地址;②被抵押船舶的名称、国籍、船舶所有权证书的颁发机关和证书号码;③所担保的债权数额、利息率、受偿期限。船舶抵押权的登记状况,允许公众查询。

(3) 船舶优先权

船舶优先权,是指海事请求人依照《海商法》第二十二条的规定,向船舶所有人、光船承租人、船舶经营人提出海事请求,对产生该海事请求的船舶具有优先受偿的权利。船舶优先权应当通过法院扣押产生优先权的船舶行使。

《海商法》第二十二条规定:"下列各项海事请求具有船舶优先权:(一)船长、船员和在船上工作的其他在编人员根据劳动法律、行政法规或者劳动合同所产生的工资、其他劳动报酬、船员遣返费用和社会保险费用的给付请求;(二)在船舶营运中发生的人身伤亡的赔偿请求;(三)船舶吨税、引航费、港务费和其他港口规费的缴付请求;(四)海难救助的救助款项的给付请求;(五)船舶在营运中因侵权行为产生的财产赔偿请求。载运 2 000 吨以上的散装货油的船舶,持有有效的证书,证明已经进行油污损害民事责任保险或者具有相应的财务保证的,对其造成的油污损害的赔偿请求,不属于前款第(五)项规定的范围。"

《海商法》第二十二条第一款所列各项海事请求,依照顺序受偿。但是,第(四)项海事请求,后于第(一)项至第(三)项发生的,应当先于第(一)项至第(三)项受偿。《海商法》第二十二条第一款第(一)(二)(三)(五)项中有两个以上海事请求的,不分先后,同时受偿;不足受偿的,按照比例受偿。第(四)项中有两个以上海事请求的,后发生的先受偿。

因行使船舶优先权产生的诉讼费用,保存、拍卖船舶和分配船舶价款产生的费用,以及为海事请求人的共同利益而支付的其他费用,应当从船舶拍卖所得价款中先行拨付。

船舶优先权不因船舶所有权的转让而消灭。但是,船舶转让时,船舶优先权自法院应受让人申请予以公告之日起满六十日不行使的除外。海事请求权转移的,其船舶优先权随之转移。

3. 海事赔偿责任限制

因船舶运营而产生的海事赔偿责任是有限制的,三种人可以主张:①包括船舶承租人、船舶经营人和船员在内的船舶所有人;②船舶所有人和船员应当对其行为和过失负有责任的人;③前述人员的保险人。

《海商法》第二百零四条规定,船舶所有人、救助人,对《海商法》第二百零七条所列海事赔偿请求,可以依照第十一章海事赔偿责任限制规定限制赔偿责任。前款所称的船舶所有人,包括船舶承租人和船舶经营人。

《海商法》第二百零七条所列海事赔偿请求,不是向船舶所有人、救助人本人提出,而是向他们对其行为、过失负有责任的人员提出的,这些人员可以依照规定限制赔偿责任。

被保险人依照规定可以限制赔偿责任的,对该海事赔偿请求承担责任的保险人,有权依照规定享受相同的赔偿责任限制。《海商法》第二百零七条对赔偿责任限制的适用范围,第二百零八条对适用的例外,第二百一十、第二百一十一条对赔偿限额的计算作出了相应规定。

(二) 海上货物运输合同

1. 一般规定

海上货物运输合同,是指承运人收取运费,负责将托运人托运的货物经海路由一港运至另一港的合同。

承运人或者托运人可以要求书面确认海上货物运输合同的成立。但是,航次租船合同应当书面订立。电报、电传和传真具有书面效力。海上货物运输合同和作为合同凭证的提单或者其他运输单证中的条款,违反《海商法》规定的无效。

2. 承运人的责任

(1) 责任期间。承运人对集装箱装运的货物的责任期间,是指从装货港接收货物时起至卸货港交付货物时止,货物处于承运人掌管之下的全部期间。承运人对非集装箱装运的货物的责任期间,是指从货物装上船时起至卸下船时止,货物处于承运人掌管之下的全部期间。在承运人的责任期间,货物发生灭失或者损坏,除本节另有规定外,承运人应当负赔偿责任。

(2) 承运人的管货责任。承运人应当妥善地、谨慎地装载、搬移、积载、运输、保管、照料和卸载所运货物。

(3) 承运人的适航责任。承运人在船舶开航前和开航当时,应当谨慎处理,使船舶处于适航状态,妥善配备船员、装备船舶和配备供应品,并使货舱、冷藏舱、冷气舱和其他载货处所适于并能安全收受、载运和保管货物。承运人应当按照约定的或者习惯的或者地理上的航线将货物运往卸货港。船舶在海上为救助或者企图救助人命或者财产而发生的绕航或者其他合理绕航,不属于违反前款规定的行为。

3. 托运人的责任

(1) 妥善包装及对提供货物信息完整性、准确性负责。托运人托运货物,应当妥善包装,并向承运人保证,货物装船时所提供的货物的品名、标志、包数或者件数、重量或者体积的正确性;由于包装不良或者上述资料不正确,对承运人造成损失的,托运人应当负赔偿责任。

(2) 及时、完备、准确地提供有关手续的单证。托运人应当及时向港口、海关、检疫、检验和其他主管机关办理货物运输所需要的各项手续,并将已办理各项手续的单证送交承运人,以便在货物交付收货人以前完成海关、税务或公安手续,并且将必需的有关证件附在货运单后面。因办理各项手续的有关单证送交不及时、不完备或者不正确,使承运人的利益受到损害的,托运人应当负赔偿责任。

(3) 危险货物妥善包装及预防危险措施通知。托运人托运危险货物,应当依照有关海上危险货物运输的规定,妥善包装,作出危险品标志和标签,并将其正式名称和性质以及应当采取的预防危害措施书面通知承运人;托运人未通知或者通知有误的,承运人可以在任何时间、任何地点根据情况需要将货物卸下、销毁或者使之不能为害,而不负赔偿责任。托运人对承运人因运输此类货物所受到的损害,应当负赔偿责任。

(4) 依约支付运费。托运人应当按照约定向承运人支付运费。托运人与承运人可以约定运费由收货人支付;但是,此项约定应当在运输单证中载明。

(三) 租船合同

1. 航次租船合同

航次租船合同，是指船舶出租人向承租人提供船舶或者船舶的部分舱位，装运约定的货物，从一港运至另一港，由承租人支付约定运费的合同。

航次租船合同的内容，主要包括出租人和承租人的名称、船名、船籍、载货重量、容积、货名、装货港和目的港、受载期限、装卸期限、运费、滞期费、速遣费以及其他有关事项。

《海商法》第四十七条和第四十九条的规定，适用于航次租船合同的出租人。航次租船合同其他有关合同当事人之间的权利、义务的规定，仅在航次租船合同没有约定或者没有不同约定时，适用于航次租船合同的出租人和承租人。

2. 定期租船合同

定期租船合同，是指船舶出租人向承租人提供约定的由出租人配备船员的船舶，由承租人在约定的期间内按照约定的用途使用，并支付租金的合同。

定期租船合同的内容，主要包括出租人和承租人的名称、船名、船籍、船级、吨位、容积、船速、燃料消耗、航区、用途、租船期间、交船和还船的时间和地点以及条件、租金及其支付，以及其他有关事项。

3. 光船租赁合同

光船租赁合同，是指船舶出租人向承租人提供不配备船员的船舶，在约定的期间内由承租人占有、使用和营运，并向出租人支付租金的合同。

光船租赁合同的内容主要包括出租人和承租人的名称、船名、船籍、船级、吨位、容积、航区、用途、租船期间、交船和还船的时间和地点以及条件、船舶检验、船舶的保养维修、租金及其支付、船舶保险、合同解除的时间和条件，以及其他有关事项。

(四) 船舶碰撞

1. 船舶碰撞的含义

船舶碰撞，是指船舶在海上或者与海相通的可航水域发生接触造成损害的事故。船舶发生碰撞，当事船舶的船长在不严重危及本船和船上人员安全的情况下，对于相碰的船舶和船上人员必须尽力施救。碰撞船舶的船长应当尽可能将其船舶名称、船籍港、出发港和目的港通知对方。

2. 船舶碰撞的救济

船舶发生碰撞，是由于不可抗力或者其他不能归责于任何一方的原因或者无法查明的原因造成的,碰撞各方互相不负赔偿责任。

《海商法》第一百六十九条规定:"船舶发生碰撞,碰撞的船舶互有过失的,各船按照过失程度的比例负赔偿责任;过失程度相当或者过失程度的比例无法判定的,平均负赔偿责任。互有过失的船舶,对碰撞造成的船舶以及船上货物和其他财产的损失,依照前款规定的比例负赔偿责任。碰撞造成第三人财产损失的,各船的赔偿责任均不超过其应当承担的比例。互有过失的船舶,对造成的第三人的人身伤亡,负连带赔偿责任。一船连带支付的赔偿超过本条第一款规定的比例的,有权向其他有过失的船舶追偿。"

船舶因操纵不当或者不遵守航行规章,虽然实际上没有同其他船舶发生碰撞,但是使其他船舶以及船上的人员、货物或者其他财产遭受损失的,适用《海商法》有关船舶碰撞的规定。

(五) 共同海损

共同海损,是指在同一海上航程中,船舶、货物和其他财产遭遇共同危险,为了共同安全,有意地合理地采取措施所直接造成的特殊牺牲支付的特殊费用。

共同海损的构成要件包括:①危险必须是共同的,采取的措施是合理的,这是共同海损的前提条件。②共同海损的危险必须是真实存在的而不是臆测的,或者不可避免发生的。③共同海损的牺牲必须是自动的和有意采取的行为造成的,其费用必须是额外的。④采取的措施取得了效果,即采取的措施达到了全部或部分保全船货或其他财产的目的。

共同海损的范围,是指共同海损行为直接引起的牺牲和支付的费用,包括共同海损牺牲和共同海损费用。

我国《海商法》规定,提出共同海损分摊请求的一方应当负举证责任,证明其损失应当列入共同海损。共同海损理算适用合同约定的理算规则;合同未规定的,适用《海商法》有关规定。有关共同海损分摊的请求权,时效期间为一年,自理算结束之日起计算。

六、企业破产法

(一) 企业破产法概述

1. 企业破产的原因

《企业破产法》第二条第一款规定:"企业法人不能清偿到期债务,并且资产不足以清偿全部债务或者明显缺乏清偿能力的,依照本法规定清理债务。"

2. 破产申请的提出和受理

(1) 破产申请的提出。债务人有《企业破产法》第二条规定的不能清偿到期债务,并且资产不足以清偿全部债务或者明显缺乏清偿能力的,可以向人民法院提出重整、和解或者破产清算申请。债务人不能清偿到期债务,债权人可以向人民法院提出对债务人进行重整或者破产清算的申请。

(2) 破产申请的受理。人民法院应当自收到破产申请之日起十五日内裁定是否受理,特殊情形除外。人民法院受理破产申请的,应当自裁定作出之日起五日内送达申请人,不受理破产申请的,说明理由。人民法院应当自裁定受理破产申请之日起二十五日内通知已知债权人,并予以公告。人民法院裁定受理破产申请的,应当同时指定管理人。

(3) 破产申请受理的效力。人民法院受理破产申请后,债务人对个别债权人的债务清偿无效;人民法院受理破产申请后,债务人的债务人或者财产持有人应当向管理人清偿债务或者交付财产;人民法院受理破产申请后,有关债务人财产的保全措施应当解除,执行程序应当中止;人民法院受理破产申请后,已经开始而尚未终结的有关债务人的民事诉讼或者仲裁应当中止,在管理人接管债务人的财产后,该诉讼或者仲裁继续进行。

3. 破产宣告

(1) 破产宣告的含义和条件。破产宣告,是指法院依据当事人的申请或法定职权裁定宣布债务人破产以清偿债务的诉讼程序。人民法院受理破产申请后查明企业法人存在不能清偿到期债务,并且资产不足以清偿全部债务或者明显缺乏清偿能力的,应当宣告其破产。

(2) 破产宣告的程序。人民法院依照《企业破产法》规定宣告债务人破产的,应当自裁定作出之日起五日内送达债务人和管理人,自裁定作出之日起十日内通知已知债权人,并予以公告。

(3) 破产宣告的效力。债务人被宣告破产后,债务人称为破产人,债务人财产称为破产财产,人民法院受理破产申请时对债务人享有的债权称为破产债权。破产宣告后对破产人的特定财产享有担保权的权利人,对该特定财产享有优先受偿的权利。

4. 破产财产与破产债权

破产财产由下列财产构成:①宣告破产时破产企业经营管理的全部财产;②破产企业在破产宣告后至破产程序终结前所取得的财产;③应当由破产企业

行使的其他财产权利。在新《企业破产法》生效前,已作为担保物的财产不属于破产财产;担保物的价款超过其所担保的债务数额的,超过部分属于破产财产。

破产宣告前成立的无财产担保的债权和放弃优先受偿权利的有财产担保的债权为破产债权。债权人参加破产程序的费用不得作为破产债权。破产宣告时未到期的债权,视为已到期债权,但是应当减去未到期的利息。破产宣告前成立的有财产担保的债权,债权人享有就该担保物优先受偿的权利。有财产担保的债权,其数额超过担保物的价款的,未受清偿的部分,作为破产债权,依照破产程序受偿。

5. 破产财产的分配及清偿顺序

下列破产费用,应当从破产财产中优先拨付:①破产财产的管理、变卖和分配所需要的费用,包括聘任工作人员的费用;②破产案件的诉讼费用;③为债权人的共同利益而在破产程序中支付的其他费用。债务人财产不足以清偿破产费用的,管理人应当提请人民法院终结破产程序。人民法院应当自收到请求之日起十五日内裁定终结破产程序,并予以公告。

破产财产在优先清偿破产费用和共益债务后,依照下列顺序清偿:①破产人所欠职工的工资和医疗、伤残补助、抚恤费用,所欠的应当划入职工个人账户的基本养老保险、基本医疗保险费用,以及法律、行政法规规定应当支付给职工的补偿金;②破产人欠缴的除前项规定以外的社会保险费用和破产人所欠税款;③普通破产债权。破产财产不足以清偿同一顺序的清偿要求的,按照比例分配。

案例 6-10

破产财产范围

2008 年 6 月,A 服装集团公司与 B 对外贸易公司及 C 外贸纺织品进出口公司三方共同出资成立了 D 制衣有限公司。2013 年 3 月,D 制衣有限公司向人民法院申请破产还债,法院依法立案受理,并组成了破产清算组。在清算过程中发现,A 服装集团公司用以出资的土地使用权为国有划拨土地使用权。问该土地使用权是否属于破产财产?试分析说明。

简要分析:我国《企业破产法》规定,破产申请受理时属于债务人的全部财产,以及破产申请受理后至破产程序终结前债务人取得的财产,为债务人财产。依我国现行司法实践,破产企业划拨土地使用权不属于破产财产。但一些学者认为,因出让取得之土地使用权和因划拨取得之土地使用权,尽管取得方式不同,但属性质相同的用益物权,法律对因划拨取得之土地使用权的用途和转让附加一些特别限制,并不否定破产企业对划拨土地使用权所享有的处分权能,故原则上土地使用权不论其因划拨还是因出让而取得,均应被列入破产财产。该观点应值得肯定。

6. 破产程序的终结

破产财产分配完毕,由管理人提请人民法院终结破产程序。破产程序终结后,未得到清偿的债权不再清偿。人民法院应当自收到管理人终结破产程序的请求之日起十五日内作出是否终结破产程序的裁定。裁定终结的,应当予以公告。破产程序终结后,由管理人在十日内向破产企业原登记机关办理注销登记。

7. 债权人会议

(1) 债权人会议的组成。依法申报债权的债权人为债权人会议的成员。债权人会议设主席一人,由人民法院从有表决权的债权人中指定。

(2) 债权人会议的职权。依据《企业破产法》第六十一条第一款规定,债权人会议有下列职权:核查债权;申请人民法院更换管理人,审查管理人的费用和报酬;监督管理人;选任和更换债权人委员会成员;决定继续或者停止债务人的营业;通过重整计划;通过和解协议;通过债务人财产的管理方案;通过破产财产的变价方案;通过破产财产的分配方案;人民法院认为应当由债权人会议行使的其他职权。

(3) 债权人会议的决议方式和效力。债权人会议由出席会议的有表决权的债权人的过半数通过,并且其所代表的债权额占无财产担保债权总额的二分之一以上。但是,《企业破产法》另有规定的除外。债权人认为债权人会议的决议违反法律规定,损害其利益的,可以自债权人会议作出决议之日起十五日内,请求人民法院裁定撤销该决议,责令债权人会议依法重新作出决议。

(二) 破产重整与和解

1. 概念

破产重整是指专门针对可能或已经具备破产原因但又有维持价值和再生希望的企业,经由各方利害关系人的申请,在法院的主持和利害关系人的参与下,进行业务上的重组和债务调整,以帮助债务人摆脱财务困境、恢复营业能力的法律制度。它的实施,对于弥补破产和解、破产整顿制度的不足,防范大公司破产带来的社会问题,具有不可替代的作用。破产和解,是指债务人在出现破产原因时,与债权人会议就债务清偿达成协议,经法院审查认可后中止破产程序,避免破产清算的法律制度。和解制度的目的主要在于避免破产发生,给债务人以重整事业的机会。

2. 和解与重整的具体程序

(1) 重整程序。债务人或者债权人可以依照《企业破产法》规定,直接向人民法院申请对债务人进行重整。在重整期间,经债务人申请,人民法院批准,债务人可以在管理人的监督下自行管理财产和营业事务。

债务人或者管理人应当自人民法院裁定债务人重整之日起六个月内,同时向人民法院和债权人会议提交重整计划草案。前款规定的期限届满,经债务人或者管理人请求,有正当理由的,人民法院可以裁定延期三个月。人民法院应当自收到重整计划草案之日起三十日内召开债权人会议,对重整计划草案进行表决。出席会议的同一表决组的债权人过半数同意重整计划草案,并且其所代表的债权额占该组债权总额的三分之二以上的,即为该组通过重整计划草案。各表决组均通过重整计划草案时,重整计划即为通过。

重整计划由债务人负责执行。由管理人监督重整计划的执行。债务人不能执行或者不执行重整计划的,人民法院经管理人或者利害关系人请求,应当裁定终止重整计划的执行,并宣告债务人破产。

按照重整计划减免的债务,自重整计划执行完毕时起,债务人不再承担清偿责任。

(2) 和解程序

债务人可以依照《企业破产法》规定,直接向人民法院申请和解,也可以在人民法院受理破产申请后、宣告债务人破产前,向人民法院申请和解。债务人申请和解,应当提出和解协议草案。

债权人会议通过和解协议的决议,由出席会议的有表决权的债权人过半数同意,并且其所代表的债权额占无财产担保债权总额的三分之二以上。经人民法院裁定认可的和解协议,对债务人和全体和解债权人均有约束力。按照和解协议减免的债务,自和解协议执行完毕时起,债务人不再承担清偿责任。

引例评析

威鹏公司与宁丽公司签订的化肥购销合同是有效合同。因此,按照《民法典·合同编》的规定,宁丽公司未按合同规定交付货款,应承担逾期付款的违约责任,向威鹏公司偿付违约金。

《公司法》第一百七十三条规定,公司合并,应当由合并各方签订合并协议,并编制资产负债表及财产清单。公司应当自作出合并决议之日起十日内通知债权人,并于三十日内在报纸上公告。债权人自接到通知书之日起三十日内,未接到通知书的自公告之日起四十五日内,可以要求公司清偿债务或者提供相应的担保。某县经济委员会下文两公司合并不符合合并程序要求。

《公司法》第一百七十四条规定,公司合并时,合并各方的债权、债务,应当由合并后存续的公司或者新设的公司承继。宁丽公司以公司已合并为由,辩称应由某县工业物资公司承担支付货款的责任不应得到法院的支持,因某县工业物资公司尚未办理变更登记,宁丽公司也未办理注销登记,公司合并不能成立。

思考题

1. 论析商法的基本原则及其与民法原则之间的关系。
2. 简述公司组织机构的地位及其主要职权。
3. 试析票据的无因性和独立性,它们对保障票据功能的发挥有何特殊意义。
4. 试述投保人的如实告知义务的内容、方式和拒不履行的法律后果。
5. 试析证券发行核准制和注册制的利弊。

案例分析

1. 公司分立

天成有限责任公司(简称"天成公司")是一家经营商品批发的有限责任公司,由于市场不景气,加上股东内耗严重,公司负债累累。在一次股东会议上,股东李某提议将天成公司分立为两个公司,一个叫地成有限责任公司(简称"地成公司"),另一个叫天益有限公司(简称"天益公司"),由地成公司承担天成公司的债务,天益公司利用天成公司的净资产,该提议被股东大会一致通过。然后分立各方办理了相应的登记注销手续。不久,天成公司的债权人沈阳飞虹有限公司找上门来,发觉地成公司资不抵债,要求天益公司承担连带债务,天益公司拿出分立协议书,拒不承担偿还天成公司的债务。

简要分析:公司分立是指一个公司依照有关法律、法规规定分成两个或两个以上公司的法律行为。公司分立,不仅是公司自身的事情,而且关系到进行分立的公司的股东及债权人利益,因此法律明确规定了分立的相关程序,只有按法定程序分立才产生法律效力。

我国《公司法》第一百七十五条规定,公司分立,应当编制资产负债表及财产清单。公司应当自作出分立决议之日起十日内通知债权人,并于三十日内在报纸上公告。

第一百七十六条规定,公司分立前的债务由分立后的公司承担连带责任。但是,公司在分立前与债权人就债务清偿达成的书面协议另有约定的除外。

本案中,天成公司分立为地成公司与天益公司,并没有编制资产负债表和财产清单。由资不抵债的地成公司承担起全部债务,显然是为了逃避债务。分立行为程序违法,目的具有非法性,应确定其分立行为无效,分立协议书也一并无效,因此债权人飞虹有限公司有权要求天益公司承担连带责任。

2. 票据伪造

张某伪造签章以甲的名义出具一张汇票给持票人B,B将该汇票背书转让给了乙,乙又将汇票背书给丁,现丁持有汇票请求付款人D付款时被付款人发现伪造并拒绝付款。试分析本案各当事人的权利或法律责任。

简要分析:签章不是甲本人的真实意思,所以被伪造人甲不承担任何责任,但需对被伪造的事实负担举证责任。

伪造人张某在票据上没有签章,根据票据文义性特征,张某不承担票据责任,但如果给其他当事人造成损害的,要承担民事责任,进行民事赔偿,构成犯罪的,还要承担刑事责任。

B、乙都是票据债务人,他们在票据上的签章都是真实有效的,承担票据上的责任。

丁作为B、乙的后手,其付款请求权遭到拒绝的,有权向其前手乙、B行使追索权。

作为付款人D应当尽到审查义务,发现票据伪造有权拒绝承兑或拒绝付款。

相关法律法规

1. 《中华人民共和国公司法》,1993年12月29日通过,2018年10月26日第四次修正。

2. 《中华人民共和国市场主体登记管理条例》,2022年3月1日起施行。

3. 《中华人民共和国合伙企业法》,1997年2月23日通过,2006年8月

27 日修订,2007 年 6 月 1 日起施行。

4.《中华人民共和国个人独资企业法》,2000 年 1 月 1 日起施行。

5.《个人独资企业登记管理办法》,2000 年 1 月 13 日国家工商行政管理局令第 94 号公布,2019 年 8 月 8 日第二次修订。

6.《中华人民共和国外商投资法》,2020 年 1 月 1 日施行。

7.《中华人民共和国外商投资法实施条例》,2020 年 1 月 1 日起施行。

8.《中华人民共和国破产法》,2007 年 6 月 1 日起施行。

9.《最高人民法院〈关于审理企业破产案件若干问题的规定〉》,2002 年 9 月 1 日起施行。

10.《中华人民共和国票据法》,1995 年 5 月 10 日通过,2004 年 8 月 28 日修正。

11.《最高人民法院关于审理票据纠纷案件若干问题的规定》,2000 年 11 月 21 日起施行。

12.《中华人民共和国证券法》,1998 年 12 月 29 日通过,2019 年 12 月 28 日修订,2020 年 3 月 1 日起施行。

13.《上市公司证券发行管理办法》,2006 年 5 月 6 日证监会令第 30 号公布,2020 年 2 月 14 第二次修订。

14.《中华人民共和国保险法》,1995 年 10 月 1 日通过,2015 年 4 月 24 日第四次修订。

15.《中华人民共和国海商法》,1993 年 7 月 1 日起施行。

第七章 经 济 法

导 读

经济法包括总论、反不正当竞争法、反垄断法、消费者权益保护法和金融法。总论主要涉及经济法的概念、调整对象、基本原则和作用。反不正当竞争法主要内容包括反不正当竞争法概述、不正当竞争行为和对不正当竞争行为的监督检查。反垄断法主要内容包括反垄断法概述和反垄断法实体制度。消费者权益保护法的主要内容包括消费者权益保护法概述、消费者的权利与经营者的义务和消费者权益的保护。中国人民银行法、商业银行法、政策性银行法和银行业监督管理法等构成了金融法的主要内容。

引入案例

接群众举报,2007—2011年期间,上海黄金饰品行业协会多次组织老凤祥银楼、老庙、亚一、城隍珠宝、天宝龙凤等金店召开会长会议,商议制定《上海黄金饰品行业黄金、铂金饰品价格自律实施细则》(简称《价格自律细则》),约定了黄、铂金饰品零售价的测算方式、测算公式和定价浮动幅度。老凤祥银楼、老庙、亚一、城隍珠宝、天宝龙凤五家金店依据《价格自律细则》规定的测算公式,在规定的浮动范围内制定公司黄、铂金饰品零售牌价,操纵黄、铂金饰品价格,损害了其他经营者和消费者的合法权益。

经查,上海黄金饰品行业协会在组织各金店达成、实施垄断协议中起到了主导作用,五家金店在调查前已主动停止了违法行为,在调查过程中能够积极配合,并承诺整改。按照国家发改委价监局要求,上海市物价局对上海黄金饰品行业协会及金店的价格垄断行为作出了处罚决定。

问题:

(1)上海黄金饰品行业协会和五家金店的行为性质是什么?具体属于其中

何种垄断类型？

(2) 上海黄金饰品行业协会和五家金店应推出哪些整改措施？

(3) 应如何规制该行业协会及五家金店这种行为？

(案例分析，请参阅章后"引例评析"部分)

第一节 经济法概述

一、经济法的产生与发展

(一) 西方国家经济法的产生与发展

从经济背景看，市场经济存在着天然缺陷。马克思主义认为市场经济中资源的配制具有一定盲目性。对资本金而言，资源的配置更易流向利润高、回报周期短的领域；西方经济学观点也认为在资本主义市场经济条件下不能提供公共产品，同时也存在着信息不对称、不完全竞争等问题。资本主义进入垄断阶段后，垄断导致两大异化：竞争的异化、公平交易的异化。这种情况也促使政府必须适度干预国家经济。

从理论背景看，有亚当·斯密经济学理论的破产和凯恩斯国家干预主义的兴起。亚当·斯密经济学理论有两大假设："看不见的手，经济人""自由放任主义"。政府发现亚当·斯密经济学理论存在一定弊端。在自由放任下，资本主义经济的发展呈现出一定的无序状态。政府在思考是否对国家经济给予一定的干预。在这种情势下，凯恩斯的国家干预主义兴起。该理论认为：市场中不存在一个能把私人利益转化为社会利益的看不见的手。资本主义危机和失业不可能消除，只有依靠看得见的手即政府对经济的全面干预，资本主义国家才能摆脱经济萧条和失业问题。

从法律背景看，二元法律体系"两条平行线"存在不足。可以看到针对社会情势中的垄断、不正当竞争等，民法和行政法的调整对象都不足以涵括。由此，应当由一个专门部门法对此类经济现象进行调整，即国家干预经济政策的法律化。

西方国家经济法大致可分为四个阶段：第一阶段可称为"战时经济法"，即一些国家为了应对战争而采取经济法措施的时期；第二阶段可称为"危机对策法"，即一些国家为了摆脱经济危机而采取经济法措施的时期；第三阶段可称为

"战后经济法",即一些国家在战后为了恢复国民经济而采取经济法措施的时期;第四阶段可称为"现代经济法",即一些国家在和平时期为了发展国民经济而采取经济法措施的时期。

(二) 苏联、东欧国家经济法的沿革历史

苏联与东欧国家在改革前奉行高度集中的计划经济体制。这种经济体制的基本要求,就是国家运用计划的形式组织、领导、指挥国民经济,作为行政附庸的社会主体必须按照国家不同类型的计划进行社会经济活动。这种行政性领导经济的做法,致使国民经济缺乏活力。法学界就解决在计划经济体制条件下产生的弊端进行了法律上的思考,并提出了经济法的观点,同时也进行了相关的经济法的实践。

由于行政性领导经济的缺陷,苏联与东欧国家在法学界出现了不同的经济法理论与观点。主张经济法规范社会整体经济关系的观点认为:在计划经济体制的状态下,也应该运用经济法的手段规范社会秩序及社会主体的经济活动,并以此发展国民经济。因此,世界上第一部经济法典《捷克斯洛伐克社会主义共和国经济法典》于1964年颁布了。

(三) 我国经济法的产生与发展

我国经济体制改革前奉行的是计划经济体制。我国经济体制改革的目标是建立与完善社会主义市场经济。在此前提下,作为现代国家,一方面要运用法律制度来培育、扶持与促进市场经济的建立与完善,另一方面则需要通过市场经济的运行实施国家整体的经济目标。因此,传统的法律部门对传统的社会关系的法律调整,是很难达到这一基本目标的。这就引发了我国经济法的产生与发展。

胡乔木于1978年《按照经济规律办事,加快实现四个现代化》一文中提出了经济立法和经济司法两个专门性经济法律用语。1978年到1992年为我国经济法产生和初步发展阶段;1992年到2001年为我国经济法快速发展阶段;进入21世纪,我国的经济法趋于完善和成熟。

二、经济法的概念和调整对象

(一) 经济法的概念

经济法是国家为了克服市场失灵而制定的调整需要由国家干预的具有全局性和社会公共性的经济关系的法律规范的总称。

其含义有四点:第一,国家干预性。它体现了国家对经济生活的干预。第

二,调整对象的有限性。它并不调整所有的经济关系,而只调整具有全局性的和社会公共性的经济关系。第三,调整的国家自主性。即经济法有其理论上的调整对象,在这一对象范围内,国家什么时候、在多大范围内、怎么样干预,这是国家的自由,取决于国家的需要。第四,经济法不调整平等主体之间的、体现意思自治的合同关系。

(二) 经济法的调整对象

经济法的调整对象是在一定的生产方式基础上的有关生产、分配、交换、消费等的关系,而不是经济关系以外的其他社会关系,也不是一切经济关系,仅是特定领域内的经济关系,即国家在调整经济运行过程中发生的经济关系。具体包括市场主体管理关系、市场规制关系、宏观调控关系。这种经济关系是具有社会整体利益性特点的经济调控、组织、管理、监督等关系。

三、经济法的基本原则

经济法的基本原则是贯穿于经济法始终的、经济主体在经济活动中应当遵循的基本行为准则。我国经济法的基本原则包括:

1. 遵循经济规律的原则

经济规律和自然规律客观存在于社会经济生活中,不依人们意志所转移。人们只能充分认识和利用这些经济规律。由于经济法调整的经济关系以及经济法的本质、特征的要求,经济法必须将遵循经济规律作为首要原则。

在现代市场经济条件下,各种经济规律相互交叉、相互制约地发生作用。因此,经济法遵循经济规律原则也应体现在多个层次与领域。既要体现在市场竞争领域,也要落实于国家的经济管理过程中,从而在经济法意义上保证实现经济法的目标。

2. 国家调控市场、市场引导企业的原则

现代市场经济是一种"有形之手"与"无形之手"综合发挥作用的体制。国家实现其经济职能的有效手段,就是通过法律作用于市场,并在整体上调控市场经济的运行;企业即经济法主体的存续目的在于追求自身经济利益,同时又给社会提供商品以满足社会的需求,因此,企业的经济活动又受制于市场。

这就决定了经济法应该遵循国家调控市场、市场引导企业的原则,既要准确地把握国家意志作用于市场的"度"并予以法律规定,利用市场去引导企业的生产经营活动,又要确认企业的法律地位以充分发挥企业的积极性与能动性,从而保证经济法目标的实现。

3. 有序竞争的原则

从某种意义上说,完全自由竞争不一定是有序竞争。基于完全自由竞争带来的消极后果,奉行现代市场经济的国家都力图通过经济法对市场竞争进行规范以保证市场竞争的有序进行。

我国经济法遵循有序竞争的原则,就是通过法律保证市场竞争的一般规律充分地发挥作用,消除与禁止自由竞争所产生的反竞争行为;与此同时,运用法律形式在市场竞争中落实与实现国家的竞争政策。

4. 责权利效相统一的原则

基于经济法的功能与本质要求,责权利效相统一原则便成了经济法的根本原则。责权利效相统一原则的基本要求是:经济法主体的权利、利益、义务和职责必须相一致,同时注重经济效益和社会效益。权责不统一,就会导致有权无责或有责无权;权责与利效不统一,就会导致经济利益与经济效益包括社会效益的受损。经济法的责权利效相统一的原则,具体体现在经过经济法调整后的各类经济关系即经济法律关系中。

5. 社会本位的原则

社会本位原则之所以能够成为经济法的基本原则,是由经济法的本质属性决定的。经济法把社会本位作为自己的调整原则,就表明经济法在对产业调节、固定资产投资、货币发行、价格水平、垄断和不正当竞争行为、产品质量控制以及消费者权益保护等关系进行调整时都必须以社会利益为本位。与此同时,任何市场主体在进行市场行为时都不能一味地追求自身利益的最大化而忽视对社会公共利益的关注。否则,也是对自己应当承担的社会责任的背离。

6. 可持续发展的原则

可持续发展,反映了当代人对人类社会经济活动、生存环境和发展的反思。表达了当代人的一种发展观,也反映了当代人的超前意识和忧患意识,以及当代人的社会责任感。

第二节 反不正当竞争法

一、不正当竞争行为的概念和特征

不正当竞争行为,是指经营者在生产经营活动中,违反《中华人民共和国反不正当竞争法》(简称《反不正当竞争法》)规定,扰乱市场竞争秩序,损害其他经营者或者消费者的合法权益的行为。

不正当竞争行为的特征有:①经营者是实施不正当竞争行为的主要主体;②不正当竞争行为是违反《反不正当竞争法》的行为;③不正当竞争行为是损害其他经营者合法权益的行为;④不正当竞争行为是扰乱市场竞争秩序的行为;⑤不正当竞争行为是损害消费者合法权益的行为。

二、不正当竞争行为的种类

我国《反不正当竞争法》主要规范以下 7 种不正当竞争行为:市场混淆行为、商业贿赂行为、虚假宣传行为、侵犯商业秘密行为、不当有奖销售行为、商业诋毁行为和互联网不正当竞争行为。

(一)市场混淆行为

1. 市场混淆行为的概念和种类

市场混淆行为是指在市场交易中,经营者通过擅自使用他人具有一定影响的标识等方式,引人误认为其生产、经营的商品是他人商品或者与他人存在特定联系的行为。

我国《反不正当竞争法》第六条所规定的市场混淆行为包括擅自使用他人具有一定影响的标识的行为和其他混淆行为。后者中"其他"实则是"兜底条款",最终为今后可能出现的新型混淆行为提供法律依据。

2. 市场混淆行为的法律责任

我国《反不正当竞争法》对包括混淆行为在内的所有不正当竞争行为均应承担的法律责任作出明确规定外,还作出对混淆行为特定法律责任的规定:

第一,法定赔偿额。经营者实施混淆行为,权利人因被侵权所受到的实际损失、侵权人因侵权所获得的利益难以确定的,由人民法院根据侵权行为的情节判决给予权利人 500 万元以下的赔偿。

第二,经营者实施混淆行为的,由监督检查部门责令停止违法行为,没收违法商品。违法经营额 5 万元以上的,可以并处违法经营额 5 倍以下的罚款;没有违法经营额或者违法经营额不足 5 万元的,可以并处 25 万元以下的罚款。情节严重的,吊销营业执照。经营者登记的企业名称违反《反不正当竞争法》对混淆行为的禁止性规定的,应当及时办理名称变更登记;名称变更前,由原企业登记机关以统一社会信用代码代替其名称。

> **案例 7-1**
>
> **百度诉搜狗不正当竞争案**
>
> 2014年有网友发现,在使用搜狗输入法在百度搜索框中输入文字进行检索时,搜狗输入法会自动弹出与搜索关键词相关的下拉词汇单,上网用户点击任一下拉提示词,都会在不知情的状态下,被自动跳转和切换至搜狗的相关搜索结果页面。百度认为:搜狗此举违背公平、诚信的商业道德,严重干扰了网民对百度网的正常使用;恶意仿冒,达到混淆目的,属于严重的不正当竞争,侵害了百度公司的权益,故将其诉上法庭。
>
> 北京海淀法院就广受关注的百度诉搜狗不正当竞争纠纷一案作出一审判决,判令被告北京搜狗信息服务有限公司、北京搜狗科技发展有限公司停止在搜狗手机浏览器中的引起相关公众混淆的不正当竞争行为,并为原告消除影响,同时赔偿原告经济损失及合理支出共计20万元。
>
> **简要分析:** 我国《反不正当竞争法》第六条对市场混淆行为进行了规制。此案中,搜狗手机浏览器的设计方式,存在使用了百度图标,却未调用百度搜索引擎功能的情形,使得用户可能会产生点击浏览建议,网页跳转后屏幕上显示的内容都来自百度搜索引擎的搜索结果的误认,造成一定范围中的用户混淆。故该行为构成不正当竞争。

(二) 商业贿赂行为

1. 商业贿赂行为的概念和特征

商业贿赂行为是指经营者为了谋取交易机会或者竞争优势而采用财物或者其他手段贿赂可能影响交易的单位或者个人的行为。

商业贿赂行为具有以下几个特征:①商业贿赂的主体是从事市场交易的经营者,既可以是卖方,也可以是买方;②商业贿赂是经营者主观上故意和自愿进行的行为,其目的是排挤竞争对手;③商业贿赂在客观方面表现为违反国家有关财务、会计及廉政等方面的法律、法规的规定,秘密给付财物或其他报偿,具有很大的隐蔽性;④商业贿赂的形式除了金钱回扣之外,还有提供免费度假、旅游、高档宴席、色情服务,赠送昂贵物品、房屋装修,以及解决子女、亲属入学和就业等多种方式;⑤商业贿赂在后果上侵犯了同业竞争者的公平竞争权,扰乱了市场竞争秩序。

2. 商业贿赂行为的法律责任

应当承担我国《反不正当竞争法》针对包括商业贿赂在内的所有不正当竞争行为规定的共通性法律责任；除此之外，应当承担特定的行政责任：经营者违反该法规定贿赂他人的，由监督检查部门没收违法所得，处10万元以上300万元以下的罚款；情节严重的，吊销营业执照。

（三）虚假宣传行为

1. 虚假宣传行为的概念和特征

虚假宣传行为是指经营者利用广告或者其他方法，对商品或服务作与实际情况不符的公开宣传，导致或足以导致购买者产生误解的行为。

虚假宣传行为具有以下几个特征：①行为的主体是经营者；②行为人在主观方面表现为故意；③行为人在客观方面对商品作了虚假或者引人误解的商业宣传，并产生了欺骗、误导购买者的后果。

2. 虚假宣传行为的法律责任

应当承担我国《反不正当竞争法》针对包括虚假宣传在内的所有不正当竞争行为规定的共通性法律责任；除此之外，应当承担的特定的法律责任：由监督检查部门责令停止违法行为，处20万元以上100万元以下的罚款；情节严重的，处100万元以上200万元以下的罚款，可以吊销营业执照。经营者违反《反不正当竞争法》的规定，属于发布虚假广告的，依照我国《中华人民共和国广告法》的规定处罚。

（四）侵犯商业秘密行为

1. 商业秘密的概念和特征

商业秘密是指不为公众所知悉、具有商业价值并经权利人采取相应保密措施的技术信息、经营信息等商业信息。

商业秘密具有以下法律特征：

第一，秘密性。即技术信息和经营信息不为公众所知悉，这是商业秘密的本质特征。

第二，非物质性。商业秘密的载体可能是有形的，但其表现出来的思想内容则是无形的。因此，与工业产权一样，商业秘密实际上是一种无形资产，具有非物质性的特征。

第三，商业价值性。即商业秘密必须具有现实的或者潜在的商业价值，能够作营利性使用，并给持有人带来经济利益及竞争优势。这是商业秘密区别于政治秘密、个人隐私的主要标志。

2. 侵犯商业秘密行为的法律责任

除了包括侵犯商业秘密在内的所有不正当竞争行为应当承担的共通性法律责任,还有侵犯商业秘密应当承担的特定法律责任:

第一,经营者恶意实施侵犯商业秘密行为,情节严重的,可以按损失确定数额的一倍以上五倍以下确定赔偿数额。赔偿数额还应当包括经营者为制止侵权行为所支付的合理开支。

第二,经营者实施侵犯商业秘密行为,权利人因被侵权所受到的实际损失、侵权人因侵权所获得的利益难以确定的,由人民法院根据侵权行为的情节判决给予权利人 500 万元以下的赔偿。

第三,行政责任。经营者实施侵犯商业秘密行为的,由监督检查部门责令停止违法行为,没收违法所得,处 10 万元以上 100 万元以下的罚款;情节严重的,处 50 万元以上 500 万元以下的罚款。

(五) 不当有奖销售行为

1. 不当有奖销售的概念和特征

不当有奖销售,又被称为不当附奖赠促销,指经营者违反诚信和公平竞争的原则,利用物质、金钱或者其他经济利益引诱购买者与之交易,损害竞争对手公平竞争权的行为。

不当有奖销售具有以下法律特征:①行为的主体是作为卖方的经营者;②行为人在主观上存在故意;③行为人在客观上实施了法律所禁止的有奖销售行为;④行为侵害了正常的竞争秩序。

2. 不当有奖销售的法律责任

除了包括不当有奖销售在内的所有不正当竞争行为应当承担的共通性法律责任,还有针对不当有奖销售法律责任的专门规定:经营者实施不当有奖销售的,由监督检查部门责令停止违法行为,处 5 万元以上 50 万元以下的罚款。

(六) 商业诋毁行为

1. 商业诋毁行为的概念和构成要件

商业诋毁行为是指在市场交易中,捏造、散布虚假信息,损害竞争对手的商业信誉和商品声誉,削弱竞争对手的竞争能力的行为。

商业诋毁行为的构成要件有:①实施主体是同一领域中的经营者;②行为人主观上是存在故意;③客观上表现为捏造、散布损害他人商誉权的虚假信息;

④可针对特定的竞争对手,也可针对不特定的竞争者。

2. 商业诋毁行为的法律责任

应当承担包括诋毁他人商誉在内的所有不正当竞争行为应当承担的共通性法律责任。此外,还有特别规定:经营者违反《反不正当竞争法》规定,损害竞争对手商业信誉、商品声誉的,由监督检查部门责令停止违法行为、消除影响,处10万元以上50万元以下的罚款;情节严重的,处50万元以上300万元以下的罚款。

(七) 互联网不正当竞争行为

1. 互联网不正当竞争行为的概念和种类

互联网不正当竞争,指经营者以网络为手段实施的不正当竞争行为。互联网不正当竞争的种类包括网络领域的传统不正当竞争行为和网络领域特有的不正当竞争行为。

2. 互联网不正当竞争行为的法律责任

应当承担我国《反不正当竞争法》针对所有不正当竞争行为所规定的共通性法律责任。此外,对于网络领域特有的不正当竞争行为,我国《反不正当竞争法》还专门规定了行政责任:经营者违反该法规定,妨碍、破坏其他经营者合法提供的网络产品或者服务正常运行的,由监督检查部门责令停止违法行为,处10万元以上50万元以下的罚款;情节严重的,处50万元以上300万元以下的罚款。

三、对不正当竞争行为的监督检查

除法律、行政法规另有规定的以外,不正当竞争由县级以上人民政府履行市场监督管理职责部门进行查处。县(区)、市(地、州)人民政府履行市场监督管理职责的部门依职权管辖本辖区内发生的有关案件;省、自治区、直辖市人民政府履行市场监督管理职责的部门依职权管辖本辖区内发生的有关重大、复杂案件;国务院履行市场监督管理职责的部门(即国家市场监督管理总局)依职权管辖应当由自己实施行政处罚的有关案件及全国范围内发生的重大、复杂案件。法律、行政法规规定由其他部门查处的,依照有关法律、行政法规的规定确定。

此外,国家鼓励、支持和保护一切组织和个人对不正当竞争行为进行社会监督。

第三节 反垄断法

一、垄断和反垄断法的概念

垄断一词，在经济学中和法学中的含义是不同的。经济学中的垄断，是指少数大公司、企业或者若干企业的联合独占生产和市场。法学中的垄断，是指违反国家法律、法规、政策和社会公共利益，通过合谋性协议、安排和协同行动，或者通过滥用经济优势地位，排斥或者控制其他经营者正当的经济活动，在某一领域内实质上限制竞争的行为。垄断行为有两个特征：一个是危害性，即这种行为和状态将会导致某一生产和流通领域的竞争受到实质性的限制和损害；二是违法性，即这种行为和状态是违反法律条文的明确规定的。

反垄断法是指调整在国家规制垄断过程中所发生的社会关系的法律规范的总称。反垄断法的特征主要包括：与经济学关系密切；法律规范的确定性较弱；其发生域外效力的法律规范很少。

二、反垄断法实体制度

（一）滥用市场支配地位规制制度

1. 市场支配地位的概念和认定

市场支配地位，是指经营者在相关市场内具有能够控制商品价格、数量或者其他交易条件，或者能够阻碍、影响其他经营者进入相关市场能力的市场地位。

市场支配地位的认定需要考虑以下因素：①该经营者在相关市场的市场份额，以及相关市场的竞争状况；②该经营者控制销售市场或者原材料采购市场的能力；③该经营者的财力和技术条件；④其他经营者对该经营者在交易上的依赖程度；⑤其他经营者进入相关市场的难易程度；⑥与认定该经营者市场支配地位有关的其他因素。

2. 滥用市场支配地位行为的判断

滥用市场支配地位一般从以下因素进行考虑：①以不公平的高价销售商品或者以不公平的低价购买商品；②没有正当理由，以低于成本的价格销售商品；③没有正当理由，拒绝与交易相对人进行交易；④没有正当理由，限定交易相对人只能与其进行交易或者只能与其指定的经营者进行交易；⑤没有正当理由搭售商品,或者在交易时附加其他不合理的交易条件;⑥没有正当理由,对条件相同的交易相对人在交易价格等交易条件上实行差别待遇;⑦国务院反垄断执法机构认定的其他滥用市场支配地位的行为。

3. 滥用市场支配地位行为的法律责任

经营者违反《中华人民共和国反垄断法》(简称《反垄断法》)规定,滥用市场支配地位的,由反垄断执法机构责令停止违法行为,没收违法所得,并处上一年度销售额百分之一以上百分之十以下的罚款。

(二) 垄断协议规制制度

1. 垄断协议的概念和特征

垄断协议是指经营者为排除限制竞争而达成的协议、决定或者其他协同一致的行为。其分为横向垄断协议和纵向垄断协议。垄断协议的特征主要包括:①垄断协议的主体是经营者和经营者团体。②垄断协议的行为方式有协议、决定或其他协同行为。③垄断协议的行为目的和后果是排除或限制竞争。

2. 垄断协议的法律责任

经营者违反《反垄断法》规定,达成并实施垄断协议的,由反垄断执法机构责令停止违法行为,没收违法所得,并处上一年度销售额百分之一以上百分之十以下的罚款,上一年度没有销售额的,处五百万元以下的罚款;尚未实施所达成的垄断协议的,可以处三百万元以下的罚款。

经营者主动向反垄断执法机构报告达成垄断协议的有关情况并提供重要证据的,反垄断执法机构可以酌情减轻或者免除对该经营者的处罚。

行业协会违反《反垄断法》规定,组织本行业的经营者达成垄断协议的,由反垄断执法机构责令改正,可以处三百万元以下的罚款;情节严重的,社会团体登记管理机关可以依法撤销登记。

(三) 经营者集中规制制度

1. 经营者集中的概念和表现形式

经营者集中,是指经营者通过合并、收购、委托经营、联营或其他方式,集合经营者经济力量,提高市场地位的行为。经营者集中的表现形式有:①经营者合并;②经营者通过取得股权或者资产的方式取得对其他经营者的控制权;③经营者通过合同等方式取得对其他经营者的控制权或者能够对其他经营者施加决定性影响。

2. 违反经营者集中的法律责任

在我国,违反《反垄断法》规定的经营者集中,承担的法律责任包括:①民事责任:经营者实施垄断行为,给他人造成损失的,依法承担民事责任。②行政责任:经营者违反本法规定实施集中的,由国务院反垄断执法机构责令停止实施集中、限期处分股份或者资产、限期转让营业以及采取其他必要措施恢复到集中前的状态,处上一年度销售额百分之十以下的罚款;不具有排除、限制竞争效果的,处五百万元以下的罚款。③救济:对反垄断执法机构作出的禁止集中决定不服的,可以先依法申请行政复议;对行政复议决定不服的,可以依法提起行政诉讼。

案例 7-2

可口可乐并购汇源案

2008年9月3日,全球最大的软饮料商可口可乐公司宣布拟以每股现金作价12.2港元,总计约179.2亿港元(约合24亿美元)收购汇源果汁的全部已发行股份及全部未行使可换股债券,较汇源果汁停牌前的8月29日收盘价4.14港元溢价1.95倍。9月18日,商务部收到可口可乐公司收购中国汇源公司的收购申报材料。11月20日,商务部正式进入反垄断调查程序,2009年3月18日,根据我国《反垄断法》的相关规定,商务部正式宣布:决定禁止可口可乐收购汇源。

简要分析:可口可乐并购汇源案涉及《反垄断法》第二十五条所规定的经营者集中。对于经营者集中,我国法律并不是一律禁止。只是对于经营者集中有一定要求。我国《反垄断法》第二十六条规定经营者集中达到国务院规定的申报标准的,经营者应当事先向国务院反垄断执法机构申报,未申报的不得实施集中。可口可乐并购汇源案无疑达到了国务院规定的申报标准。对于经营者集中,是否只要严格申报,就一定能够成功呢?答案是否定的。我国《反垄断法》第三十四条规定,经营者集中具有或者可能具有排除、限制竞争效果的,国务院反垄断执法机构应当作出禁止经营者集中的决定。经审查,商务部认定:此项集中将对竞争产生不利影响。最终,商务部叫停了此次并购。

(四)行政性垄断规制制度

1. 行政性垄断的概念和行为方式

行政性垄断,是指行政机关和法律、法规授权的具有管理公共事务职能的组织滥用行政权力,违反法律规定实施的限制市场竞争的行为。

行政性垄断的行为方式有：①强制交易。我国《反垄断法》规定行政机关和法律、法规授权的具有管理公共事务职能的组织不得滥用行政权力，限定或者变相限定单位或者个人经营、购买、使用其指定的经营者提供的商品。②妨碍商品在地区间自由流通。③排斥或限制招投标。即行政机关和法律、法规授权的具有管理公共事务职能的组织不得滥用行政权力，以设定歧视性资质要求、评审标准或者不依法发布信息等方式，排斥或者限制经营者参加招标投标以及其他经营活动。④排斥、限制、强制或变相强制外地经营者在本地投资或设立分支机构。⑤强制或者变相强制经营者实施危害竞争的垄断行为。⑥制定含有排除、限制竞争内容的行政法规、行政命令等。⑦通过与经营者签订合作协议、备忘录等方式，妨碍其他经营者进入相关市场或者对其他经营者实行不平等待遇，排除限制竞争。

2. 行政性垄断的法律责任

在我国，行政机关和法律、法规授权的具有管理公共事务职能的组织滥用行政权力，实施排除、限制竞争行为的，由上级机关责令改正；对直接负责的主管人员和其他直接责任人员依法给予处分。反垄断执法机构可以向有关上级机关提出依法处理的建议。

第四节　消费者权益保护法

一、消费者权益保护法的产生和发展

（一）国外消费者权益保护法的产生和发展

从世界经济的发展过程来看，商品经济越发展，消费者利益越需保护。因而现代意义的消费者保护运动随之兴起，并从商品领域扩展到服务领域。由于消费者保护运动的影响，原有的立法已不能适应保护消费者权益的实际需要，于是消费者权益保护立法在第二次世界大战后，特别是 20 世纪 60 年代在资本主义国家逐渐形成。通过立法手段实现对消费者权益的保护是当今世界各国所采取的重要手段。

（二）我国的消费者权益保护立法

为把保护消费者的权益作为直接目的，使消费者权益内容的规范集中、配套、协调，第八届全国人大常委会第四次会议于 1993 年 10 月 31 日通过了《中华

人民共和国消费者权益保护法》(简称《消费者权益保护法》),该法自1994年1月1日起施行,后历经2009年、2013年两次修正,在消费者权益的保护方面日趋完善。

二、消费者权益保护法的含义

消费者是指为生活消费需要而购买、使用商品或者接受服务的自然人。消费者权益是指消费者依法享有的权利及该权利受到保护时而给消费者带来的应有的利益,其核心是消费者的权利。

消费者权益保护法,从狭义上讲,专指《中华人民共和国消费者权益保护法》。从广义上讲,还包括其他有关消费者权益保护的法律法规,即调整为保护消费者权益而产生的各种社会关系的法律规范的总称。

三、消费者的权利与经营者的义务

1. 消费者权利的概念

消费者的权利,是指消费者依法在生活消费领域中作出一定行为或要求他人作出一定行为的权能。消费者权利是公民基本权利在生活消费领域中的具体化。

2. 消费者权利的内容

《消费者权益保护法》第二章与第三章共规定了消费者享有的十项权利。主要内容如下:

①安全权。即消费者在购买、使用商品或接受服务时所享有的保障人身和财产安全不受损害的权利,是消费者最基本的权利。②知情权。即消费者享有的知悉其购买、使用的商品或者接受的服务的真实情况的权利。③自主选择权。即消费者根据自己的消费要求、意向和兴趣,自主选择自己满意的商品或服务,决定是否购买或接受的权利。④公平交易权。即消费者在购买商品或者接受服务时,以一定数量的货币换回品质合格、等量价值的商品或服务的权利。⑤索赔权。即消费者因购买、使用的商品或者接受的服务本身的原因致使其受到人身、财产损害,而要求经营者承担责任,依法赔偿损失的权利。⑥反悔权。即消费者在限定的交易类型中,在与经营者缔约后,可在法定期限内按规定程序单方无条件解除合同且不承担任何补偿性费用的权利。⑦结社权。即消费者为维护自身的合法权益而依法成立消费者组织的权利。⑧受教育权。即消费者有获得与有

关商品或服务密切相关的知识的权利。⑨维护尊严和保护隐私权。即消费者在购买、使用商品和接受服务时,享有人格尊严和民族风俗习惯得到尊重的权利,享有个人信息依法得到保护的权利。⑩监督权。即消费者对商品和服务的质量、价格、计量、侵权行为等问题以及消费者权益的保护工作有进行检举、控告或提出批评、建议的权利。

案例 7-3

湘水之珠酒楼开瓶费案

2006年9月13日晚,王某等4人到北京湘水之珠酒楼用餐,并自带白酒一瓶。湘水之珠酒楼服务员向王某出示了菜谱,该菜谱中记载:"客人自带酒水按本酒楼售价的50%另收服务费,本酒楼没有的酒水按100元/每瓶收取服务费。"王某等4人用餐后,湘水之珠酒楼向王某收取餐费196元,另加收自带酒水服务费(开瓶费)100元。双方为开瓶服务费是否应当收取发生争执,王某诉至法院,要求湘水之珠酒楼退还向其收取的开瓶费100元。法院认为,湘水之珠酒楼没有证据证明服务员已经明确告知王某要收取开瓶费,而且标在菜谱最后一页的内容不是消费者肯定能看到的内容,因此酒楼侵犯了消费者的知情及公平交易的权利,应当退还开瓶费。

简要分析:湘水之珠酒楼收取开瓶费的做法不合法。我国《消费者权益保护法》第八条、第九条和第十条分别规定了消费者有知情权、自主选择权、公平交易权。另外,《消费者权益保护法》第二十六条也规定,经营者不得以格式条款、通知、声明、店堂公示等方式作出对消费者不公平、不合理的规定。因此商店在菜谱中收取服务费的记载无效。

3. 经营者的义务

《消费者权益保护法》借鉴国外立法经验,以消费者的权利为主线,以其他法律、法规为基础,并根据消费领域中的特殊需要,在第三章规定了经营者的义务,具体有以下内容:

①依照法律、行政法规的规定和与消费者的约定履行义务。②接受消费者监督的义务。这是指经营者应当听取消费者的批评和建议,把所提供的商品或服务置于消费者的监督之下,把它当作一项义务来履行。③保证商品和服务安全的义务。④不作虚假或引人误解的宣传。⑤标明真实名称和标记的义务。

⑥出具购货凭证或者服务单据的义务。⑦保证商品或者服务质量的义务。⑧承担退货、更换或修理等服务。⑨不得进行不公平、不合理交易的义务。即经营者不得以格式条款、通知、声明、店堂告示等方式，作出排除或限制消费者的权利或者免除经营者责任、加重消费者责任等对消费者不公平、不合理的规定。⑩不得侵犯消费者人格权的义务。⑪信息提供与个人信息保护的义务。

案例 7-4

西安奔驰女车主维权事件

2019年4月9日，陕西西安一则女车主坐在奔驰车顶维权控诉的视频引发关注。随着事情不断发酵，已经引发了全社会关注。2019年3月27日来开车时，女车主发现车辆发动机漏油，要求退款或换车。随后几日，店内销售人员一直表态会解决。4月8日，销售人员告知，"按照全国三包，只能换一台发动机"。4月9日，女车主情绪激动地坐上奔驰车顶和销售人员理论，被他人拍下上传网络。"我是受过文化教育的人，我是研究生毕业的，这件事情，让我几十年的教育蒙受奇耻大辱。""66万元买的车，一公里没开，让我换发动力，还被迫接受这个三包。"

5月27日，这场维权大战迎来大结局，西安高新区市场监管部门通报，西安利之星汽车有限公司存在销售不符合保障人身、财产安全要求的商品，夸大、隐瞒与消费者有重大利害关系的信息误导消费者的两项违法行为，被依法处以100万元罚款。这场持续了一个半月之久的维权风波就此落幕，而西安利之星汽车有限公司也发表声明，表示诚恳接受并将严格执行，而且在此之前就与当事人女车主表示和解，作出相应的赔偿。

简要分析：近些年，汽车维权事件在消费者维权比例中逐年增加。我国《消费者权益保护法》第十六条、十八条对产品质量规定了品质担保义务和保障消费者人身、财产安全义务。经营者应当保证在正常使用商品或接受服务的情况下其提供的商品或者服务应当具有的质量、性能、用途和有效期限。经营者应当保证其提供的商品或服务符合保障人身、财产安全的要求。本案中，该奔驰车最终被市场监管部门认定为不符合保障人身、财产安全的商品。

四、消费者权益的保护

（一）消费者权益的保护机构

我国《消费者权益保护法》第四章规定了国家保护消费者合法权益的基本内

容。国家通过立法机关、行政机关和司法机关的各种职能活动,实现对消费者合法权益的保护。

1. 立法保护机关。有关消费者权益保护方面的各项法律、行政法规是由全国人大及其常委会、国务院及所属的主管机关或省、自治区、直辖市、人大及常委会制定和颁布的,它是国家充分有效地保护消费者合法权益的基础和依据。

2. 行政保护机关。各级人民政府及其所属工商行政管理机关、技术监督部门、卫生监督管理部门、进出口商品检验部门等行政部门是《消费者权益保护法》的主要实施者,它们通过履行各自的行政管理职能,保护消费者的合法权益。

3. 司法保护机关。人民法院和人民检察院是对消费者合法权益实施司法保护的主要机关。人民法院是代表国家行使审判权的司法机关。《消费者权益保护法》特别规定了人民法院对消费者合法权益的保护职责。按规定,人民法院应当采取措施,方便消费者提起诉讼,对符合《中华人民共和国民事诉讼法》起诉条件的消费者权益争议必须受理,及时审理,依法惩处侵害消费者权益的违法犯罪行为,加强对消费者的全面保护。

(二) 消费者权益的保护组织

中国消费者协会和地方各级消费者协会,是我国保护消费者合法权益的主要社会组织。

根据《消费者权益保护法》的规定,消费者协会有以下七项基本职能:①向消费者提供信息和咨询服务,提高消费者维护自身合法权益的能力,引导文明、健康、节约资源和保护环境的消费方式。②参与有关行政部门对商品和服务的监督检查。③就有关消费者合法权益的问题,向有关部门反映、查询、提出建议。④受理消费者的投诉,并对投诉事项进行调查、调解。⑤投诉事项涉及商品和服务质量问题的,可以委托具备资格的鉴定人鉴定,鉴定人应当告知鉴定结论。⑥就损害消费者合法权益的行为,支持受损害的消费者提起诉讼或者依据本法提起诉讼。⑦对损害消费者合法权益的行为,通过大众传播媒介予以揭露、批评。消费者组织依法履行以上职责,对商品和服务进行社会监督,保护消费者的合法权益。

为了保证消费者协会的权威性、独立性和公正性,法律规定消费者协会不得从事商品经营和营利性服务,不得以收取费用或者其他牟取利益的方式向消费者推荐商品和服务。

(三)消费者权益争议的解决途径

消费者和经营者发生消费者权益争议的,可以根据情况,选择下列途径解决:

①与经营者协商解决。这是指消费者权益争议发生后,消费者和经营者在平等自愿的基础上,按照公平、合理的原则,摆明事实、分清责任、互相谅解,达成解决争议的一致意见。②请求消费者协会或者依法成立的其他调解组织调解。消费者协会可以在查明事实的基础上,对当事人的争议进行调解,引导双方自愿协商、解决争议。消费者协会的调解属于民间调解,不具有法律强制力,一旦当事人对达成的协议反悔,则需要通过其他途径解决争议。③向有关行政部门投诉。主要是向工商行政管理部门投诉,依靠行政手段解决消费者权益争议。④根据与经营者达成的仲裁协议提请仲裁机构仲裁。发生消费争议的当事人根据双方达成的仲裁协议,自愿将争议提交仲裁机关依法裁决。仲裁机构作出的仲裁裁决,当事人必须自觉履行;否则,权利人可以申请人民法院强制执行。⑤向人民法院提起诉讼。即通过司法审判程序解决消费者权益争议,这是对消费者合法权益最具权威的一种保护方法。凡是符合起诉条件的消费争议,人民法院均应及时受理,依法制裁违法行为,保护消费者的合法权益。

五、损害消费者权益的法律责任

经营者侵害消费者合法权益的行为是违法行为,应当承担相应的法律责任。《消费者权益保护法》根据违法行为的不同性质、损害大小、情节轻重,分别确定了民事责任、行政责任和刑事责任。

第五节 金 融 法

一、金融法的概念和调整对象

金融法是调整货币流通和资金信用活动中所发生的各种社会关系的法律规范的总称。

金融法的调整对象是金融关系,它是金融机构相互之间以及它们与其他社会组织、个人之间,在货币资金融通过程中所发生的金融监督关系和资金融通关系。金融监督关系,它是指国家金融管理机关与银行、非银行金融机构的金融管理关系。资金融通关系,它是指银行等金融机构之间以及非金融机构的法人、其他组织和个人之间的融资关系。

二、中国人民银行法

(一) 中国人民银行法的概念和职能

中国人民银行法规定,中国人民银行是唯一代理国家进行金融控制和管理金融的特殊金融机构。中国人民银行是中华人民共和国的中央银行。

中国人民银行是发行的银行,是政府的银行、是银行的银行、是管理金融的银行。

(二) 中国人民银行的货币政策目标和货币政策工具

1. 货币政策目标

我国的货币政策目标是稳定币值,并以此促进经济增长。通常所说的稳定币值、充分就业、经济增长、国际收支平衡等货币政策目标,可能存在着矛盾。

2. 货币政策工具

① 要求银行业金融机构按照规定的比例交存存款准备金;②确定中央银行基准利率;③为在中国人民银行开立账户的银行业金融机构办理再贴现;④向商业银行提供贷款;⑤在公开市场上买卖国债、其他政府债券和金融债券及外汇;⑥国务院确定的其他货币政策工具。

三、商业银行法

(一) 商业银行法的概念、法律地位

商业银行法是调整商业银行在设立、变更、终止及开展业务活动中发生的各种社会关系的法律规范的总称。

商业银行的法律地位和组织形式如下:

第一,商业银行是依照《中华人民共和国商业银行法》(简称《商业银行法》)和《公司法》规定的条件和程序设立的吸收公众存款、发放贷款、办理结算等业务,具有独立民事权利能力和民事行为能力的企业法人。

第二,商业银行的组织形式有两种:一是有限责任公司,二是股份有限公司。

第三,商业银行的组织形式、组织机构、分立、合并适用《公司法》和《商业银行法》的规定。

第四,商业银行的设立、变更(包括分立、合并)和终止都需要经过国务院银行业监督管理机构的批准。

(二) 商业银行的经营原则

我国《商业银行法》第四条规定,商业银行在经营中必须遵循以下原则:①安全性、流动性和效益性原则;②自主经营、自担风险、自负盈亏和自我约束的原则;③按照国家的产业政策和发展政策要求开展信贷业务,业务往来遵循平等、自愿、公平和诚实信用的原则;④保障存款人利益的原则;⑤独立经营原则;⑥公平竞争原则。

案例 7-5

海南发展银行倒闭案

银行是国家依法经营信贷业务的金融机构。在很多人的心中,最安全的存款地点是银行,因为即使您丢失了银行卡或存折,也可以通过柜台重新发行。银行除了保证财产安全外,还将提供一定的利息给存款客户,使他们的财富越来越多。

然而,银行并不是绝对安全的存钱地点,如果管理不善,它们也会破产。中国第一家破产的银行是海南发展银行,成立于 1995 年,是一家具有独立法人资格的股份制商业银行。该银行拥有 2 800 多名员工,其资产已超过 160 亿元。成立海南发展银行的主要初衷是改善海南金融业环境,促进一些有问题的金融机构的互补发展。海南发展银行的设立得到国有企业的支持。但是,海南发展银行没想到的是,它贷出的钱将永远不会被收回!尽管房地产市场发展迅速,但竞争激烈,风险很高。未收回的贷款成为海南发展银行的坏账!海南发展银行开始积累坏账,资金链日趋紧张。中央银行还安排人民币 34 亿元帮助其恢复。然而,随着存款人的迅速提款,海南发展银行根本无法提供支持,最终宣布资本链中断并宣布破产。

简要分析:根据我国《商业银行法》第四条规定,商业银行的经营要符合安全性、流动性和效益性原则。"安全性、流动性和效益性",这是一条国际银行界公认的商业银行的经营准则。深刻理解和掌握这三项原则,对于规范商业银行经营行为,保障其合法权益,使其安全、稳健、高效地进行具有十分重大的意义。海南发展银行在经营过程中,过度迷信当地房地产市场发展,没有能正确预估金融经营的风险,最终成为中国首家倒闭的银行。

(三) 商业银行的设立

按照我国《商业银行法》和《中华人民共和国银行业监督管理法》(简称《银行业监督管理法》)规定,对于商业银行的设立进行了一系列规定,具体如下:

1. 银保监会批准

设立商业银行,应当经国务院银行保险监督管理机构(银保监会)审查批准。未经国务院银行保险监督管理机构批准,任何单位和个人不得从事吸收公众存款等商业银行业务,任何单位不得在名称中使用"银行"字样。

2. 设立条件

①有符合《商业银行法》和《公司法》规定的章程;②有符合《商业银行法》规定的注册资本最低限额;③有具备任职专业知识和业务工作经验的董事、高级管理人员;④有健全的组织机构和管理制度;⑤有符合要求的营业场所、安全防范措施和与业务有关的其他设施。

3. 注册资本要求

设立全国性商业银行的注册资本最低限额为十亿元人民币。设立城市商业银行的注册资本最低限额为一亿元人民币,设立农村商业银行的注册资本最低限额为五千万元人民币。注册资本应当是实缴资本。

国务院银行保险监督管理机构根据审慎监管的要求可以调整注册资本最低限额,但不得少于前款规定的限额。但银保监会可以调高商业银行设立的注册资本最低限额。

4. 经营许可证、营业执照的领取

经批准设立的商业银行,由国务院银行保险监督管理机构颁发经营许可证,并凭该许可证向工商行政管理部门办理登记,领取营业执照。

经批准设立的商业银行分支机构,由国务院银行保险监督管理机构颁发经营许可证,并凭该许可证向工商行政管理部门办理登记,领取营业执照。

5. 分支机构的设立

商业银行根据业务需要可以在中华人民共和国境内外设立分支机构。设立分支机构必须经国务院银行保险监督管理机构审查批准。分支机构不按照行政区域设立。

商业银行在中华人民共和国境内设立分支机构,应当按照规定拨付与其经营规模相适应的营运资金额。拨付各分支机构营运资金额的总和,不得超过总行资本金总额的百分之六十。商业银行对其分支机构实行全行统一核算,统一调度资金,分级管理的财务制度。

商业银行分支机构不具有法人资格,在总行授权范围内依法开展业务,其民事责任由总行承担。

(四) 商业银行的业务种类

1. 商业银行可以经营下列部分或者全部业务

依照我国《商业银行法》规定,我国商业银行的业务具体包括:①吸收公众存款;②发放短期、中期和长期贷款;③办理国内外结算;④办理票据承兑与贴现;⑤发行金融债券;⑥代理发行、代理兑付、承销政府债券;⑦买卖政府债券、金融债券;⑧从事同业拆借;⑨买卖、代理买卖外汇;⑩从事银行卡业务;⑪提供信用证服务及担保;⑫代理收付款项及代理保险业务;⑬提供保险箱业务;⑭经国务院银行保险监督管理机构批准的其他业务。

2. 商业银行的业务分类

按照资金来源和用途可以归纳为如下三类。

(1) 负债业务

商业银行通过一定的形式,组织资金来源的业务。其中,最主要的负债业务是吸收存款。

(2) 资产业务

商业银行利用其集聚的货币资金从事各种信用活动的业务,是商业银行取得收益的主要途径。其中,最主要的资产业务是贷款业务和投资业务。

(3) 中间业务

商业银行并不运用自己的资金,而是代理客户承办支付和其他委托事项,并从中收取手续费的业务,如结算业务。

(五) 商业银行的业务规则

1. 贷款法律制度

(1) 商业银行贷款,应严格审查

应当对借款人的借款用途、偿还能力、还款方式等情况进行严格审查。商业银行贷款,应当实行审贷分离、分级审批的制度。

(2) 以发放担保贷款为基本原则,信用贷款为例外

商业银行贷款,借款人应当提供担保。商业银行应当对保证人的偿还能力、抵押物、质物的权属和价值以及实现抵押权、质权的可行性进行严格审查。经商业银行审查、评估,确认借款人资信良好,确能偿还贷款的,可以不提供担保。

(3) 向关系人发放贷款的特殊规定

一般而言,关系人是指:商业银行的董事、监事、高级管理人员、信贷业务人员及其近亲属。不得向关系人发放信用贷款,但是可以发放担保贷款,但条件不得优于其他借款人同类贷款的条件。

(4) 应当与借款人订立书面合同

商业银行贷款,应当与借款人订立书面合同。合同应当约定贷款种类、借款用途、金额、利率、还款期限、还款方式、违约责任和双方认为需要约定的其他事项。

(5) 贷款应遵守资产负债比例

商业银行贷款,应当遵守下列资产负债比例管理的规定:

① 资本充足率不得低于百分之八。

② 流动性资产余额与流动性负债余额的比例不得低于百分之二十五。

③ 对同一借款人的贷款余额与商业银行资本余额的比例不得超过百分之十。

④ 国务院银行保险监督管理机构对资产负债比例管理的其他规定。

(6) 禁止强制发放贷款

任何单位和个人不得强令商业银行发放贷款或者提供担保。商业银行有权拒绝任何单位和个人强令要求其发放贷款或者提供担保。

(7) 借款人应当按期归还贷款的本金和利息

借款人到期不归还担保贷款的,商业银行依法享有要求保证人归还贷款本金和利息或者就该担保物优先受偿的权利。商业银行因行使抵押权、质权而取得的不动产或者股权,应当自取得之日起两年内予以处分。

借款人到期不归还信用贷款的,应当按照合同约定承担责任。

2. 其他业务规则

(1) 商业银行在中华人民共和国境内不得从事信托投资和证券经营业务(分业经营),不得向非自用不动产投资或者向非银行金融机构和企业投资,但国家另有规定的除外。

(2) 同业拆借,应当遵守中国人民银行的规定。禁止利用拆入资金发放固定资产贷款或者用于投资。

第六节　政策性银行法

一、政策性银行法的定义

政策银行法是规定政策性银行的组织和行为的法律规范的总称。

其内容包括政策银行的性质、地位、资金来源、运作、业务范围、组织形成和组织机构设立、变更和终止等。

二、政策性银行的分类

(一) 国家开发银行

国家开发银行是专门从事政策性国家重点建设贷款及贴息业务的银行,是直属国务院领导的政策性金融机构,对由其安排投资的国家重点建设项目,在资金总量和资金结构配置上负有宏观调控的职责。后国务院明确将国家开发银行定位为开发性金融机构,从政策性银行序列中剥离。

(二) 中国农业发展银行

中国农业发展银行是负责筹集农业政策性信贷资金,办理国家规定的农业政策性金融业务的银行,是直属国务院领导的政策性金融机构。

(三) 中国进出口银行

中国进出口银行是对我国进出口业实行政策性贷款业务的专业银行,是经营国家进出口方面业务的政策性金融机构。

三、政策性银行的特征

通过对政策性银行的业务性质、业务方向、职能等的分析,从而归纳出其特征:

1. 政策银行由政府创办,属于政府的金融机构;
2. 政策性商业银行不以营利为目的;
3. 政策性银行主要从事贷款业务,不吸收存款。

第七节 银行业监督管理法

一、银行业监督管理法概述

银行业监督管理是指一国金融监督管理当局或银行业专门监督机构对商业银行及其他金融机构的组织主体和业务经营行为进行的监督和管理。

银行业监督管理有广义和狭义两种理解。从狭义上讲,银行业监督管理是指国家金融监督管理机构对银行业金融机构的组织及其业务活动进行监督和管理的总称。广义的银行业监督管理则不仅包括国家金融监督管理机构对银行业金融机构的外部监督管理或他律监督管理,也包括银行业金融机构的内部监督管理或自律监督管理。

二、中国银行业监督管理的机构、监管对象、目标和基本原则

(一) 中国银行业监督管理的机构

中国银行业监督管理的机构是国务院银行保险监督管理机构(银保监会)及其派出机构。

(二) 中国银行业监督管理的对象

中国银行业监督管理的对象包括银行业和非银行金融机构。具体而言,银行业金融机构包括商业银行、城市信用合作社、农村信用合作社和政策性银行;非银行金融机构包括金融资产管理公司、信托投资公司、财务公司、金融租赁公司以及经银保监会批准设立的其他金融机构。此外,经银保监会批准在境外设立的金融机构及前两种金融机构在境外的业务活动也纳入中国银行业监督管理的对象范围。

(三) 中国银行业监督管理的目标

中国银行业监督管理以促进银行业的合法稳健运行,维护公众对银行业的信心,保护银行业公平竞争,提高银行业竞争能力为目标。

(四) 中国银行业监督管理的基本原则

依照我国《银行业监督管理法》规定,银行业监督管理的基本原则包括:①依法、公开、公正和效率的原则;②独立监管原则;③监管信息共享原则;④国际合作与跨境监管原则。

三、银行保险监督管理机构的监督管理职责

依照我国《银行业监督管理法》的规定,我国银行业监督管理机构的职责包括:①制定规章;②审批金融机构组织;③审查金融机构的股东;④审查金融机构的金融产品;⑤对银行业市场准入实施管制;⑥规定金融机构高管的任职资格;⑦制定业务审慎经营规则;⑧对银行业自律组织的活动进行指导和监督。

引例评析

上海黄金饰品行业协会和五家金店的行为构成垄断协议行为。垄断协议分为横向垄断协议和纵向垄断协议。上海黄金饰品行业协会和五家金店的行为属于横向垄断协议中的固定或变更商品价格行为。上海黄金饰品行业协会和五家金店的行为违反了我国《反垄断法》第十七条的规定,应深刻检讨错误,并发文彻底废除制定的《价格自律细则》,承诺不会与具有竞争关系的其他金店商讨涉及价格的议题,坚持企业依法自主定价。该案中,上海黄金饰品行业协会起主导作用,情节严重,可以处50万元以下罚款;对五家金店处以上一年度相关销售额1%的罚款。

思考题

1. 论述经济法的调整对象和调整方法。
2. 论述侵犯商业秘密行为。
3. 论述垄断协议规制制度。
4. 论述我国消费者权利。
5. 论述我国银行业监督管理制度。

案例分析

1. 上海迪士尼乐园禁带食品案

2019年1月30日,华东政法大学大三学生王某前往上海迪士尼乐园游玩,并携带部分即食食品以备游玩时食用,在乐园安检时,被告知根据《上海迪士尼乐园游客须知》游客不得携带食品进入乐园,经交涉未果,原告自行处置食品后入园。

3月15日,原告王某诉至上海市浦东新区人民法院,请求判令:1.确认被告《上海迪士尼乐园游客须知》中"不得携带以下物品入园"部分的"食品、酒精饮料、超过600毫升的非酒精饮料"条款内容无效;2.被告赔偿原告因上述入园规则被迫丢弃的食品损失46.30元。

上海市浦东新区人民法院于2019年3月15日立案受理该案,于4月23日公开开庭审理,审理期间多次组织双方调解。9月12日,经上海市浦东新区人民法院主持调解,原、被告双方自愿达成调解协议:被告上海国际主题乐园有限公司补偿原告王某人民币50元(当庭给付)。

简要分析:关于上海迪士尼乐园(简称"迪士尼")有没有权利搜身查包,这是个不言而喻的问题。我国《消费者权益保护法》第二十七条规定,经营者不得对消费者进行侮辱、诽谤,不得搜查消费者的身体及其携带的物品,不得侵犯消费者的人身自由。如果迪士尼管理能力不足,个别游客将食品带入园区,造成游览环境卫生方面的压力,迪士尼可以通过加强园区内环境卫生监管或者统筹整个园区的经营成本,在环境治理成本上予以支出部分成本费用解决,但通过"园区规定"等方式对游客进行搜身翻包检查是不合适的,迪士尼自我赋权于法无据。另游园须知属于典型的格式条款,迪士尼作为经营者应当履行充分的告知义务,如游园须知未放置在明显的提示位置,无法达到明显程度,则可能会被认为无法达到充分告知的义务。在手机App或网上购买电子门票的,购票App如果没有以显著方式告知相关事项,消费者可以以重大误解为由,在入园前主张退票。

2. 爱奇艺诉聚网视"VST全聚合"案

2014年起,北京爱奇艺科技有限公司(简称"爱奇艺")公司发现深圳聚网视科技有限公司(简称"聚网视")"VST全聚合"盗链自己公司的视频内容。"'VST全聚合'不仅提供了爱奇艺的独家版权内容,还屏蔽了广告,严重损害了爱奇艺的合法权益和广告收益。所谓视频聚合盗链,就是利用深层链接聚集各大视频网站的海量内容,并对链接进行有目的的选择、编排、整理,用户可以在点击链接后不跳转或者不实质跳转的情况下观看被链接网站的视频内容。该类软件可以应用于网络机顶盒、智能手机和平板电脑等多个平台。爱奇艺认为聚网视不正当竞争,诉至法院。

上海市杨浦区人民法院就北京爱奇艺科技有限公司诉深圳聚网视科技有限公司"VST全聚合"软件不正当竞争案,作出一审判决。判定被告聚网视赔偿原告爱奇艺经济损失30万元并支付合理费用6万元；聚网视就其实施的不正当竞争行为在其官方网站首页上连续72小时刊登声明，消除影响。

简要分析： 在爱奇艺诉聚网视的案件中，"VST全聚合"挤占了原告的市场份额，不正当地取得竞争优势，进而将造成原告广告费以及会员费收入的减少，危及原告的正常经营，攫取了原告合法的商业利益。该种竞争行为有违诚实信用原则以及公认的商业道德，属于《反不正当竞争法》第二条所规定的不正当竞争行为。

相关法律法规

1. 《中华人民共和国反不正当竞争法》，1993年9月2日通过，1993年12月1日施行。2017年11月4日修订、2019年4月23日修正。

2. 《中华人民共和国反垄断法》，2007年8月30日通过，2008年8月1日施行，2022年6月24日修正。

3. 《中华人民共和国消费者权益保护法》，1993年10月31日通过，1994年1月1日施行。2009年8月27日、2013年10月25日两次修正。

4. 《中华人民共和国中国人民银行法》，1995年3月18日通过，1995年3月18日施行。2003年12月27日修正。

5. 《中华人民共和国商业银行法》，1995年5月10日通过，1995年7月1日施行。2003年12月27日、2015年8月29日两次修正。

6. 《中华人民共和国银行业监督管理法》，2003年12月27日通过，2004年2月1日施行。2006年10月31日修正。

第八章 劳动与社会保障法

导 读

劳动与社会保障法包括劳动法与社会保障法两部分。劳动法主要内容包括就业促进制度、劳动合同法律制度、集体劳动关系法律制度、劳动基准法律制度、劳动监察与劳动争议处理法律制度。社会保障法主要内容包括社会保险、社会救助、社会福利和社会优抚。

引入案例

2004年底,"北大假博士"刘志刚(曾用名"刘育豪")伪造了北大的本科、硕士、博士学历,应聘郑州航空工业管理学院(以下简称"郑州航院")教师职位,该学院信以为真,即与刘志刚商谈招聘事宜。为了能让刘志刚毕业后到学院工作,郑州航院决定让其毕业前即可上班。2004年12月份,刘志刚到郑州航院上班,学院按博士生待遇支付给刘志刚4万元安家费,三个月工资6 000元,并分配120平方米住房一套。刘志刚上班后,多次以自己是北大博士为由,要求提高待遇,不断和学院提出需要配置电脑、打印机和科研启动资金等要求。郑州航院经向北京大学查询,发现刘志刚北大博士是假的。

问题:

(1) 该劳动合同是否有效?

(2) 劳动合同法中是如何规定劳动合同无效的情形的?

(3) 劳动合同无效由谁确认?

(案例分析,请参阅章后"引例评析"部分)

第一节 劳 动 法

一、劳动法的概念和调整对象

劳动法,是指调整劳动关系以及与劳动关系密切联系的其他社会关系的法律规范的总称。

劳动法的调整对象包括:

一是劳动关系。劳动关系是指在社会劳动过程中,因录用劳动者而在劳动者和劳动用工单位之间发生的社会关系。劳动关系的特征:劳动关系的当事人具有限定性;劳动关系与社会劳动具有直接联系;劳动关系具有隶属性。

二是与劳动关系密切联系的其他社会关系。与劳动关系密切联系的其他社会关系,是指虽然不具有劳动关系的性质,但与劳动关系有着密不可分的联系的有关社会关系。它主要包括四种类型:管理劳动方面发生的关系、执行劳动保险方面发生的关系、处理劳动争议方面发生的关系、监督劳动法执行方面发生的关系。

二、劳动法的主要内容

(一) 促进就业的法律规定

就业是指劳动者进入特定的劳动岗位进行劳动,实现劳动权利,履行劳动义务的过程。就业从形式上讲,有两种:一种是自主就业,另一种是组织就业。前者是指劳动者自愿组织起来或者从事个体劳动,创造就业机会和条件,以实现就业。《中华人民共和国劳动法》(简称《劳动法》)第十条第三款规定:"国家支持劳动者自愿组织起来就业和从事个体经营实现就业。"后者是由国家或者社会组织就业。国家和社会都有义务发展社会经济,创造更多的就业机会,吸收更多的人就业。

国家在促进就业方面的义务主要是:促进经济和社会发展,创造就业条件,扩大就业机会;鼓励企业、事业组织、社会团体在法律、行政法规规定的范围内兴办产业或者拓展经营,增加就业;支持劳动者自愿组织起来就业和从事个体经营实现就业。

地方各级人民政府应当采取措施,发展多种类型的职业介绍机构,提供就业服务。

就业的基本要求:就业平等,少数特殊人员适用特别规定,禁止用人单位招用未满十六周岁的未成年人。

(二) 劳动合同和集体合同的法律规定

1. 劳动合同

劳动合同是指劳动者与用人单位确立劳动关系,明确双方权利和义务的协议。劳动合同是一种特殊的合同形式。其特殊性表现在以下几个方面:

第一,合同主体是特殊主体。劳动合同的一方当事人,只能是劳动用工者,另一方当事人则为劳动者本人。

第二,以确立劳动关系,实现劳动目标为基本目的和内容。劳动关系是劳动者和劳动用工单位之间建立的经济关系。这种关系,通过劳动合同去确立,有利于明确双方的权利和义务,维护各方的合法权益。通过劳动合同去实现劳动过程,能够确保劳动过程的优化,促进劳动成果的实现。

第三,合同当事人地位具有双重性。一是在订立劳动合同时,劳动者与劳动用工单位的地位是平等的。二是劳动合同订立之后,劳动者一方必须成为该单位的一名职工,对内享受和承担该单位职工的权利和义务,对外以该单位的名义从事生产经营和管理活动;劳动用工者有权利也有义务组织和管理本单位的职工,把他们的个人劳动组织到集体劳动中去。

第四,劳动合同具有排他性和延续性。所谓排他性,是指在原劳动合同终止或解除之前劳动者不能与其他用人单位订立新的劳动合同。所谓延续性,是指劳动合同终止之后,合同规定的某些特殊的权利义务还将继续存在,如退休金、医疗保险费的支付。

劳动合同基于用工期限的不同可分为下列四种类型:

① 长期工劳动合同。是指用工期限在五年以上的劳动合同。它主要适用于常年性、变化少的生产或工作岗位,或者需要较长时间的培训才能胜任的工种或职务,特别是技术性较强的工作。

② 短期工劳动合同。是指用工期限在一年以上、五年以下的劳动合同。它主要适用于用工期限较短的生产或工作岗位。

③ 定期轮换工劳动合同。是指招用定期轮换的农村合同制工人，用工期限一般不超过五年的劳动合同。它主要适用于因长期劳动会给职工身体健康带来某些不利影响而需要进行定期轮换的生产或工作岗位。

④ 临时工、季节工劳动合同。是指临时性和季节性需要的，用工期限在一年以内的劳动合同。它主要适用于企业的临时用工，或者季节性较强而需要集中一段时间突击完成生产任务的生产或工作岗位。

2. 劳动合同的订立

(1) 劳动合同的订立原则。包括遵守国家政策和法规原则，平等自愿、协商一致原则。

(2) 劳动合同订立的形式和内容。根据规定，劳动合同必须以书面形式订立。这是因为劳动合同涉及的劳动关系比较复杂，不是即时清结的合同。

劳动合同的内容包括合同当事人双方的权利和义务，通常通过合同条款表现出来。根据规定，劳动合同应当具备以下条款：合同期限、工作内容、劳动保护和劳动条件、劳动报酬、劳动纪律、劳动合同终止的条件、违反劳动合同的责任。以上条款是劳动合同的必备条款。除此之外，当事人可以协商确定其他内容，例如，协商确定福利待遇、社会保险的履行，以及保守用人单位商业秘密的有关事项等。

案例 8-1

2020 年 1 月 3 日，王某被一家公司录用，公司只与王某签订一份 6 个月的试用期合同，试用期工资为 2 600 元，转正以后的工资为 3 000 元。公司解释说，我们公司都是这样操作的，只有通过了试用期才能签订正式的劳动合同，这样的试用期合同合法吗？

简要分析：试用期是以劳动合同的存在为前提的，如果不存在劳动合同，试用期自然就失去了基础。按照《劳动合同法》第十九条第四款的规定，用人单位在劳动合同中仅约定试用期的，试用期不成立，该期限为劳动合同的期限。由于试用期不成立，试用期内的工资约定无效，王某可以直接向公司要求按转正后的工资标准支付工资。

3. 集体合同

集体合同是指劳动者集体与企业协商订立的有关劳动报酬、工作时间、休息休假、劳动安全卫生、保险福利等重大事项的协议。与劳动合同不同,它主要适用于企业与劳动者集体,是劳动者集体为一方当事人,企业为另一方当事人订立的协议;它涉及的内容,没有劳动合同那么宽泛和细致,它是为了维护职工整体利益、保障职工合法权益而订立的;同时,订立集体合同,也是维护企业利益、保障企业生产经营任务完成的重要手段。

集体合同的内容包括:劳动报酬、工作时间、休息休假、劳动安全卫生、保险福利、其他协商确定的事项。

订立集体合同的程序:制定集体合同草案,提交职工代表大会或者全体职工讨论通过;签订集体合同;进行审查、备案。

三、劳动争议的解决

(一) 劳动争议的概念和种类

1. 劳动争议

劳动争议是指用工单位和劳动者之间在实现劳动过程中,就劳动权利和义务关系的产生、变更和终止所发生的纠纷。劳动争议的当事人一方是劳动用工单位,另一方是劳动者。

2. 劳动争议的种类

(1) 终止劳动关系的劳动争议。指企业开除、除名、辞退职工和职工辞职、自动离职而发生的劳动争议。

(2) 执行劳动法规的劳动争议。是指企业和职工之间因执行国家关于工资、保险、福利、培训、劳动保护规定而发生的争议。

(3) 履行劳动合同的劳动争议。指企业和职工之间因执行、变更、解除劳动合同而发生的劳动争议。

(4) 其他劳动争议。

(二) 劳动争议的解决方式

1. 协商

协商,指企业和职工就劳动争议自行进行协调和商榷,并在摆明事实、分清责任和相互谅解的基础上达成和解协议,从而解决劳动争议的方式。企业和职工之间发生劳动争议,首先应当采取自行协商解决的方法。只有协商不成或者双方不愿协商的,方可向调解委员会申请调解。

2. 调解

调解,指由调解委员会主持并推动企业和职工在查明事实、分清责任和相互谅解的基础上,就劳动争议依法进行协商并达成调解协议,从而解决劳动争议的方式。调解,是劳动争议的重要解决方式,也是劳动争议机构处理劳动争议的第一道程序。

3. 仲裁

仲裁,指仲裁委员会对所受理的企业和职工之间发生的劳动争议,依照法定程序进行审理并作出裁决的方式。

4. 审判

审判,指人民法院对所受理的企业和职工之间因劳动关系所发生的劳动争议,依照法律规定,进行审理并作出裁决的方式。

案例 8-2

小王于 2019 年 4 月进入某网络科技公司工作,担任网络发展事业部品牌市场部策划一职,月薪 3 500 元,本职工作基本都能完成。网络发展事业部部长觉得小王有点慢性子,什么事都得催着点,所以一直不欣赏小王。年底,公司规定,各部门自行考核。部门主管认为工作不行的调整岗位直至辞退。部长考虑再三,对小王的评价是不能胜任工作。公司据此提出调整小王的工作岗位,降低了工资。小王不服,要求恢复岗位,补发工资。

简要分析:劳动合同对于岗位和工资都有明确的约定,单位及员工双方都应依约履行。如果确实发生需要调整的情况,一般要经过双方书面协商一致才可以。用人单位单方调整,必须具备不胜任工作或客观情况变化的前提,应该具备充分的证据佐证。如果公司既没有相应的规章制度描述岗位的具体职责,也没有相应的考评制度与标准,更没有调岗调薪程序性的规定,仅依据领导一人的单一评价,认定不胜任工作缺乏公平合理性。在司法实践中,单一的领导对单一的下属的评价作为不胜任工作的依据是不被认可的。

第二节 社会保障法

一、社会保障法概述

社会保障,是指国家为了保持经济发展和社会稳定,对公民在年老、疾病、伤残、失业、遭遇灾害、面临生活困难的情况下,由政府和社会依法给予物质帮助,以保障公民的基本生活需要的制度。社会保障有以下三个基本特征:第一,强制性。国家发展社会保险事业,建立社会保险制度,设立社会保险基金,使劳动者在年老、患病、工伤、失业、生育等情况下获得帮助和补偿。用人单位和劳动者必须依法参加社会保险,缴纳社会保险费。第二,社会性。即社会保障对象包括全体社会成员。从保险基金的来源看,社会保险基金来源于国家、用人单位和社会成员的收入,通过保障社会成员的基本生活需要,达到社会稳定和发展的目标,这也体现了社会保障的社会性。第三,公益性。社会保障的各个环节不以营利为目的,享受社会保障的公民一般并不自己付全部社会保障费而可享受相应的社会保障。因此,社会保障制度的宗旨在保证社会成员的基本生活,它是一种社会公益事业。

社会保障法是调整社会保障关系的法律规范的总称。社会保障关系是指在国家对不能取得基本生活需要的公民提供各种基本生活保障过程中所产生的社会关系,包括社会保险关系、社会救济关系、社会福利关系等。

二、社会保险法

(一) 社会保险法的概念和特征

社会保险是指在劳动者暂时或永久丧失劳动能力或失业时,为保障其基本生活而由国家和社会提供物质帮助的一种强制实行的社会保障制度。国家通过立法设立社会保险基金,使劳动者在暂时或永久丧失劳动能力以及失业时获得物质帮助和补偿。

社会保险的特征:强制性、社会性、保障性、互助性、社会福利性。社会保险的目的是安定社会,增进福利,这就决定了社会保险不是一种营利性事业,而是一种公益性事业。

(二) 社会保险制度的主要内容

根据《中华人民共和国社会保险法》第二条的规定,社会保险制度包括基本养老保险、基本医疗保险、工伤保险、失业保险、生育保险等制度。社会保险制度的设立旨在保障公民在年老、疾病、工伤、失业、生育等情况下,依法从国家和社会获得物质帮助的权利。

社会保险制度坚持广覆盖、保基本、多层次、可持续的方针,社会保险水平应与社会经济发展水平相适应。县级以上人民政府将社会保险事业纳入国民经济和社会发展规划。

1. 基本养老保险制度

基本养老保险制度,是指缴费达到法定期限并且个人达到法定退休年龄后,国家和社会提供物质帮助以保证年老者稳定、可靠的生活来源的社会保险制度。基本养老保险实行社会统筹与个人账户相结合。基本养老保险制度由三个部分组成:职工基本养老保险制度、新型农村社会养老保险制度、城镇居民社会养老保险制度。基本养老金由统筹养老金和个人账户养老金组成。新型农村社会养老保险实行个人缴费、集体补助和政府补贴相结合。新型农村社会养老保险待遇由基础养老金和个人账户养老金组成。国家建立和完善城镇居民社会养老保险制度。基本养老保险制度从法律层面上实现了"覆盖城乡居民",基本养老保险制度的目标是做到"老有所养"。

2. 基本医疗保险制度

基本医疗保险制度,是指按照国家规定缴纳一定比例的医疗保险费,在参保人员因患病或意外伤害而发生医疗费用后,由医疗保险基金支付其医疗保险待遇的社会保障制度。基本医疗保险制度由三个部分组成:职工基本医疗保险制度、新型农村合作医疗制度、城镇居民基本医疗保险制度。基本医疗制度实现了"覆盖城乡居民",使全体公民实现"病有所医"。

3. 工伤保险制度

工伤保险制度,是指由用人单位缴纳工伤保险费,对劳动者因工作原因遭受意外伤害或者职业病,从而造成死亡、暂时或者永远丧失劳动能力时,给予职工及其相关人员工伤保险待遇的一项社会保险制度。

4. 失业保险制度

失业保险制度,是指国家为失业而暂时失去工资收入的社会成员提供物质帮助,以帮助失业人员的基本生活,维持劳动力再生产,为失业人员重新就业创造条件的一项社会保险制度。

5. 生育保险制度

生育保险制度,是指由用人单位缴纳保险费,其职工或者职工未就业配偶按照国家规定享受生育保险待遇的一项社会保险制度。生育保险待遇包括生育医疗费用和生育津贴。

案例 8-3

某私营公司高薪聘请张某从事计算机软件开发工作,双方在谈到工资待遇时,公司董事长说:"给你定的工资是月薪 12 000 元,不过丑话说在前面,公司就不负担其他费用了,社保你自己解决。"张某想了想:"我刚 30 岁,养老的问题还早着呢,多挣点钱最实惠。"双方在劳动合同中注明,张某同意公司不为其缴纳社保。这样的约定有法律效力吗?

简要分析:这样的约定是无效的,用人单位必须为员工缴纳社会保险,这是法律上的强制义务,而且是双方的法定义务,劳动关系的双方对此不可协商变通。

用人单位不缴纳社保存在很大的法律风险:(1)员工可随时向劳动监察机构举报要求用人单位缴纳,处理结果往往是限期补缴。(2)根据《劳动合同法》第三十八条规定,用人单位未依法为劳动者缴纳社会保险费的,劳动者单方可以解除劳动合同,用人单位还应当支付经济补偿金。(3)如果用人单位缴纳了医疗、工伤等社会保险费,员工在职期间一旦发生此类情况,相应的费用由社会保险基金负担。相反,如不缴纳社会保险,发生了此类情况,用人单位按照社会保险的标准自行负担。

(三)社会保险制度与相关制度的区别

1. 社会保险和商业保险的区别

社会保险和商业保险具有鲜明的区别。第一,保险的性质不同。社会保险是通过国家立法强制执行的一种社会公益性保障制度,具有非营利性。商业保险是由保险者和被保险者按照自愿原则签订、实现保险合同,具有营利性。第二,承保的风险不同。社会保险所承保的风险限于劳动风险,主要包括年老、疾病、伤残、死亡、生育等劳动者人身方面的风险和失业风险。商业保险承保的风险范围较广,可以包括上述劳动风险,也包括投保人的其他方面的风险以及单纯的财产风险。第三,保险的对象和作用不同。社会保险的保险对象由国家强制性规定,以靠工资收入生活的劳动者及其家属为对象,主要作用是保障劳动者在丧失劳动能力或失业时本人及家属的基本生活需要,维持劳动力再生产的正常进行,并且通过法律规定的保险基金筹集和支付手段,直接实施国家对国民收入的再分配干预,起到调节收入悬殊、实现社会公平与稳定的作用。而商业保险对象由保险双方自行约定,加入保险的前提是缴纳保险费。任何人都可自愿选择是否参加商业保险及参加何种商业保险。其作用主要是在被保险人遭遇规定的保险事故时给予对等性的经济补偿。第四,保险费用的负担和给付标准不同。社会保险的费用由劳动者、用人单位、政府三方共同负担。对劳动者而言,只要按规定缴纳自己应承担的那一部分社会保险费,即可享受各种社会保险待遇。给付标准不完全取决于缴费多少,而主要取决于保障的需要。商业保险的保险费用则完全由投保人缴纳,给付标准是多投多保、少投少保、不投不保,完全是一种等价有偿的保险关系。

2. 社会保险与社会救济、社会福利制度的区别

社会保险与社会救济、社会福利制度同属于社会保障范畴,但三者有以下区别:第一,实施对象不同。社会保险以靠工资收入维持生活的劳动者为对象;社会救济和社会福利的实施对象是全体社会成员,不管其是否以工资收入作为主要生活来源。第二,资金来源不同。社会保险基金来源于劳动者、用人单位和国家三方;社会救济和社会福利所需资金来源于国家和社会,由国家拨款或社会各界捐款,社会成员没有缴纳相关费用的义务。第三,实施条件不同。社会保险待遇的享受以劳动者履行劳动义务并缴纳了社会保险费(包括单位缴纳)为前提;社会成员享受社会救济和社会福利,则不需要先履行劳动义务,也无需缴费。第四,保障程度不同。社会保险的保障程度高于社会救济、社会福利。社会保险待遇在保障劳动者基本生活需要的前提下,略低于或不低于劳动者原有生活水平,并且属于经常性的物质补助。社会福利的标准是维持或略高于一般生活水平;而社会救济则仅限于维持受救济人的最低生活需要,且属于临时性物质帮助。

三、其他社会保障制度

(一) 社会救济制度

社会救济是指人们不能维持最低限度的生活水平时,社会和国家按照法律规定的标准向其提供满足最低生活需求的资金或实物救济的社会保障法律制度。

社会救济的基本特征:社会救济对象的选择性;社会救济资金由社会和国家提供,不要求社会救济对象缴纳相应的份额;社会救济的标准以维持最基本的物质生活为原则。因此,社会救济是最低层次的社会保障。

(二) 我国社会救济基本制度

1. 农村五保供养制度

为健全农村的社会保障制度,2006年1月,国务院颁布了《农村五保供养工作条例》。五保供养是指对符合法律规定的村民,由农村集体经济组织在吃、穿、住、医、葬方面给予村民的生活照顾和物质帮助。五保供养的对象是指村民中无法定赡养、抚养、扶养义务人,或者其法定赡养、抚养、扶养义务人无赡养、抚养、扶养能力的、无劳动能力的、无生活来源的老年人、残疾人和未成年人。确定五保对象,应当由村民本人申请或者由村民小组或其他村民代为提出申请,经村民委员会评议,并在本村范围内公告,无重大异议的,报乡、民族乡、镇人民政府批准,发给农村五保供养证书。五保供养的内容包括:供给粮油、副食品和生活用燃料;供给服装、被褥等生活用品和零用钱;提供符合基本居住条件的住房;提供疾病治疗,对生活不能自理者予以照料;办理丧葬事宜。五保对象是未成年人的,还应当保障他们依法接受义务教育。五保供养的实际标准应不低于当地村民的平均生活水平。具体标准由乡、民族乡、镇人民政府规定。五保供养所需经费和实物,在地方人民政府财政预算中安排;在有集体经营等收入的地方,可以从集体经营的收入、集体企业上交的利润中列支。灾区和贫困地区的各级人民政府在安排救灾救济款物时,应当优先照顾五保对象。五保对象的供养形式,可以根据当地经济条件,实行集中供养或者分散供养。

2. 城市最低生活保障制度

城市最低生活保障制度是指国家为妥善解决城市贫困人口的生活困难,对持有非农业户口的城市居民,凡共同生活的家庭成员人均收入低于当地城市最低生活保障标准的,由当地人民政府给予基本生活物质帮助的社会保障制度。城市最低生活保障制度实行地方各级人民政府负责制。城市最低生活保障所需资金由地方人民政府列入财政预算,纳入社会专项资金支出项目,专项管理,专款专用。国家鼓励社会组织和个人为城市居民最低生活保障提供捐赠、资助;所提供的捐赠、资助,全部纳入当地城市居民最低生活保障资金。城市居民最低生活保障标准,按照当地维持城市居民基本生活所必需的衣、食、住费用,并适当考虑水电燃煤费用以及未成年人的义务教育费用确定。城市最低生活保障待遇由管理审批机关以货币形式按月发放;必要时,也可以给付实物。对经批准享受城市居民最低生活保障待遇的城市居民,由管理审批机关采取适当形式以户为单位予以公布,接受群众监督。

(三) 社会福利制度

社会福利,是指国家和社区组织为提高各类社会成员的生活质量,并帮助满足具有一定困难的社会成员的基本物质文化生活需求而提供和组织实施的福利性的收入保障和服务保障。社会福利表现为国家以及各种社会团体提供的各种公共福利设施、津贴补助、社会服务以及各种集体福利事业,目的在于增加群众福利,改善国民的物质和文化生活。与社会救济保障的低层次相比,社会福利制度的保障是高层次的。

我国的社会福利由民政部门主管的社会福利事业、劳动和社会保障部门主管的职工福利以及自1987年由民政部倡导发展起来的与职工福利和社会福利密切相关的社会服务三部分组成。民政部发布的《社会福利机构管理暂行办法》第五条规定国务院民政部门负责指导国家、社会组织和个人举办的,为老年人、残疾人、孤儿和弃婴提供养护、康复、托管等服务的社会福利机构的管理工作。

社会福利机构设置的基本标准有:一是有固定的服务场所、必备的生活设施及室外活动场地;二是符合国家消防安全和卫生防疫标准,符合《老年人建筑设计规范》和《方便残疾人使用的城市道路和建筑物设计规范》;三是有与其服务内容和规模相适应的开办经费;四是有完善的章程,机构的名称符合有关登记机关的规定和要求;五是有与开展服务相适应的管理和服务人员,医务人员应当符合卫生行政部门规定的资格条件,护理人员、工作人员应当符合有关部门规定的健康标准。

县级以上人民政府民政部门应当加强对社会福利机构的管理,定期对社会福利机构的工作进行年度检查。社会福利机构应当建立健全各项规章制度和服务标准,并张榜公布,同时报民政部门备案。社会福利机构应当加强财务管理,其收益应当按国家的有关政策规定分配使用,自觉接受财政、审计、监察等部门的监督。社会福利机构应当与服务对象或者其家属(监护人)签订服务协议书,明确双方的责任、权利和义务。社会组织和个人兴办以孤儿、弃婴为服务对象的社会福利机构,必须与当地县级以上人民政府民政部门共同举办;社会福利机构收养孤儿或者弃婴时,应当经民政业务主管部门逐一审核批准,并签订代养协议书。

案例 8-4

王长生,某市某企业退休人员,丧偶。2019 年 9 月,王长生退休后,常常感到生活寂寞。王长生的子女工作比较忙,每周只来看望老人一两次,没有时间照顾老人。2020 年 5 月,王长生想到本市社会福利院生活,有子女的老人可以进入社会福利院吗?

简要分析:王长生可以进入社会福利院。以往社会福利院收养的全部是无子女、无收入、无劳动能力的老人。随着社会发展的需要,家庭结构的变化,社会福利院已经开始了市场化经营、运作。社会福利院在收养"三无"老人的同时,也吸收有子女、有收入的自费老人入住,以解决在职劳动力的后顾之忧。长期以来,我国以家庭养老为主要养老方式。然而,随着市场经济的发展,以及人们价值取向和道德观念的改变,家庭子女养老功能呈现弱化趋势,依靠老年个人劳动自养又受到年龄和健康状况的限制。因此,需要打破身份限制。只要老年人有需求,就可以进入养老院,这也体现了福利项目的内在规律,符合福利制度社会化的改革方向。本案中,王长生进入社会福利院既可以解决自己的生活问题,也可以解除子女的后顾之忧,让他们安心工作。

(四) 优抚安置制度

优抚安置是优待、抚恤、安置三种待遇的总称。优待是对义务兵家属和抚恤补助对象在公费医疗、入学、参军等方面的优先待遇;抚恤是指国家对伤残人员和牺牲、病故人员家属所采取的物质抚慰形式,包括伤残抚恤和死亡抚恤;安置是指对复员退伍军人、军队离退休干部及其随军家属和无军籍退休退职职工的安置。

2019年3月2日，国务院修订公布了《军人抚恤优待条例》，规定中国人民解放军的现役军人、服现役或者退出现役的残疾军人、复员军人、退伍军人、烈士遗属、因公牺牲军人遗属、病故军人遗属、现役军人家属，依照规定享受抚恤和优待。

2011年10月29日，国务院、中央军事委员会发布了《退役士兵安置条例》，条例规定国家建立以扶持就业为主，自主就业、安排工作、退休、供养等多种方式相结合的退役士兵安置制度，妥善安置退役士兵。全社会应当尊重、优待退役士兵，支持退役士兵安置工作。退役士兵安置所需经费，由中央和地方各级人民政府共同负担。

国家机关、社会团体、企业事业单位，都有接收安置退役士兵的义务，在招收录用工作人员或者聘用职工时，同等条件下应当优先招收录用退役士兵。接收安置退役士兵的单位，按照国家规定享受优惠政策。

自主就业的退役士兵入伍前是国家机关、社会团体、企业事业单位工作人员或者职工的，退出现役后可以选择复职复工，其工资、福利和其他待遇不得低于本单位同等条件人员的平均水平。

自主就业的退役士兵回入伍时户口所在地落户，属于农村集体经济组织成员但没有承包农村土地的，可以申请承包农村土地，村民委员会或者村民小组应当优先解决。

退役士兵符合下列条件之一的，由人民政府安排工作：一是士官服现役满12年的；二是服现役期间平时荣获二等功以上奖励或者战时荣获三等功以上奖励的；三是因战致残被评定为5级至8级残疾等级的；四是烈士子女的。

引例评析

该劳动合同无效，根据《劳动法》第十八条规定，采取欺诈、胁迫等手段订立的劳动合同无效。对于"欺诈"，原劳动部解释为一方当事人故意告知对方当事人虚假的情况，或者故意隐瞒真实的情况，诱使对方当事人作出错误意思表示的行为。无论是用人单位欺诈劳动者还是劳动者欺诈用人单位，都会导致合同无效。本案中刘志刚的行为无疑符合欺诈的特征。他与郑州航院的劳动合同应被认定为无效合同。《劳动合同法》第二十六条规定:"(一)以欺诈、胁迫的手段或者乘人之危,使对方在违背真实意思的情况下订立或者变更劳动合同的;(二)用人单位免除自己的法定责任、排除劳动者权利的;(三)违反法律、行政法规强制性规定的。对劳动合同的无效或者部分无效有争议的,由劳动争议仲裁机构或者人民法院确认。"

思考题

1. 劳动法调整的主体范围包括哪些?
2. 如何理解平等就业和自主择业原则?
3. 用人单位提前解除劳动合同的条件和程序是什么?
4. 劳动争议仲裁与劳动争议诉讼的关系是什么?
5. 我国社会保险法的分类是什么?

案例分析

1. 李某受雇于某私营贸易公司,与该私营贸易公司签订了三年期限的劳动合同。但工作以后,李某才知道,该私营贸易公司规章制度规定,员工的工资每月一直按70%发放,其余的30%工资,由公司年底一次结清。因此,李某每月只得到70%的工资,其余的30%工资到年底才能领回。年底到了,公司以经营不善为由,给员工发放公司滞销的产品抵销工资。李某要求支付现金遭到公司拒绝,李某应怎样维护自己的权益?

简要分析:该公司的规章制度违反了法律的强制性规定。

(1)《劳动法》第五十条规定,工资应当以货币形式按月支付给劳动者本人,不得克扣或者无故拖欠劳动者工资。

(2)《劳动法》第九十一条规定了违反此项规定用人单位的民事责任,用人单位克扣或者无故拖欠劳动者工资的,由劳动行政部门责令其支付劳动者工资报酬、经济补偿,并可以责令支付赔偿金。

(3)《劳动合同法》第八十条规定,用人单位直接涉及劳动者切身利益的规章制度违反法律、法规规定的,除由劳动行政部门责令改正,给予警告外,给劳动者造成损害的,还应当承担赔偿责任。

2. 王某于 2019 年 1 月入职甲劳务公司，担任某楼宇的保安人员，每月工资 3 000 元。2021 年，劳务公司大量保安人员离职，并在此后入职乙劳务公司。甲劳务公司人事经理为保证公司人员稳定，要求王某等保安人员与公司签订"竞业限制"协议，协议中约定一旦王某离职后入职乙劳务公司等竞争公司，需要向公司支付违约金 10 万元。2022 年 3 月，甲劳务公司降低王某工资为 2 500 元，王某不同意并以甲劳务公司违法降薪为由提出解除劳动关系，后入职乙劳务公司担任保安人员。

甲劳务公司认为王某违反了双方签订的"竞业限制"协议，向劳动仲裁机关提出仲裁申请，要求王某支付违反"竞业限制"的违约金。仲裁机关经审理，认为双方签订的"竞业限制"协议无效，驳回了甲劳务公司的申请请求。甲劳务公司不服继续向法院提起诉讼，法院应该支持甲公司的诉讼请求吗？

简要分析：法院应当判决驳回甲劳务公司的诉讼请求。

《劳动合同法》第二十四条规定，竞业限制的人员限于用人单位的高级管理人员、高级技术人员和其他负有保密义务的人员。在上述案件中，王某仅为从事基础体力性劳动的工作人员，并非掌握甲劳务公司商业机密的核心管理人员或员工，故不属于负有保密义务的主体。甲劳务公司试图以"竞业限制"协议的形式限制劳动者再就业，从而保持用工的稳定，明显排除了劳动者的合法权益，应属无效约定。

相关法律法规

1.《中华人民共和国劳动合同法》，2007 年 6 月 29 日通过，2012 年 12 月 28 日修正。

2.《中华人民共和国劳动合同法实施条例》，2008 年 9 月 18 日通过并施行。

3.《中华人民共和国劳动法》，1994 年 7 月 5 日通过，2018 年 12 月 29 日第二次修正。

4.《中华人民共和国劳动争议调解仲裁法》，2007 年 12 月 29 日通过，2008 年 5 月 1 日施行。

5.《全国年节及纪念日放假办法》，1949 年 12 月 23 日通过，2013 年 12 月 11 日第三次修订。

6.《国务院关于职工工作时间的规定》，1994 年 1 月 24 日通过，1995 年 3 月

25 日修订。

7. 《劳动保障监察条例》,2004 年 10 月 26 日通过,2004 年 12 月 1 日施行。

8. 《职工带薪年休假条例》,2007 年 12 月 7 日通过,2008 年 1 月 1 日施行。

9. 《女职工劳动保护特别规定》,2012 年 4 月 18 日通过,2012 年 4 月 28 日施行。

10. 《企业经济性裁减人员规定》,1994 年 11 月 14 日通过,1995 年 1 月 1 日施行。

11. 《企业职工患病或非因工负伤医疗期规定》,1994 年 12 月 1 日通过,1995 年 1 月 1 日施行。

12. 《工资支付暂行规定》,1994 年 12 月 6 日通过,1995 年 1 月 1 日施行。

13. 《劳动部关于企业实行不定时工作制和综合计算工时工作制的审批办法》,1994 年 12 月 14 日通过,1995 年 1 月 1 日施行。

第九章 环 境 法

导 读

环境法是一个广义的概念,它包括环境污染防治法律,也包括生态环境保护法律。污染防治法律主要包括各环境要素污染防治的单行法,如大气污染防治法、水污染防治法等。生态环境保护法律则又包含了自然资源保护法和生态空间保护法。自然资源保护法如土地资源保护法律、水资源保护法律等,生态空间保护法则包括自然保护区保护法律、风景名胜区保护法律等。由于环境法的内容十分庞杂,但又有很多相似之处,所以环境法通常会把各类法律中共同的基本原则、类似的法律制度、通用的法律责任等进行归纳总结,然后再研究各单行法中有特色的部分。

引入案例

2012年1月至2013年2月间,江苏常隆公司等6家企业违反国家环境保护法律和危险废物管理规定,将其生产过程中所产生的废盐酸、废硫酸等危险废物总计25 934.795吨,交给无危险废物处理资质的主体,偷排进泰兴市如泰运河、泰州市高港区古马干河,导致水体严重污染,造成重大环境损害。这次大型水污染事件也使河流沿岸多家渔业养殖户受损严重,其中张某渔业损失30万元。2014年9月10日泰州市环保联合会就环境利益损失向6家企业提起诉讼,要求6家企业承担污染修复费用,共计1.6亿多元。

问题:

(1) 张某的渔业损失如何挽回?

(2) 企业以张某不能证明鱼的死亡是由污染物排放导致的为由拒绝赔偿,这个理由成立吗?

(3) 张某可以以河流受到严重生态环境损害为由,起诉6家企业吗?

(案例分析,请参阅章后"引例评析"部分)

第一节 环境法概述

一、环境与环境法

(一) 环境

想要理解环境法的概念,我们首先要了解什么是环境。

环境,是指影响人类生存和发展的各种天然的和经过人工改造的自然因素的总体,包括大气、水、海洋、土地、矿藏、森林、草原、湿地、野生生物、自然遗迹、人文遗迹、自然保护区、风景名胜区、城市和乡村等。从这个概念可以看出,环境是一个广义的概念,既包括影响人类生存和生活的环境要素,如大气、水等,也包括满足人类发展需求的自然资源,如土地、矿藏等,还包括维持整个生态系统平衡的野生生物、自然保护区等。

(二) 环境法的概念

环境法是调整人们在开发、利用、保护和改善环境的活动中所产生的各种社会关系的法律规范的总称。需要注意的是,环境法的本质仍然是调整人与人之间的关系,但其最终目的却是要实现人与自然和谐共生。

(三) 环境法的特征

相比较于其他部门法,环境法具有如下特征:

(1) 综合性。环境社会关系涉及生产、流通、生活各个领域和方面,并与开发利用、保护环境和资源的广泛社会活动有关。因此,需要多种法律规范、多种方法,从多个方面对与环境相关的社会关系进行综合性调整。(2) 科学技术性。环境法的产生和发展是与科学技术的发展紧密相连的。环境法中有大量的技术性规范,环境法的实施也需要科学技术的保证。(3) 社会公益性。环境法的社会公益性是指,环境法不仅是统治阶级意志的反映,要为统治阶级的利益服务,而且还要反映社会公众的要求,为全社会的公共利益服务。(4) 人类共同性。环境问题是整个人类所面临的共同问题,其产生的原因,各个国家大体相同,解决环境问题的理论根据、途径和方法也基本相似。

(四) 环境法的体系

1.《宪法》中有关环境保护的法律规范

《宪法》是我国的根本大法,也是环境法律体系制定的基础。《宪法》第二十六条第一款规定:"国家保护和改善生活环境和生态环境,防治污染和其他公害。"第九条第二款规定:"国家保障自然资源的合理利用,保护珍贵的动物和植物。禁止任何组织或者个人用任何手段侵占或者破坏自然资源。"这明确规定了环境保护是我国的一项基本国策。同时《宪法》还规定了我国自然资源的权属、土地的合理利用、森林保护、自然遗迹保护等内容,为我国实行环境监督管理,制定环境保护法律、法规、规章提供了根本依据。但遗憾之处是,《宪法》尚未对公民环境权作出明确规定。

2. 环境保护基本法

环境保护基本法是国家对环境保护的方针、政策、原则和措施的基本规定,是原则性和综合性的法律规范。目前,我国的环境保护基本法是 1989 年颁布,2014 年修订的《中华人民共和国环境保护法》(简称《环境保护法》)。《环境保护法》规定了我国环境立法的目的,环境法的基本原则、监管体制、基本制度和环境法律责任等,是制定环境保护单行法、法规、规章的基本依据。

3. 环境保护单行法律、法规、规章

环境保护单行法是以宪法和环境保护基本法为依据,针对特定的保护对象或特定的污染防治对象而制定的单行法律和国务院制定的有关法规。根据其内容不同,可以分为以下几个部分:

一是污染防治法。污染防治法是以防治某一污染物为主要内容的环境污染防治法律、法规,如《中华人民共和国大气污染防治法》《中华人民共和国水污染防治法》《中华人民共和国土壤污染防治法》《中华人民共和国固体废物污染环境防治法》《中华人民共和国环境噪声污染防治法》《中华人民共和国海洋环境保护法》等。

二是自然资源与生态保护法。自然资源与生态保护法是以保护某一自然资源或者某一具有某种生态价值的环境要素或环境要素综合体为主要内容的法律、法规,如《中华人民共和国土地管理法》《中华人民共和国水法》《中华人民共和国草原法》《中华人民共和国森林法》《中华人民共和国野生动物保护法》《中华人民共和国自然保护区条例》等。

三是环境管理行政法规与规章。这类法律规范主要是关于环境管理机构的设置、职权、行政管理程序和行政处罚程序等方面的法规、规章。它们大多以国务院行政法规、国务院有关部委的部门规章,以及地方制定的地方法规和规章形式呈现,如《排污许可管理条例》《环境监测管理办法》等。

四是环境标准。环境标准是环境法特有的重要的组成部分,是国家为了维护环境质量,控制污染,保护人群健康、社会财富和生态平衡而制定的各种技术指标和规范的总称。环境标准主要包括环境质量标准和污染物排放标准,还有配套的环境方法标准、环境样品标准等。根据环境保护法的规定,环境标准分为国家和地方两级,地方可制定严于国家标准的地方标准,也可以就国家标准中未做规定的部分制定地方标准。环境标准内容庞大,如环境空气质量标准、土壤环境质量标准、地表水环境质量标准、城市区域环境噪声标准、污水综合排放标准等。

五是其他部门法中的环境保护规范。环境法与其他部门法,如民法、刑法、行政法、诉讼法等,有不同程度的渊源关系。以民法为例,《民法典》物权编中有关不动产权属和使用权的规定,与自然资源保护法中的规定是一致的,侵权责任编中也有专门关于环境侵权的规定;另外刑法中也有很多与环境和自然资源保护相关的罪名,如污染环境罪、盗伐林木罪等;而行政法中有关环境许可、行政处罚的规定也都是环境行政执法和法律责任相关规定的依据。除此之外,诉讼法、经济法等部门法中也有许多有关环境纠纷处理和环境保护的规定。

六是我国加入和批准签署的国际环境保护公约和条约的规定。我国加入和批准签署的国际环境保护公约、条约和议定书,是我国环境法体系的一个组成部分。只是这些国际公约和条约需通过国内法予以规定才能得到贯彻和落实,执法、司法机关不能直接引用这些国际环境保护公约和条约的规定作为处理、审判环境纠纷的依据。目前我国参加的重要环境保护国际条约有《联合国海洋法公约》《气候变化框架公约》《生物多样性公约》等。

二、中国环境保护思想

(一) 中国古代环境保护思想

中华民族向来尊重自然、热爱自然,《老子》中说:"人法地,地法天,天法道,道法自然。"《孟子》中说:"不违农时,谷不可胜食也;数罟不入洿池,鱼鳖不可胜食也;斧斤以时入山林,材木不可胜用也。"《荀子》中说:"草木荣华滋硕之时,则斧斤不入山林,不夭其生,不绝其长也。"我国古人不仅提出了先进的生态思想,不少朝代的统治者还将其纳入立法,如周文王颁布的《伐崇令》规定:"毋坏室,毋填井,毋伐树木,毋动六畜。有不如令者,死无赦。"这些观念和制度都强调人要按照自然规律活动,要把天地人统一起来,把自然生态同人类文明联系起来,表达了我们的先人对处理人与自然关系的重要认识。

(二) 马克思、恩格斯的环境保护思想

马克思主义虽然没有专门关注生态环境问题,但也有关于人与自然关系的思想。马克思、恩格斯认为,"人靠自然界生活",人类在同自然的互动中生产、生活、发展,人类善待自然,自然也会馈赠人类,但"如果说人靠科学和创造性天才征服了自然力,那么自然力也对人进行报复"。恩格斯在《自然辩证法》中还特别以美索不达米亚等地的居民通过烧毁森林获得耕地,从而导致水土流失,自然灾害频繁的例子,来说明破坏自然生态平衡,最终会招致自然报复的道理。这些理念被进而整合总结为马克思主义生态观。

(三) 可持续发展理念

可持续发展,最初于1972年在斯德哥尔摩举行的联合国人类环境研讨会上提出,指的是既满足当代人的需要,又不对后代人满足其需要的能力构成危害的发展。1994年中国政府编制了《中国21世纪人口、资源、环境与发展白皮书》,首次把可持续发展战略纳入我国经济和社会发展的长远规划。

可持续发展除了是一种新的发展理念,也提供了一种在域际和域内公平分配权利和义务的办法,确定了环境利益划分的方式和环境负担的承受的适当比例。具体体现在以下三个方面:

第一,代内公平。代内公平是指处于同一代的人们对来自资源开发以及享受清洁和健康的环境这两方面的利益都有同样的权利。它可以体现在国家层次和国际社会层次,既包括一国内部当代人之间在环境资源利益分配上的公平问题,也包括当代现有国家之间在环境资源利益分配上的公平问题。

第二,代际公平。其又称"世代间公平",它含有两个基本之义:其一,当代人对后代人的生存和发展的可能性负有不可推卸的责任,要求当代人克制欲望,理性地对待自己的行为。其二,并不要求当代人为后代人做出巨大牺牲,但也不允许当代人的消费、消耗给后代人造成高昂的代价。代际公平的主要目的是体现当代人为后代人保管、保存地球资源的观念。正如在北美印第安人中流传的谚语:"我们是从子孙那里借来土地","当你踏足于一片土地上时,请小心你的脚步,因为你的子孙正凝望着你,等待他们世代的到来"。

第三，种际公平。其指人类作为物种之一和地球生物圈内的其他物种是平等的，人类应当尊重其他生物生存的权利，寻求跨越人域的人与自然的和谐和公平。这是在对人的价值承认的基础上对其他生命物种种群价值承认的拓展。但这并未由此神化自然而否定人的尊严。人依然要通过实践改造自然，但这种实践不同于以往短视的盲目索取，而是注入了可持续发展的全新理念。

可持续发展的引入对我国环境立法产生了深刻的影响。我国先后制定和修改了多部环境法律，促使环境法律的基本原则发生了变化和发展，也推动了环境基本法律制度的改革、创新与完善。

(四) 科学发展观中的环境保护理论

新中国成立以来，我国历届领导人也十分重视生态环境保护。毛泽东时期就特别注重淮河的污染治理，而后随着可持续发展理念的传入，我国领导人的发展观和环境保护理念也不断更新，主要表现为和谐社会、科学发展观和生态文明建设思想。社会主义和谐社会，应该是民主法治、公平正义、诚信友爱、充满活力、安定有序、人与自然和谐相处的社会，其中，人与自然和谐相处，就是生产发展，生活富裕，生态良好。人与自然和谐的社会主义和谐社会思想是马克思主义理论的又一次升华，也对我国经济社会发展中经济发展与环境保护矛盾的解决指明了新的方向。党的十六大以来，以胡锦涛同志为总书记的党中央，高举中国特色社会主义伟大旗帜，以邓小平理论和"三个代表"重要思想为指导，立足社会主义初级阶段基本国情，总结中国发展实践，借鉴国外发展经验，适应中国发展要求，提出了科学发展观这一重大战略思想。科学发展观第一要义是发展，核心是以人为本，基本要求是全面协调可持续性，根本方法是统筹兼顾，其中，全面协调可持续发展即全面推进经济建设、政治建设、文化建设、社会建设各个环节、各个方面相协调、可持续。要实现全面协调可持续发展，一要进一步转变发展观念，彻底改掉不惜以牺牲资源、环境为代价追求产值的落后发展观念；二要进一步转变经济增长方式，要以节约资源、保护环境为目标，加大实施可持续发展战略的力度，大力发展循环经济，在全社会提倡绿色生产方式和文明消费，形成有利于低投入、高产出、少排污、可循环的政策环境和发展机制，完善相应的法律法规，全面建设节约型社会。科学发展观是将可持续发展理念中国化的一大思想创举，为我国环境保护事业的发展提供了重要指导思想。

(五) 生态文明思想

党的十八大以来，以习近平同志为核心的党中央站在战略和全局的高度，对生态文明建设和生态环境保护提出一系列新思想新论断新要求,将生态文明建设与经济建设、政治建设、文化建设、社会建设并列,作为统筹推进"五位一体"总体布局和协调推进"四个全面"战略布局的重要内容。同时,习近平总书记在党的十九大报告中指出我国社会主要矛盾已经转化为人民日益增长的美好生活需要和不平衡不充分的发展之间的矛盾。优美的生态环境也是美好生活的重要方面,因此大力推进生态文明建设,加快提升生态环境质量,是解决社会主要矛盾的必由之路。生态文明建设思想深刻回答了为什么建设生态文明、建设什么样的生态文明、怎样建设生态文明的重大理论和实践问题。提出新时代推进生态文明建设,必须坚持的原则有:坚持人与自然和谐共生;绿水青山就是金山银山;良好生态环境是最普惠的民生福祉;山水林田湖草是生命共同体;用最严格制度最严密法治保护生态环境;共谋全球生态文明建设。人与自然和谐共生是对人与自然关系的根本认识;绿水青山就是金山银山则阐释了经济发展与环境保护之间的关系,坚定了保护优先的理念;良好生态环境是最普惠的民生福祉,强调了生态文明建设中公众参与的重要性;山水林田湖草是生命共同体,则是用联系的观点,从全局角度寻求新的环境治理之道;用最严格制度最严密法治保护生态环境,则强调了环境治理手段除了经济和技术的发展,法律制度也是重要的手段;共谋全球生态文明建设,体现了中国人民在环境问题上的全球意识和世界责任担当。对于怎么建设生态文明,生态文明建设思想也进行了明确的回答,即要加快构建生态文明体系,全面推动绿色发展,把解决突出生态环境问题作为民生优先领域,有效防范生态环境风险,加快推进生态文明体制改革落地见效,提高环境治理水平。生态文明建设思想是当代中国研究生态环境保护思想的集大成者,它不仅是未来社会发展的指导思想,而且为环境法的发展指明了方向。

三、环境法的基本原则

环境与资源保护法的基本原则是指贯穿于整个环境与资源保护法之中,所有环境与资源保护法律规范都必须遵循和贯彻的,调整并决定一切环境与资源保护法律关系主体所有行为的指导思想和基本准则。

(一)保护优先原则

保护优先原则,狭义上是指在环境保护管理活动中应当把环境保护放在优先的位置加以考虑,在环境利益与其他利益发生冲突的情况下,应当优先考虑环境利益,作出有利于环境保护的决定。广义上是指按照环境保护基本国策的要求和经济社会发展与环境保护相协调的要求,在处理经济社会发展与生态和环境保护的关系时,要把生态和环境保护放在较优先的位置予以考虑和对待。

保护优先原则的前身是"环境保护与经济社会发展相协调"原则。其实质是以生态和经济理念为基础,要求对发展所涉及的各项利益都应当均衡地加以考虑,以衡平与人类发展相关的经济、社会和环境这三大利益的关系。在当下,人民对美好的生态环境的需求十分迫切,因此将协调发展原则升级为了环境保护优先原则。要实现保护优先原则,则需要把环境保护切实纳入国民经济和社会发展计划和决策之中,加快建立循环经济型社会,落实和完善绿色GDP的国民经济核算体系。

(二) 预防为主原则

预防为主原则的基本含义是在生态环境保护工作中,要把防止产生生态问题放在首位,事先采取防范措施,防止在生产生活等人类活动中对生态环境、自然资源造成污染、破坏,防止生态失衡,做到防患于未然。

首先,之所以要强调预防为主,主要原因是,环境问题一旦发生,往往难以消除和恢复,甚至具有不可逆转性。环境造成污染和破坏以后,再进行治理,从经济上来说也是最不合算的,往往要耗费巨额资金,这对经济发展是一个沉重的负担。其次,环境问题具有时空可变性大、后果显现缓发、潜在性强等特点,而人类对环境问题的认识却具有局限性。

预防为主原则有两个层次的含义。第一个层次是指,在已有科学依据证明某种行为会导致一定的环境问题的前提下,应该运用已有的知识和经验,对开发和利用自然环境带来的可能的环境危害事前采取措施以避免危害的产生。第二个层次则是指,即使在科学不确定的情况下,也应该基于现实的科学知识去评价环境风险,以避免行为对环境的损害。但是,在这一过程中想要充分地了解和掌握决策及其行为的结果是非常困难的,因此,不同的国家和地区对具有科学不确定性的行为采取的态度也会有所不同。针对不确定性对环境决策的困扰,20世纪80年代中期欧洲普遍开始运用了一个更为严格的环境政策原则"警惕原则",它要求谨慎对待可能出现的环境损害和环境风险,即使在科学不确定的条件下也必须采取一定的措施。

预防为主原则已经成为中国环境保护法律领域普遍适用的一项原则,我国制定和实施了大量具有预防性的环境管理制度,如开发利用环境和自然资源中的规划制度,环境影响评价制度、"三同时"制度等,同时我国还通过运用环境标准控制和减少生产经营活动向环境排放污染物,以达到预防污染的目的。除此以外,我国还应增强风险防范意识,谨慎对待具有科学不确定性的开发利用活动。

案例9-1

架设高压线时,环境利益和经济利益谁更优先被考虑?

某电力公司要架设一条220 KV的输电线路,以将周边的电力输送到市区。有两种方案:一是架设铁塔将输电线架高,这种方案操作简单,成本较低,但输电线铁塔的建设会直接影响沿线优美的自然景观,而且输电线导致的电磁辐射还会影响某科研机构和某学校电子仪器的正常使用,以及可能导致沿线数个小区居民的身体健康发生损害。第二种方案是铺设地下管道,此方案可以完全避免第一种方案的危害发生,但成本却要高出四分之三。

简要分析:无论从成本效益分析还是从环境风险的不确定性角度分析,第一种方案将会导致影响沿线优美的自然景观,某科研机构和某学校电子仪器不能正常使用,以及沿线数个小区居民的身体健康发生损害的风险。一旦发生,其带来的社会成本会更高,供电公司将要面对高额的赔偿费用和将输电线转入地下的费用。所以根据预防为主原则,应该选择第二种方案。

(三) 综合治理原则

综合治理原则是指,法律规定一切单位和个人都有保护环境的义务,并通过行政的、市场的和自治的等各种机制和手段,积极有效地治理环境问题。综合治理原则是生态文明建设中关于山水林田湖草是生命共同体理论的集中体现。要做到综合治理,要从系统工程和全局角度寻求新的治理之道,不能再是头痛医头、脚痛医脚,各管一摊、相互掣肘,而必须统筹兼顾、整体施策、多措并举,全方位、全地域、全过程开展生态文明建设。综合治理在我国环境保护法律中主要体现在以下几个方面:

一是治理主体的多元化。根据我国宪法和环境保护相关法律的规定,国家、企业和个人都有环境保护的义务,政府负责、企业积极、个人自觉。二是治理途径的综合性。虽然长久以来环境保护都被认为是政府的责任,因此治理手段以行政手段为主,但事实证明,生态补偿、第三方治理、排污权交易等经济手段在环境治理中更加体现出了成本低、效率高、自觉性强的优势,所以现在的环境法中广泛规定了行政手段和市场手段的环境管理制度。三是管理机制的综合性。环境保护不仅仅是生态环境部门、自然资源部门的职责,还需要财政、公安、教育、农业等部门的相互配合,必须齐抓共管才能实现环境治理的系统化。

(四) 公众参与原则

公众参与原则是指生态环境的保护和自然资源的开发利用必须依靠社会公众的广泛参与,公众有权通过一定的程序和途径参与一切与公众环境权益相关的环境决策活动,参与环境管理并对环境管理部门以及单位、个人与生态环境保护相关的行为进行监督。良好生态环境是最普惠的民生福祉。生态文明是人民群众共同参与、共同建设、共同享有的事业,要把建设美丽中国转化为全体人民自觉行动。

每个人都是生态环境的保护者、建设者、受益者,所以全民都应增强生态意识、环保意识,并以实际行动践行环境保护。但只有这些还不够,单个人的行为对环境的影响毕竟是轻微的,而建设项目或者规划对环境的影响则更广泛和深远,基于保护优先和预防为主的原则,环境法想要进一步发挥公众的力量,公众参与原则应包含三方面的内容:第一,环境信息知情权;第二,环境决策参与权;第三,环境监督权和诉讼权。

为实现公众参与环境保护的权利,环境法将公众参与作为了一项基本原则,在多项制度中加以规定,如,环境法律中规定了政府和企业环境信息公开的制度,在环境影响评价制度中强调环境听证的地位,鼓励和保护公民举报环境违法,规定公民环境知情权、环境决策权受非法侵害时的诉讼权利等。另外,值得一提的是,我国还制定了环境公益诉讼制度,鼓励环保团体为维护环境公共利益而向环境侵害人提起诉讼,这也极大地调动了公众参与环境保护的热情。我国环境法不仅肯定了公众参与环境保护的重要意义,还通过制定多种法律途径真正保障公民的环境参与权利,这也是生态文明建设的重要体现。

案例 9-2

云南昆明 PX 项目案

2013 年 2 月份,中石油位于云南省昆明安宁的炼化基地项目通过环评,获得审批。而作为炼化基地的下游配套项目的 PX 项目却受到了公众极大的质疑。因为 PX 工程污染环境,具有毒性,故对长期接触 PX 的人危险颇大,具有致突变(畸形)作用,长期接触也不能排除导致癌变的可能性。而对该 PX 项目的上马,昆明市政府却没有向公众透露任何消息。该项目首先受到云南网民的关注,之后还引发了近3 000名昆明市民的集体抗议PX事件,要求政府公开项目审批阶段的信息,并召开听证会,加大该项目上马过程的透明度,以加强该项目信息公开和环保监督。昆明市政府之后表态,该项目能否上马要公众来决定,经过公众的监督和参与,昆明市政府最终放弃了这项年产值约1 000亿的项目。

简要分析: 根据环境公众参与原则的内容,昆明PX项目主要侵犯了公众的环境知情权和环境决策参与权。首先,在该项目上马前以及环评阶段,都要进行广泛的信息公开,而昆明市政府却以该项目涉密为由未进行任何信息公开,然而根据环境法律规定,对涉密部分进行技术处理后,环评信息仍然需要公开,所以该项目侵犯了公众的环境知情权。其次,大型建设项目能不能上马还要在环评阶段通过听证会等形式广泛听取公众意见,而昆明的PX项目根本没有听取意见的环节,这又侵犯了公众的环境决策参与权。幸而通过多方的努力,昆明市政府进行了改进,最终实现了公众的环境参与权利。

(五) 环境责任原则

环境责任原则是指对环境造成污染的单位和个人,有责任对其污染源和被其污染的环境进行治理;自然资源的利用人或者受益人应当对自然资源的权利人或者生态服务提供人给予补偿。

环境责任原则的内容主要有两个方面:一是污染者付费,是指污染环境造成的损失及治理污染的费用应当由排污者承担,而不应转嫁给国家和社会。根据这一理念,针对污染者产生或者可能产生的环境污染损害,我国规定了排污收费制度和环境税制度,让污染者通过缴纳排污费或者环境税承担治理费用;针对环境污染导致的他人人身和财产的损害,则可以通过环境民事诉讼,让污染者承担赔偿责任。二是受益者补偿,即自然资源的开发利用者应该向政府支付相应的税费,补偿因其开发利用自然资源和生态环境所造成的损耗、损失;生态系统服务功能的受益人也应当向生态服务的提供者支付生态补偿费用或成本。根据这一理念,我国自然资源法律制度中普遍实行了自然资源有偿使用制度,例如,开发商使用国有土地要支付土地使用金。而在生态服务领域,目前则正在探索和实施生态补偿制度。例如,江苏省盐城市建有候鸟和麋鹿两大国家级自然保护区,盐城市为加大保护力度,在保护区及其周边实施了严格的环境保护措施,这不仅占用了盐城市的大量土地资源和财政资金,而且为了达到保护区生态环境保护的要求,盐城市还严格限制工业企业的发展,丧失了大量经济发展的机会。而两大自然保护区对候鸟和麋鹿保护的受益者却并不只是盐城,而是惠及全国甚至全球,所以受益者就应该对生态服务的提供者进行补偿,可通过国家财政转移的方式进行生态补偿。

四、环境法的主要制度

环境法律制度,是指为贯彻落实环境与资源保护法的基本原则,由调整特定环境社会关系的一系列环境与资源保护法律规范所组成的相对完整的规则系统。根据我国环境保护法及单行环境法律法规的规定,在环境污染防治与管理中起重要作用的基本法律制度有:环境影响评价制度、"三同时"制度、环境税制度、排污许可证制度等;在自然资源保护领域主要有:自然资源权属制度、自然资源有偿使用制度等。

(一) 环境影响评价制度

1. 环境影响评价制度的概念

环境影响评价,是指对规划和建设项目实施后可能造成的环境影响进行分析、预测和评估,提出预防或者减轻不良环境影响的对策和措施,进行跟踪监测的方法与制度。

环境影响评价制度于 1969 年由美国《国家环境政策法》首次以法律形式确立,此后,得到了各国的肯认。我国 2002 年也颁布了《中华人民共和国环境影响评价法》,并于 2016 年进行第一次修正,于 2018 年进行第二次修正。

2. 环境影响评价制度的内容

环境影响评价根据对象不同可以分为规划的环评和建设项目的环评。

规划的环评即关于规划的环境影响评价。规划又可以分为综合性规划和专项规划。对于综合性规划,环评制度要求规划中必须编写该规划有关环境影响的篇章或者说明。对于专项规划,环评制度则要求在该专项规划草案上报审批前,必须组织进行环境影响评价,并通过听证会等形式充分听取公众意见,才可向审批该专项规划的机关提出环境影响报告书。

建设项目环评是指一切对环境有影响的工业、交通、水利、科研、旅游、市政等建设项目,都必须编制环境影响报告文件。国家根据建设项目对环境的影响程度,对建设项目的环境影响评价实行分类管理。可能造成重大环境影响的,应当编制环境影响报告书,对产生的环境影响进行全面评价;可能造成轻度环境影响的,应当编制环境影响报告表,对产生的环境影响进行分析或者专项评价;对环境影响很小、不需要进行环境影响评价的,应当填报环境影响登记表。

3. 环境影响评价制度的法律效力及法律责任

根据环保法的规定,编制有关开发利用规划,建设对环境有影响的项目,应当依法进行环境影响评价。未依法进行环境影响评价的开发利用规划,不得组织实施;未依法进行环境影响评价的建设项目,不得开工建设。

环境影响评价法从环评义务单位、环评编制单位、环评审批单位三个角度规定了严格的法律责任。特别是针对环评义务单位,如建设单位未批先建的,《环境影响评价法》第三十条第一款规定,由县级以上生态环境主管部门责令停止建设,根据违法情节和危害后果,处建设项目总投资额百分之一以上百分之五以下的罚款,并可以责令恢复原状;对建设单位直接负责的主管人员和其他直接责任人员,依法给予行政处分。

(二)"三同时"制度

1. "三同时"制度的概念

"三同时"制度是我国首创的一项环境法基本制度。"三同时"是指一切新建、改建和扩建的基本建设项目、技术改造项目、区域开发建设项目、自然开发利用项目以及其他可能损害环境的项目,其中防治污染和生态破坏的设施,必须与主体工程同时设计、同时施工、同时投产使用。"三同时"制度是指法律规定的关于"三同时"的一系列相对完整的实施规则系统。

2. "三同时"制度的适用范围

"三同时"制度的适用范围包括:新建、扩建、改建的基本建设项目,技术改造项目,区域开发项目,自然开发利用项目及可能对环境造成污染和破坏的其他项目。值得注意的是,一些具有环境正效益的项目,如污水集中处理厂、垃圾焚烧厂等,由于在特定的情况下也会对环境造成一定的影响,也可能对环境产生污染或生态破坏,因此也要实施"三同时"制度。

3. "三同时"制度与环评制度的关系

"三同时"制度与环评制度同为预防性制度,但二者并不存在重叠,环评制度要求是建设项目开工前要对该项目可能造成的环境问题进行预测、评估,并提出解决和减轻对环境不良影响的措施。而"三同时"制度的同时设计,则要求必须按照环评制度中提出的环境保护措施的要求进行设计,并进行施工和使用。因此"三同时"制度是对环评制度的续接和落实,两者紧密相连,但不可替代。

(三) 环境许可制度

1. 环境许可制度的概念

环境许可制度是指国家有关环境、资源主管部门依据环境法的有关规定,对提出申请的单位和个人颁发许可证、资格证书或者执照等文件,允许其从事某项对生态环境有积极或消极影响的活动的法律制度。

2. 环境许可制度的种类

许可证制度广泛应用于环境保护、污染防治以及自然资源保护等领域。根据我国现行环境法律的有关规定,许可证的种类主要有:第一类防止环境污染许可证,如排污许可证、废弃物海洋倾倒许可证,化学危险物品生产、运输、保管许可证;第二类是防止环境破坏许可证,如取水许可证、林木采伐许可证、采矿许可证、煤炭生产许可证、捕捞许可证;第三类是整体环境保护许可证,如建设用地规划许可证。

(四) 环境标准制度

1. 环境标准制度的概念

环境标准制度是指国家为了保护公众人体健康、社会物质财富,维持生态平衡,对大气、水、土壤等环境质量,按照法定程序对环境要素间的配比、布局和各环境要素的组成以及进行环境保护工作的某些技术要求加以限定的规范。我国的环境标准,既是标准体系的一个分支,又属于环境保护法律体系的重要组成部分。

2. 环境标准体系

环境标准体系是指根据环境标准的性质、内容和功能,以及它们之间的内在联系,将其进行分级、分类,构成一个有机联系的统一整体。环境标准体系具有协调性、层次性、配套性、发展性的特点。

环境标准可以分为三个等级:国家级标准、地方级标准、国家环境保护行业标准。由国务院环境保护行政主管部门依法组织制定各类国家级环境标准并负责标准的颁布和监督实施;由省(自治区、直辖市)人民政府针对国家环境质量标准和污染物排放标准中未作规定的项目制定地方补充标准,或者制定严于国家规定的地方标准。地方标准必须报国务院环境保护行政主管部门备案。地方环境标准优先于国家环境标准执行。国家环境保护行业标准是指需要在全国范围内同一的技术要求而又没有国家环境标准时,由生态环境部制定的标准。

环境标准又可以分为五类:环境质量标准、污染物排放标准、环境基础标准、环境方法标准和环境样品标准。环境质量标准是指为了保护人体健康、社会财富安全和维护生态平衡,对环境中有害物质或因素含量的最高限额和有利环境要素的最低要求所作的规定,如环境空气质量标准、水环境质量标准、声环境质量标准等。污染物排放标准是为了实现环境质量标准的目标,结合技术经济条件和环境特点,对允许污染源排放污染物或有害环境能量的最高限额所作的规定,如大气污染物综合排放标准等。环境基础标准是国家对在环境保护工作中具有普遍适用意义的名词术语、符号、规程、指南、导则等所作的规定,如制定地方水污染物排放标准的技术原则与方法。环境方法标准是国家对环境保护工作中涉及的试验、检查、采样、分析、统计和其他作业的方法所作的规定,如机动车辆噪声测量方法。环境样品标准是为了在环境保护工作和环境标准实施过程中标定仪器、检验测试方法、进行量值传递而由国家法定机关制作的能够确定一个或多个特性值的物质和材料,是实物标准。

(五) 自然资源权属及有偿使用制度

1. 自然资源权属制度

自然资源权属制度是指自然资源的所有权、使用权等财产权制度。其主要是关于自然资源归谁所有、使用,以及由此产生的法律后果由谁承担的一系列法律规范。我国的自然资源权属制度主要包括两方面的内容:一是自然资源所有权,二是自然资源使用权。

我国自然资源法中所规定的自然资源所有权主要包括自然资源国家所有权和自然资源集体所有权。按照自然资源的种类来划分,可分为土地资源所有权、水资源所有权、森林资源所有权、草原资源所有权、矿产资源所有权、野生动植物资源所有权等等。

自然资源使用权是指单位和个人依法对国家所有或集体所有的自然资源进行占有、使用和收益的权利。目前,我国对于自然资源使用权的获得,普遍采用有偿使用制度,但对于具有公益性质的使用,也可以采取划拨等无偿使用方式。

2. 自然资源有偿使用制度

自然资源有偿使用制度,是指国家以自然资源所有者和管理者的双重身份,为实现所有者权益,保障自然资源的可持续利用,向使用自然资源的单位和个人收取自然资源使用费的制度。如,土地使用权的获得需要向土地管理部门缴纳土地使用金;水资源使用权的获得需要向水行政主管部门缴纳水资源费,才能获得取水权。

五、环境法律责任

(一) 环境行政法律责任

我国现行的环境与资源保护法律、法规规定的环境行政法律责任的主要形式有：环境行政处分、环境行政处罚。

1. 环境行政处罚

环境行政处罚是由特定的国家行政机关（享有环境与资源保护监督管理权的国家机关），按照国家有关行政处罚法律法规的程序，对违反环境与资源保护法律法规或行政法规而尚未构成犯罪的公民、法人或其他组织给予的法律制裁。环境行政处罚的种类主要有：警告、罚款、没收违法所得、限制生产、停业整治、责令停业、关闭、拘留。其中，对于罚款，环境法创新地制定了按日计罚方式，即企业事业单位和其他生产经营者违法排放污染物，受到罚款处罚，被责令改正，拒不改正的，依法作出处罚决定的行政机关可以自责令改正之日的次日起，按照原处罚数额按日连续计罚。按日连续计罚主要是为了解决企业违法成本低、守法成本高的问题，通过按日连续计罚，大幅提高违法成本，从而敦促企业自觉守法排污。另外，对造成严重环境问题，但尚不构成犯罪的，除对企业要处以罚款等行政处罚外，其直接负责的主管人员和其他直接责任人员还将承担拘留的法律责任。

2. 环境行政处分

环境行政处分是指依照行政上的隶属关系，由上级国家机关、国有企事业单位依法对实施了环境违法行为的下属工作人员或下级行政机关、国有企事业单位工作人员，按照有关纪律处分规定所做出的行政制裁。环境行政处分的种类主要有：警告、记过、记大过、降级、撤职、开除。

(二) 环境民事法律责任

1. 环境民事法律责任的概念

环境污染或资源破坏通常会导致特定或可认定的人的生命、健康、财产、精神损害，同时还会对环境要素构成不良影响，这通常被称为环境侵害。对于这些损害和侵害，则可以通过让环境侵害者承担民事责任的方式进行弥补。因此，环境民事法律责任指环境法律关系主体因不履行环境保护义务而侵害了他人或者公众的环境权益所应承担的否定性的法律后果。

2. 环境民事责任的归责原则及构成要件

根据环境保护法和民法典债权责任编的规定，因污染环境和破坏生态造成损害的,污染者或者破坏者应当承担侵权责任。根据这些规定,环境民事责任适用无过错责任原则。无过错责任原则是指,不管环境侵权者主观上是否存在过错,只要其排污等行为造成了或者极有可能造成环境污染和生态破坏,进而导致他人的损失的,就必须承担赔偿等民事法律责任。这主要是基于对环境受害人弱势一方的照顾。在环境侵权行为中,侵权人往往是企业,而受害人通常是无辜的百姓,即使企业进行的是合法排污,但考虑到企业毕竟是排污行为的受益者,也是这种污染危险的制造者,且其经济承受力远大于普通百姓,所以只要其排污行为给他人,特别是无辜百姓造成损害,就应当承担赔偿责任。

因为环境民事责任适用的是无过错责任原则,所以不管环境侵权人有没有过错,只要满足有排污行为或者其他生态环境利用行为,且这个行为给他人造成了损害,损害后果与排污等生态环境利用行为间又有因果关系,那么环境民事责任即已构成。需要特别注意的是,为了进一步减轻环境受害者的举证责任,环境法规定了因果关系举证责任倒置的制度。所谓因果关系举证责任倒置是指环境受害人无须对环境损害行为与损害后果之间有因果关系进行举证,而是由环境侵害人对该因果关系不成立承担举证责任,如果不能证明该因果关系不成立,则推定因果关系存在。

出于对环境受害人特别保护的立场,环境法还规定了较为严格的免责事由。在环境民事责任中,可以免责的事由有:①完全由于不可抗拒的自然灾害,并经及时采取合理措施,仍然不能避免造成环境污染损害的。强调不可抗力中只有自然灾害才可以免责,而战争、暴动等人为的不可抗力则不能免责,同时,还要求污染者必须及时采取合理措施,如未采取措施,也不能免责。②被侵权人对损害的发生也有过错的,可以减轻侵权人的责任。③损害是因受害人故意造成的,污染者不承担责任。④因正当防卫造成损害的,不承担责任。⑤因紧急避险造成损害的,由引起险情发生的人承担责任。

对于因第三人的过错污染环境造成损害的,环境法做了特殊规定,即被侵权人可以向污染者请求赔偿,也可以向第三人请求赔偿。污染者赔偿后,有权向第三人追偿。所以污染者并不能直接免责,这也主要是出于对受害人的特殊保护。

案例 9-3

小偷盗取剧毒化学品原材料倾倒入河流导致水污染案

某化工厂购买了一批剧毒化学品原材料,将其存放入仓库并将库门上锁。

但是,当晚该厂发生了盗窃案,小偷将锁砸烂后偷走三桶化学品原材料,为了得到外包装非常精美的塑料桶而将桶内的剧毒化学品倒入附近的一条河流中,造成河流下游发生了大规模水污染事故,导致供50万人饮水的自来水厂暂时关闭和河流养殖的鱼类大量死亡。受害人发现小偷根本无力赔偿损失。

简要分析: 本案中,虽然该污染事件是由第三人小偷导致,但根据环境法的规定,作为剧毒化学品原材料的所有人和管理人,化工厂仍然是污染者,而在第三人致害的情况下,受害人既可以向污染者要求赔偿,也可以向第三人要求赔偿,所以受害人可以向化工厂要求赔偿。在本案中,如果规定第三人致害,化工厂可以免责,那么像本案中第三人小偷无力赔偿的情况下,就只能由受害人无辜承受巨大损失。相较而言,化工厂有较大的财力支付赔偿金额,所以可以先由化工厂赔偿,然后再由化工厂向小偷追偿。这也是出于对受害人的特别保护。

3. 环境民事公益诉讼

(1) 环境民事公益诉讼的概念和特征

环境民事公益诉讼就是对已经损害社会公共利益或者具有损害社会公共利益重大风险的污染环境、破坏生态的行为提起的民事诉讼。相比较于普通环境民事诉讼,环境民事公益诉讼有如下特点:

第一,保护法益的特殊性。环境民事公益诉讼的目的是维护环境公共利益,即不特定多数人的环境利益,而普通环境民事诉讼保护的是特定人的人身、财产等私益。

第二,诉讼主体的特殊性。环境民事公益诉讼的起诉主体不一定是与本案有直接利害关系的人。凡是能代表环境公共利益的主体,不管是环保社会组织,还是检察院、行政机关,都可以代表公众提起环境民事公益诉讼。而普通环境民事诉讼要求必须是直接受害人才可以提起。

第三,环境民事公益诉讼具有显著的预防性,同时兼具补救功能。环境民事公益诉讼的提起及最终裁决并不要求一定有损害事实发生,只要能根据有关情况合理判断出可能使社会公益受到侵害,即可提起诉讼,由违法行为人承担相应的法律责任。而一般情况下,普通环境民事诉讼只有在产生了损害的情况下才能提起。

(2) 起诉主体

根据民事诉讼法的规定,对污染环境损害社会公共利益的行为,法律规定的机关和有关组织可以向人民法院提起诉讼。人民检察院在履行职责中发现破坏生态环境和资源保护、损害社会公共利益的行为,在没有前款规定的机关和组织或者前款规定的机关和组织不提起诉讼的情况下,可以向人民法院提起诉讼。前款规定的机关或者组织提起诉讼的,人民检察院可以支持起诉。

《环境保护法》还对可以向人民法院提起诉讼的社会组织的条件做了具体规定,必须是依法在设区的市级以上人民政府民政部门登记,且专门从事环境保护公益活动连续五年以上且无违法记录的社会组织。

可见,目前我国可以提起环境民事公益诉讼的主体有环保社会组织、生态环境主管部门等国家机关,以及人民检察院。个人尚未被允许成为环境民事公益诉讼的起诉主体。

(三) 环境刑事法律责任

环境刑事法律责任是指行为人违反环境法造成环境严重污染或者破坏,构成犯罪时,依法应当承担的以刑罚为处罚方式的法律后果。

《刑法》分则第六章"妨碍社会管理秩序罪"中专门设立了"破坏环境资源保护罪",具体罪名主要有:污染环境罪,非法处置进口的固体废物罪,非法捕捞水产品罪,危害珍贵、濒危野生动物罪,非法占用农用地罪,非法采矿罪,危害国家重点保护植物罪,盗伐林木罪等。

案例 9-4

大学生掏鸟被判 10 年案

2014 年 7 月,大学生小闫在家乡辉县市高庄乡土楼村过暑假。小闫和朋友小王发现村外树林里有鸟窝。于是二人拿梯子攀爬上去掏了 12 只小鸟。饲养过程中逃跑一只,死亡一只。后来,小闫将鸟的照片上传到朋友圈和 QQ 群,就有网友与他取得联系,说愿意购买小鸟。小闫遂将小鸟卖给了郑州等地的买鸟人,获利一千余元。之后,两人又发现一个鸟窝,又掏了 4 只鸟。不过这 4 只鸟刚到小闫家就引来了辉县市森林公安警察。第二天两人被刑事拘留,同年 9 月 3 日二人被逮捕。后新乡市辉县市检察院向辉县市法院提起公诉。新乡市辉县市法院三次公开开庭审理了此案。经权威部门鉴定,他们掏的鸟是燕隼,是国家二级保护动物。新乡市辉县市法院一审判决,以非法收购、猎捕珍贵、濒危野生动物罪判处小闫有期徒刑 10 年半,以非法猎捕珍贵、濒危野生动物罪判处小王有期徒刑 10 年,并分别处罚金 1 万元和 5 000 元。新乡市中院二审维持原判。

简要分析：《刑法》第三百四十一条规定,非法猎捕、杀害国家重点保护的珍贵、濒危野生动物的,或者非法收购、运输、出售国家重点保护的珍贵、濒危野生动物及其制品的,处五年以下有期徒刑或者拘役,并处罚金;情节严重的,处五年以上十年以下有期徒刑,并处罚金;情节特别严重的,处十年以上有期徒刑,并处罚金或者没收财产。从法律的角度来说,小闫的情节是属于特别严重的。辉县市人民法院的判决书认为,"被告人闫某在判决宣告以前犯有数罪,应予数罪并罚",最终做出如上判决。

但很多人认为判得太重了,小闫甚至很多人都不认识这种小鸟就是国家二级保护动物。但需要注意的是,"知不知道燕隼是国家二级保护动物以及知不知道因此触犯刑法"只是法律认识,而对法律认识的错误,并不是刑事责任可以免责的事由。同时,法院的严惩也是对法律尊严的捍卫和对生命的敬畏。

第二节　环境污染防治法

一、环境污染的概念

所谓环境污染,是指由于人类生产、生活等活动产生的已知或未知的某些物质进入环境,导致环境的物理、化学和生物等特性发生改变,从而引起环境质量下降、自然生态改变、生物物种减少或灭绝以及危害人体健康、影响环境的有效利用或破坏环境的现象。针对不同的环境要素,我国制定了相应的污染防治法律规范,并形成相对完整的体系。

二、环境污染防治法体系

1979年颁布实施第一部《中华人民共和国环境保护法(试行)》以来,我国的环境污染防治立法得到了迅速的发展。目前我国环境污染防治法的体系,根据环境要素划分,主要是由七方面的法律、行政法规、部门规章以及地方性环境与资源保护法规或规章组成:大气污染防治法、水污染防治法、土壤污染防治法、海洋污染防治法、固体废物和其他危险物质污染防治法、噪声污染防治法、放射性污染防治法。

由于同属于污染防治类法律规范,因此管理机制、治理手段等均有相通之处,有多项法律制度是这些污染防治类法律所共有的,而这些法律制度因其重要性和共通性,也大部分都在环境法的基本制度中有所介绍,主要包括:环境影响评价制度、"三同时"制度、环境标准制度、环境许可制度等,此处不再赘述。接下来会重点介绍几项污染防治类法律中比较有特色的法律规定。

三、大气污染防治法

我国《中华人民共和国大气污染防治法》除规定了大气污染防治的规划制度、标准和限期达标制度、监管体制之外,还针对大气污染的类型,就污染防治措施做了相应的专门规定,主要包括:燃煤和其他能源污染防治、工业污染防治、机动车船等污染防治、扬尘污染防治、农业和其他污染防治、重点区域大气污染联合防治、重污染天气应对。

值得关注的是,针对人们普遍关注的雾霾等重污染天气,《中华人民共和国大气污染防治法》也及时作出反应,特别制定了重污染天气应对法律制度。通过建立重污染天气监测预警体系、启动应急响应和实施应急评估的规定,积极快速应对重污染天气。

四、水污染防治法

针对我国严重的水污染问题,我国《中华人民共和国水污染防治法》除了规定水污染防治的监管体制、水环境保护标准制度外,还有总量控制制度、排污许可制度、水环境监测制度、饮用水水源保护区制度、公众参与环境影响评价制度等主要的法律制度。

鉴于饮用水水源对人们生活、生产的重要价值,《中华人民共和国水污染防治法》做了特别的规定,即饮用水水源保护区制度。饮用水水源保护区分为一级保护区和二级保护区;必要时,还可以在饮用水水源保护区外围划定一定的区域作为准保护区。在不同的保护区内,还做了严格的禁限规定。在饮用水水源一级保护区内禁止新建、改建、扩建与供水设施和保护水源无关的建设项目,禁止从事网箱养殖、旅游、游泳、垂钓或者其他可能污染饮用水水体的活动,禁止个人在饮用水水源一级保护区内游泳、垂钓或者从事其他可能污染饮用水水体的活动。在饮用水水源二级保护区内禁止新建、改建、扩建排放污染物的建设项目;从事网箱养殖、旅游等活动的,应当按照规定采取措施,防止污染饮用水水体。在饮用水水源准保护区内禁止新建、扩建对水体污染严重的建设项目;改建建设项目,不得增加排污量。除了严格的限制性规定,还制定了严格的法律责任,以确保饮用水水源水环境的安全。

五、土壤污染防治法

土壤污染防治法是一类新的污染防治法。过去,我们一直认为土壤环境质量的下降皆因大气、水、固体废物污染所致,只要将其他环境要素污染问题解决,土壤污染问题也相应而解。但近年来频繁发生的土壤污染致害事件备受公众关注,对土壤污染问题进行专项立法迫在眉睫,因此2018年我国颁布了《中华人民共和国土壤污染防治法》。

土壤污染防治法建立了土壤污染防治的基本管理制度,明确政府目标责任制和考核评价制度;建立土壤环境信息共享制度,要求生态环境部会同有关部门建立土壤环境基础数据库,构建全国土壤环境信息平台,实行数据动态更新和信息共享;建立风险管控,分类管理制度,通过普查、详查、调查、监测、风险评估等措施和途径,掌握土壤污染的状况和变化趋势,为风险管控打好基础。同时,根据土地的不同用途和污染程度,规定了不同的应对措施、管理手段和管理要求,分类实施以有效地防范和应对土壤污染;建立土壤污染状况调查、监测制度,规定至少每十年开展一次全国土壤污染状况普查,并制定土壤环境监测规范,统一规划国家土壤污染状况监测站(点)的设置。除此之外,土壤污染防治法还针对土壤污染流转和历史遗留问题复杂的情况,规定了科学合理的责任人制度。土壤污染风险管控和修复义务首先由土壤污染责任人承担;责任人无法认定的,由土地使用权人或者土地管理者承担;责任人变更的,由变更后承继人承担;土地使用权被地方人民政府收回的,由地方人民政府组织实施土壤污染风险管控和修复。该规定在一定程度上避免了土壤污染因责任主体不明、追偿不到位而修复不及时的情况,充分考虑了土壤污染的特殊性。

案例 9-5

常州市外国语学校毒地污染事件

2016年,常州市外国语学校数百名学生体检查出皮炎、湿疹、支气管炎、血液指标异常、白细胞减少等症状。学校附近正在进行土壤修复施工的"毒地"成为学生家长怀疑的对象,此地曾先后被常隆化工有限公司、常宇化工有限公司、华达化工集团有限公司三家化工企业使用。2016年4月29日,北京市朝阳区环保组织自然之友和中国生物多样性保护与绿色发展基金会对造成污染的三家化工企业提起公益诉讼,要求三家公司承担污染土壤和地下水的环境修复费用3.7亿元,向公众赔礼道歉。

简要分析:该案件属于土壤污染类环境公益诉讼案件。在一审判决中,常州市中级人民法院认为该土壤污染地块已经由政府进行了修复,所以无须再由三被告承担修复费用,也没有支持要求三被告赔礼道歉的请求。二审虽然支持了三被告进行赔礼道歉,但仍然驳回了请求被告承担修复费用的请求。显然,环境的自我修复和其他主体对环境的修复,并不能成为污染者免除修复责任的事由。而且通过以往的环境民事公益诉讼的案例我们可以看出大部分法院是支持这一观点的。另外,根据土壤污染防治法有关修复责任人的规定,修复义务首先应该由污染者承担。所以该案的一审和二审结果都没有达到公众的期待。

六、固体废物污染环境防治法

固体废物,俗称垃圾,常被称为放错地方的资源。对固体废物的污染防治有自己的特色,而且随着社会发展,对生活垃圾分类处理的社会呼吁也促使固体废物污染环境防治法律制度不断更新和改进。2020年9月1日,经过三次修正,二次修订的《中华人民共和国固体废物污染环境防治法》(简称《固体废物污染环境防治法》)开始实施。

《固体废物污染环境防治法》依然坚持固体废物污染环境防治减量化、资源化和无害化原则,强化政府及其有关部门监督管理责任;明确目标责任制、信用记录、联防联控、全过程监控和信息化追溯等制度;明确国家逐步实现固体废物零进口;完善工业固体废物污染环境防治制度;强化产生者责任,增加排污许可、管理台账、资源综合利用评价等制度;完善建筑垃圾、农业固体废物、危险废物等污染环境防治制度。需要特别提出的是,《固体废物污染环境防治法》根据社会需求大力完善了生活垃圾污染防治制度,明确国家推行生活垃圾分类制度。确立生活垃圾分类的原则;统筹城乡,加强农村生活垃圾污染环境防治;规定地方可以结合实际制定生活垃圾具体管理办法。同时,《固体废物污染环境防治法》考虑到固体废物的处置是一个系统化的工程,所以增加了"保障措施"一章,从用地、设施场所建设、经济技术政策和措施、从业人员培训和指导、产业专业化和规模化发展、污染防治技术进步、政府资金安排、环境污染责任保险、社会力量参与、税收优惠等方面全方位保障固体废物污染环境防治工作。

第三节 生态环境保护法

一、生态环境的概念

生态环境是指影响生态系统发展的各种天然和经过人工改造的自然因素的总和。从对人类的利用价值的角度，可以将生态环境分为自然资源和生态空间。自然资源通常被认为是客观存在于自然界可供人类利用的一切物质和能量的总称，它包括土地资源、矿藏资源、森林资源、草原资源、水资源、海洋资源和野生生物资源等。我们一般注意到的是自然资源对人类的利用价值，但多数自然资源具有双重属性，既属于自然资源的范畴，又是重要的环境要素，对维持生态系统平衡具有重要意义，所以自然资源不仅具有经济价值，还具有重要的生态价值。生态空间则主要包括自然保护区、国家公园、风景名胜区、乡村与城市环境等。

二、生态环境保护法的体系

（一）宪法中有关生态环境保护的规定

宪法原则性地规定了对自然资源的权属及合理利用和生态保护的要求，同时也着重对野生动植物、土地资源和森林资源进行了规定。这些规定为我国生态保护立法奠定了坚实的宪法基础，指明了生态环境利用和保护的方向。

（二）环境保护法中的规定

环境保护法作为环境基本法，对生态环境保护的基本原则、制度和法律责任等也做了原则性规定。主要涉及的有：生态红线制度、自然资源合理开发利用制度、生态补偿制度等。

（三）生态环境保护单行法

根据生态环境的分类，生态环境单行法也可以大体分为两类：一是自然资源保护法，主要有土地管理法、水法、野生动物保护法、野生植物保护法、森林法、草原法、矿产资源法、海洋环境保护法等。二是生态空间保护法，主要有自然保护区条例、风景名胜区条例、文物保护法等。

由于生态环境保护法的内容十分庞大，我们选取几类有代表性的单行法给大家进行介绍。

三、土地资源保护法

（一）土地权属制度

1. 所有权

我国实行土地的社会主义公有制，即全民所有制和劳动群众集体所有制。全民所有，即国家所有，城市市区的土地属于国家所有。农村和城市郊区的土地，除由法律规定属于国家所有的以外，属于农民集体所有；宅基地和自留地、自留山，属于农民集体所有。任何单位和个人不得侵占、买卖或者以其他形式非法转让土地所有权。因此，国家和农民集体是我国土地所有权的主体。土地公有制是我国土地制度的基础。国家所有土地的所有权由国务院代表国家行使。农民集体所有的土地，由县级人民政府登记注册，核发证书，确认所有权。

2. 使用权

国有土地和农民集体所有的土地，可以依法确定给单位或者个人使用。国家依法实行国有土地有偿使用制度。但是，国家在法律规定的范围内划拨国有土地使用权的除外。土地有偿使用制度即国有土地使用权的出让，是指国家将国有土地使用权在一定年限内出让给土地使用者，由土地使用者向国家支付土地使用权出让金的行为。在我国，只有以出让方式取得的国有土地使用权才可以转让。土地使用权划拨，是指通常因公共利益或者公共事业的需要，经县级以上人民政府依法批准，在土地使用者缴纳补偿、安置等费用后将该幅土地交付其使用，或者将国有土地使用权无偿交付给土地使用者使用的行为。以划拨方式取得的土地使用权，不能进行转让。

（二）耕地保护制度

国家实行严格的耕地保护制度，要求耕地保有量的18亿亩红线不能动。为达到这一目标，土地管理法规定的耕地保护制度主要有：占用耕地补偿制度、耕地总量不减少制度、基本农田保护制度、节约使用土地制度、禁止荒芜耕地、土地复垦制度等。

（三）关于控制建设用地的规定

为限制建设用地对耕地的侵占，土地管理法制定了严苛的法律规定，以控制建设用地。一是农用地转为建设用地的，应当办理农用地转用审批手续。二是严格的土地征收程序。征收永久基本农田、永久基本农田以外的耕地超过 35 公顷的，以及其他土地超过 70 公顷的，由国务院批准，其他土地的征收也必须经省、自治区、直辖市人民政府批准。三是严格的建设用地取得和回收制度。

四、水资源保护法

（一）水资源权属制度

1. 所有权

水资源属于国家所有。水资源的所有权由国务院代表国家行使。另须特别强调的是，农村集体经济组织的水塘和由农村集体经济组织修建管理的水库中的水，归各农村集体经济组织使用，但其所有权还是属于国家所有。

2. 使用权

水资源也可以由单位和个人使用。直接从江河、湖泊或者地下取用水资源的单位和个人，应当按照国家取水许可制度和水资源有偿使用制度的规定，向水行政主管部门或流域管理机构申领取水许可证，并缴纳水资源费，获得取水权。但是，家庭生活和零星散养、圈养畜禽饮用等少量取水的除外。

（二）水资源管理体制

根据水资源的流域性特点，我国水法规定国家对水资源实行流域管理与行政区域管理相结合的管理体制，在我国划定了长江流域、黄河流域、淮河流域、海河流域、松辽流域、珠江流域、太湖流域七大流域，流域管理机构对各流域所涉及的行政区域之间的水量分配等进行统筹规划和协调，避免了单纯的行政区域管理的弊端。

五、野生动物保护法

（一）野生动物的概念

野生动物，是指珍贵、濒危的陆生、水生野生动物和有重要生态、科学、社会价值的陆生野生动物。珍贵、濒危的水生野生动物以外的其他水生野生动物的保护，适用《中华人民共和国渔业法》等有关法律的规定。

该野生动物的概念充分体现了对野生动物这种自然资源双重价值的肯定，不仅要考虑其具有一定经济、科学、社会价值，更要从生态价值角度判断其是否属于需要法律保护的野生动物。而保护野生动物，拯救珍贵、濒危野生动物，目的也是维护生物多样性和生态平衡，推进生态文明建设。

(二)野生动物权属制度

为了更好地保护野生动物,我们首先应该改变野生动物无主的观念,《中华人民共和国野生动物保护法》规定,野生动物资源属于国家所有,同时也规定,国家保障依法从事野生动物科学研究、人工繁育等保护及相关活动的组织和个人的合法权益。也就是说,单位和个人在特定条件下,也可以获得野生动物的使用权。

(三)野生动物保护法律制度

为了保护野生动物,《中华人民共和国野生动物保护法》制定了完善的保护制度,主要包括：野生动物实行分类分级保护制度、名录制度、栖息地保护制度、野生动物档案管理制度、猎捕管理制度、驯养繁殖管理制度、经营利用管理制度等,并通过制定严格的法律责任,加以落实。

引例评析

本案中,涉及两种利益的损失,一是渔业养殖户的死鱼损失,这属于私益,对其救济,应由渔业养殖户对污染企业提起普通环境民事诉讼来维权;二是河流本身的生态环境状况受损,这属于环境公共利益,对其救济需要由有权提起公益诉讼的社会组织、行政机关、人民检察院提起环境民事公益诉讼来维权。在环境侵权中,环境受害人往往处于弱势地位,所以环境法制定了很多有利于环境受害者的特殊规定。其中,环境民事法律责任构成要件中的因果关系即采取了举证责任倒置制度,即应该由企业负责证明因果关系不成立;如果不能证明,则推定因果关系是存在的,所以本案中的企业不能以张某不能证明鱼的死亡是由污染物排放导致为由拒绝赔偿。

思考题

1. 简述如何正确处理人与自然环境之间的关系。
2. 简述我国的环境法基本原则。
3. 简述我国环境民事责任的归责原则。
4. 简述我国环境民事公益诉讼的起诉主体。
5. 思考土壤污染的政府治理能否代替污染者的生态修复责任。
6. 思考我国水资源费与用水收费制度中的水费的区别。

案例分析

农民甲承包农田种植水稻。2019年到2020年连续两年出现水稻受害现象,每年较往年减产23万斤。2021年甲的水稻又出现受害的前期表现。甲认为是上游三个化工厂向其灌溉水源排放污水所致,并有专家调查组的报告为证。甲遂与三家化工厂协商赔偿事宜,三家工厂均不予理睬。后甲请求当地环保部门进行调解,环保部门在调解中明显偏向工厂,甲对调解结果很不满意。无奈之下只好将三个工厂告上法庭。在审理过程中,三工厂之一的乙工厂以自己达标排放为由拒绝承担赔偿责任。被告乙的抗辩事由成立吗?原告甲不满环保局的调解,可否提起行政诉讼?从该案例可以发现,环境民事纠纷有哪些解决途径?

简要分析:根据《环境保护法》第64条的规定和《民法典》第1229条的规定,环境污染侵权实行无过错责任原则,达标排放证明乙工厂并不构成违法,所以不存在过错,但根据无过错责任原则,污染者不管有没有过错,只要其排污行为构成了受害者的损害,就要承担侵权责任。因此,达标排放只能免除乙工厂的行政责任,而不能成为民事赔偿责任的免责事由。而环保局的调解属于行政调解,不属于行政诉讼的受案范围,同时,行政调解也不具有强制性,如果甲不满调解结果,不在调解协议上签字即可,仍然可以通过民事诉讼等途径解决环境侵权纠纷。所以,从本案例可以看出,环境民事纠纷,可以通过协商、调解或者诉讼等途径解决。需要注意的是,协商和调解并非前置程序,环境受害人可以直接就环境民事纠纷提起诉讼。

相关法律法规

1.《中华人民共和国环境保护法》,1989年12月26日通过,2014年4月24日修订。

2.《中华人民共和国民法典》第七编侵权责任,2020年5月28日通过,自2021年1月1日起施行。

3.《中华人民共和国大气污染防治法》,1987年9月5日通过,2018年10月26日第二次修正。

4.《中华人民共和国水污染防治法》,1984年5月11日通过,2017年6月27日第二次修正。

5.《中华人民共和国土壤污染防治法》,2018年8月31日通过,自2019年

1月1日起施行。

6.《中华人民共和国固体废物污染环境防治法》,1995年10月30日通过,2020年4月29日第二次修订。

7.《中华人民共和国环境噪声污染防治法》,1996年10月29日通过,2018年12月29日修正。

8.《中华人民共和国放射性污染防治法》,2003年6月28日通过,自2003年10月1日起施行。

9.《中华人民共和国海洋环境保护法》,1982年8月23日通过,2017年11月4日第三次修正。

10.《中华人民共和国土地管理法》,1986年6月25日通过,2019年8月26日第三次修正。

11.《中华人民共和国水法》,1988年1月21日通过,2016年7月2日第二次修正。

12.《中华人民共和国森林法》,1984年9月20日通过,2019年12月28日修订。

13.《中华人民共和国草原法》,1985年6月18日通过,2021年4月29日第三次修正。

14.《中华人民共和国野生动物保护法》,1988年11月8日通过,2018年10月26日第三次修正。

15.《中华人民共和国野生植物保护条例》,1996年9月30日通过,2017年10月7日修订。

16.《中华人民共和国矿产资源法》,1986年3月19日通过,2009年8月27日第二次修正。

17.《中华人民共和国自然保护区条例》,1994年10月9日通过,2017年10月7日第二次修订。

18.《中华人民共和国环境影响评价法》,2002年10月28日通过,2018年12月29日第二次修正。

第十章 诉 讼 法

导 读

诉讼法包括刑事诉讼法、民事诉讼法和行政诉讼法三部分。刑事诉讼法的目的在于保证刑法的正确实施、惩罚犯罪、保护人民、维护社会主义社会秩序,内容涉及刑事立案、侦查、起诉、审判和执行等部分。民事诉讼法的功能在于保护当事人行使诉讼权利、保证人民法院及时审理民事案件、确认民事权利义务关系,由管辖、审判组织、诉讼参加人、证据、调解和执行等内容组成。行政诉讼法的价值是保证人民法院公正、及时审理行政案件,解决行政争议,保护公民、法人和其他组织的合法权益,监督行政机关依法行使职权,受案范围、管辖、诉讼参加人、证据、裁判与执行都构成了行政诉讼法主要的法律制度。

引入案例

被告人李某于2014年7月的一天晚上,和几个朋友聚会,饭后又一起卡拉OK,其间餐厅经理派服务员胡某陪侍。次日凌晨两点结束后,李某送胡某回家的路上,在一废弃的工棚内强行与胡某发生了性关系。案发后李某坚称是通奸而不是强奸。此案由S市Y区检察院起诉。Y区法院经不公开审理,以事实不清证据不足为由作出无罪判决。检察机关提起抗诉,S市中级法院改判被告人构成强奸罪并处有期徒刑三年。二审法院定期宣判,并向抗诉的检察机关送达了判决书,没有向被告人李某送达判决书,但在中国裁判文书网上发布了判决书。

问题:

(1) 本案二审判决是否生效?为什么?我国刑事裁判一审生效与二审生效有无区别?为什么?

(2) 此案生效后当事人向检察院申诉,程序要求是什么?

(3) 省检察院按审判监督程序向省高级法院提起抗诉,对于原判决、裁定事实不清或者证据不足的再审案件,省高级法院应当如何处理?

(4) 如果省高级法院认为S市中级法院生效判决确有错误,应当如何纠正?

(5) 此案在由省检察院向省高级法院抗诉中,请求改判被告人无罪,被告人及其辩护人也辩称无罪,省高级法院根据控辩双方一致意见,是否应当做出无罪判决?为什么?

(案例分析,请参阅章后"引例评析"部分)

第一节　刑事诉讼法

一、刑事诉讼法概述

(一) 刑事诉讼的概念与特征

我国刑事诉讼是指人民法院、人民检察院和公安机关(含国家安全机关等)在当事人及其他诉讼参与人的参加下,依照法律规定的程序,解决被追诉者刑事责任问题的活动。

刑事诉讼的特征:

(1) 刑事诉讼是公安机关、人民检察院、人民法院(含国家安全机关等)的一种专门活动;

(2) 刑事诉讼是在当事人及其他诉讼参与人的参加下进行的一种活动;

(3) 刑事诉讼是解决被追诉者刑事责任问题的活动;

(4) 刑事诉讼必须依照法律规定的程序进行。

(二) 刑事诉讼法的理念

1. 惩罚犯罪与保障人权

(1) 惩罚犯罪是对国家刑罚权的赋予,保障人权是对国家刑罚权的规制。

(2) 当惩罚犯罪与保障人权发生冲突时,犯罪控制模式往往选择惩罚犯罪,正当程序模式则往往选择保护人权。

(3) 现代人权保障理念的核心是维护人的价值和尊严。国家权力存在的唯一合法性,在于为公民个人正当权利提供保护。由于权力具有扩张性,因此必须对权力加以限制。

(4) 现代法治国家将保障被追诉人权利的价值置于诉讼制度的首位,在冲突情况下,原则上保障人权优先于惩罚犯罪。在诉讼制度上体现为:审前程序司法审查的确立、辩护制度的完善和证据排除规则的确立。

2. 程序公正与实体公正

(1) 司法公正包括实体公正和程序公正。实体公正是结果的公正,程序公正是过程的公正。

(2) 关于程序公正与实体公正的关系有以下几种观点:①实体优先论。②并重论。③程序优先论。

(3) 程序公正与实体公正具有内在的一致性,终极目的都在于公正解决纠纷。程序公正具有保障实体公正实现的作用。由于程序公正具有不同于实体公正的评判标准,程序公正相对于实体公正又具有独立性。

(4) 由于发现事实和适用法律的不确定性,实体公正具有不确定性,而程序公正的特点有助于为这种不确定性提供正当性的基础。

(5) 在追求实体正义的过程中应将程序正义放在优先地位。

3. 诉讼效率

诉讼效率要求:①严格控制审前行为的期间,要求被告人不被拖延地带到审判官面前;②对羁押期间进行严格限定;③庭审中奉行不间断审理原则;④广泛建立简易程序加速刑事案件的处理。

(三) 刑事诉讼法的任务

《中华人民共和国刑事诉讼法》(简称《刑事诉讼法》)的任务,是保证准确、及时地查明犯罪事实;正确应用法律,惩罚犯罪分子,保障无罪的人不受刑事追究,教育公民自觉遵守法律,积极同犯罪行为作斗争,维护社会主义法治,尊重和保障人权,保护公民的人身权利、财产权利、民主权利和其他权利,保障社会主义建设事业的顺利进行。

(四) 刑事诉讼法的原则

侦查、检察、审判由专门机关行使。对刑事案件的侦查、拘留、执行逮捕、预审,由公安机关负责。检察、批准逮捕、检察机关直接受理的案件的侦查、提起公诉,由人民检察院负责。审判由人民法院负责。除法律特别规定的以外,其他任何机关、团体和个人都无权行使这些权力。

严格遵守法定程序。人民法院、人民检察院和公安机关进行刑事诉讼,必须严格遵守《刑事诉讼法》和其他法律的有关规定。

人民法院、人民检察院独立行使职权。人民法院依照法律规定独立行使审判权，人民检察院依照法律规定独立行使检察权，不受行政机关、社会团体和个人的干涉。

分工负责，互相配合，互相制约。人民法院、人民检察院和公安机关进行刑事诉讼，应当分工负责，互相配合，互相制约，以保证准确有效地执行法律。

人民检察院依法对刑事诉讼实行法律监督。

各民族公民有权使用本民族语言文字进行诉讼。各民族公民都有用本民族语言文字进行诉讼的权利。人民法院、人民检察院和公安机关对于不通晓当地通用的语言文字的诉讼参与人，应当为他们翻译。在少数民族聚居或者多民族杂居的地区，应当用当地通用的语言进行审讯，用当地通用的文字发布判决书、布告和其他文件。

被告人有权获得辩护。人民法院审判案件，除《刑事诉讼法》另有规定的以外，一律公开进行。被告人有权获得辩护，人民法院有义务保证被告人获得辩护。

未经人民法院依法判决，对任何人都不得确定有罪。

保障诉讼参与人的诉讼权利。人民法院、人民检察院和公安机关应当保障犯罪嫌疑人、被告人和其他诉讼参与人依法享有的辩护权和其他诉讼权利。

认罪认罚从宽处理。犯罪嫌疑人、被告人自愿如实供述自己的罪行，承认指控的犯罪事实，愿意接受处罚的，可以依法从宽处理。

追究外国人刑事责任适用我国《刑事诉讼法》。对于外国人犯罪应当追究刑事责任的，适用本法的规定。对于享有外交特权和豁免权的外国人犯罪应当追究刑事责任的，通过外交途径解决。

案例 10-1

某市发生一起社会影响较大的绑架杀人案。在侦查阶段，因案情重大复杂，市检察院提前介入侦查工作。检察官在开展勘验、侦查等侦查措施时在场，并就如何进一步收集、固定和完善证据以及适用法律向公安机关提出了意见，对已发现的侦查活动中的违法行为提出了纠正意见。公安机关质疑检察院提前介入侵犯了公安机关的侦查权，违反了侦查权、检察权、审判权由专门机关依法行使的原则。诉讼中，法官欲以绑架罪和故意杀人罪并罚做出判决。

根据案情，结合刑事诉讼法的基本原则，你如何打消公安机关对检察院的质疑？法官的拟判决结论是否正确？

简要分析：本题目综合考察刑事诉讼法的基本原则、罪数的认定。

（1）检察院提前介入侦查工作，体现了检察院依法对刑事诉讼实行法律监督的原则,并未代替公安机关行使侦查权,所以未侵犯公安机关的侦查权。

(2)体现了分工负责,互相配合,互相制约的原则;所以,未违反侦查权、检察权、审判权由专门机关依法行使的原则。

(3)有助于严格遵守法律程序原则的实现。

法官的拟判决结论错误。根据《刑法》第二百三十九条的规定,犯绑架罪,杀害被绑架人的,按照绑架罪一罪论处。

二、刑事诉讼法基本制度

(一) 管辖

刑事案件的侦查由公安机关进行,法律另有规定的除外。

人民检察院在对诉讼活动实行法律监督中发现的司法工作人员利用职权实施的非法拘禁、刑讯逼供、非法搜查等侵犯公民权利、损害司法公正的犯罪,可以由人民检察院立案侦查。对于公安机关管辖的国家机关工作人员利用职权实施的重大犯罪案件,需要由人民检察院直接受理的时候,经省级以上人民检察院决定,可以由人民检察院立案侦查。

自诉案件,由人民法院直接受理。

基层人民法院管辖第一审普通刑事案件,但是依照《刑事诉讼法》由上级人民法院管辖的除外。

中级人民法院管辖下列第一审刑事案件:①危害国家安全、恐怖活动案件;②可能判处无期徒刑、死刑的案件。

高级人民法院管辖的第一审刑事案件,是全省(自治区、直辖市)性的重大刑事案件。

最高人民法院管辖的第一审刑事案件,是全国性的重大刑事案件。

上级人民法院在必要的时候,可以审判下级人民法院管辖的第一审刑事案件;下级人民法院认为案情重大、复杂需要由上级人民法院审判的第一审刑事案件,可以请求移送上一级人民法院审判。

刑事案件由犯罪地的人民法院管辖。如果由被告人居住地的人民法院审判更为适宜的,可以由被告人居住地的人民法院管辖。

几个同级人民法院都有权管辖的案件,由最初受理的人民法院审判。在必要的时候,可以移送主要犯罪地的人民法院审判。

上级人民法院可以指定下级人民法院审判管辖不明的案件,也可以指定下级人民法院将案件移送其他人民法院审判。

专门人民法院案件的管辖另行规定。

(二) 回避

审判人员、检察人员、侦查人员有下列情形之一的,应当自行回避,当事人及其法定代理人也有权要求他们回避:

(1) 是本案的当事人或者是当事人的近亲属的;

(2) 本人或者他的近亲属和本案有利害关系的;

(3) 担任过本案的证人、鉴定人、辩护人、诉讼代理人的;

(4) 与本案当事人有其他关系,可能影响公正处理案件的。

审判人员、检察人员、侦查人员不得接受当事人及其委托的人的请客送礼,不得违反规定会见当事人及其委托的人。审判人员、检察人员、侦查人员违反前款规定的,应当依法追究法律责任。当事人及其法定代理人有权要求他们回避。

审判人员、检察人员、侦查人员的回避,应当分别由院长、检察长、公安机关负责人决定;院长的回避,由本院审判委员会决定;检察长和公安机关负责人的回避,由同级人民检察院检察委员会决定。对侦查人员的回避作出决定前,侦查人员不能停止对案件的侦查。对驳回申请回避的决定,当事人及其法定代理人可以申请复议一次。

关于回避的规定适用于书记员、翻译人员和鉴定人。辩护人、诉讼代理人可以依照规定要求回避、申请复议。

案例 10-2

甲建筑公司总经理胡某涉嫌重大公共安全事故罪被立案侦查,侦查机关委托某省工程质量监督检测中心进行检验,检验人刘某出具的检验报告认为,甲建筑公司降低工程建筑标准是导致部分房屋损失及发生安全事故的主要原因。该案中,刘某不属于应当回避的对象,检验报告可以作为本案定罪量刑的证据,检验属于勘验、检查的一种,刘某不必出庭作证。

根据案情,指出说法有误之处。

简要分析:

(1) 检验人刘某属于回避的对象。

(2) 检验报告不是证据,只能作为定罪量刑的参考。

(3) 此处的检验不属于勘验、检查。

(4) 刘某需要出庭作证。

三、刑事证据

(一) 证据的含义及种类

可以用于证明案件事实的材料，都是证据。证据包括：

(1) 物证；

(2) 书证；

(3) 证人证言；

(4) 被害人陈述；

(5) 犯罪嫌疑人、被告人供述和辩解；

(6) 鉴定意见；

(7) 勘验、检查、辨认、侦查实验等笔录；

(8) 视听资料、电子数据。

证据必须经过查证属实，才能作为定案的根据。

(二) 刑事证据的基本特征

证据具有客观性、关联性和合法性三个特征。

证据的客观性是指诉讼证据是客观存在的事实，是不以人的意志为转移的。

证据的关联性，又称为相关性，是指作为证据的事实与案件事实之间存在某种客观的联系，从而使其对案件事实具有证明作用。正是证据的关联性，才使证据具有证明力。

证据的合法性，又称证据的法律性，是指证据必须具有法定的形式、由法定的人员依照法定的程序收集、审查和运用。证据的合法性又被称为证据资格、证据能力或可采性。

(三) 非法收集的言词证据的排除

《人民检察院刑事诉讼规则》第六十六条规定：对采用刑讯逼供等非法方法收集的犯罪嫌疑人供述和采用暴力、威胁等非法方法收集的证人证言、被害人陈述，应当依法排除，不得作为移送审查逮捕、批准或者决定逮捕、移送起诉以及提起公诉的依据。

特别关注：

(1) 人民检察院审查起诉部门在审查中发现侦查人员以非法方法收集犯罪

嫌疑人供述、被害人陈述、证人证言的,应当提出纠正意见,同时应当要求侦查机关另行指派侦查人员重新调查取证,必要时人民检察院也可以自行调查取证。侦查机关未另行指派侦查人员重新调查取证的,可以依法退回侦查机关补充侦查。

(2) 刑事诉讼法和相关的司法解释尚未规定,由非法取得的言词证据派生出来的其他实物证据、通过非法搜查或扣押取得的实物证据予以排除。

(四) 刑事诉讼证明标准

刑事诉讼中的证明标准,又叫证明要求,是指法律要求公安司法人员运用证据证明案件事实所要达到的程度。

我国刑事诉讼的证明标准是案件事实清楚,证据确实、充分。对于达不到证明标准的疑罪应当从无处理。

有罪认定必须做到犯罪事实清楚,证据确实、充分。犯罪事实清楚,是指刑法规定与定罪量刑有关的一切事实均已查清。证据确实、充分,是指据以定案的每一个证据都经过查证属实;据以定案的证据与案件事实之间存在客观联系;证据之间、证据与案件事实之间的矛盾得到合理解决;全案各部分事实情节都有相应的证据予以证明。也就是说,据以认定案件事实的证据从整体上必须形成一个严密的证明体系,从中得出的关于案件事实的结论,必须是唯一的、排他的。即根据证据既可以充分认定被告人实施犯罪行为,也可以排除其他任何人实施犯罪的可能性。

四、刑事诉讼程序

(一) 立案

立案是刑事诉讼的起始程序,也是刑事诉讼的必经程序;立案是法定机关的专门活动。

刑事诉讼中,公诉案件要经过立案、侦查、起诉、审判和执行五个诉讼阶段,自诉案件一般只经过起诉、立案、审判和执行四个阶段。

立案的条件:第一,有犯罪事实;第二,需要追究刑事责任。

(二) 侦查

侦查是指有侦查权的机关或部门在办理案件过程中依照法律进行的专门调查工作和有关的强制性措施。

(三) 起诉

现代公诉主要分为两种类型：一是刑事公诉独占主义，即刑事起诉权被国家垄断，排除被害人自诉；二是刑事公诉兼自诉，即较严重犯罪案件的起诉权由检察机关代表国家行使，少数轻微案件允许公民自诉。

对于符合起诉条件的刑事公诉案件是否必须向法院起诉，也有两种原则：一是起诉法定主义或称起诉合法主义，即只要被告人的行为符合法定起诉条件，公诉机关不享有自由裁量权，必须起诉，而不论具体情节；二是起诉便宜主义或称起诉合理主义，即被告人的行为在具备起诉条件时，是否起诉，由检察官根据被告人及其具体情况以及刑事政策等因素自由裁量。现代刑事诉讼普遍强调起诉法定主义与起诉便宜主义二元并存、相互补充的起诉原则。

我国实行公诉为主，自诉为辅的犯罪追诉机制。在起诉原则上，我国采用以起诉法定主义为主，兼采起诉便宜主义，检察官的裁量权受到严格限制。

检察院追诉活动的内容，包括审查起诉、提起公诉、出庭支持公诉以及由提起公诉派生出来的不起诉活动。

(四) 审判

1. 审判权的特征

审判权具有以下特征：被动性；独立性；中立性；职权性；程序性；亲历性；公开性；公正性；终局性。

2. 刑事审判程序

《刑事诉讼法》规定了四种刑事案件的审判程序：第一审程序，包括第一审普通程序和简易程序；第二审程序；特殊案件的复核和核准程序，包括死刑复核程序、法定刑以下判处刑罚案件的复核程序以及适用特殊情况假释的核准程序；审判监督程序。

(五) 特别程序

1. 未成年人刑事案件诉讼程序

对犯罪的未成年人实行教育、感化、挽救的方针，坚持教育为主、惩罚为辅的原则。

人民法院、人民检察院和公安机关办理未成年人刑事案件，应当保障未成年人行使其诉讼权利，保障未成年人得到法律帮助，并由熟悉未成年人身心特点的审判人员、检察人员、侦查人员承办。

未成年犯罪嫌疑人、被告人没有委托辩护人的，人民法院、人民检察院、公安机关应当通知法律援助机构指派律师为其提供辩护。

公安机关、人民检察院、人民法院办理未成年人刑事案件,根据情况可以对未成年犯罪嫌疑人、被告人的成长经历、犯罪原因、监护教育等情况进行调查。

对未成年犯罪嫌疑人、被告人应当严格限制适用逮捕措施。人民检察院审查批准逮捕和人民法院决定逮捕,应当讯问未成年犯罪嫌疑人、被告人,听取辩护律师的意见。

对被拘留、逮捕和执行刑罚的未成年人与成年人应当分别关押、分别管理、分别教育。

《刑事诉讼法》第二百八十一条规定:"对于未成年人刑事案件,在讯问和审判的时候,应当通知未成年犯罪嫌疑人、被告人的法定代理人到场。无法通知、法定代理人不能到场或者法定代理人是共犯的,也可以通知未成年犯罪嫌疑人、被告人的其他成年亲属,所在学校、单位、居住地基层组织或者未成年人保护组织的代表到场,并将有关情况记录在案。到场的法定代理人可以代为行使未成年犯罪嫌疑人、被告人的诉讼权利。

到场的法定代理人或者其他人员认为办案人员在讯问、审判中侵犯未成年人合法权益的,可以提出意见。讯问笔录、法庭笔录应当交给到场的法定代理人或者其他人员阅读或者向他宣读。

讯问女性未成年犯罪嫌疑人,应当有女工作人员在场。

审判未成年人刑事案件,未成年被告人最后陈述后,其法定代理人可以进行补充陈述。

询问未成年被害人、证人,适用第一款、第二款、第三款的规定。"

对于未成年人涉嫌刑法分则第四章、第五章、第六章规定的犯罪,可能判处一年有期徒刑以下刑罚,符合起诉条件,但有悔罪表现的,人民检察院可以作出附条件不起诉的决定。人民检察院在作出附条件不起诉的决定以前,应当听取公安机关、被害人的意见。

对附条件不起诉的决定,公安机关要求复议、提请复核或者被害人申诉的,适用《刑事诉讼法》第一百七十九条、第一百八十条的规定。

未成年犯罪嫌疑人及其法定代理人对人民检察院决定附条件不起诉有异议的,人民检察院应当作出起诉的决定。

在附条件不起诉的考验期内,由人民检察院对被附条件不起诉的未成年犯罪嫌疑人进行监督考察。未成年犯罪嫌疑人的监护人,应当对未成年犯罪嫌疑人加强管教,配合人民检察院做好监督考察工作。

附条件不起诉的考验期为六个月以上一年以下,从人民检察院作出附条件不起诉的决定之日起计算。

被附条件不起诉的未成年犯罪嫌疑人,应当遵守下列规定:

(1) 遵守法律法规,服从监督;

(2) 按照考察机关的规定报告自己的活动情况;

(3) 离开所居住的市、县或者迁居,应当报经考察机关批准;

(4) 按照考察机关的要求接受矫治和教育。

被附条件不起诉的未成年犯罪嫌疑人,在考验期内有下列情形之一的,人民检察院应当撤销附条件不起诉的决定,提起公诉:

(1) 实施新的犯罪或者发现决定附条件不起诉以前还有其他犯罪需要追诉的;

(2) 违反治安管理规定或者考察机关有关附条件不起诉的监督管理规定,情节严重的。

被附条件不起诉的未成年犯罪嫌疑人,在考验期内没有上述情形,考验期满的,人民检察院应当作出不起诉的决定。

审判的时候被告人不满十八周岁的案件,不公开审理。但是,经未成年被告人及其法定代理人同意,未成年被告人所在学校和未成年人保护组织可以派代表到场。

犯罪的时候不满十八周岁,被判处五年有期徒刑以下刑罚的,应当对相关犯罪记录予以封存。

犯罪记录被封存的,不得向任何单位和个人提供,但司法机关为办案需要或者有关单位根据国家规定进行查询的除外。依法进行查询的单位,应当对被封存的犯罪记录的情况予以保密。

办理未成年人刑事案件,除已有规定的以外,按照《刑事诉讼法》的其他规定进行。

2. 当事人和解的公诉案件诉讼程序

下列公诉案件,犯罪嫌疑人、被告人真诚悔罪,通过向被害人赔偿损失、赔礼道歉等方式获得被害人谅解,被害人自愿和解的,双方当事人可以和解:

(1) 因民间纠纷引起,涉嫌刑法分则第四章、第五章规定的犯罪案件,可能判处三年有期徒刑以下刑罚的;

(2) 除渎职犯罪以外的可能判处七年有期徒刑以下刑罚的过失犯罪案件。

犯罪嫌疑人、被告人在五年以内曾经故意犯罪的,不适用此规定的程序。

双方当事人和解的,公安机关、人民检察院、人民法院应当听取当事人和其他有关人员的意见,对和解的自愿性、合法性进行审查,并主持制作和解协议书。

对于达成和解协议的案件,公安机关可以向人民检察院提出从宽处理的建议。人民检察院可以向人民法院提出从宽处罚的建议;对于犯罪情节轻微,不需要判处刑罚的,可以作出不起诉的决定。人民法院可以依法对被告人从宽处罚。

3. 缺席审判程序

对于贪污贿赂犯罪案件,以及需要及时进行审判,经最高人民检察院核准的严重危害国家安全犯罪、恐怖活动犯罪案件,犯罪嫌疑人、被告人在境外,监察机关、公安机关移送起诉,人民检察院认为犯罪事实已经查清、证据确实、充分,依法应当追究刑事责任的,可以向人民法院提起公诉。人民法院进行审查后,对于起诉书中有明确的指控犯罪事实,符合缺席审判程序适用条件的,应当决定开庭审判。前款案件,由犯罪地、被告人离境前居住地或者最高人民法院指定的中级人民法院组成合议庭进行审理。

人民法院应当通过有关国际条约规定的或者外交途径提出的司法协助方式,或者被告人所在地法律允许的其他方式,将传票和人民检察院的起诉书副本送达被告人。传票和起诉书副本送达后,被告人未按要求到案的,人民法院应当开庭审理,依法作出判决,并对违法所得及其他涉案财产作出处理。

人民法院缺席审判案件,被告人有权委托辩护人,被告人的近亲属可以代为委托辩护人。被告人及其近亲属没有委托辩护人的,人民法院应当通知法律援助机构指派律师为其提供辩护。

人民法院应当将判决书送达被告人及其近亲属、辩护人。被告人或者其近亲属不服判决的,有权向上一级人民法院上诉。辩护人经被告人或者其近亲属同意,可以提出上诉。

人民检察院认为人民法院的判决确有错误的,应当向上一级人民法院提出抗诉。

在审理过程中,被告人自动投案或者被抓获的,人民法院应当重新审理。

罪犯在判决、裁定发生法律效力后到案的,人民法院应当将罪犯交付执行刑罚。交付执行刑罚前,人民法院应当告知罪犯有权对判决、裁定提出异议。罪犯对判决、裁定提出异议的,人民法院应当重新审理。

依照生效判决、裁定对罪犯的财产进行的处理确有错误的,应当予以返还、赔偿。

因被告人患有严重疾病无法出庭,中止审理超过六个月,被告人仍无法出庭,被告人及其法定代理人、近亲属申请或者同意恢复审理的,人民法院可以在被告人不出庭的情况下缺席审理,依法作出判决。

被告人死亡的,人民法院应当裁定终止审理,但有证据证明被告人无罪,人民法院经缺席审理确认无罪的,应当依法作出判决。

人民法院按照审判监督程序重新审判的案件,被告人死亡的,人民法院可以缺席审理,依法作出判决。

4. 犯罪嫌疑人、被告人逃匿、死亡案件违法所得的没收程序

对于贪污贿赂犯罪、恐怖活动犯罪等重大犯罪案件,犯罪嫌疑人、被告人逃匿,在通缉一年后不能到案,或者犯罪嫌疑人、被告人死亡,依照刑法规定应当追缴其违法所得及其他涉案财产的,人民检察院可以向人民法院提出没收违法所得的申请。公安机关认为有前款规定情形的,应当写出没收违法所得意见书,移送人民检察院。

没收违法所得的申请应当提供与犯罪事实、违法所得相关的证据材料,并列明财产的种类、数量、所在地及查封、扣押、冻结的情况。

人民法院在必要的时候,可以查封、扣押、冻结申请没收的财产。

没收违法所得的申请,由犯罪地或者犯罪嫌疑人、被告人居住地的中级人民法院组成合议庭进行审理。

人民法院受理没收违法所得的申请后,应当发出公告。公告期间为六个月。犯罪嫌疑人、被告人的近亲属和其他利害关系人有权申请参加诉讼,也可以委托诉讼代理人参加诉讼。

人民法院在公告期满后对没收违法所得的申请进行审理。利害关系人参加诉讼的,人民法院应当开庭审理。

人民法院经审理,对经查证属于违法所得及其他涉案财产,除依法返还被害人的以外,应当裁定予以没收;对不属于应当追缴的财产的,应当裁定驳回申请,解除查封、扣押、冻结措施。对于人民法院依照前款规定作出的裁定,犯罪嫌疑人、被告人的近亲属和其他利害关系人或者人民检察院可以提出上诉、抗诉。

在审理过程中,在逃的犯罪嫌疑人、被告人自动投案或者被抓获的,人民法院应当终止审理。

没收犯罪嫌疑人、被告人财产确有错误的,应当予以返还、赔偿。

第二节　民事诉讼法

一、民事诉讼概述

(一) 民事诉讼

民事诉讼是指人民法院在双方当事人和其他诉讼参与人参加下,审理和解决民事案件的活动,以及由这些活动所发生的诉讼关系。民事诉讼就其本质而言,是国家强制解决民事纠纷的一种方式,是权利主体凭借国家力量维护其民事权益的司法程序。民事诉讼有以下四个特点:

(1) 它由诉讼活动和诉讼关系构成;

(2) 法院的审判活动与当事人的诉讼活动均为民事诉讼的动因,但性质和作用不同;

(3) 诉讼的全过程分为前后衔接但任务各不相同的若干阶段;

(4) 整个诉讼活动依照法定程序和方式进行。

案例 10-3

泰州"天价环境公益诉讼案"

2012年1月至2013年2月间,江苏常隆公司等6家企业违反环保法规,将其生产过程所产生的废盐酸、废硫酸等危险废物总计25 934.795万吨,以支付每吨20～100元不等的价格,交给无危险废物处理资质的中江公司等主体,偷排进当地的如泰运河、古马干河,导致水体严重污染,造成重大环境损害,需要进行污染修复。

本案经环保部门调查后,14名企业责任人被抓获,当地法院以环境污染罪处2至5年徒刑,并处罚金16万～41万元。根据省环科学会废酸倾倒事件环境污染损害评估技术报告,常隆公司等6家企业在此次污染事件中违法处置的废物在合法处置时应花费的成本(虚拟治理成本)合计36 620 644元。

根据环境保护部2011年发布的环境污染损害鉴定评估意见及所附《环境污染损害数额计算推荐方法》,污染修复费用应以虚拟治理成本为基数,按照4.5倍计算。因此,请求判令被告企业赔偿上述费用,用于环境修复,并承担鉴定评估费用和诉讼费。

支持起诉的泰州市人民检察院认为：

常隆公司等6家企业违法将废酸交给无危险废物处理资质的单位偷排，导致水体严重污染，损害社会公共利益，应承担污染损害赔偿责任。环保组织对责任企业提起民事公益诉讼请求赔偿损失，符合法律规定。

被告企业辩称：

(1) 新修订的《环境保护法》规定，环保公益社会组织登记连续5年以上才可向法院提起诉讼。泰州市环保联合会2014年2月25日经泰州市民政局批准设立，不满5年，故不具起诉资格。

(2) 被告企业生产的副产酸并非危险废物，其生产销售行为合法，且对江中公司等单位倾倒副产酸并不知情，故环境污染与被告企业无法律上的因果关系。

(3) 省环科学会出具的评估技术报告无人签名，未见鉴定资质，将本案所涉副产酸鉴定为废物的程序不合法。

(4) 倾倒地点水质已经恢复，无须再通过人工修复，环保组织根据虚拟治理成本计算损失没有事实依据。

(5) 环保组织起诉被告企业被倾倒的副产酸数量与证据不符。因此，请求法院驳回环保组织的赔偿请求。

简要分析：民事诉讼关涉私法，和公民有着直接和间接的利益关系，因此民事诉讼和公民的生活有着密切的关系。公益诉讼是指以保护社会公共利益为目的的诉讼，因而在现实中会涉及很多的民众，与民众有着直接的利害关系，更多情况下是间接的利益关系。因此，解决由谁来起诉就很关键，利益损害是如何造成的也很重要。2012年泰州环境公益诉讼案，表明民事诉讼对公共利益有很大的影响，环境公益诉讼案也具有很多的自身诉讼特点和特殊要求。在本案的诉讼中，从一审到二审，一直围绕着环保组织是否有诉讼资格，被告企业与实际倾倒单位之间的副产酸买卖是否合法，与环境污染有无因果关系，环境污染危害结果是否存在，环境修复费用如何计算等问题进行争论。

(二) 民事诉讼法

民事诉讼法，就是国家制定或者认可的，用以调整法院同民事诉讼参与人的诉讼活动和诉讼关系的法律规范的总称。

在我国，民事诉讼法有广义和狭义之分。狭义的民事诉讼法，仅指民事诉讼法典。广义的民事诉讼法，泛指有关民事诉讼程序制度的全部法律规范，它既包括民事诉讼法典，又包括民事诉讼的特别程序法，如《中华人民共和国海事诉讼

特别程序法》,以及其他法律、法规和规范性文件中关于民事诉讼程序制度的内容。广义的民事诉讼法包括以下内容:

(1)《中华人民共和国宪法》;
(2)《中华人民共和国民事诉讼法》;
(3)《中华人民共和国海事诉讼特别程序法》;
(4) 涉及民事诉讼程序制度的其他法律;
(5) 民族自治地方贯彻实施民事诉讼法制定的变通或者补充规定;
(6) 最高人民法院贯彻执行民事诉讼法的司法解释。

(三) 既判力

1. 既判力的含义

既判力又称判决实质上的确定力,是指当事人之间原争议的民事法律关系已经人民法院判决解决并确定生效,当事人不得对此再提起诉讼或在以后的诉讼中主张与该判决相反的内容,人民法院也不得对当事人之间原争议的民事法律关系再进行判决或在以后的诉讼中作出与该判决相冲突的判决。

2. 既判力的时间范围

既判力的时间范围,又称为既判力的时间界限、既判力的基准时或既判力的标准时,是指已确定判决产生既判力作用的时间点。一般认为,既判力的时间界限为事实审言词辩论终结时,也即确定判决仅对事实审言词辩论终结时所存在或不存在的权利义务关系产生既判力,而对此基准时之后所发生的事实或权利义务关系的变动事实则无既判力。

3. 既判力的客观范围

既判力的客观范围,是指确定判决对哪些事项产生既判力。一般认为,判决是对当事人之间争议的民事权利义务关系的判断,因此,既判力的客观范围就是判决所确定的当事人之间的民事权利义务关系,即生效判决所确定的诉讼标的。

4. 既判力的主观范围

既判力的主观范围,是指确定判决对哪些主体产生既判力。一般来说,既判力只及于当事人,而不及于与诉讼标的无关的案外人。

(四) 司法公信力

司法公信力是指司法机关依法行使司法权后,民众对裁判过程和裁判结果充分信赖、尊重、认同与遵守等系列的态度和行为。

司法公信力首先体现为民众对司法的充分信任与尊重,包括对司法主体的充分信任与尊敬,对司法过程的充分信赖与认同,对司法结果的裁判的自觉服从与执行。其次,司法公信力体现为法律在整个社会的权威与尊严已经树立,广大民众对法律持有十足的信心,法律为社会和国家的运行提供了最终和最高的权威与效力,司法呈现出至上性。再次,司法职业共同体的形成,司法职业共同体尤其是法官、检察官、律师都有良好的自律,三者有着良性的互动关系,共同维护着法律的权威。最后,司法公信力所应有的对法律的尊重和维护,尤其是对司法的尊重和维护成为公民的行为标准、心理结构和民族的精神。

(五) 民事诉讼当事人

1. 民事诉讼当事人概念

民事诉讼当事人是以自己的名义要求人民法院保护民事权利、受人民法院裁判约束的起诉方和被诉方。一般来说,主体只要同时符合以下三个要求,就可成为民事诉讼当事人:

(1) 以自己的名义起诉或者应诉,实施诉讼行为;

(2) 向法院请求解决争议,保护民事权益;

(3) 接受法院裁判的约束。

2. 当事人的诉讼权利

根据《中华人民共和国民事诉讼法》第五十一条、第五十二条、第五十三条、第五十四条等条文的规定,当事人在民事诉讼中享有的诉讼权利主要有:

(1) 请求司法保护;

(2) 委托诉讼代理人;

(3) 申请回避;

(4) 收集和提供证据;

(5) 陈述、质证和辩论;

(6) 选择调解;

(7) 自行和解;

(8) 申请财产保全或者先予执行;

(9) 提起上诉;

(10) 申请执行;

(11) 查阅、复制本案有关材料和法律文书;

(12) 申请再审。

3. 当事人的诉讼义务

根据我国法律规定,当事人在民事诉讼中必须承担的诉讼义务主要有:

(1) 依法行使诉讼权利;

(2) 遵守诉讼秩序；
(3) 履行生效的法律文书。

二、民事诉讼基本原则与基本制度

(一) 民事诉讼基本原则

1. 民事诉讼基本原则的含义和特征

民事诉讼的基本原则，是指能够指导民事诉讼活动正常进行的基本原理和基本规则。

民事诉讼的基本原则不同于民事诉讼的一般原则，它具有以下三个特征：一是基础性；二是导向性；三是抽象性。

2. 民事诉讼基本原则的地位和作用

民事诉讼的基本原则在民事诉讼法中有着十分重要的地位和作用：

(1) 基本原则是民事诉讼法学基本理论的重要组成部分和集中体现，是民事诉讼法学基本理论的条文化、法律化。

(2) 基本原则是民事诉讼法中具体条文的统帅，是制定各项程序制度的依据。

(3) 基本原则具有概括性强、适应性强的特点，可以弥补立法的不足。

3. 民事诉讼基本原则的内容

(1) 依据宪法，参照人民法院组织法有关规定确立的民事诉讼基本原则有：民事审判权由人民法院行使的原则；人民法院依法独立审判民事案件的原则；以事实为根据，以法律为准绳的原则；对诉讼当事人在适用法律上一律平等的原则；用本民族语言、文字进行诉讼的原则；检察监督原则。

(2) 依据民事诉讼法有关规定确立的民事诉讼基本原则有：当事人诉讼权利平等原则；诉讼权利义务同等原则和对等原则；法院调解自愿与合法原则；辩论原则；处分原则；支持起诉原则；人民调解原则。

(二) 民事诉讼基本制度

1. 民事诉讼基本制度的概念

民事诉讼的基本制度，是指人民法院审判民事案件所必须遵循的基本操作规程。

民事诉讼的基本制度不同于民事诉讼的基本原则。首先，基本原则具有很强的抽象性和概括性；而基本制度却是一整套系统的规范体系，有具体的内容和要求。其次，基本原则对整个民事诉讼活动具有宏观指导性，人民法院和一切诉讼参与人均应遵守；而基本制度则主要规范法院的审判行为。最后,基本原则较为灵活,伸缩余地较大,其运用的程度往往不易把握和评价；而基本制度则属于硬性规定,比较容易把握、操作和评价。

2. 民事诉讼基本制度的内容

根据我国《民事诉讼法》第十条规定,民事诉讼的基本制度包括合议制度、回避制度、公开审判制度和两审终审制度。

案例 10-4

原告甲公司向某县人民法院起诉被告王某、李某及丙公司。起诉状中称,被告王某、李某原是甲公司销售部的销售经理,分别掌管两个省的销售业务。后丙公司高薪挖去王某、李某,让二人在这两个省从事相同的销售业务,负责市场推销工作。王某、李某利用其在甲公司所掌握的商业秘密,将甲公司的销售与进货渠道几乎全部提供给了丙公司,王某、李某直接联系以前客户进行销售,取代了甲公司的销售,致使甲公司遭受严重损失,故甲公司请求王某、李某和丙公司共同承担连带赔偿责任。同时申请不公开审理,以保护商业秘密。某县人民法院受理后指定张某法官独任审判此案。

简要分析：民事诉讼法是法院和公民进行民事诉讼时所应遵循的基本法律,特别是民事诉讼的基本原则和基本制度。本案就涉及不公开审判制度和合议制度。公开审判制度和合议制度是审判民事案件的基本制度,人民法院审理民事案件一般应公开审判,应当先期公布当事人姓名、案由和开庭的时间、地点,以便群众旁听,记者采访和报道。但是涉及国家秘密或个人隐私的案件,不能公开审理。此外法律还规定,离婚案件或涉及商业秘密的案件,当事人申请不公开审理的,可以不公开审理。为了贯彻民主原则,人民法院对于重大、复杂的民事案件的审理一般会组成合议庭以确保民事案件的公正处理,除非简单民事案件才会采用法官独任审判制以提高诉讼效率。

三、民事诉讼程序

（一）民事诉讼程序的概念和分类

1. 民事诉讼程序的概念

民事诉讼程序作为规制诉讼活动中法院、当事人和其他诉讼参与人有关诉讼的方式、方法和步骤,以及确定各种诉讼主体权利义务行使的法定程式、规则,是民事诉讼法和民事诉讼制度中的主要内容。

2. 民事诉讼程序的分类

民事诉讼程序根据适用所要解决对象不同，分为民事审判程序和民事执行程序。审判程序是确认当事人之间民事权利义务关系的程序，执行程序是保障当事人之间被确认的权利义务关系得到实现的程序。民事审判程序根据有无完整的事实争议和法律争议，分为民事普通程序和民事特别程序。民事普通程序是解决有完整的事实争议和法律争议的诉讼案件所适用的程序，民事特别程序是指解决仅有事实争议或法律争议的非诉案件所适用的程序。

（二）民事普通程序

1. 民事普通程序的概念

民事普通程序是指在当事人运用诉权进行起诉后，法院对有完整的事实争议和法律争议的诉讼案件，在当事人和诉讼参与人的参加下解决民事纠纷所适用的程序。

2. 民事普通程序的特征

民事普通程序与其他审判程序相比，具有以下几个方面的特征：

（1）基础性。民事普通程序是整个民事审判中的基础程序。

（2）完整性。在民事审判程序中，民事普通程序的内容最系统、最完整。

（3）独立性。它不依附于其他审判程序而独立存在，除贯彻执行民事诉讼的基本原则和基本制度外，不需要适用其他审判程序的规定。

（4）适用的广泛性。民事普通程序适用于所有的法院。

3. 民事普通程序的分类

（1）根据审级分为第一审普通程序、第二审普通程序和再审程序。

（2）第一审普通程序分为普通程序、简易程序、小额诉讼程序和速裁程序。

4. 民事普通程序的内容

民事普通程序包括主管与管辖、起诉与受理、审前程序、开庭审理、评议和宣判。

案例 10-5

2017 年，甲县 A 公司和乙县 B 公司在丙县订立了一份水泥供销合同。合同约定："运输方式：由 A 公司代办托运；履行地点：A 公司在丁县的仓库。"A 公司依约履行了合同，B 公司尚欠 A 公司 30 万元的货款。4 个月后，B 公司在当地报纸上刊登了"大幅度降价处理水泥"的广告。同时，着手准备分立为两个公司。为此，A 公司以 B 公司的行为影响货款的偿还和 B 公司即将分立为由，向乙县人民法院申请诉前财产保全,要求冻结B公司银行存款30万元,同时提供了同等数额的资金担保。人民法院审查以后依法作出了冻结存款的裁定。后由于B公司向该法院提供了同等数额的财产担保,法院依法作出解除冻结的裁定。后A公司向法院提起诉讼。一审中,被告B公司反诉要求原告A公司承担由于其申请诉前财产保全给自己造成的损失。

简要分析:民事诉讼关涉公民的民事利益,法院和当事人如果不能依法进行民事司法,就有可能违法地侵害他人的利益。民事诉讼中,依据我国《民事诉讼法》的规定,从起诉、审理到执行全诉讼过程,法院和原告、被告当事人都要依法进行诉讼,这样,自己的诉讼行为才有法律效力。本案涉及管辖、反诉、财产保全等一系列问题,影响着当事人的诉讼行为是否具有法律效力。

(三) 民事特别程序

1. 民事特别程序的概念

民事特别程序是指与通常诉讼程序相对应的、人民法院审理某些非民事权益争议案件所适用的特殊审判程序。

第一,特别程序在性质上属于审判程序。它是人民法院行使审判权确认一定的法律事实或者当事人权利义务现实状态的程序规范,与实现当事人权利的执行程序存在根本区别。

第二,特别程序是与通常诉讼程序相对应的特殊审判程序。审判程序由诉讼程序与非讼程序两种不同性质的程序构成,但特别程序并不是与诉讼程序相对应的非讼程序,而只是与通常诉讼程序相对应的特殊审判程序,这意味着特别程序中必然既有诉讼程序,也有非讼程序。

第三,特别程序只适用于审理某些非民事权益争议的案件。作为与通常诉讼程序相对应的程序,特别程序仅适用于审理非民事权益争议案件,不适用于审理民事权益争议案件。就审理非民事权益争议案件来说,特别程序仅适用于审理其中的某些非民事权益争议案件,而不适用于审理所有的非民事权益争议案件。因此,特别程序既不同于审理民事权益争议案件的诉讼程序,也不同于审理所有非民事权益争议案件的非讼程序。

第四,特别程序是人民法院审理几种类型案件的程序的总称。根据我国现行民事诉讼法及有关司法解释的规定,特别程序是非讼案件和特殊类型诉讼案件的审判程序的总和。

2. 民事特别程序的特点

与通常诉讼程序相比较,特别程序具有以下特点:

(1) 由几类不同类型案件的审理程序构成;

(2) 只确认某种法律事实或者某种权利的实际状况;

(3) 没有利害关系相冲突的双方当事人;

(4) 审判组织特别;

(5) 实行一审终审;

(6) 审结期限较短;

(7) 不适用审判监督程序对案件进行再审;

(8) 免交案件受理费。

3. 民事特别程序的适用范围

特别程序是相对于通常诉讼程序而言的、适用于审理某些非民事权益争议案件的审判程序。根据我国民事诉讼法和有关司法解释的规定,特别程序适用于审理以下十种类型的案件:

(1) 宣告公民失踪和宣告公民死亡案件;

(2) 认定公民无民事行为能力和限制民事行为能力案件;

(3) 认定财产无主案件;

(4) 宣告婚姻无效案件;

(5) 选民资格案件;

(6) 确认调解协议案件;

(7) 实现担保物权案件;

(8) 督促程序;

(9) 公示催告程序;

(10) 破产程序。

(四) 民事执行程序

1. 民事执行程序的概念

民事执行,也称民事强制执行或者强制执行,是指国家机关依债权人的申请,依据执行根据,运用国家强制力,强制债务人履行义务,以实现债权人的民事权利的活动。

民事执行中,有权根据生效法律文书向人民法院申请执行的人,被称为申请执行人;对方当事人,被称为被执行人。由于申请人在实体权利义务关系中是债权人,而被申请人则是实体权利义务关系中的债务人,所以,执行当事人双方也分别被称为债权人和债务人。

具体而言,民事执行包括以下几层意思:

(1) 民事执行由国家专门机关进行。

(2) 民事执行以存在执行根据为前提。

(3) 民事执行须经债权人申请。

(4) 民事执行是国家使用公权力的强制行为,强制性是民事执行的根本特性。

(5) 民事执行是实现已确定的私权的程序。

2. 民事执行的分类

依据不同的标准,可以将民事执行做以下分类:

(1) 终局执行与保全执行;

(2) 金钱执行与非金钱执行;

(3) 直接执行、间接执行与替代执行;

(4) 对人执行与对物执行;

(5) 一般执行与个别执行。

3. 民事执行措施

(1) 民事执行措施的概念

民事执行措施,是指法院根据执行案件的特点所采取的实现生效法律文书中所确定的债权人权利的方法、途径、步骤、程序。采取执行措施的行为,被称为执行行为。民事执行措施是整个执行过程的重要环节。

(2) 民事执行措施的内容

民事执行措施包括罚款、拘留、查询、扣押、冻结、划拨、变价、交付、限期履行、代为履行、限制出境、限制消费、在征信系统记录、通过媒体公布不履行义务信息等执行措施。

四、民事诉讼证据与证明制度

(一) 民事诉讼证据的含义与特征

1. 民事诉讼证据的含义

民事诉讼证据是指能够证明民事诉讼案件事实的一切根据和方法。在民事诉讼中,具体案件的法律适用往往以案件事实得到证明为前提,而案件事实是已经发生的事实,当事人之间有争执往往就是因对案件事实有不同的认识而发生分歧,从而向法院提起诉讼。所以,法院要对当事人有争议的事实进行认定,并在此基础上作出正确的裁判,必须借助于各种证据。对法院而言,证据是查明案件事实作出正确裁判的根据;对当事人而言,证据是主张有利于己的事实、反驳不利于己的事实,维护其合法权益的方法和手段。总之,诉讼开始、继续和终结都离不开证据的运用,证据制度是民事诉讼制度的核心。

2. 民事诉讼证据的特征

一般认为,民事诉讼证据具有客观性、关联性和合法性等三个特征。

(1) 客观性

证据是证明待证事实的根据或方法,它必须是可靠、可信的,否则就无法得出符合案件真相的认识。尽管提出证据、调查证据可能会受人的主观因素的影响,但是证据事实必须是客观存在的材料,而不是任何人的猜测或主观臆造的产物。正是证据具有客观性,才能使不同的裁判者可以借助司法途径对同一案件事实的认识有大体相同的结论,公正地作出裁判。

(2) 关联性

证据必须与案件事实有内在的联系。这种内在的联系表现为,证据应当能证明案件事实的全部或一部分。缺乏关联性的事实材料,不是本案的证据,当然对本案也无证明力。要确定某一证据与案件事实是否有关联性,往往取决于人们有关的生活经验和科学发展水平。如根据DNA技术进行亲子关系鉴定,是以前所不能想象的,正是科学技术的发展提高了人们认识案件事实的能力。可以说,人们对客观世界包括对民事诉讼证据的认识一直是在发展的。

(3) 合法性

证据的合法性首先体现在证据应当符合法律要求的形式。实体法要求某些法律行为必须采用法定形式,作为证明这些法律行为的证据材料就应当具备这些法定形式。证据的合法性还表现在取得证据的程序要合法,最高人民法院2019年修正的《最高人民法院关于民事诉讼证据的若干规定》第八十六条关于"当事人对于欺诈、胁迫、恶意串通事实的证明,以及对于口头遗嘱或赠与事实的证明,人民法院确信该待证事实存在的可能性能够排除合理怀疑的,应当认定该事实存在"的规定,就体现了这一要求。

(二) 民事诉讼证据的种类与分类

1. 民事诉讼证据的种类

《民事诉讼法》将证据分为当事人陈述、书证、物证、视听资料、电子数据、证人证言、鉴定意见和勘验笔录等八个种类。

2. 民事诉讼证据的分类

(1) 本证与反证；

(2) 直接证据与间接证据；

(3) 原始证据与传来证据；

(4) 言词证据与实物证据。

(三) 民事诉讼证明

1. 民事诉讼证明的含义

民事诉讼证明是指人民法院、当事人和其他诉讼参与人，依照法定程序，提供、收集证据，审查核实判断证据，运用证据查明民事案件事实和法律问题的诉讼活动。

2. 民事诉讼证明标准

民事诉讼证明标准是指证明待证事实存在或不存在要达到的证明程度。民事诉讼证明标准采用的是优势、盖然性的证明标准。只要一方举证优于另一方，一方所证明的事实可能性大于另一方，一方就可获得法院的支持而胜诉。

3. 民事诉讼证明责任

民事诉讼证明责任是指诉讼当事人有义务对自己的主张提供证据予以证明，从而避免举证不能或因待证事实处于真伪不明状态而承担败诉的后果。

(四) 民事诉讼司法推理

1. 民事诉讼司法推理的含义

民事诉讼司法推理是指合议庭在当事人的质证和辩论的基础上，运用理性的逻辑和常识对案件的事实和法律进行认识和确认，并进行充分的论证和说明裁判的理由的认识活动。

2. 民事诉讼司法推理的基本形式

民事诉讼司法推理的基本形式是三段论：首先是大前提的法律规定，其次是小前提的事实，最后是结论即裁判。

3. 民事诉讼司法推理的基本要求

(1) 运用三段论进行司法推理，形成司法认知和内心确信；

(2) 司法推理建立在事实证据和法律规定的基础上；

(3) 裁判所有的结论要进行书面的充分论证说理。

五、民事诉讼裁判及其效力

1. 民事诉讼裁判的含义

民事诉讼裁判是指人民法院在审理民事案件的过程中，根据案件事实和有关的法律，就诉讼中发生的各种程序性问题和特定事项以及当事人之间的民事实体权利义务关系所作出的结论性判定。

2. 民事诉讼裁判的意义

法院裁判作为人民法院处理民事案件的手段和形式，具有重要的意义。其一，法院裁判，是人民法院行使国家审判权的标志。法院通过对民事案件的审理，使法律的一般规定具体化，体现了法律的尊严和权威性。其二，法院通过裁判确认当事人之间的权利义务关系，保护当事人的合法权益，制裁违法行为，从而调整社会关系，保障社会秩序。其三，法院通过裁判解决诉讼中的程序问题和特定事项，协调人民法院的内部工作关系，促使审判工作顺利开展。

3. 民事诉讼裁判的种类

(1) 民事判决

民事判决是指人民法院通过对民事案件的审理，根据查明和认定的案件事实，正确适用法律，对案件的实体问题作出的权威性判定。

(2) 民事裁定

民事裁定是指人民法院在审理民事案件过程中，对所发生的程序上应当解决的事项作出的权威性判定。

(3) 民事决定

民事决定是指人民法院对民事诉讼中的特殊事项依法作出的权威性判定。

4. 民事诉讼裁判的效力

(1) 拘束力

无论是一审判决还是上诉审判决，在其被宣告或者被送达后，就发生一定的形式效力。即作出该判决的法院，自判决成立后，即受其拘束，以后该法院在同一审级内不得自行撤销或者变更其判决，即使当事人同意撤销或者变更时，也不能变更或者撤销该判决。判决对法院的拘束力是判决的内在属性。为此，各国民事诉讼法都认为，判决成立之后就产生拘束力。

(2) 既判力

既判力又称实质上的确定力(也有人称其为对事的确定力),是指确定的终局判决所裁判的诉讼标的对当事人和法院的强制性适用力。

(3) 执行力

执行力是指给付判决可以作为执行根据,判决中的权利人在义务人不履行生效判决确定的义务时,有权请求法院予以强制执行。

第三节 行政诉讼法

一、行政诉讼法概述

(一) 行政诉讼的概念与特征

行政诉讼是指公民、法人或者其他组织认为行政机关的行政行为侵犯其合法权益时,依法向人民法院提起诉讼,由人民法院进行审理并作出裁判的活动。其特征包括以下方面:

1. 行政诉讼是解决一定范围内的行政争议的活动。

2. 行政诉讼的核心是审查行政行为的合法性。《行政诉讼法》第六条规定:"人民法院审理行政案件,对行政行为是否合法进行审查。"

3. 行政诉讼是法院运用国家审判权来监督行政机关依法行使职权和履行职责,保护公民、法人和其他组织的合法权益不受行政机关违法行政行为侵害的一种司法活动。

4. 行政诉讼中的原告、被告具有恒定性。行政诉讼是公民、法人和其他组织认为行政机关的行政行为违法并侵犯了自己的合法权益而提起的,旨在通过行政诉讼,即由法院审查行政行为是否合法并作出相应的裁判,以保护自己的合法权益。

(二) 行政诉讼的功能

《行政诉讼法》第一条明确指出:"为保证人民法院公正、及时审理行政案件,解决行政争议,保护公民、法人和其他组织的合法权益,监督行政机关依法行使职权,根据宪法,制定本法。"据此,行政诉讼的功能包括以下方面:

1. 保证人民法院公正、及时地审理行政案件。制定《行政诉讼法》正是为法院提供一套能作为法定依据的诉讼规则和程序。

2. 解决行政争议。把"解决行政争议"作为《行政诉讼法》的立法宗旨是对行政诉讼性质、功能正确认识的结果，即行政诉讼具有监督、救济和解纷的功能，有助于进一步强化通过行政诉讼化解行政纠纷的作用，以法治方式解决行政争议。

3. 保护公民、法人和其他组织的合法权益。保护公民、法人和其他组织的合法权益，是我国制定《行政诉讼法》的初衷和最根本的目的，因而也是我国《行政诉讼法》最根本的宗旨。

4. 监督行政机关依法行使职权。制定《行政诉讼法》的一个基本目的，就是要监督行政机关依法行使职权，促进行政机关依法行政。监督是对法院在行政诉讼中的地位的根本性规定。

(三) 行政诉讼的基本原则

行政诉讼基本原则是指行政诉讼法规定的，贯穿于行政诉讼的主要过程，对行政诉讼活动起支配作用的基本行为准则。根据法律规定，行政诉讼的基本原则包括：

1. 人民法院依法独立行使行政审判权原则。《行政诉讼法》第四条规定："人民法院依法对行政案件独立行使审判权，不受行政机关、社会团体和个人的干涉。"

2. 以事实为根据，以法律为准绳原则。《行政诉讼法》第五条规定："人民法院审理行政案件，以事实为根据，以法律为准绳。"该原则虽然是三大诉讼共有的原则，但在行政诉讼中具有特定的含义。

3. 合法性审查原则。在行政诉讼中，对行政行为实施合法性审查原则是行政诉讼中极为重要的，也是行政诉讼特有的一个原则，对行政诉讼的每个环节、各个方面都起指导作用。

4. 合议、回避、公开审判和两审终审原则。合议、回避、公开审判和两审终审原则存在于三大诉讼之中。这些原则由于有具体的制度对应，所以又被称为行政诉讼的基本制度。

5. 当事人法律地位平等原则。这一原则是指在行政诉讼中，双方当事人平等地行使诉讼权利，其合法权利平等地受人民法院的保护。该原则规定在《行政诉讼法》第八条，并在行政诉讼的具体制度中有充分体现。

6. 民族语言文字原则。《行政诉讼法》第九条明确规定了这一原则。在行政诉讼中，允许当事人用本民族语言文字进行诉讼，是各民族平等的具体表现，任何民族都不能把自己的语言文字强加给别的民族。

7. 辩论原则。《行政诉讼法》第十条规定："当事人在行政诉讼中有权进行辩论。"辩论原则的确立是当事人诉讼主体地位的体现，也是诉讼公正的要求。通过双方当事人的辩论，人民法院可以迅速查明案件事实，有利于行政案件的解决。

8. 人民检察院实行法律监督原则。《行政诉讼法》第十一条规定："人民检察院有权对行政诉讼实行法律监督。"人民检察院实行法律监督原则的确立，主要是为了保障行政诉讼活动依法进行。

二、行政诉讼受案范围与管辖

（一）行政诉讼受案范围的设定方式

行政诉讼受案范围，也称法院的主管范围，指人民法院受理行政案件的范围，即法律规定的、法院受理一定范围内行政案件的权限。

受案范围需要运用一定的方式才能得到明确的表达，这种方式越科学，受案范围的划定就越准确。《行政诉讼法》以"概括＋列举＋排除"的混合方式进行设定，但在列举方式上是肯定列举和否定列举并存，即通过否定列举否定一部分可以受案的行政行为，又通过肯定列举肯定一部分可以受案的行政行为。

首先，以概括的方式确立行政诉讼受案的基本界限。《行政诉讼法》第二条第一款规定："公民、法人或者其他组织认为行政机关和行政机关工作人员的行政行为侵犯其合法权益，有权依照本法向人民法院提起诉讼。"

其次，以否定列举的方式对不属于行政诉讼受案范围的事项作了排除的规定。《行政诉讼法》第十三条对四种不受理事项进行了列举规定。

最后，以肯定列举的方式列出了应当受案的一系列行政案件。《行政诉讼法》第十二条第一款具体列出了具有典型性的12种行政案件。

（二）行政诉讼的受案范围与不受案范围

1. 行政诉讼的受案范围

《行政诉讼法》第二条规定了人民法院受理的行政案件范围，即公民、法人或者其他组织认为行政机关和行政机关工作人员的行政行为侵犯其合法权益，依法提起诉讼的，都属于行政诉讼的受案范围。同时，《行政诉讼法》第十二条具体列出了人民法院受理的一系列由行政行为而引起的行政案件：

（1）对行政机关行政处罚不服的案件；

（2）对行政机关行政强制不服的案件；

（3）对行政机关行政许可不服的案件；

（4）对行政机关自然资源的确认行为不服的案件；

（5）对行政机关征收、征用决定及其补偿决定不服的案件；

（6）认为行政机关不履行保护人身权、财产权等合法权益的法定职责的案件；

（7）认为行政机关侵犯法定经营自主权或者农村土地承包经营权、农村土地经营权的案件；

（8）认为行政机关滥用行政权力排除或者限制竞争的案件；

（9）认为行政机关违法集资、摊派费用或者违法要求履行其他义务的案件；

（10）认为行政机关没有依法支付抚恤金、最低生活保障待遇或者社会保险待遇的案件；

（11）认为行政机关不依法履行、未按照约定履行或者违法变更、解除政府特许经营协议、土地房屋征收补偿协议等协议的案件；

（12）认为行政机关侵犯其他人身权、财产权等合法权益的案件；

（13）法律法规规定可以起诉的其他行政案件。

2. 行政诉讼的不受案范围

（1）国防、外交等国家行为；

（2）行政法规、规章或者行政机关制定、发布的具有普遍约束力的决定、命令；

（3）行政机关对行政机关工作人员的奖惩、任免等决定；

（4）法律规定由行政机关最终裁决的行政行为。

案例 10-6

行政备案及确认行为是否属于行政诉讼受案范围

王某所居住的 801 室坐东朝西，进户门朝外开启，距离其家门口 0.35 米处的南墙挂有高 1.6 米、宽 0.7 米、厚 0.25 米的消防栓，但消防栓的设置和建设影响王某的生活，因此便请求济南市消防救援支队撤销在其门前设置的消防栓通过验收的决定。但济南市消防救援支队却不同意。王某因此起诉至法院，要求法院依法撤销被告济南市消防救援支队批准在其门前设置的消防栓通过验收的决定，并判令被告责令报批单位依据国家标准限期整改。被告辩称，建设工程消防验收备案结果通知是按照建设工程消防验收评定标准完成工程检查作出的检查记录的体现。如果备案结果合格,则表明建设工程是符合相关消防技术规范的;如果不合格,消防救援机构将依法采取措施,要求建设单位整改有关问题,其性质属于技术性验收,并不是一项独立、完整的行政行为,不具有可诉性,不属于人民法院行政诉讼的受案范围,请求驳回原告的起诉。

简要分析：作出建设工程消防验收备案结果通知,是对建设工程消防设施质量监督管理的最后环节,备案结果通知含有消防竣工验收是否合格的评定,具有行政确认的性质,是消防救援行政行为。备案手续的完成能产生行政法上的拘束力。故备案行为是可诉的行政行为,人民法院可以对其进行司法审查。

(三) 行政诉讼管辖的类型

管辖是解决人民法院内部之间对某个行政案件究竟由哪个法院行使审判权,即某个行政案件由哪个法院受理并审判,以及公民、法人和其他组织就某个行政案件向哪个法院起诉的问题。行政诉讼中的管辖可分为：

1. 级别管辖。其指各级人民法院之间受理第一审行政案件的分工和权限。它仅指各级普通人民法院在受理第一审行政案件上的分工,不包括专门法院。根据《行政诉讼法》的规定,行政诉讼案件由基层人民法院、中级人民法院、高级人民法院和最高人民法院分别管辖。

2. 地域管辖。其指同级人民法院之间受理第一审行政案件的分工和权限,它是以辖区为标准划分同级人民法院之间受理第一审行政案件的权限。根据《行政诉讼法》的规定,我国行政案件的地域管辖可划分为：一般地域管辖、特殊地域管辖和共同地域管辖。

3. 裁定管辖。其是由法院直接作出裁定或决定来确定诉讼管辖法院。裁定管辖包括移送管辖、指定管辖和移转管辖。

三、行政诉讼参与人

行政诉讼参与人包括当事人和其他地位类似于当事人的诉讼代理人。当事人包括原告、被告和第三人。当事人与案件有直接利害关系,是行政诉讼最核心的参加人员。诉讼代理人包括法定代理人、指定代理人和委托代理人。诉讼代理人虽与案件没有直接利害关系,但其参加诉讼是为了被代理的当事人的利益,有明确的方向性,因而具有类似于当事人的地位。

(一) 行政诉讼原告

行政诉讼原告是指认为自己的合法权益受到行政机关及其工作人员的行政行为的不法侵害或不利影响,以自己的名义起诉,请求法律保护而引起行政诉讼程序发生的公民、法人和其他组织。

1. 行政诉讼原告资格的认定。主观上,原告必须是认为其合法权益受到行政行为侵害的人;客观上,原告必须是行政相对人和其他利害关系人。

2. 行政诉讼原告资格的转移。根据《行政诉讼法》第二十五条规定,原告资格转移有两种情况:一是有权提起诉讼的公民死亡,其近亲属可以提起诉讼;二是有权提起诉讼的法人或者其他组织终止,承受其权利的法人或者其他组织可以提起诉讼。

(二) 行政诉讼被告

行政诉讼被告是原告指控其行政行为侵犯原告的合法权益而向人民法院起诉,人民法院受理后通知其应诉的行政机关和法律、法规、规章授权的组织。因此,被告恒定为作为行政主体的行政机关和法律、法规、规章授权的组织。

(三) 行政诉讼第三人

行政诉讼第三人,是指与被诉行政行为有利害关系或者同案件处理结果有利害关系、申请参加或者由人民法院通知其参加到行政诉讼中来的其他公民、法人或者其他组织。因此,第三人是原告、被告以外的人,具有独立的诉讼地位,其参加的是他人已经开始、尚未结束的诉讼。第三人参加诉讼的方式有两种,即申请参加诉讼和由人民法院通知参加诉讼。

四、行政诉讼程序

(一) 起诉与受理

1. 起诉

行政诉讼中的起诉是指公民、法人或者其他组织认为行政机关及其工作人员的行政行为侵犯了自己的合法权益,依法诉请人民法院对该行政行为予以合法性审查以保护自己合法权益的诉讼行为。它是原告单方面行使法律赋予的起诉权的行为。根据法律规定,原告起诉成立必须具备四个条件:

第一,原告是认为行政行为侵犯了其合法权益的公民、法人或者其他组织。

第二,有明确的被告。该条件要求公民、法人或者其他组织在起诉时必须明确提出谁是被告,即表明控告对象。若没有明确的侵害主体,起诉也不能成立。

第三,有具体的诉讼请求和事实根据。所谓有具体的诉讼请求是指原告请求法院通过审判程序保护自己合法权益的具体内容;原告起诉的事实根据应包括案件事实和证据事实。

第四,起诉的案件属于人民法院的受案范围和受诉人民法院管辖。

按照《行政诉讼法》的规定,起诉的一般期限有三种情况:第一,直接起诉的案件,应当自知道或者应当知道作出行政行为之日起6个月内提起诉讼;第二,经过复议的案件,申请人不服复议决定起诉的,可以在收到复议决定书之日起15日内向人民法院提起诉讼;复议机关逾期不作决定的,申请人可以在复议期限届满之日起15日内向人民法院提起诉讼;第三,相对人因不可抗力或者其他特殊情况耽误起诉期限的,在障碍消除后10日内,可以申请延长期限。是否准许,由人民法院决定。

2. 受理

受理是人民法院对公民、法人或者其他组织的起诉进行审查,对符合法定条件的起诉决定立案审理,从而引起诉讼程序开始的职权行为。

根据《行政诉讼法》第五十一条的规定,法院在接到起诉状时对符合本法规定的起诉条件的,应当登记立案。

在司法实践中,对于起诉状,法院应当根据不同情况作出如下处理:第一,对于符合起诉条件的,应当登记立案。对当场不能判定的,先接收起诉状并出具凭证,并在收到起诉状之日起7日内决定是否立案。第二,对于不符合起诉条件的,受诉法院应当自收到起诉状之日起7日内作出不予受理的裁定;起诉人对不予受理的裁定不服的,可以在接到裁定书之日起10日内向上一级法院提起上诉。第三,对起诉内容有欠缺或者有其他错误但可以补正或者更正的,法院应当给予指导和释明,并一次性告知当事人补正或者更正的内容;在指定期间内已经补正或者更正的,法院应当依法受理。第四,受诉法院自收到起诉状之日起7日内不能决定是否受理的,应当先予受理;受理后经审查不符合起诉条件的,裁定驳回起诉。

(二) 行政诉讼一审程序

1. 一审普通程序

行政案件由人民法院组成合议庭审理,实行合议制。实行简易程序审理的行政案件,由审判员一人独任审理。

根据《行政诉讼法》的规定,行政案件的第一审程序必须开庭审理;第二审程序中对事实清楚的可以实行书面审理;审判监督程序中适用一审程序进行审理的,必须开庭审理,适用第二审程序的,对事实清楚的案件可以适用书面审理。但当事人对原审人民法院认定的事实有争议的,或者第二审人民法院认为原审人民法院认定事实不清楚的,第二审法院应当开庭审理。由此可知,我国行政诉讼审理方式是以开庭审理为原则,以书面审理为例外。

根据《行政诉讼法》第五十四条规定,除涉及国家秘密、个人隐私和法律另有规定的以外,行政案件的审理一律公开进行。

对规范性文件的附带审查。《行政诉讼法》第五十三条规定:公民、法人或者其他组织认为行政行为所依据的国务院部门和地方人民政府及其部门制定的规范性文件不合法,在对行政行为提起诉讼时,可以一并请求对该规范性文件进行审查。但这里的规范性文件不包括规章。人民法院在对规范性文件进行审查后认为该规范性文件不合法的,不作为认定行政行为合法的依据,并向制定机关提出处理建议。

对于第一审行政案件,人民法院应当在立案之日起 6 个月内作出第一审判决。有特殊情况需要延长的,由高级人民法院批准,高级人民法院审理第一审案件需要延长的,由最高人民法院批准。

2. 一审简易程序

《行政诉讼法》第八十二条规定,可以适用简易程序的案件必须同时具备三个条件:①人民法院认为案件事实清楚、权利义务关系明确、争议不大;②案件为第一审案件;③须为下列三种具体情形之一:被诉的行政行为是依法当场作出的、案件涉及的款额二千元以下的、属于政府信息公开案件的。

《行政诉讼法》第八十三条明确规定:适用简易程序审理的行政案件,由审判员一人独任审理,并应当在立案之日起 45 日内审结。

人民法院在审理过程中发现案件不宜适用简易程序的,裁定转为普通程序。对于简易程序转为普通程序的案件,起诉期限应当从立案次日起连续计算。

(三)行政诉讼二审程序

不服一审判决的上诉期限为 15 日,不服一审裁定的上诉期限为 10 日。逾期不上诉的,一审的裁判就发生法律效力。上诉期限从一审判决和裁定合法送达后的次日开始计算。

由于二审的审理是在一定的基础上进行的,因此二审法院除了审查上诉的请求和理由外,还要着重审查一审裁判认定的事实和适用的法律有无错误。合议庭只能由审判员组成。人民法院对上诉案件,应当组成合议庭,开庭审理。即二审行政案件原则上也应当开庭审理,尤其是上诉人就事实问题提出异议的,必须开庭审理。但人民法院认为事实清楚的,可以实行书面审理。审理的期限较短,为3个月。

(四) 行政诉讼审判监督程序

行政诉讼中的审判监督程序,又称为再审程序,是指人民法院自行发现已经发生法律效力的裁判违反法律、法规的规定,或者根据人民检察院的抗诉,而依法对案件再次进行审理的程序。就性质而言,审判监督程序是为了纠正发生法律效力的判决和裁定中的错误而设立的一种审判上的补救制度,它以人民法院和人民检察院的审判监督权和法律监督权为基础。

1. 当事人提起再审

《行政诉讼法》第九十条对当事人申请再审的提出作了如下规定:第一,提出申请的前提,须是当事人认为生效的裁判确有错误。第二,申请只能向原审法院的上一级法院提出。第三,当事人提出再审申请后,不停止原判决、裁定的执行。

2. 司法机关提起再审

根据《行政诉讼法》第九十二条和第九十三条的规定,提起再审的主体必须是享有审判监督权的司法机关和公职人员,具体包括:各级人民法院院长、最高人民法院、上级人民法院、最高人民检察院、上级人民检察院、地方各级人民检察院。提起再审的条件是发现发生法律效力的判决、裁定违反法律、法规的规定。

五、行政诉讼证据与法律适用

(一) 行政诉讼的证据种类

证据是指一切用来证明案件事实情况的材料,而行政诉讼证据则是指在行政诉讼中一切用来证明行政案件事实情况的材料。《行政诉讼法》第三十三条对行政诉讼的证据种类做了具体规定。

1. 书证。指用文字或图画、符号等记载的、表达人的思想和行为,并用来证明案件情况的材料,其基本特征是用它的记载或反映的内容来反映案件事实。

2. 物证。指用来证明案件事实的物品或痕迹。物证是以其存在的外形、性状、质量特征、规格等证明案件事实的证明材料。

3. 视听资料。指利用录音、录像的方法录制的音响和图像或者用电子计算机储存的资料来证明案件事实的证明材料。

4. 电子数据。指基于计算机应用、通信和现代管理技术等电子化技术手段形成的包括文字、图形符号、数字、字母等的客观资料。

5. 证人证言。指证人就其所了解的有关案件事实的情况依法所作出的陈述。

6. 当事人的陈述。指当事人所作的关于案件事实情况的叙述。

7. 鉴定意见。指由鉴定人运用自己的专门知识,利用专门的设备和材料,对案件中出现的专门问题所作的结论性意见。

8. 勘验笔录和现场笔录。勘验笔录是指行政机关工作人员或法院审判人员对能够证明案件事实的现场或者对不能、不便拿到法院的物证就地进行分析、检验、测量、勘查后作出的记录。现场笔录是指行政机关工作人员在实施行政行为的现场对现场情况所作的书面记录,它是行政诉讼中特有的法定证据。

(二) 行政诉讼的法律适用

行政诉讼法律适用,是指人民法院按照法定程序,将法律、法规或规章具体运用于各种行政诉讼案件,对行政机关行政行为的合法性进行审查并作出裁判的专门活动。

1. 法律的适用。根据《行政诉讼法》第六十三条规定,人民法院审理行政案件以法律、行政法规、地方性法规为依据。也就是说,法律在行政诉讼中具有完全的适用力。

2. 行政法规的适用。国务院制定的行政法规是人民法院对行政行为合法性审查的依据。

3. 地方性法规的适用。地方性法规也是人民法院对行政行为合法性进行审查的依据。

4. 规章在行政诉讼中的适用。《行政诉讼法》第六十三条第三款规定:"人民法院审理行政案件,参照规章。""参照"与依据不同,依据是人民法院审理行政案件时,必须适用该规范,不能拒绝适用;参照则是指在某些情况下可以适用,在某些情况下也可以不予适用。

5. 一般规范性文件在行政诉讼中的意义。《行政诉讼法》第五十三条规定："公民、法人或者其他组织认为行政行为所依据的国务院部门和地方人民政府及其部门制定的规范性文件不合法，在对行政行为提起诉讼时，可以一并请求对该规范性文件进行审查。"第六十四条规定："人民法院在审理行政案件中，经审查认为本法第五十三条规定的规范性文件不合法的，不作为认定行政行为合法的依据，并向制定机关提出处理建议。"

六、行政诉讼裁判与执行

(一) 行政诉讼的判决、裁定与决定

1. 行政诉讼的判决

行政诉讼判决是人民法院审理行政案件终结时，根据事实和法律，以国家审判机关的名义，就行政案件作出的处理决定。

根据《行政诉讼法》第六十九条至第七十八条的规定，行政诉讼的判决形式主要有六种：

(1) 驳回诉讼请求判决。其指人民法院经审理后，认为原告的诉讼请求在法律上不成立，从而以判决的形式驳回，意味着原告的诉讼请求遭到人民法院的否定。

《行政诉讼法》第六十九条规定："行政行为证据确凿，适用法律、法规正确，符合法定程序的，或者原告申请被告履行法定职责或者给付义务理由不成立的，人民法院判决驳回原告的诉讼请求。"

(2) 撤销或部分撤销行政行为，并责令重作判决。《行政诉讼法》第七十条规定："行政行为有下列情形之一的，人民法院判决撤销或者部分撤销，并可以判决被告重新作出行政行为：(一) 主要证据不足的；(二) 适用法律、法规错误的；(三) 违反法定程序的；(四) 超越职权的；(五) 滥用职权的；(六) 明显不当的。"根据这一规定，被诉行政行为具备以上情形之一，就可以适用本判决。

(3) 履行判决。履行判决是针对被告不履行法定职责或不履行应当履行义务所作的判决，是法院用判决的形式敦促行政机关履行法定职责或者履行应当履行义务的一种判决。

《行政诉讼法》第七十二条规定："人民法院经过审理，查明被告不履行法定职责的，判决被告在一定期限内履行。"第七十八条规定："被告不依法履行、未按

照约定履行或者违法变更、解除本法第十二条第一款第十一项规定的协议的,人民法院判决被告承担继续履行、采取补救措施或者赔偿损失等责任。被告变更、解除本法第十二条第一款第十一项规定的协议合法,但未依法给予补偿的,人民法院判决给予补偿。"

(4) 给付判决。给付判决是指人民法院作出要求被告承担给付义务的判决,这里的给付主要是指金钱给付。

《行政诉讼法》第七十三条规定:"人民法院经过审理,查明被告依法负有给付义务的,判决被告履行给付义务。"据此,适用给付判决的情形是:①被告负有给付义务;②被告没有依法给付。

(5) 确认判决。确认判决是指人民法院在某些特定情况下,对被诉的行政行为是否合法所作的一种评判,不同于撤销判决直接消灭被诉行政行为的效力,也不同于变更判决直接改变被诉行政行为的内容,而是就被诉行政行为是否合法作出认定,从而决定被诉行政行为是否能够继续有效的一种判决。对此,《行政诉讼法》第七十四条规定了确认违法判决。第七十五条规定了确认无效判决。并在第七十六条对确认判决进行了补充规定。

(6) 变更判决。变更判决是指人民法院审理行政案件时,运用国家审判权直接变更被诉的行政行为的内容而进行的判决。人民法院依法判决变更,是人民法院拥有司法变更权的具体表现。

《行政诉讼法》第七十七条规定:"行政处罚明显不当,或者其他行政行为涉及对款额的确定、认定确有错误的,人民法院可以判决变更。人民法院判决变更,不得加重原告的义务或者减损原告的权益。但利害关系人同为原告,且诉讼请求相反的除外。"本条规定了适用变更判决的情形和条件:一是只能针对行政处罚和其他涉及款额确定的行政行为。二是行政处罚明显不当、其他涉及款额的行政行为确定、认定数额不当。

案例 10-7

法院可否在审理行政协议案件中作出变更判决

2017年3月9日,菏泽市牡丹区人民政府作出《牡丹区2016—9地块房屋征收决定书》,决定对相关土地上房屋进行征收,其中包含了原告张某的房屋,牡丹区人民政府为实施房屋征收工作,组建2016—9地块征收指挥部,委派牡丹区住建局作为征收部门,实施征收补偿工作。在住建局多次做思想工作后,张某与住建局于 2017 年 4 月 2 日签订征收补偿协议书,但签订协议后张某感觉补偿协议极不合理,经咨询律师得知按照《国有土地上房屋征收与补偿条例》《中华人民共和国土地管理法》等规定,房屋和土地不可分离,应当融合在一起按照周边类似房地产市场价值进行评估。于是张某委托律师依法提起行政诉讼,请求判决将被告与张某签订的《房屋征收补偿协议书》第一条中土地价值和房屋价值进行变更、将土地和房屋合并为房屋价值并按照每平方米 4 700 元的标准(不低于周边房地产市场价值的标准)对原告进行补偿即房屋价值补偿为 1 097 779 元。一审法院认为本案不属于人民法院受案范围裁定驳回起诉,二审法院经审理认为本案属于人民法院受案范围,裁定撤销一审裁定,指令一审法院继续审理本案。

简要分析:《房屋征收补偿协议书》属于政府实施房屋征收管理、履行行政职责中与被征收人签订的协议,依据《行政诉讼法》第十二条第一款第(十一)项的规定,该协议属于行政协议,此行政诉讼属于人民法院行政诉讼受案范围。根据《行政诉讼法》第七十七条"行政处罚明显不当,或者其他行政行为涉及对款额的确定、认定确有错误的,人民法院可以判决变更"的规定,人民法院可以对本协议中有关款额的部分进行变更并作出变更判决。

2. 行政诉讼的裁定

行政诉讼裁定,是人民法院在审理行政案件过程中,为解决本案的程序问题所作出的对诉讼参与人发生法律效果的司法决定(意思表示)。根据《行政诉讼法》的规定,行政诉讼的裁定分为以下类型:

(1) 不予立案的裁定。当事人对不予立案的裁定不服,可以上诉。

(2) 驳回起诉的裁定。如果原告对驳回起诉的裁定不服,有权在裁定书送达之日起十日内提起上诉,要求上级人民法院撤销该裁定。

(3) 管辖异议的裁定。原告提起行政诉讼,人民法院受理并通知被告应诉后,被告对人民法院的管辖提出异议的,人民法院可以就管辖异议作出相应的裁定。

(4) 终结诉讼的裁定。由于发生特殊原因或者原告撤回诉讼,行政诉讼无法继续进行,而应结束诉讼程序的,被称为终结诉讼。

(5) 中止诉讼的裁定。中止诉讼的期限要待妨碍诉讼进行的事由消失后,恢复中止的诉讼程序为止。

(6) 移送或者指定管辖的裁定。人民法院对于已经受理的行政诉讼案件,发现自己没有管辖权,可以将案件移送给有管辖权的法院管辖。人民法院就某一行政诉讼案件的管辖权发生争议,在协商不成时,可以报请上级人民法院指定管辖。移送或者指定管辖,均以裁定的方式进行。

(7) 诉讼期间停止行政行为的执行或者驳回停止执行的申请的裁定。《行政诉讼法》第五十六条规定,原告或者利害关系人申请停止执行行政行为的,人民法院认为该行政行为的执行会造成难以弥补的损失,并且停止执行不损害国家利益、社会公共利益的,人民法院应裁定停止执行。

(8) 财产保全的裁定。人民法院对于可能因一方当事人的行为或者其他原因,判决不能执行或者难以执行的案件,可根据对方当事人的申请,或者依职权作出诉讼保全的裁定。

(9) 先予执行的裁定。人民法院审理请求给付财物的案件,在作出判决交付执行之前,因权利人难以或无法维持生活或工作,可裁定义务人先行给付一定款项或特定物,并立即交付执行。

(10) 准许或者不准许撤诉的裁定。原告提起行政诉讼后,又申请撤回起诉,或在案件宣判之前要求撤诉,人民法院认为依法应准许或者不准许其撤诉的,应当使用裁定。

(11) 补正裁判文书中的笔误的裁定。

(12) 中止或者终结执行的裁定。

(13) 提审、指令再审或者发回重审的裁定。

(14) 准许或者不准许执行行政机关的行政行为的裁定。

(15) 其他裁定。

3. 行政诉讼的决定

行政诉讼决定,是指人民法院为了保证行政诉讼的顺利进行,对诉讼过程中发生的某些特殊事项所作的决定。行政诉讼决定主要有以下几种:

(1) 回避决定。当事人认为本案审判人员具有应回避的事由,有权申请回避。

(2) 采取强制措施的决定。诉讼参与人或者其他人员有妨害诉讼的违法行为,人民法院可以根据情节轻重,予以训诫、责令具结悔过或者处以 10 000 元以下的罚款、15 日以下的拘留。

(3) 延长诉讼期限的决定。公民、法人或者其他组织因不可抗力或者其他情况耽误起诉期限的,在障碍消除后的 10 日内,可以申请延长期限,由人民法院决定。此外,高级人民法院和最高人民法院亦可作出是否延长审理期限的决定。

(4) 再审的决定。合议庭已经审结行政案件,裁判发生法律效力后若发现违反法律、法规的规定,认为需要再审的,由院长提交审判委员会讨论决定是否再审。审判委员会决定再审的,院长应当按照审判委员会的决定作出再审的决定。

(5) 对重大、疑难行政案件的处理决定。合议庭审理重大、疑难的行政案件,经评议后,合议庭应报告院长,由院长提交审判委员会讨论决定,制作判决,向当事人宣告、送达。

(6) 执行程序的决定。在执行过程中,案外人对执行标的提出异议的,由执行员进行审查,认为有理由的,报院长批准中止执行,由合议庭审查或审判委员会作出决定。此外,行政机关拒绝履行判决、裁定的,人民法院可以从期满之日起,对该行政机关按日处以50至100元的罚款决定。

(二) 行政诉讼的执行

根据《行政诉讼法》第九十五条规定,生效的行政诉讼判决和裁定都由一审法院执行,因此,一审法院就成为执行组织。

执行组织除法院外,还有部分行政机关。在行政法上,所有的行政机关都有一定的行政职权,但并非有行政职权就当然有强制执行权。所以,能够成为执行组织的机关只能是依照法律具有强制权与强制手段、措施的行政机关。

申请人是公民的,申请执行生效的行政判决书、行政裁定书、行政赔偿判决书和行政赔偿调解书的期限为1年,申请人是行政机关、法人或者其他组织的为180日。申请执行的期限从法律文书规定的履行期限最后一日起计算;法律文书中没有规定履行期限的,从该法律文书送达当事人之日起计算。逾期申请的,除有正当理由外,人民法院不予受理。

《行政诉讼法》第九十六条规定了对行政机关拒绝履行判决、裁定、调解书适用的强制执行措施:①对应当归还的罚款或者应当给付的款额,通知银行从该行政机关的账户内划拨。②在规定期限内不履行的,从期满之日起,对该行政机关负责人按日处50元至100元的罚款。③将行政机关拒绝履行的情况予以公告。④向监察机关或者该行政机关的上一级行政机关提出司法建议。接受司法建议的机关,根据有关规定进行处理,并将处理情况告知人民法院。⑤拒不履行判决、裁定、调解书,社会影响恶劣的,可以对该行政机关直接负责的主管人员和其他直接责任人员予以拘留;情节严重,构成犯罪的,依法追究刑事责任。

引例评析

1. (1) 未生效。二审判决应当在宣告以后才生效,本案二审判决始终未向被告人李某宣告,也未向李某送达判决书,裁判文书网上发布判决书也不能等同于向李某宣告判决,李某始终不知道判决的内容,因此本案二审程序未完成宣告,判决未生效。

(2) 一审裁判的生效时间为裁判送达后次日开始计算上诉、抗诉期限,经过上诉、抗诉期限未上诉、抗诉的一审裁判才生效。由于我国实行二审终审制,普通案件二审裁判为终审裁判,但需要送达后始生效,即二审当庭宣判或定期宣判送达裁判文书后发生法律效力。

2. (1) 当事人及其法定代理人、近亲属首先应当向S市人民检察院提出,案情重大、复杂、疑难的,省人民检察院也可以直接受理。(2) 当事人一方对S市人民检察院决定不予抗诉而继续向省人民检察院申诉的,省人民检察院应当受理,经省市两级人民检察院办理后,没有新的事实和证据不再立案复查。(3) S市人民检察院认为判决裁定确有错误需要抗诉的,应当提请省人民检察院抗诉。(4) 省人民检察院认为判决裁定确有错误可以直接向省高级人民法院抗诉。

3. (1) 经审理能够查清事实的,应当在查清事实后依法裁判;(2) 经审理仍无法查清事实,证据不足的,不能认定原审被告人有罪的,应当判决宣告原审被告人无罪;(3) 经审理发现有新证据且超过刑事诉讼法规定的指令再审期限的,可以裁定撤销原判,发回原审法院重新审判。

4. 省高级人民法院既可以提审也可以指令下级法院再审。(1) 提审由省高级人民法院组成合议庭,所作出判决裁定为终审判决裁定;提审的案件应当是原判决裁定认定事实正确但适用法律错误,或者案件疑难、复杂、重大,或者不宜由原审法院审理的情形。(2) 省高级人民法院指令再审一般应当指令S市中级人民法院以外的中级法院再审,依照第二审程序进行;如果更有利于查明案件事实、纠正裁判错误,也可以指令S市中级人民法院再审,S市中级人民法院应当另行组成合议庭,依照二审程序进行。

5. 法院可以根据具体情况,既可以作有罪判决也可以作无罪判决。(1) 本案系审判监督程序的案件,法庭审理的对象是生效的法院判决裁定是否有错误,判决有罪无罪的依据是案件事实、证据及适用的法律是否确有错误。(2) 检察机关的抗诉是引起再审程序的缘由,其请求改判无罪已经不是控诉的含义,省人民检察也不是控方,不存在控辩双方意见一致的情形。

思考题

1. 如何理解刑事诉讼的人权司法保障功能?
2. 刑事案件回避制度建构的意义和作用?
3. 我国的刑事辩护制度包括哪些内容?
4. 证据转化为定案的依据应当符合哪些基本要求?
5. 询问犯罪嫌疑人应当遵守哪些程序?
6. 民事诉讼的基本原则与基本制度在民事诉讼中有何作用?
7. 法院的司法审判权与当事人的诉权有何关系?
8. 既判力和司法公信力在民事诉讼中有何作用?
9. 民事普通程序中民事起诉条件有哪些?
10. 民事公益诉讼有哪些特殊规定?
11. 如何理解行政诉讼中人民法院对行政行为合法性审查的原则?
12. 行政复议受案范围与行政诉讼受案范围的关系是什么?
13. 简述行政诉讼被告的法定类型?
14. 人民法院适用变更判决应注意哪些问题?
15. 行政诉讼判决、裁定与决定有何异同?

案例分析

1. 鲁某与关某涉嫌贩卖冰毒500余克,B省A市中级人民法院开庭审理后,以鲁某贩卖毒品罪,判处死刑立即执行,关某贩卖毒品罪,判处死刑缓期2年执行。一审宣判后,关某以量刑过重为由向B省高级人民法院提起上诉,鲁某未上诉,检察院也未提起抗诉。在该案的侦查过程中,侦查人员认为,毒品犯罪的社会危害性极大,本案可以不经批准采用控制下交付的侦查措施;对鲁某采取技术侦查的期限不得超过9个月;通过技术侦查措施收集到的证据材料可以直接作为定案的依据。

根据案情,判断侦查人员的看法是否正确?"走私、贩卖、运输、制造毒品,无论数量多少,都应该追究刑事责任,予以刑事处罚",这句话是否正确?

简要分析:侦查人员的看法不正确。

《刑事诉讼法》第一百五十一条规定,批准决定应当根据侦查犯罪的需要,确定采取技术侦查措施的种类和适用对象。对于复杂、疑难案件,期限届满仍有必要继续采取技术侦查措施的,经过批准,有效期可以延长,每次不得超过3个月。因此,对鲁某采取技术侦查的期限不得超过9个月的说法是错误的。通过技术侦查措施收集到的证据材料可以作为定案的依据,但须经法庭调查程序查证属实或者由审判人员在庭外予以核实。根据《刑法》第三百四十七条的规定,"走私、贩卖、运输、制造毒品,无论数量多少,都应该追究刑事责任,予以刑事处罚"是正确的。

2. 山东省烟台市人民检察院诉王振殿、马群凯环境污染民事公益诉讼案。

2014年2月至4月期间,王振殿、马群凯在没有办理任何注册、安检、环评等手续的情况下,在莱州市柞村镇消水庄村从事盐酸清洗长石颗粒项目。作业过程中产生的60吨废酸液发生渗漏。渗漏废酸液对酸洗池周边土壤和地下水造成污染,又通过排水沟对消水河水体造成污染。2014年底,王振殿、马群凯盐酸清洗长石颗粒作业被莱州市公安局查获关停后,王振殿用沙土将20吨废酸液填埋于酸洗池内。经鉴定,王振殿、马群凯的行为对附近的地下水、土壤和消水河水体造成污染,案涉酸洗池内受污染沙土属于危险废物,因污染造成的生态环境损失共计77.6万元。2016年6月1日,王振殿、马群凯因犯污染环境罪被追究刑事责任。2017年1月3日,烟台市人民检察院向烟台市中级人民法院提起环境民事公益诉讼,请求判令王振殿、马群凯消除危险,治理酸洗池内受污染沙土,对污染区域周边地下水、土壤和消水河内水体的污染部分恢复原状;如不能恢复原状、消除危险,则赔偿酸洗池内受污染沙土的处置费用及生态损害修复费用共计77.6万元。

简要分析:本案系人民检察院提起的环境民事公益诉讼,涉及污染地表水、地下水、土壤及危险废物的处置等一系列问题。本案判决明确污染区域水质恢复达标并不意味着区域生态环境已经修复,侵权人以此为由主张不承担法律责任不能得到支持。对于生态环境损害修复费用的认定,法院采纳鉴定意见将酸洗池内受污染沙土纳入危险废物,同时认定被告排放的强酸废水亦属危险废物,进而参照合理的计算方法确定了处置费用和生态环境损害修复费用。本案判决被告在环境保护主管部门监督下履行修复责任,有利于受损生态环境的科学修复和判决义务的妥当履行,对于人民检察院提起环境民事公益诉讼和法院对此类案件的审理具有较好的示范意义。

3. 殷某诉中国传媒大学不履行给付信息法定义务案。

殷某于2015年4月20日向中国传媒大学提交信息公开申请表,申请公开

2005 年至 2014 年期间关于全国英语四、六级考试的考生违纪人员处分决定文件的复印件。中国传媒大学于 2015 年 4 月 27 日对殷某作出《中国传媒大学信息公开申请告知书》,主要内容为考生违纪人员处分决定文件涉及他人隐私,根据《高等学校信息公开办法》第十条、《中国传媒大学信息公开工作实施办法》第十三条,不予公开。殷某不服该告知书,向法院提起行政诉讼。北京市朝阳区人民法院经审理判决撤销中国传媒大学作出的《中国传媒大学信息公开申请告知书》,责令中国传媒大学于判决生效之日起十五个工作日内对殷某的信息公开申请重新答复。

简要分析:修订后的行政诉讼法进一步拓展了行政诉讼的调整主体和范围。本案明确了高等学校的特定信息公开行为应被纳入行政诉讼受案范围,公民如认为高等学校未履行相关信息公开义务,可以以该高等学校为被告向人民法院提起行政诉讼。本案明确了高等学校信息公开行为的可诉性及审理依据,对于审理高等学校以及政府信息公开类案件具有一定的示范意义。

相关法律法规

1.《中华人民共和国刑事诉讼法》,1979 年 7 月 1 日通过,2018 年 10 月 26 日第三次修正。

2.《全国人民代表大会常务委员会关于〈中华人民共和国刑事诉讼法〉第七十九条第三款的解释》,2014 年 04 月 24 日施行。

3.《全国人民代表大会常务委员会关于〈中华人民共和国刑事诉讼法〉第二百七十一条第二款的解释》,2014 年 04 月 24 日施行。

4.《全国人民代表大会常务委员会关于〈中华人民共和国刑事诉讼法〉第二百五十四条第五款、第二百五十七条第二款的解释》,2014 年 04 月 24 日施行。

5.《全国人民代表大会关于修改〈中华人民共和国刑事诉讼法〉的决定》,2018 年 10 月 26 日施行。

6.《最高人民检察院关于印发〈关于人民检察院立案侦查司法工作人员相关职务犯罪案件若干问题的规定〉的通知》,2018 年 11 月 24 日施行。

7.《中华人民共和国民事诉讼法》,1991 年 4 月 9 日通过,2021 年 12 月 24 日第四次修正。

8.《中华人民共和国仲裁法》,1994 年 8 月 31 日通过,2017 年 9 月 1 日第二次修正。

9.《最高人民法院关于适用〈中华人民共和国民事诉讼法〉的解释》,2015年1月30日通过,2022年3月22日第二次修正。

10.《最高人民法院关于审理环境民事公益诉讼案件适用法律若干问题的解释》,2015年1月6日通过,2020年12月29日修正。

11.《最高人民法院关于审理消费民事公益诉讼案件适用法律若干问题的解释》,2016年4月24日通过,2020年12月29日修正。

12.《中华人民共和国行政诉讼法》,1989年4月4日通过,2017年6月27日第二次修正。

13.《最高人民法院关于适用〈中华人民共和国行政诉讼法〉的解释》,2018年2月8日施行。

14.《最高人民法院关于审理行政协议案件若干问题的规定》,2020年1月1日施行。

15.《最高人民法院关于行政机关负责人出庭应诉若干问题的规定》,2020年7月1日施行。

16.《最高人民法院关于审理政府信息公开行政案件若干问题的规定》,2011年8月13日施行。

17.《中华人民共和国行政处罚法》,1996年3月17日通过,2021年1月22日第三次修订。

18.《中华人民共和国行政强制法》,2011年6月30日通过,2012年1月1日施行。

19.《中华人民共和国行政许可法》,2003年8月27日通过,2019年4月23日修正。

20.《中华人民共和国政府信息公开条例》,2007年4月5日通过,2019年4月3日修订。

21.《中华人民共和国公务员法》,2005年4月27日通过,2018年12月29日修订。

22.《中华人民共和国公职人员政务处分法》,2020年6月20日通过,2020年7月1日施行。

23.《中华人民共和国行政复议法》,1999年4月29日通过,2017年9月1日第二次修正。

第十一章 国 际 法

导 读

国际法包括国际公法、国际私法和国际经济法三部分。国家和国际组织，领土、海洋和空间法、外交关系与条约法、国际人权法、国际环境法、和平解决国际争端等构成了国际公法主要的法律制度。国际私法的主要内容包括冲突规范及准据法的确定、外国法的适用与排除、国际民事诉讼、国际商事仲裁等。国际贸易法、国际投资法、国际货币金融法、国际环境法、国际海事法、国际税法以及WTO法律制度等构成了国际经济法的主要内容。

引入案例

1996年3月，美国总统克林顿签署了《古巴自由与民主声援法》(《赫尔姆斯—伯顿法》)。美国根据该法单方面将与古巴有经贸关系的一些外国人和跨国公司列入了"黑名单"，意欲实行惩罚与制裁。1996年6月17日，加拿大为了反对在美国本土以外的地方实施美国法律，正式要求修改加拿大《外国治外法权应对措施法》，以便于加拿大人能够在加拿大法院进行反控。1996年10月，欧盟正式要求启动WTO争端解决程序，加拿大作为第三方加入欧盟的提案之中。但是，克林顿政府一再声称WTO无权对这一纠纷进行裁决，并表示"不相信WTO能说些或做些什么以迫使美国改变其法律"，美国还试图引用《关税与贸易总协定》(GATT)第二十一条"国家安全"例外条款来逃避WTO义务。1997年4月，欧盟与美国达成了有关《赫尔姆斯—伯顿法》的谅解备忘录，美国承诺在克林顿总统任期内推迟执行《赫尔姆斯—伯顿法》第三条的执行。

问题：

(1) 美国的《赫尔姆斯—伯顿法》在外国领土上是否具有法律效力？

(2) WTO 争端解决机构对该案件是否有管辖权？

(3) WTO 争端解决机构的裁决能否迫使美国改变其法律？

（案例分析，请参阅章后"引例评析"部分）

第一节 国际法概述

一、国际法的产生与发展

从历史的角度看，国际法最初萌芽于古代。罗马法时代的"万民法"专门调整罗马市民与非罗马市民之间，以及非罗马市民相互之间的"涉外"民事关系，被认为是国际私法的最初萌芽。古希腊、古罗马、中国、埃及等地出现的一些有关战争、结盟、订约、使节等习惯，被认为是国际公法的最初萌芽。公元前地中海沿岸的各国商人交往中形成的国际商务习惯，逐步演化为有拘束力的判例法或习惯法，被认为是国际经济法的最初萌芽。

公元 476 年，西罗马帝国灭亡后，种族法时代的"极端属人主义"强调各种族的人之间发生法律行为时各受本族法的支配。公元 10 世纪以后，属地法时代的"极端属地主义"开始盛行，强调在一国居住的任何民族都必须服从当地的法律和习惯。由于"极端属地主义"严格限制了外国人的法律权利，容易对各国人民往来造成阻碍，存在影响通商贸易发展的缺陷，因而人们渐渐认识到有必要限制"法则"的严格属地性。国际私法正是在限制"法则"的属地性斗争中产生和发展的，其间经历了 13—16 世纪"法则区别说"的兴起与盛行，19 世纪中期，随着主要资本主义国家第一次工业革命的完成，为了解决国际交往日趋频繁而引发的法律冲突问题，出现了德国学派、意大利学派、英国学派、美国学派等几个颇具特色的学派，国际私法理论逐步趋于成熟，国际私法进入了迅速发展的时期。

伴随着中世纪后期欧洲出现领事、使馆制度，涉及海洋的规则和领土取得的规则，国际公法逐步成为一个独立体系，其标志是 1643—1648 年威斯特伐利亚公会的召开、《威斯特伐利亚和约》的签订，以及"国际法之父"格劳秀斯的《战争与和平法》的问世。近代国际法形成后一直处于不断地发展之中，如 18 世纪形成了海洋自由和领海制度，提出了主权、独立、平等、不干涉原则，政治犯不引渡原则；19 世纪确立了国际河流制度、中立制度并产生了战争法的新规则，以及和平解决国际争端的规则。第一次世界大战以后，国际法进入了现代发展时期，国际法的领域和内容不断拓展,空间法、国际组织法、国际人权法、国际环境法等许多新领域和新分支开始出现。随着现代海洋法的兴起,现代国际法基本原则得以确立。

国际经济法形成的标志主要表现为13—16世纪流行于地中海沿岸各地的国际性商事习惯法,以及14—17世纪期间北欧诸城市国家调整相互之间经济关系的"汉萨联盟"商务规约。17世纪至20世纪40年代是国际经济法的发展阶段,主要表现为双边国际商务条约大量出现,多边国际商务专题公约得以签订,以1933年《商业跟单信用证统一惯例》、1936年《国际贸易术语解释通则》为代表的近现代国际商务惯例得到逐步推广应用,同时期各国商事立法也在不断完善。20世纪40年代中后期,《国际货币基金协定》《国际复兴开发银行协定》《关税与贸易总协定》的签订及其相应具有全球性影响的机构的成立,标志着国际经济法进入了"关贸总协定"和"布雷顿森林体制"时期。20世纪50年代中叶以来,国际经济法进入了创立新规范的斗争期。1974年4月联合国大会特别会议通过了《建立国际经济新秩序宣言》《建立国际经济新秩序行动纲领》,标志着新的国际经济秩序逐步形成。

WTO成立以后,国际经济法不断趋于完善。但进入21世纪以来,经济全球化进程中的国际经济法面临新的挑战。特别是本世纪初开始的WTO"多哈回合"谈判至今仍无根本性成果。当前,随着区域一体化进程的不断加快,国际经济秩序多极化格局的形成,应当扩大和加强众多发展中国家对世界经济事务的发言权、参与权和决策权,切实处理好各国经济主权和经济全球化的关系,更好地促进公平、公正、合理的国际经济新秩序的建立。

二、国际法的渊源

法的渊源主要是指法的原则和规则的效力来源,通常是指法律的具体表现形式。根据《国际法院规约》第三十八条的规定,国际公法的渊源主要有:国际条约、国际习惯、一般法律原则、国际法院判例以及各国公认的法学家学说。一般认为,国际条约和国际习惯是国际公法的主要渊源,而一般法律原则、国际法院判例以及各国公认的法学家学说是国际公法的次要渊源。

国际私法渊源的独特之处在于其双重性,即国际私法既具有国内法渊源,包括国内立法与司法判例,又具有国际法渊源,包括国际条约与国际惯例。需要指出的是,国内立法是国际私法的主要渊源。作为国际私法的国内立法呈现出如下新的特点和趋势：立法模式上呈现出法典化趋向；调整对象和适用范围不断扩大；弹性连结因素在立法中被广泛采用；冲突规范的灵活性得以加强；政策定向和结果选择的方法在法律选择中受到重视。

国际经济法的渊源也具有双重性，一般包括国际经济条约、国际经济惯例、国际组织的规范性文件以及指南、标准和合同范本、各国涉外经济法以及司法判例、特许协议、法学家学说等。需要说明的是，国际组织的指南、标准和合同范本本身并不当然具有法律约束力，实践中被有关国家和当事人确认或采用后才具有法律约束力。以英国为代表的一些国家承认法学家学说为法律渊源，但多数国家并不承认法学家学说为法律渊源。

三、国际法的基本原则

国际法的基本原则是指经过了长期实践形成的、在国际法体系中得到各国公认、具有普遍意义并构成国际法基础的强行性原则。它们在国际法中代表着有关规则的最高共同标准，是不能被任意修改或废弃的，国际法的其他原则、规则和制度都必须以基本原则为基础。

《联合国宪章》所规定的国际法基本原则有七条，在《联合国宪章》之后，在此基础上进一步阐述宪章精神的国际法文件所规定的原则，是国际法基本原则的丰富和发展，其中最具代表性的重要发展就是我国所提出的和平共处五项原则。概括地讲，国际法的基本原则主要包括：（1）国家主权原则。（2）平等互利原则。（3）国际协调与合作原则。（4）有约必守原则。（5）和平解决国际争端原则。

案例 11-1

湖广铁路债券案

清朝政府为镇压南方各省革命，筹集资金修筑铁路而发行的铁路债券主要被英国、法国、美国和德国购买。1979年11月，美国公民杰克逊等九名"湖广铁路债券"持券人向美国亚拉巴马州地方法院对中华人民共和国提起诉讼，要求偿还他们所持有的清朝政府于1911年发行的"湖广铁路债券"本息。美国亚拉巴马州地方法院受理此案后，不顾中国政府根据国际法原则向美国政府申明的立场，于1982年9月1日作出"缺席审判"，要求中国政府向原告偿还41 313 038美元及其利息和诉讼费。1984年4月美国联邦地区法院撤销了亚拉巴马州地方法院的判决，1987年3月9日，美国最高法院作出裁定，驳回了美国债券持有人的复审要求。

简要分析：中华人民共和国政府对"湖广铁路债券"这种"恶性债务"不予继承完全符合国际法原则。中华人民共和国作为主权国家不受美国国内法院的管辖，国家主权豁免是国家主权原则题中应有之意。美国联邦地区法院和最高法院纠正亚拉巴马州地方法院的判决，遵循了国家主权原则，因而是正确的。

第二节　国际公法

一、国际公法的概念和特征

国际公法是指调整国家、国际组织等国际法主体之间关系的，具有法律拘束力并得到国际法主体普遍认同的一系列原则、规则和制度的总称。国际公法的特征有：

第一，国际公法的主体主要是国家，此外还有政府间的国际组织。正在争取独立的民族解放组织一般被认为具有有限的国际公法主体资格。

第二，国际公法的调整对象是以国家为主的国际法主体之间的关系，国际公法的目标在于将以国家为主的国际法主体间的关系塑造成国际法律关系。

第三，国际公法的创立方式是通过以国家为主的国际法主体之间的协议创立，国际社会没有专门的立法机关，任何国家都没有独立进行国际立法的权力，通过国际会议创立国际法是比较常见的方式。

第四，国际公法不存在超越国家主权的强制力，没有超越国家主权的强制机关，国际公法的强制执行是通过国家自己按照国际法的要求，采取单独的或集体的行动，包括要求违反国际法的国家承担责任、进行报复或者自卫等等。

二、国际公法的主体

(一) 国际公法主体的概念、类型

国际公法主体是指独立从事国际交往和参加国际关系，直接享有国际公法权利和履行国际公法义务，并且能进行国际求偿以保护自身合法权益的实体。可见，国际公法主体是国际关系中具有国际公法意义上的权利能力和行为能力的实体。获得国际公法主体资格必须符合下列条件：(1)能够独立进行国际交往和参加国际关系。(2)能够直接在国际法上享有权利和履行义务。(3)具有国

际求偿能力。(4)必须是"实体"。

国际公法的主要主体是国家,因为国家是国际公法最主要的创造者,国家具有完全的国际公法权利能力及行为能力,国际公法的主要调整对象是国家之间的关系。从构成要素上看,国际公法意义上的国家必须具备固定的居民、确定的领土、政府和主权等四个要素。

政府间的国际组织是主权国家之间通过协议成立的,一般设有常设机构处理日常事务,具有法律上的独立性,在现代国际社会中扮演着越来越重要的角色,发挥着不可替代的重要作用。现代国际社会最广大也是人类历史上最大规模的国际组织是联合国。联合国成立于1945年,核心文件是《联合国宪章》,最高权力机构是联合国大会,包括安全理事会、经济及社会理事会、托管理事会、国际法院、秘书处等主要机构以及世界卫生组织、世界知识产权组织、世界银行集团、国际货币基金组织等若干专门机构。

正在争取独立的民族解放组织能否成为国际公法主体,学说上仍然有争议,因为民族解放组织是处于形成国家的过程之中的。从法律地位看,民族解放组织有进行谈判、缔结条约和协定等一定的国际交往能力,不同程度地参加了国际组织,有接受国际援助的权利。而且,1960年联合国大会专门通过《给予殖民地国家和人民独立的宣言》(决议1514号XV),原则上肯定了正在争取独立的民族解放组织的国际公法主体地位。

关于个人能否成为国际公法的主体,一种观点认为个人是国际公法的主体,以英国的劳特派特、布朗利和美国的杰塞普为代表;另一种观点认为个人一般不是国际公法的主体,我国的一些学者认为,虽然在少数例外情形下,个人可以有某种国际法律地位,但这不等于说个人就是国际法主体。

(二) 国家的基本权利和义务

国家的基本权利和义务是指与国家主权紧密相连的、国家固有的、不可缺少的、根本性的权利和义务。一般认为,国家的基本权利包括:(1)独立权。国家的独立权是指国家有权自主处理国家事务,不受任何外来的其他权利的命令或强制,不受外来干涉的权力,是国家主权最明显的标志,是国际公法中不干涉内政原则的基础。(2)平等权。国家的平等权是指国家在国际社会中享有平等地位的权利,《联合国宪章》第二条申明的一个重要原则就是"会员国主权平等"。(3)自卫权。国家的自卫权是指国家在遭到外来武力攻击时,实施单独的或者集体的措施进行反击,以保障主权独立和领土安全的权利。(4)管辖权。国家的管辖权是指国家对其管辖范围内的领土和国民行使主权的权利，这种权利是绝对的管理和支配权，由国家立法、司法和强制执法作为保障。

国家的基本义务是国家必须遵守、不可推卸的义务，与国际社会的和平与安全等根本利益紧密相关。一般认为，国家的基本义务包括：(1)不非法使用武力或武力威胁。(2)不干涉别国内政。(3)运用和平手段解决国际争端。(4)善意履行国际义务。

(三) 国家和政府的承认

1. 国家承认

国家承认是指已经存在的国家对新国家给予的认可和接受，愿意与其建立交往关系，并承担由此产生的政治和法律后果。从性质上看，国家承认是单方面的政治行为，已经存在的国家一旦表示承认新国家，该行为就是一种能够产生法律效果的行为。

根据现代国际法，国家承认有两个条件：(1)新国家具备国际法意义上的国家必备的构成要素。(2)新国家的建立符合公认的国际法原则。对于符合这两个条件的新国家，已经存在的国家既可以采取明示的方式承认，也可以采用默示的方式承认。从承认的范围上看，既有对新国家确定、完全承认的法律承认，也有暂时与其建立一定范围内关系的事实上的承认。

20世纪30年代以来，对于违反国际法原则而形成的新国家，国际社会有义务采取"不承认主义"，这已经逐步成为国际上通行的原则。关于"不承认主义"的典型案例是日本侵华及其制造的"伪满洲国"的承认问题，由于日本制造的"伪满洲国"违反国际法的基本原则，中国和美国等国家都对其表示不承认，国际联盟大会也形成决议对其表示不承认。

2. 政府承认

政府承认是指一国通过一定的方式确认他国因革命或政变而产生的新政府具有代表其国家的地位和资格，并表示愿意与其交往。

政府承认的条件是被承认的新政府在其国家内全部或大部分领土实行了有效统治，并且人民对此予以拥护和服从。例如，1950年1月6日，英国政府致函中华人民共和国政府"察悉中华人民共和国中央人民政府已经有效控制了贵国绝大部分领土，今天承认贵政府为中国法定政府"。

政府承认的方式和范围与国家承认一样，既可以明示承认，也可以默示承认；既可以进行法律上的承认，也可以进行事实上的承认。

(四) 国家和政府的继承

1. 国家继承

国家继承是指由于领土的转移、合并、分立、分离等原因，一国对其领土的国际关系所负的责任由另一国取代，即在符合国际法的条件下被继承国的某些权利和义务向继承国的转移。

从国家继承涉及的范围看，国家继承主要包括条约的继承、国家财产的继承、国家债务的继承以及国家档案的继承等方面。从国际法依据看，1978年联合国通过的《关于国家在条约方面的继承的维也纳公约》对条约继承的内容和规则进行了规定，1983年通过的《关于国家对国家财产、档案和债务继承的维也纳公约》对国家财产的继承、国家债务的继承以及国家档案继承的内容和规则进行了规定。

2. 政府继承

政府继承是指新政府取代某一国家被推翻的旧政府，取得代表国家资格的事实。政府继承的实质在于旧政府所享有的国际法上的权利义务向新政府转移。

与国家继承一样，政府继承的内容一般也包括条约、财产、债务等方面。1949年10月1日新中国成立后，中华人民共和国中央人民政府是中国唯一合法的政府，我国对于国民党政府代表中国享有的权利和承受义务的继承原则是：对财产一律继承；对条约和债务视其内容和性质而决定继承或不继承；对于旧政府接受外国侵略和奴役中国的债务、镇压中国人民革命的债务、从事违反中国人利益活动产生的债务等"恶性债务"，新中国政府一律不予继承。

(五) 国际公法上的法律责任

国际公法上的法律责任是指国际法主体的行为违反国际法规则、原则或制度所应当承担的法律责任。因为国家是最主要的国际公法主体，所以国家责任自然也就构成了国际公法上法律责任最主要的组成部分。

国家责任是指国家对其国际不当行为所应负担的不利法律后果。关于行为国的主观过错及其行为的损害后果是否为国家责任的构成要件问题，理论和实践中一直存在分歧，但根据联合国国际法委员会拟定的《关于国家责任的条文草案》，国家责任的构成条件是一国实施了国际不当行为。国际不当行为有两个构成要素：(1)某一行为依据国际法的规定可以"归因于"某一国家。(2)该国家的行为违背了该国负担的有效国际义务。国家责任可以由行为国家主动承担，也可以由受害国要求和迫使行为国承担，还可以由第三国或国际组织协助执行。

由于个人能否为国际公法主体存在着争议，因此个人是否应承担国际公法责任也一直存在争论。一种观点是个人不能作为国际公法上的责任主体，另一种观点是特定情形下个人也可以成为国际公法上的责任主体。

三、领土、海洋和空间法

(一) 领土

1. 领土的概念及构成

领土是指主权国家管辖、控制和支配下的地球的特定部分。领土是构成国家必不可少的要素，是国家的重要物质基础。

领土由领陆、领水、领空构成。领陆是国家领土最主要的组成部分，是指包括岛屿在内的国家边界范围内的全部陆地。领水包括内水和领海。广义的内水包括国家边界范围内的河流、湖泊等全部水域以及领海基线与海岸线之间的水域，狭义的内水是指领海基线与海岸线之间的水域。领海是指领海基线与延伸至海域方向一定距离（一般为12海里）的水域，包括水面、海水、海床以及海底底土。领空是指领陆与领水之上一定高度的空气空间。

2. 领土的取得与变更

领土的取得与变更是指依据国际法承认的方式而导致的国家领土面积的变化。

传统国际法承认的国家领土取得与变更的方式主要有：(1)先占。先占是国家有意识地取得当时不属于任何主权国家控制之土地主权的行为。(2)时效。时效是指一个国家占有另一个国家的领土，经过长期和平地行使管理权，并逐渐得到国际社会认同的情形下，从而取得对该领土的主权。(3)添附。添附是指由于自然力量或人力作用而发生的领土增加的行为，国家因此取得对新添领土的主权。(4)割让。割让是指一国根据条约将本国的部分领土转让给他国，从而使他国得到该领土主权。(5)征服。征服是指国家以武力占取他国领土的全部或一部分，并将被占领的领土加以兼并而取得该领土主权的行为。

现代国际法上的领土取得与变更的新方式主要包括全民投票和恢复领土主权。全民投票又称全民公决，是指某一地区的居民通过自由投票而决定该地区的领土归属。恢复领土主权是指国家收回以前被别国非法占有的领土，恢复本国对有关领土的历史性权利。1997年7月1日香港回归和1999年12月20日澳门回归是中国恢复对这两个地区领土主权的典型案例。

3. 领土主权及其限制

国家对本国领土拥有完全的主权,国际公法意义上称之为国家领土主权。领土主权是国家对其领土享有的最高权力,国家有权采取立法、司法和行政措施,对其领土行使排他的占有、使用和处分权,对领土范围内的一切人、物及发生的事件行使管辖权。

但是,在国际法实践中,国家的领土主权在某些情况下会受到一定的限制。国家领土主权的限制主要包括:(1)租借。租借是指出租国保留对租借地主权的前提下,根据条约将其部分领土租借给其他国家的行为,在租借期限内,承租国行使对承租土地的管辖权并将其用于条约约定的专门目的。(2)国际地役。国际地役是指一国根据条约承担对其领土主权的特殊限制,以便于满足另一国家的需要,或者为另一国家的利益服务。(3)共管。共管是指两个或者两个以上国家对同一领土共同行使主权。(4)势力范围。势力范围是殖民时代的产物,是指通过条约划定一国部分土地专门保留给已经占领了相邻土地的国家,以便于该国以后占领该土地,现代国际法已经将其定性为不合法行为。

(二) 海洋法

国际海洋法是调整内水、领海、毗连区,用于国际航行的海峡、群岛水域、专属经济区、大陆架、公海、国际海底区域等各种海域的法律地位以及国家间有关海洋活动中的各种关系的规则、原则和制度的总称。

1994年11月16日生效的《联合国海洋法公约》,标志着新的国际海洋法律秩序的建立。《联合国海洋法公约》由17个部分、320条和9个附件组成,包含了关于领海、用于国际航行的海峡、岛屿及群岛水域、专属经济区、大陆架、公海、国际海底区域、海洋环境保护、海洋科学研究、海洋技术的发展与转让、国际海洋争端解决等几乎所有的国际海洋法律制度,是目前国际海洋法最全面的编纂,被称为"海洋大宪章"。

案例 11-2

日本将钓鱼岛"收归国有"违反《联合国海洋法公约》

钓鱼岛自古以来就是中国的固有领土。1895年日本借甲午战争之机通过《马关条约》强占了钓鱼岛。"二战"后,根据《波茨坦公告》,日本理应将强占的钓鱼岛归还中国,但美国于1971年将其与冲绳一并"归还"给日本。2005年2月9日正值中国传统春节,日本政府宣布将钓鱼岛上的灯塔"收归国有"。2012年9月10日日本政府决定购买"尖阁诸岛"(即中国钓鱼岛及其附属岛屿)中的钓鱼岛、北小岛和南小岛,将钓鱼岛"收归国有"。2012年9月10日中国政府依据《联合国海洋法公约》以及《中华人民共和国领海及毗连区法》划定并公布了钓鱼岛及其附属岛屿的领海基点基线。

简要分析：根据《联合国海洋法公约》规定,沿海国的大陆架包括领海以外依照其陆地领土的全部自然延伸。钓鱼岛系台湾岛海岸山脉大屯山向海中的自然延伸,位于冲绳海槽西侧上沿,依照《联合国海洋法公约》第七十六条规定属于中国的大陆架,依照该法第七十七条的规定应由中国对钓鱼岛行使主权。

(三) 空间法

国际空间法是调整空气空间及外层空间的法律地位以及国家间有关空间活动中的各种关系的规则、原则和制度的总称。国际空间法主要包括国际航空法、空气空间法和外层空间法等组成部分。

国际航空法是规范各国从事国际民用航空活动的原则、规则和制度。1919年10月13日签订的《关于管制空中航行的公约》(《巴黎公约》)是世界上第一个国际航空条约。1944年11月1日至12月7日在美国芝加哥召开的国际民用航空会议签订的《国际民用航空临时协定》《国际民用航空公约》《国际航班过境协定》《国际航空运输协定》《国际民用航空会议最后议定书》等五个文件,奠定了现代国际航空法的基础。其后,国际社会签订的一系列国际航空条约都是以芝加哥会议《国际民用航空公约》这个宪章性条约作为基础的。

空气空间法是规范各国的领陆和领水的上空,即国家领空的主权行使,以及不属于任何国家的管辖空间,各国在其中享有自由飞行权的相关法律。关于领空管理,根据《国际民用航空公约》第9条规定,主权国家有权在其领土上空设置"禁区""限制区"和"危险区",并有权对未经许可擅自进入"禁区""限制区"和"危险区"的航空器依法予以惩处。

外层空间法是1957年第一颗人造地球卫星升空后出现"外层空间"概念后逐步发展起来的。外层空间法是调整各国探测和利用外层空间活动的各种国际法规则、原则和制度的总称。1963年12月13日联合国大会通过的《各国探索和利用外层空间活动的法律原则宣言》确立了外层空间法的九条政策性原则。联合国大会1966年通过并于1967年1月27日开放签署的《关于各国探索和利用包括月球与其他天体的外层空间活动所应遵循原则的条约》,将外层空间法的九条政策性原则转化为国际法原则,该条约也因此被称为《外空宪章》。其后,国际社会还达成了《营救协定》《责任公约》《登记公约》等有关外层空间内容的国际公约。

四、外交关系与条约法

（一）外交关系

外交关系是指国家通过设立常驻使团、国家领导人互访等外交活动与其他国家或者国际法主体之间形成的关系。外交关系是在国际实践中逐步形成的，主要包括正式外交关系、半正式外交关系、非正式外交关系和民间外交关系。外交机关包括国内的外交机关和驻外的外交机关两类。国内的外交机关是指拥有外交职权的国家机关，包括国家元首、政府和专门的外交部门，驻外的外交机关包括常驻外国或国际组织的使团和临时使团。

领事是一国根据协议得到另一个国家的同意后，派驻在该国的特定城市或地区，以保护本国和本国国民在当地的合法权益和执行其他领事职务的人员。领事一般包括总领事、领事、副领事和领事代理人。领事的职责主要有：保护本国和本国国民在当地的合法权益；促进本国与当地的贸易和科学文化的交流与发展；给予本国侨民、船舶和航空器以必要的帮助；办理有关签证、护照、公证、认证和户籍等手续。

外交关系法是指调整外交关系的国际法原则、规则和制度。外交关系法的主要渊源是习惯法，国际上最著名的外交关系国际规则是1961年签订的《维也纳外交关系公约》。领事关系法是调整国家领事关系的原则、规则和制度。领事关系法的主要渊源也是习惯法，国际上最著名的领事关系国际规则是1963年签订的《维也纳领事关系公约》。

根据外交关系国际规则及国际惯例，外交代表机关及其工作人员享有外交特权和豁免，领事机关及其工作人员享有领事特权和豁免，联合国、联合国各专门机构及其人员享有特权和豁免。本质上，特权和豁免制度是相互给予对方国家主权地位独立和不受他国管辖的充分认可，是相互给予对方国家或国际组织的一种尊敬和礼遇。

案例 11-3

1856 年荷兰驻美国使节杜布瓦拒绝出庭作证案

1856年美国华盛顿一起杀人案发生时，荷兰驻美国的使节杜布瓦在场。美国认为杜布瓦出庭作证对案件审理十分必要。美国国务卿向杜布瓦发出出庭作证请求，各国驻美国的使节也劝告杜布瓦出庭作证，但都遭到了杜布瓦的拒绝。

后来，美国政府为此向荷兰政府提出请求，荷兰政府支持杜布瓦的决定，只允许他在美国国务卿面前宣誓作证。但是，根据当地法律，不在司法机关作证的证词无法律约束力。最后，美国政府虽然没有坚持要杜布瓦出庭作证，但要求荷兰政府将其召回国内。

简要分析：杜布瓦拒绝出庭作证不违反国际法，因为外交使节享有外交特权和豁免权，在法律上没有义务作为证人提供证言。如果外交使节同意出庭作证就必须放弃特权与豁免，而且这种放弃必须得到他的本国政府批准。

(二) 条约法

条约是国际法主体之间依据国际法缔结的，用来确定相关权利和义务并受国际法支配的国际协议。由于国际公约并没有对条约的名称做出限制，所以条约的名称一般还包括公约、宪章、专约、协定、议定书、宣言、声明、换文等。

条约法是调整国际法主体之间的条约关系，包括条约的缔结、生效、适用、解释、无效、终止和暂停施行等方面的国际原则、规则、程序和制度的总称。1969年《维也纳条约法公约》和1986年《关于国家和国际组织间或国际组织相互间条约法的维也纳公约》是国际条约法最为重要的渊源。

关于条约的缔结，一是要求国家、国际组织等国际法主体具有缔约能力；二是通常由国际法主体中拥有缔约权的有关机关代表其缔约；三是一般要经过约文的议定、约文的认证、作出同意受条约拘束的明确表示等程序；四是对条约提出的保留必须在签署、批准、接受、赞同或加入条约时提出；五是条约必须按照《联合国宪章》等国际规则的规定进行登记和公布。我国缔结条约的依据主要是宪法中的原则性规定以及《中华人民共和国缔结条约程序法》。

从效力上看，条约一般具有强制性的拘束力，条约法强调"有约必守"的基本原则。条约对各当事方均有拘束力，必须由其善意履行。但是，这一原则并不排除某一有效条约可以依法修订、终止或暂停实行。不过，条约不以第三方同意为前提，一般也不为其创设权利或义务。如果条约之间发生冲突，其效力确定的原则是：《联合国宪章》具有优先优位于其他条约的效力，《联合国宪章》以外的条约之间发生的冲突应按有关条约本身或条约法的有关规定加以解决。

五、国际人权法

(一) 国际人权法概述

人权是指特定社会历史条件下人所享有的或者应该享有的权利。这种权利通常包括生存发展所必需的物质方面的权利,以及平等、自由等精神方面的权利。

国际人权法是指一切促进和保证人权的尊重和实现的国际法规则、原则和规章制度的总称。国际法上形成较为完整的保护人权的原则和规则是在第二次世界大战以后,《联合国宪章》《世界人权宣言》《公民权利和政治权利国际公约》和《经济、社会和文化权利国际公约》在国际人权法的形成和发展过程中发挥了极其重要的作用。

人权的国际保护必须处理好人权与主权的关系、人权保护与不干涉内政的关系。只有在尊重国家主权和不干涉内政的基础上,采取符合国际法要求的保护方式,才能有效解决国际人权保护问题。从人权国际保护的实践看,符合国际人权法要求的人权国际保护方式主要包括:①国家通过承担国际人权公约和条约的义务来保障人权。②遵循人权保护的国际习惯法规则,通过国内立法和司法活动改进人权保护状况。

(二) 国际人权法的保护对象及保护措施

关于个人人权的国际保护,根据《世界人权宣言》的规定,其保护对象表现为公民权利、政治权利,经济、社会和文化权利。这两大类个人权利在1976年1月3日施行的《经济、社会和文化权利国际公约》,以及1976年3月23日施行的《公民权利和政治权利国际公约》这两个著名国际人权公约中得到了进一步的明确化和具体化。

集体人权的国际保护,主要是指对民族自决权的保护,以及对被称为"第三代国际人权"的和平权、环境权和发展权的保护。

国际人权法的保护措施主要包括:(1)国内保护措施,包括通过国内立法和执法活动明确人权的内容以及制定侵犯人权的惩治措施;建立健全对任何个人和团体的权利在遭受侵犯时提供必要、及时、有效的救济措施;制定人权全面保护和不断发展的社会、经济和文化方面的措施。(2)国际保护措施,包括涉及人权保护的报告程序、斡旋与调停程序、仲裁与司法程序等国际人权监督和保护的程序性保障措施;与其他国家或相关国际组织进行通力合作,落实基本人权的国际保护和不断提升国际社会人权保护水平的措施;联合国安理会采取的针对威胁国际和平与安全、破坏甚至侵略的大规模严重侵犯人权行为的制裁措施等。

(三) 中国人权保护的基本立场与实践

中国一贯高度重视人权保护,我国已经加入了包括1976年施行的《经济、社会和文化权利国际公约》和《公民权利和政治权利国际公约》在内的国际人权公约25项以上。从国内法的层面看,在1991年11月1日发表《中国的人权状况》白皮书以后,我国进一步加大人权保护力度,不断提升人权保护水平,2004年3月14日的宪法修正案首次将"人权"的概念引入我国宪法,在宪法第三十三条明确规定"国家尊重和保障人权",我国基本形成了以宪法为统领,以部门法为支撑的人权保护法律体系。

六、国际环境法

(一) 国际环境法概述

国际环境法是指以国家为主的国际法主体之间达成的调整全球环境与生态保护国际关系的条约、协定和习惯法规则等国际规范的总称。1900年《保存非洲野生动物、候鸟和鱼类公约》是人类历史上最早制定的多边环境保护条约。国际环境法历史上第一起著名的越境环境污染责任案件是20世纪30年代的加拿大工厂影响美国环境的"特雷尔冶炼厂事件",以此案为代表的国际环境司法实践推动了国际环境法的发展。

1972年6月5日联合国在瑞典斯德哥尔摩举行"人类环境会议",通过了《联合国人类环境宣言》《人类环境行动计划》等重要的国际环境文件,会议促成了1972年12月联合国环境规划署的成立。1992年联合国以"环境和可持续发展"为主题,在巴西里约热内卢召开了环境与发展大会,通过了《21世纪议程》《里约环境与发展宣言》《气候变化框架公约》《生物多样性公约》等重要的国际环境文件。经过多年的发展,众多国际环境保护公约、条约或协定组成的国际环境法,已逐步趋于完善。

(二) 国际环境法的基本原则和内容

国际环境法的基本原则包括:(1)可持续发展原则。可持续发展的概念最早是在世界环境与发展委员会1987年报告《我们共同的未来》中首先提出来的,其基本的含义和要求是"既要满足当代人的需要,又不对后代人满足其需要的能力构成危害"。1992年《里约环境与发展宣言》对可持续发展做了进一步阐述,其后,可持续发展原则融入了《生物多样性公约》《21世纪议程》等诸多国际法文件之中,可持续发展已经成为国际环境保护的首要目标和核心价值观念。(2)共同但有区别的责任原则。共同但有区别的责任原则其端倪可见于20世纪60—70年代的一些国际法文件之中,自1972年《人类环境宣言》对"共同责任"的认识开始体现"区别责任",其后的《气候变化框架公约》《里约环境与发展宣言》等国际环境文件对此进行了确认,对发达国家提出了比发展中国家更高的环境责任要求,要求逐步落实对发展中国家的环境援助安排,在保护国际环境的过程中切实维护发展中国家的正当权益。(3)预防与谨慎原则。预防原则是指国家采取政治、经济、法律和行政手段或措施防止发生重大的环境损害,对于任何可能影响环境的决策和行动必须事先考虑环境要求。预防原则在1980年联合国环境规划署制定的《世界自然资源保护大纲》和1982年《联合国海洋法公约》等国际文件中得到肯定和体现。谨慎原则是国际环境法最具特色的贡献之一,其直接的法律依据是《里约环境与发展宣言》第十五条。谨慎原则要求在面对可能发生的严重或不可逆转的环境损害和风险的威胁时,即使在科学不确定的条件下也必须采取一定的措施以防止环境恶化。

国际环境法的内容主要涉及以下方面:(1)大气保护和气候变化应对。1979年联合国欧洲经济委员会制定的《长程越界大气污染公约》是世界上第一个关于空气污染防止公约。此外,《保护臭氧层维也纳公约》《气候变化框架公约》《京都议定书》等国际环境法律文件都关涉大气保护和气候变化应对。(2)海洋保护。1982年12月10日联合国海洋法会议通过的《联合国海洋法公约》是有关海洋保护的最重要的国际法则,此外,国际社会还制定了包括《保护海洋环境免受陆源污染的蒙特利尔规则》《防止倾倒废物及其他物质污染海洋的公约》(《伦敦公约》)等针对特定类型海洋污染问题的专门性公约。(3)自然保护。19世纪中叶以保护渡鸟为主的野生动物保护条约是国际上最早的自然保护条约,20世纪以后,自然保护主要涉及以《生物多样性公约》《濒危野生动物植物物种国际贸易公约》《野生动物迁徙物种保护公约》《南极海洋生物资源养护公约》为代表的生物资源国际立法保护,以《国际热带木材协定》《关于特别是作为水禽栖息地的国际重要湿地公约》《保护世界文化与自然遗产保护公约》《南极条约》为代表的自然地域国家立法保护。(4)废弃物及危险物管理。1989年《控制危险废物越境转移与其处置的巴塞尔公约》、1991年《禁止向非洲出口危险废物并在非洲内管理和控制危险废物越境转移的巴马科公约》、1992年《21世纪议程》等国际环境公约对危险废物的管理作出了规范;1998年《关于在国际贸易中对某些危险化学品和农药采用事先知情同意程序的鹿特丹公约》、2001年《关于持久性有机污染物的斯德哥尔摩公约》等国际环境公约对危险化学品的管理作出了规范;1968年《不扩散核武器条约》、1996年《全面禁止核试验条约》、2005年《制止核恐怖主义行为国际公约》对核活动及其损害的控制进行了规范。

(三) 中国与国际环境法律实践

中国一贯重视对国际环境的法律保护。1992年《中华人民共和国关于全球环境问题的原则立场》表明了我国对国际环境事务积极支持的态度，提出了中国对解决全球环境问题的基本原则。截至目前，中国加入的主要多边国际环境条约已经达到60多个。从根本上讲，全球环境的改善与中国的利益是一致的，中国作为负责任的发展中大国，参与国际环境合作的步伐不断加快，国内政策、行政法规乃至刑事法律对国际环境法赋予中国的环境保护义务进行了有效落实，中国在治理全球环境问题方面的贡献正在不断彰显。

七、和平解决国际争端

(一) 国际争端的概念和特征

国际争端是指国家、国际组织等国际法主体之间发生的政治、法律或事实等方面的争端。按照国际争端发生的原因和性质的差异，国际争端一般分为法律性质的争端、政治性质的争端、政治与法律混合性质的争端、事实争端。

国际争端的特征有：(1)国际争端的主体主要是主权国家。(2)国际争端关涉争端国家的重大利益，具有复杂性，解决难度大。(3)国际争端产生的原因复杂，可能既有历史的原因，也有政治、法律或事实等方面的原因，甚至是诸多原因交织在一起。(4)国际争端解决的方法和程序是随着历史的发展而变化的。(5)国际争端的解决受到国际力量对比的制约，解决的结果往往受其影响。

(二) 和平解决国际争端的政治方法

和平解决国际争端的政治方法又被称为外交方法，一般包括：(1)谈判。谈判是两个或两个以上国家为了使有关冲突、矛盾和争议问题得到有效的谅解和解决而进行的国际交涉或协商。(2)斡旋。斡旋是指由争端国以外的第三方基于主动善意或者争端国家的邀请，提供有利于争端国家接触和谈判的各种便利条件，提出有利于争端解决的建议或转达各方的意见，从而促使争端国愿意通过谈判解决争端，或者促使争端国能够重启谈判以解决争端。(3)调停。调停是指争端国以外的第三方通过创立有利于争端国开始或重启谈判的条件，提出争端解决的实质性建议并主持或参加争端国家之间的谈判，以促成争端解决协议的签署。(4)调查。调查是根据争端当事国之间达成的协议组建国际调查委员会，协助解决对事实的认识分歧而导致的争端。调查委员会通常会向争端国家提出调查报告,争端国家如果一致接受并同意调查报告的内容,则争端可以有效解决。(5)和解。和解是指争端国通过条约或其他形式将争端提交和解委员会,和解委员会在充分调查和合理评价的基础上,通过提交包括争端解决建议在内的报告,协助当事国达成解决争端的协议。

(三) 和平解决国际争端的法律方法

和平解决国际争端的法律方法是指用仲裁或司法判决的方法来解决国际争端。

仲裁是指争端国家之间通过协议同意将争端提交仲裁庭裁决,并相互约定服从其裁决的一种解决争端的方法。仲裁成立必须有当事国签订的仲裁条约或协定,或者存在能适用于争端国家之间的公约或条约中的仲裁条款,所以,仲裁属于自愿管辖。仲裁庭由争端国家选任的单数仲裁员组成,争端国家在仲裁协议中有权就仲裁庭适用的法律和程序规则协商一致。仲裁裁决具有终结性解决争端的效力,争端国家应该善意履行。

根据1899年《和平解决国际争端公约》的规定,常设仲裁院于1900年在海牙正式成立。常设仲裁院备有仲裁员名录库单和程序规则文本。这为争端国家通过仲裁解决国际争端奠定了基础,提供了条件。

司法判决是指争端国家自愿通过常设性国际司法机关审理争端,国际司法机关根据国际法作出能够解决争端的、有拘束力的判决。1946年成立的联合国国际法院是目前最重要的常设性国际司法机关。国际法院由15名独立的法官组成,任期9年,可以连选连任。新中国成立后,我国的倪征燠、史久镛曾担任国际法院法官,其中史久镛还担任了国际法院院长。

国际法院的管辖权包括诉讼管辖权和咨询管辖权。诉讼管辖权是指国际法院根据国际法审理争端国家提交的案件的权力。咨询管辖权是指国际法院对法律问题发表咨询意见的权力,联合国大会、安全理事会和经大会授权的联合国其他机关或专门机构有权就有关法律问题提请国际法院发表咨询意见,该咨询意见没有拘束力。

其中,诉讼管辖一般包括以下几种情况:(1)自愿管辖。争端发生后,争端当事国签订特别协议一致同意将争端提交国际法院审理。(2)协定管辖。争端发生前,争端国家在预先签订的国际协议中约定,若发生某种争端则自愿一致同意将该争端提交国际法院审理。(3)任意强制管辖。根据《国际法院规约》第三十六条第二款的规定,并不需要事先或事后的特别协议,争端国家随时作出单方声明,就与接受同样义务的其他国家发生的某些法律性质的争端,承认国际法院的强制管辖权。

国际法院解决争端的程序一般包括起诉、口头程序和书面程序,以及临时保全办法、初步反对主张、反诉、第三国参加等附带程序。国际法院裁判案件的依据包括国际条约、国际习惯和一般法律原则等。国际法院对争端案件作出的司法判决具有终局性,不得上诉,对争端当事国家具有强制力,当事国应当予以执行。

第三节 国际私法

一、国际私法的概念和特征

国际私法是以直接规范和间接规范相结合来调整平等主体之间的涉外民商事关系的独立法律部门。涉外民事商事关系是指民商事关系的主体、客体或内容至少有一项涉及外国自然人、法人、国家。国际私法的特征主要包括:

第一,调整对象的特定性。国际私法的调整对象是平等主体之间的涉外民商事关系,与国际公法调整的公法关系明显不同。这里的"民商事关系"是广义上的民商事关系,包括公司法关系、票据法关系、知识产权关系、婚姻家庭关系、继承关系等,这表明了国际私法与国内民法的调整对象也存在明显区别。

第二,调整方法的独特性。国际私法的特点之一就是通过间接调整和直接调整两种方法来调整涉外民商事关系。国际私法所独有的间接调整方法是指并不直接规定涉外民商事关系当事人的权利与义务,而是按照冲突规范的指引解决涉外民商事关系适用法律的方法。

第三,调整范围的广泛性。国际私法中的"国际"与国际公法中的"国际"含义不同,国际私法中的"国际"除了具有国际公法中的国家之间的含义以外,还包括一国领域内的其他法域,例如,我国香港、澳门和台湾相对于内地就属于中国领域内的其他法域。

第四,法律渊源的双重性。国际私法既具有国内法渊源,包括国内立法与司法判例,又具有国际法渊源,包括国际条约与国际惯例。

第五,法律规范的多元性。国际私法的法律规范包括外国人的民事法律地位规范、冲突规范、国际统一实体规范、国际民事诉讼程序规范、国际商事仲裁规范,集直接规范和间接规范于一体,集实体规范、法律适用规范和程序规范于一体,是最早的跨越传统的国内法和国际法界限的法律部门。

二、冲突规范和准据法的确定

(一) 冲突规范

1. 冲突规范的概念、特征和类型

冲突规范又被称为法律适用规范或法律选择规范,是指国内法或国际条约规定的,用以指引和选择什么法律作为准据法解决涉外民商事纠纷的规范。

冲突规范是一种特殊的法律规范,主要特征有:(1)冲突规范不是实体法规范。冲突规范仅指明何种法律应适用于某种涉外民商事关系,冲突规范本身并不直接规定当事人的权利与义务。(2)冲突规范不同于诉讼法规范。冲突规范的功能是指引当事人或争端解决的法院如何选择和适用法律。(3)冲突规范不具有预见性。冲突规范只起"援引"某个国家的实体法的作用,不能直接构成当事人作为或不作为的准则,所以当事人很难以此预见到法律后果。(4)冲突规范的结构具有特殊性。冲突规范的结构由"范围"和"系属"两部分组成,而一般的法律规范的结构包括假定、处理、制裁三部分。

所谓"范围",又被称为连结对象,是指冲突规范所要调整的民商事关系或所要解决的法律问题,通过冲突规范的"范围"可以判断该规范用于解决何种民商事关系。所谓"系属",是规定冲突规范中"范围"所应适用的法律,包括"连结点"和"准据法"两个组成部分。例如,在"侵权行为的损害赔偿,适用侵权行为地法律"这条冲突规范中,"侵权行为的损害赔偿"是范围,"适用侵权行为地法律"是系属。侵权行为地是系属中的"连结点",侵权行为地法就是系属中的"准据法"。

根据冲突规范中系属的不同,冲突规范可以分为四种类型:(1)单边冲突规范。单边冲突规范是系属直接表明适用国内法或者外国法的规范。(2)双边冲突规范。双边冲突规范是指其系属没有直接表明适用国内法或外国法,而是根据一个可推定系属,结合实际情况去选择适用哪个国家法律的规范。例如,"合同方式依合同缔结地法"就是一条双边冲突规范。(3)重叠适用的冲突规范。重叠适用的冲突规范是指系属中有两个或两个以上的连结点,它们所指引的准据法同时适用于某一涉外民事关系的冲突规范。例如,1902年《关于离婚与别居的法律冲突和管辖权冲突公约》第2条规定:"离婚之请求,非依夫妇之本国法及法院地法均有离婚之原因者,不得为之",该规范属于重叠适用的冲突规范。(4)选择适用的冲突规范。选择适用的冲突规范是指其系属中有两个或两个以上的连结点,但只选择其中之一来调整有关的涉外民事关系的冲突规范。

2. 系属公式

系属公式是指将一些解决法律冲突的规则固定化,使它成为国际上公认的或为大多数国家所采用的处理原则,以便解决同类性质的法律关系的法律适用问题。系属公式本身并不是冲突规范,仅是冲突规范的系属部分,系属公式是通过双边冲突规范发展起来的。常见的系属公式有属人法、物之所在地法、行为地法、当事人合意选择的法律、法院地法、旗国法、最密切联系地法等等。

3. 连结点的法律意义及发展趋势

连结点是指冲突规范借以确定涉外民商事关系应当适用什么法律的根据。在冲突规范中,连结点的意义在于:一是形式上连结点是把冲突规范中"范围"所指的法律关系与特定地域的法律联系起来的桥梁和纽带;二是实质上这种桥梁和纽带反映了法律关系与特定地域的法律之间存在着内在的、本质的、必然的实质性联系或者隶属关系。连结点呈现出如下发展趋势:

第一,由僵硬向灵活方向发展的趋势。例如,"侵权行为之债适用侵权行为地法"这个冲突规范中的连结点"侵权行为地",由于当今高度发达的交通技术和通信手段,使得侵权行为地和侵害结果发生地极有可能不在同一国家,而且侵权行为地有时纯粹出于偶然,对所有侵权都适用侵权行为地法已不符合当代现实。于是实践中出现了对传统硬性连结点的抛弃,主张适用与侵权有最密切联系的地方的法律。不过,对连结点的灵活化也是有限度的,分析最密切联系地仍然要以传统连结点为基础。

第二,由简单向复杂发展的趋势。这主要表现在连结点数量的增多和复数连结点类型的增加。例如,根据1973年《产品责任法律适用公约》第四条和第五条,关于产品责任损害赔偿的法律适用,侵害地国家和直接遭受损害的人的惯常居所地国家可以作为两个基本的连结点,但前者必须与直接遭受损害的人的惯常居所,或被请求承担责任的人的主营业地,或直接遭受损害的人取得产品地这三个连结点中的一个结合,后者必须与被请求承担责任的人的主营业地,或直接遭受损害的人取得产品地这两个连结点中的一个结合,才能决定应该适用的法律。

第三,连结点的含义也呈现出多样化的发展趋势。特别是互联网时代,网上侵权行为可能影响到世界各地,全球任何地方都有可能成为侵权行为地,这也表明了互联网的引用对传统的连结点的含义提出了挑战。

(二) 准据法的确定

1. 准据法的概念和特点

准据法是指经冲突规范指引用来确定涉外民商事关系当事人的权利义务关系的具体实体法规则。准据法的特征包括：

第一，准据法必须是能够确定涉外民商事关系当事人之间权利义务关系的实体法。

第二，准据法必须是经过冲突规范所指引而适用的实体法。

第三，准据法不是冲突规范逻辑结构的组成部分，它必须结合具体的案情事实才能确定。

第四，准据法不是宏观的法律制度、体系或概念，而是一项项具体的"法"，即具体的实体法规范或法律文件。

2. 识别

准据法的确定涉及诸多法律问题，其中识别是首先需要解决的问题。识别是指依据一定的法律观念或概念，对案件有关事实的性质作出"定性"和"分类"，将其归入特定的法律范畴，以便于确定援引何种冲突规范的法律认识过程。由于识别是对有关事实作出的判断，在依据不同的标准来判别事实的性质时往往会产生不同的结论，这就形成了识别冲突。

为了解决识别冲突问题，国际私法学者们提出了各种学说：一是以德国的科恩和法国的巴丁为代表所主张的，目前在理论和实践上占主导地位的、适用最为普遍的"法院地法说"，即按照法院地的法律作为识别的依据来解决识别冲突问题；二是以法国的德波涅和英国的沃尔夫为代表所主张的"准据法说"，即用解释诉讼问题的准据法作为依据解决识别冲突问题；三是以德国拉贝尔和英国贝克特为代表所主张的"分析法学与比较法学说"，即应当根据建立在比较法研究和分析的结果之上的一般法理或共同的概念与原则来解决识别冲突问题；四是以纽豪斯为代表所主张的"功能定性说"，即按照各个制度在法律生活中的功能来定性。

3. 法律选择方法

法律选择方法是一个国家的立法和司法机关在制定、适用冲突规范时的方法。依据不同的法律适用理论、不同国家的立法和司法实践，必然导致法律选择方法的不同。不同的法律选择方法会使准据法的选定结果存在差异或区别。

理论和实践中常见的法律选择方法有：依法律的性质决定法律的选择；依法律关系的性质决定法律的选择；依最密切联系原则决定法律的选择；依政府利益分析决定法律的选择；依规则选择方法决定法律的选择；依分割方法决定法律的选择；依当事人的意思自治决定法律的选择；依有利于判决在国外的承认和执行决定法律的选择；依比较损害方法决定法律的选择；依"肯塔基方法"决定法律的选择，即采用所谓"足够或充分联系"的原则决定法律的适用；依功能分析方法决定法律的选择。

随着全球化进程的不断加快和程度的深入，在互联网和大数据时代，国际民商事关系日趋复杂和多样化，上述法律选择方法应运而生且处于不断发展之中。但是，上述任何一种法律选择方法都未必能解决国际私法所有领域的法律适用问题，新的法律选择方法也极有可能适时产生。各国立法者在制定冲突规范或者司法机关在处理涉外民商事纠纷的实践中，必须顺应时代的潮流、回应国际社会的关切，科学、公正、合理地制定和适用法律选择方法。

4. 准据法确定涉及的实质问题与程序问题

虽然实践中如何识别实质问题和程序问题并非易事，但将时效、证据、推定、损害赔偿等问题识别为实质问题还是程序问题，将有可能直接导致适用不同准据法的结果。事实上，在国际私法上区分程序问题和实质问题的目的，是要界定什么问题由法院依本地法判决方为正当。

例如，把时效识别为程序问题，则准据法的确定一般以适用法院地法为原则，但如果把时效识别为实体问题，则可以将法院地法以外的法律作为准据法解决纠纷，案件的审判结果也有可能因此截然相反。

三、外国法的适用与排除

根据冲突规范的指引选择解决涉外民商事纠纷的准据法，有时可能要适用外国法。为了能够使案件得到公正处理、切实维护当事人的合法权益，同时又不至于损害公共利益，有时需要排除外国法的适用。有关外国法适用与排除的制度主要涉及反致、先决问题、外国法的查明、法律规避、公共秩序保留等。

（一）反致

反致有广义和狭义之分。狭义的反致是指某一涉外民商事关系，按照法院地的冲突规范指引应该适用外国法，但该外国法中的冲突规范指引适用法院地法，法院最终接受这种指引并适用法院地法。广义的反致包括狭义的反致、转致、间接反致和"外国法院说"。

转致是对某一涉外民商事关系,甲国法院按照本国的冲突规范指引应该适用乙国法,但乙国的冲突规范指引适用丙国法,则甲国法院接受这种指引并适用丙国实体法。

间接反致是对某一涉外民商事关系,甲国法院按照本国的冲突规范指引应当适用乙国法,乙国冲突规范却指引适用丙国法,丙国冲突规范又指引适用甲国法,则甲国法院接受最后的指引,适用法院地的实体法。

"外国法院说"是英国冲突法中的一项独特制度,是指英国法官在处理特定范围的涉外民事案件时,如果按照英国冲突规范的指引应当适用某一外国法,英国法官应"设身处地"将自己视为在外国审判,再按照该外国对反致所持的态度,决定最后所应适用的法律。

根据我国2010年颁布的《中华人民共和国涉外民事关系法律适用法》(简称《涉外民事关系法律适用法》)第九条,"涉外民事关系适用的外国法律,不包括该国的法律适用法",可见,中国不承认反致。

(二) 先决问题

先决问题,又被称为附带问题,是指一国法院在处理涉外民商事案件时,如果必须以解决另外一个问题为先决条件,则可以将原来争讼问题称为"本问题"或主要问题,而把需要首先解决的另一问题称为"先决问题"或附带问题。

构成先决问题必须具备三个条件:(1)主要问题依法院地国的冲突规范必须以外国法作为准据法。(2)需要先行解决的问题具有相对独立性,可以作为一个单独的争议向法院起诉,并且有自己的冲突规范可供援用。(3)在确定先决问题的准据法时,法院地国的冲突规范和实体规范与主要问题准据法所属国的冲突规范和实体规范均不相同,从而会导致不同的判决结果。

(三) 外国法的查明

外国法的查明是指一国法院在审理涉外民商事案件时,根据本国的冲突规范指引适用外国法时,如何查明该外国法的存在和确定其内容。

外国法的查明方法一般包括:(1)当事人举证证明。(2)法官依职权查明,当事人无须举证。(3)法官依职权查明,但当事人负有协助的义务。我国《涉外民事关系法律适用法》第十条第一款规定:"涉外民事关系适用的外国法律,由人民法院、仲裁机构或者行政机关查明。当事人选择适用外国法律的,应当提供该国法律。"

在外国法无法查明时,各国立法和司法实践采取的解决方法包括:(1)直接适用国内法。(2)类推适用国内法。(3)驳回当事人的诉讼请求或抗辩。(4)适用与本应适用的外国法相近似或类似的法律。(5)适用一般法理。

(四) 法律规避

法律规避是指涉外民商事法律关系的当事人为利用某一冲突规范,故意制造某种连结点,以避开本应适用的准据法,从而使对自己有利的法律得以适用的一种逃法或脱法行为。

关于法律规避的效力,各国理论、立法及司法实践中的差异较大,一般包括三种情况:一是肯定规避外国法的效力;二是仅仅否定规避国内法的效力;三是所有的法律规避行为均为无效。

我国立法对法律规避的态度见之《最高人民法院关于适用〈中华人民共和国涉外民事关系法律适用法〉若干问题的解释(一)》(2020 修正)第九条:"一方当事人故意制造涉外民事关系的连结点,规避中华人民共和国法律、行政法规的强制性规定的,人民法院应认定为不发生适用外国法律的效力。"但是,对于规避外国强行法的行为是否有效,则无规定。

(五) 公共秩序保留

公共秩序保留,又被称为公共政策、保留条款,是指在一国法院如果根据冲突规范的指引适用外国法,会与法院地国的重大利益、基本政策、道德的基本观念或法律的基本原则相抵触,因而法院排除外国法适用的一种保留制度。

我国对公共秩序保留一向持肯定态度。早在 1950 年中央人民政府法制委员会在《关于中国人与外侨、外侨与外侨婚姻问题的意见》中就有了公共秩序保留的规定。1954 年宪法也提到了"公共利益"的概念。1982 年《中华人民共和国民事诉讼法(试行)》第二百零四条、1986 年《中华人民共和国民法通则》第一百五十条、2021 年修正后的《民事诉讼法》第二百八十九条等法律都对公共秩序保留作出了规定。

四、我国涉外民事关系的法律适用

关于我国涉外民事关系法律适用的依据,最新的法律规范是 2010 年 10 月 28 日通过、2011 年 4 月 1 日起施行的《涉外民事关系法律适用法》,2012 年 12 月 10 通过、2020 年 12 月 29 日修正后发布、2021 年 1 月 1 日起施行的《最高人民法院关于适用〈中华人民共和国涉外民事关系法律适用法〉若干问题的解释(一)》。

这标志着我国涉外民事关系法律适用规则的系统化和现代化迈开了新的一页。我国《涉外民事关系法律适用法》不仅第一次明确规定了某些法律的直接适用，突出了当事人意思自治原则的运用，完善了最密切联系原则，而且创新性地以经常居所为主要连结点，注重保护弱方当事人的利益，平等对待国内外法律。其主要内容包括：

1. 一般规定

总体上确立了法无明文规定时涉外民事关系适用最密切联系法律的原则，允许当事人明示选择涉外民事关系适用的法律，明确规定我国法律中强制性的规定应予直接适用，外国法与我国社会公共利益抵触时应排除其适用，诉讼时效适用相关涉外民事关系应当适用的法律，涉外民事关系的定性适用法院地法律，涉外民事关系适用的外国法律不包括该国的法律适用法，排除反转和转致，增加了准据法的确定性和可预见性。

2. 涉外民事主体的法律适用

对于民事主体的权利能力和行为能力，相关权利和义务的内容，及其从事的相关民事活动，明确了以经常居所地为主要连结点，符合经济全球化背景下国内外自然人、法人民事往来日益频繁的新形势和新情况。在适用经常居所地法律时，如果自然人经常居所地不明，则适用其现在居所地法律。

3. 涉外婚姻家庭的法律适用

对于涉外婚姻家庭关系的法律适用，确立了适用当事人共同经常居所地法律原则，以适用一方经常居所地或其国籍法为补充。对于涉及夫妻财产关系的法律适用，确立并尊重当事人意思自治的原则，当事人可以协议选择适用一方当事人经常居所地法律、国籍国法律或者主要财产所在地法律。当事人没有选择的，适用共同经常居所地法律；没有共同经常居所地的，适用共同国籍国法律。对于诉讼离婚，明确规定适用法院地法律。

4. 涉外继承的法律适用

关于法定继承，明确规定适用被继承人死亡时经常居所地法律，但不动产法定继承，适用不动产所在地法律。关于遗嘱继承，遗嘱方式符合遗嘱人立遗嘱时或者死亡时经常居所地法律、国籍国法律或者遗嘱行为地法律的，遗嘱均为成立。遗嘱效力适用遗嘱人立遗嘱时或者死亡时经常居所地法律或者国籍国法律。遗产管理等事项适用遗产所在地法律。无人继承遗产的归属，适用被继承人死亡时遗产所在地法律。

5. 涉外物权的法律适用

关于不动产物权的法律适用,明确规定适用不动产所在地法律。关于动产物权的法律适用,明确了当事人可以协议选择动产物权适用的法律。当事人没有选择的,适用法律事实发生时动产所在地法律。对于运输中动产物权发生变更的,当事人可以协议选择适用的法律;当事人没有选择的,适用运输目的地法律。有价证券适用有价证券权利实现地法律或者其他与该有价证券有最密切联系的法律。权利质权适用质权设立地法律。

6. 涉外债权的法律适用

涉外债权的法律适用总体上确立了当事人意思自治选择法律优先的原则。对于合同之债的法律适用,当事人可以协议选择合同适用的法律,当事人没有选择的,适用履行义务最能体现该合同特征的一方当事人经常居所地法律或者其他与该合同有最密切联系的法律。侵权之债适用侵权行为地法律,但当事人有共同经常居所地的,适用共同经常居所地法律。侵权行为发生后,当事人协议选择适用法律的,按照其协议。此外,我国《涉外民事关系法律适用法》还确立了保护较弱方当事人权益的立法精神,例如该法第四十二条规定适用的"消费者经常居所地法律"、第四十三条的"劳动者工作地法律"、第四十五条和第四十六条的"被侵权人经常居所地法律",所规定的这些经常居所地法律往往是弱势一方最熟悉、也最便于他们据以主张权利的法律。

7. 涉外知识产权的法律适用

关于知识产权的归属和内容,适用被请求保护地法律。当事人可以协议选择知识产权转让和许可使用所适用的法律。当事人没有选择的,适用该法对合同的有关规定。知识产权的侵权责任,适用被请求保护地法律,当事人也可以在侵权行为发生后协议选择适用法院地法。

五、国际民事诉讼

(一) 国际民事诉讼的概念和原则

国际民事诉讼,也被称为涉外民事诉讼,是指民事诉讼涉及两个或两个以上国家的人和事,或者与两个或两个以上的国家存在不同程度的联系。

国际民事诉讼法是规定国际民事诉讼程序法律规范的总称,其主要内容包括:(1)有关国际民事诉讼程序中外国自然人、外国法人、外国国家和国际组织等外国当事人的民事诉讼地位的法律规范。(2)有关国际民事案件司法管辖权的法律规范。(3)有关涉外法律文书的域外送达,域外取证,国际民事诉讼期间,国际司法协助以及相互承认与执行外国判决的法律规范。

国际民事诉讼法的基本原则主要包括:国家主权原则、国民待遇原则、平等互惠原则、遵守国际条约和尊重国际惯例原则。

(二) 外国人的民事诉讼地位

国际民事诉讼立法及其司法实践表明,给予外国人以国民待遇是一般原则。也即在对等互惠的条件下,外国人在民事诉讼中享有与本国国民同等的民事诉讼权利,承担同等的民事诉讼义务。在确定外国人的民事诉讼行为能力时,德国、日本等大陆法系国家依当事人本国法确定外国人的民事诉讼行为能力,英美法系国家原则上依当事人住所地法来决定外国人民事诉讼行为能力的同时,还规定如果依法院地法外国人具有民事诉讼行为能力的,视为有行为能力。在民事诉讼代理方面,一般都规定外国人有权委托诉讼代理人代理其诉讼,但必须委托所在国本国的律师进行诉讼代理。

根据我国2021年修正的《民事诉讼法》第五条的规定,我国对外国人在涉外民事诉讼中给予国民待遇,即外国人、无国籍人、外国企业和组织在人民法院起诉、应诉,同中华人民共和国公民、法人和其他组织有同等的诉讼权利义务;但是,外国法院对中华人民共和国公民、法人和其他组织的民事诉讼权利加以限制的,中华人民共和国人民法院对该国公民、企业和组织的民事诉讼权利,实行对等原则。该法第二百六十八条对享有外交特权与豁免的外国人、外国组织或者国际组织提起的民事诉讼,应当依照中华人民共和国有关法律和中华人民共和国缔结或者参加的国际条约的规定办理。第二百七十条规定外国人、无国籍人、外国企业和组织在人民法院起诉、应诉,需要委托律师代理诉讼的,必须委托中华人民共和国的律师。

案例 11-4

涉外合同案件中外国人的诉讼权利能力和行为能力

中国甲公司在杭州与一位年满21周岁的意大利人签订了纺织品原料供货合同。后来由于市场行情巨变,意大利商人如履约将造成巨亏。为达到不履行合同,又不承担违约责任的目的,该意大利人提出按意大利法律,他系未成年人,不具有完全民事行为能力,因而他与甲公司签订的合同无效。甲公司向法院提起诉讼,要求意大利人承担违约责任,赔偿损失。法院认为:本案合同履行地在中国,应以中国法为准据法。根据我国法律规定,满18周岁即具有完全民事行为能力。故该意大利人具有行为能力和诉讼行为能力。甲公司与意大利人签订的合同有效,意大利人不履行合同属违约,判令其赔偿因违约给甲公司造成的损失。

简要分析：在确定外国人的民事诉讼行为能力时,虽然依当事人本国法是原则,但是,如果依法院地法外国人具有民事诉讼行为能力的,视为有行为能力。本案中虽然依照意大利法其无民事行为能力,但依据法院地法,即我国的法律,其具有民事行为能力和诉讼行为能力,所以其与甲公司签订的合同有效,如果不履行就要承担违约责任。

(三) 国际民事案件的管辖权

国际民事案件管辖权是指一个国家的法院或其他司法机关受理、审判具有国际因素或涉外因素的民商事案件的权限。国际民事案件管辖权的确定,所依据的原则一般包括属地管辖原则、属人管辖原则、专属管辖原则、协议管辖原则。我国立法关于国际民事案件管辖权的规定,也充分考虑了以上四项基本原则,其主要内容包括：

第一,地域管辖。因合同纠纷或者其他财产权益纠纷,对在我国领域内没有住所的被告提起的诉讼,如果合同在我国领域内签订或者履行,或者诉讼标的物在我国领域内,或者被告在我国领域内有可供扣押的财产,或者被告在我国领域内设有代表机构,可以由合同签订地、合同履行地、诉讼标的物所在地、可供扣押财产所在地、侵权行为地或者代表机构住所地人民法院管辖。

第二,专属管辖。因在我国履行中外合资经营企业合同、中外合作经营企业合同、中外合作勘探开发自然资源合同发生纠纷提起的诉讼,由我国人民法院管辖。因不动产纠纷提起的诉讼,由不动产所在地人民法院管辖；因港口作业中发生纠纷提起的诉讼,由港口所在地人民法院管辖。

第三,协议管辖。合同或者其他财产权益纠纷的当事人可以书面协议选择被告住所地、合同履行地、合同签订地、原告住所地、标的物所在地等与争议有实际联系地点的人民法院管辖,但不得违反级别管辖和专属管辖的规定。

(四) 国际司法协助

国际司法协助是指国际民事诉讼中一个国家的法院接受另一个国家法院的请求,代为履行送达诉讼文书、提供或调取证据、询问证人、采取保全措施,以及承认和执行外国法院判决或仲裁裁决等。我国2021年修正的《民事诉讼法》第二百八十三条至第二百九十条对国际司法协助作出了规定，总的原则是根据我国缔结或者参加的国际条约，或者按照互惠原则，人民法院和外国法院可以相互请求，代为送达文书、调查取证以及进行其他诉讼行为。外国法院请求协助的事项有损于我国的主权、安全或者社会公共利益的，人民法院不予执行。

六、国际商事仲裁

国际商事仲裁是指当事人根据合同中约定的仲裁条款或者同意仲裁的书面协议，将他们之间发生的具有国际性或涉外性的商事争议，提交国际商事仲裁机构由一名或数名仲裁员组成的仲裁庭，由该仲裁庭作出对当事人具有约束力的裁决，从而解决当事人之间争议的方式。

国际上的主要仲裁机构有国际商会仲裁院、瑞典斯德哥尔摩商会仲裁院、英国伦敦国际仲裁院、美国仲裁协会、世界知识产权组织仲裁与调解中心、解决投资争端国际中心等。我国的国际仲裁机构有中国国际经济贸易仲裁委员会、中国海事仲裁委员会、香港国际仲裁中心。

国际商事仲裁中的法律适用，一般依当事人选择的法律。当事人无明示选择时，适用裁决作出地法。当事人未明示选择法律和仲裁地未确定时，依一般合同的冲突规范确定仲裁协议的准据法。仲裁协议的准据法一般不适用于当事人的行为能力，如果当事人为自然人，其行为能力主要适用其属人法或仲裁协议缔结地法；如果当事人为法人，其行为能力主要适用该法人成立时所依据的法律。

关于国际商事仲裁裁决的承认与执行，根据1958年《承认及执行外国仲裁裁决公约》(《纽约公约》)的规定，在仲裁协议无效、违反正当程序、仲裁员超越权限、仲裁庭的组成或仲裁程序不当、裁决对当事人尚未发生约束力或已被撤销或停止执行、争议事项不可用仲裁方式解决、违反公共政策或公共秩序等情形下可以拒绝承认与执行外国仲裁裁决。根据2021年修正的我国《民事诉讼法》第二百八十一条的规定，对中华人民共和国涉外仲裁机构作出的裁决，被申请人提出证据证明仲裁裁决有下列情形之一的，经人民法院组成合议庭审查核实，裁定不予执行：当事人在合同中没有订有仲裁条款或者事后没有达成书面仲裁协议的；被申请人没有得到指定仲裁员或者进行仲裁程序的通知，或者由于其他不属于被申请人负责的原因未能陈述意见的；仲裁庭的组成或者仲裁的程序与仲裁规则不符的；裁决的事项不属于仲裁协议的范围或者仲裁机构无权仲裁的。人民法院认定执行该裁决违背社会公共利益的，裁定不予执行。

第四节 国际经济法

一、国际经济法的概念和特征

国际经济法的概念有广义和狭义之分。狭义的国际经济法是指专门用来调整国家、国际组织等国际公法主体之间的经济关系的法律规范。广义的国际经济法是指调整从事跨越国境经济交往的国家、国际组织、自然人、法人等各种公、私主体之间经济关系的法律规范。广义国际经济法的观点得到了多数人的赞同。国际经济法的特征有：

第一，国际经济法主体的多元性。国际经济法的主体不仅包括国家、国际组织，也包括位于国家之内的自然人、法人。国际公法的主体主要包括国家、国际组织，而国际私法的主体一般限于私人。可见，国际经济法的主体范围要广于国际公法、国际私法。

第二，国际经济法调整对象的广泛性。国际经济法调整对象的范围宽广，涵盖了国家、国际组织、自然人、法人相互之间的经济关系，这里的经济关系既包括平等主体当事人之间的横向交易关系，也包括国家和国际组织对横向交易的纵向管理和管制关系。国际公法主要调整国家之间的政治、外交、军事等方面的关系，而国际私法主要调整涉外民商事关系。

第三，国际经济法调整方式的直接性。国际经济法一般通过国际条约和国际惯例对国际经济关系当事方的权利义务形成直接明确的结论，即便作为国际经济法渊源的国内经济法和民间商务惯例，也通常对相关当事方的权利义务关系进行直接的调整。这与国际私法需要经过冲突规范指引确定准据法的间接调整方式形成了鲜明的对比。

第四，国际经济法渊源的多样性。国际经济法的渊源不仅包括经济方面的国际条约和国际惯例，还包括国内的涉外经济法规，甚至还包括国际民间商务惯例。

二、国际贸易法

（一）国际货物贸易法

1. 国际货物贸易法概述

国际货物买卖是国际贸易中的重要组成部分，国际货物贸易法又被称为国际货物买卖法,是指调整国际货物买卖关系的法律规范的总称。其法律渊源主要包括:(1)国际货物买卖公约,最具代表性的是1980年制定的《联合国国际货物销售合同公约》;(2)国际贸易惯例,最具代表性的是2020年修订的《国际贸易术语解释通则》(INCOTERMS 2020);(3)国际组织制定的国际商务法律文件,例如,国际统一私法协会2016年修订的《国际商事合同通则》就是国际贸易当事方可以选择适用的国际规范;(4)区域性或国内有关国际货物买卖立法及其冲突规范,例如,《欧洲合同法原则》就是可运用于货物买卖的区域性立法。

2.《联合国国际货物销售合同公约》

该公约适用于营业地处于不同缔约国的当事方之间的货物销售合同,除非国际货物买卖当事方作出特别排除的说明,否则该公约自动适用于营业地处于不同缔约国的当事方之间的货物销售合同。不过,该公约不适用于提供服务或劳务的合同,不涉及合同的效力或者其任何条款的效力或惯例的效力、合同对所有权的影响,也不涉及对人身的伤亡或损害的产品责任问题,对销售程序有特殊要求的货物,如销售股票、债券等投资证券、船舶、飞机、电力等合同也不适用公约。凡是该公约未涉及的问题,当事方可以根据双方同意的惯例或者合同适用的国内法予以解决。

该公约的核心内容是对国际货物买卖双方的权利、义务、违约责任进行了明确规定。通知义务和保全义务是国际货物买卖双方共同的义务。卖方的义务主要包括:交付货物、交货与合同约定相符、交付单据、货物品质和权利担保。买方的义务主要包括:支付货款、收取货物。

关于违反合同的救济方法,该公约规定了在卖方违约时买方可以采取要求卖方实际履行、减少价金、宣告合同无效、要求损害赔偿等救济措施。在买方违约时,卖方可以采取要求买方实际履行、宣告合同无效、要求损害赔偿等救济措施。由于该公约将违约分为根本违约和预期违约,对于预期违约的救济方法主要是守约方可以中止履行。

关于货物所有权和风险的转移,国际货物贸易实践表明,一般可以采取的货物所有权和风险转移的时间点包括:交付时转移、合同订立时转移、买方接受时转移、当事人约定的时间点转移、在途货物货交承运人时转移等。

3.《国际商事合同通则》

《国际商事合同通则》旨在为国际商事合同制定一般规则,主要是为国际货物买卖合同制定一般的规则,目前最新一次修订是在2016年。虽然《国际商事合同通则》不是国际公约,没有强制性,但是,合同当事人一旦自愿选择适用,则对他们具有约束力。

4.《国际贸易术语解释通则》

《国际贸易术语解释通则》通过解释贸易术语,针对不同的交货地点,用简短的概念或英文缩写表示交货地点、买卖双方的交易费用、责任与风险分担等。《国际贸易术语解释通则》自 1936 年编订之后,分别于 1953 年、1967 年、1976 年、1980 年、1990 年、2000 年、2010 年作了补充和修订。最新的版本是2020 年《国际贸易术语解释通则》(INCOTERMS 2020)。《国际贸易术语解释通则》(INCOTERMS 2020)的性质属于国际商业惯例,国际货物贸易当事方如果明确选择其中的一种贸易术语来明确双方的权利和义务,则 INCOTERMS 2020 对其产生约束力。

(二) 国际技术贸易法

1. 国际技术贸易法概述

国际技术贸易又被称为国际技术转让,是指跨越国境的技术转让。国际技术转让的内容广泛,这些技术一类为具有工业产权的技术,通常是指除著作权以外的知识产权,其对象包括工商业领域内的发明创造和识别性标记,诸如专利权、商标权、商号权、地理标记等;另一类是没有工业产权的技术,主要指专有技术或商业秘密,包括图纸、技术方案、技术说明书、配方等。国际技术贸易的主要方式包括工业产权的许可证贸易、技术服务、专有技术的贸易、工业产权与专有技术结合的许可证贸易、技术咨询、技术培训等。

国际技术贸易法是调整跨越国境的有偿技术转让关系的法律规范的总称,其特征有:(1)国际技术转让法的主体是处于不同国家境内的自然人、法人以及其他经济组织。(2)国际技术转让法的客体是一种无形财产,即技术知识和经验的使用权。(3)国际技术转让法调整的对象是跨越国境的有偿技术转让关系。

2. 国际许可合同

国际许可合同又被称为国际许可证协议,是指营业地在不同国家的当事人签订的,许可方将其拥有的工业产权或专有技术的使用权在一定条件下让渡给被许可方,许可方收取使用费,被许可方获得该使用权并支付使用费的书面协议。在国际技术许可证贸易中,国际许可合同的标的主要包括:专利技术使用权、商标使用权、专有技术使用权、版权。根据许可适用的地域范围和使用权的大小,国际许可合同一般包括独占许可合同、排他许可合同、普通许可合同、交叉许可合同和分许可合同。

国际许可贸易中的许可方为了加强对技术的控制,在合同中经常植入一种限制性商业条款,通常是许可方对被许可方施加的、造成不合理限制并妨碍公平竞争的条款。为此,世界上许多国家通过国内立法、双边条约和国际公约对某些限制性商业条款予以管制。1978年联合国贸发会议拟定的《国际技术转让行动守则(草案)》列举了应当禁止的20种限制性商业条款:单方面回授条款;对有效性的异议;独立经营要求;对研究限制;对使用人员方面的限制;价格限定;对技术更改的限制;附带条件的安排;出口限制;包销或独家代理协定的限制;共享专利或互授许可协定及其他安排;对宣传的限制;对工业产权保护期满后付款或其他义务;对技术转让协议期满后的限制;限制生产;限制质量控制方法的使用;限制商标的使用;要求合股经营或参与管理;合同期限限制;限制使用范围的扩大。2022年修订的我国《反垄断法》第六十八条对技术转让中的限制性条款作了原则性规定。

3. 国际技术贸易中的知识产权保护

从19世纪开始,国家之间致力于签订或参加知识产权国际公约来实现对知识产权的保护。目前,世界范围内知识产权的保护已经形成了一个较为系统的国际规则体系。其中具有代表性的国际规则有:1883年《保护工业产权巴黎公约》、1891年《商标国际注册马德里协定》、1886年《保护文学和艺术作品伯尔尼公约》、1952年《世界版权公约》、1961年《保护表演者、录音制品制作者和广播组织的国际公约》、1967年《建立世界知识产权组织公约》、1970年《专利合作条约》、1971年《保护录音制品制作者防止未经许可复制其录音制品公约》、1989年《关于集成电路知识产权条约》、1994年《与贸易有关的知识产权协议》等。

(三) 国际服务贸易法

1. 国际服务贸易法概述

国际服务贸易是指服务的跨国交易,按照世界贸易组织(WTO)《服务贸易总协定》(GATS)第一条的规定,国际服务贸易包括任何部门的任何服务,但在行使政府权限时提供的服务除外,国际服务贸易的类型有四种:

第一,跨境提供(Cross-border Supply)。跨境提供是指WTO成员的服务提供者为了获取报酬,在自身境内向任何其他成员境内的服务消费者提供服务。

第二,过境消费(Consumption Abroad)。过境消费是指WTO成员的服务提供者为了获取报酬,在自身境内向来自任何其他成员的服务消费者提供服务。

第三,商业存在(Commercial Presence)。商业存在是指 WTO 成员的服务提供者为了获取报酬,在任何其他成员境内建立商业机构或专业机构,并在该成员境内提供服务。

第四,自然人流动(Movement of Natural Persons)。自然人流动是指 WTO 成员中作为自然人的服务提供者为了获取报酬,到任何其他成员境内提供服务。

国际服务贸易法是调整服务跨国交易关系的各种法律规范的总称。国际规则中最具代表性的国际服务贸易法是 WTO 制定的 GATS。

2.《服务贸易总协定》

GATS 的结构包括序言、6 个部分的 29 个条款和 8 个附件,涵盖的服务行业包括以下 12 个部门:商业、通信、建筑、销售、教育、环境、金融、卫生、旅游、娱乐、运输、其他形式的服务等,具体分为 160 多个分部门,其主要内容包括:

第一,GATS 的宗旨。建立一个有关服务贸易原则和规定的多边框架,在透明度和逐步自由化的前提下,扩大全球服务贸易,推动早日实现服务贸易自由化水平的逐步提高,并以此为手段促进所有贸易伙伴的经济增长和发展中国家的发展。考虑到 WTO 各成员服务贸易发展的不平衡,赋予各成员对服务贸易进行必要管理的权利,鼓励发展中国家成员更多地参与服务贸易和扩大服务出口,特别是通过增强其国内服务能力、效率和竞争力,更多地参与世界服务贸易。

第二,一般义务和原则。包括最惠国待遇、透明度、资格的认可、公平竞争、发展中国家的参与等内容。其中最惠国待遇的义务是指 GATS 涵盖的任何措施,每一成员对于任何其他成员的服务和服务提供者,应立即和无条件地给予不低于其给予任何其他国家同类服务和服务提供者的待遇。

第三,一般例外。GATS 第十四条关于一般和安全的例外包括,为保护公共道德或维护公共秩序的例外,保护人类、动物或植物的生命或健康的例外,防止欺骗和欺诈行为的例外,保护个人隐私的例外,不披露则违背其根本安全利益何信息例外,等等。这些例外与 WTO《关税与贸易总协定》(GATT1994)第二十条规定的一般例外和第二十一条规定的安全例外大体相似,但需要注意的是,两者的区别在于 GATS 一般例外不包括有关保护可能用竭的自然资源的措施以及一国为保护和维持传统文化,对保护本国具有艺术、历史或考古价值的艺术品和文物而采取的措施;在安全例外方面,与直接或间接为军事机关提供给养有关服务的例外是 GATS 独特的例外。

第四,具体的自由化承诺。GATS 具体承诺义务包括市场准入、国民待遇和逐步自由化。市场准入承诺及有关国民待遇的任何限制和例外是多边适用的,其中市场准入是 WTO 成员方经过双边或多边谈判达成而应承担的义务,实施对象包括成员的服务和服务提供者。国民待遇是指对于列入减让表的部门,在遵守其中所列任何条件和资格的前提下,WTO 每一成员在影响服务提供的所有措施方面给予任何其他成员的服务和服务提供者的待遇,不得低于其给予本国同类服务和服务提供者的待遇。服务贸易逐步自由化是通过 GATS 第十九条至第二十一条的具体承诺的谈判、具体承诺减让表以及减让表的修改来逐步加以推进和实现的。

第五,争端解决。根据 GATS 第二十二条的规定,凡是影响 GATS 执行的任何事项,WTO 成员之间应进行双边协商,若协商不成,则可以通过服务贸易理事会和 WTO 争端解决机构与其他成员进行多边协商。WTO 任何成员不得根据对另一成员就它们之间达成的与避免双重征税有关的国际协定范围的措施,援引 GATS 第十七条关于国民待遇的规定,当成员之间不能就一措施是否属于它们之间的此类协定范围达成一致时,任一成员可以将该事项提交服务贸易理事会仲裁,仲裁裁决具有终局性,对各成员有约束力。

第六,附件。GATS 的附件共有 8 个,是对相关条款所作的补充规定。具体包括:关于 GATS 第二条豁免的附件,关于在协定下自然人流动提供服务的附件,关于航空运输服务的附件,关于金融服务的两个附件,关于海运服务谈判的附件,关于电讯服务和基础电讯谈判的附件等。

三、国际投资法

(一) 国际投资法概述

国际投资有广义和狭义之分。广义的国际投资泛指资本的跨国流动,包括国际直接投资和国际间接投资,而狭义的国际投资一般指国际直接投资。国际直接投资是指一个国家的自然人、法人等以营利为目的,通过有形资产或无形资产对外国企业进行投资,从而直接或间接控制或参与其经营活动。国际间接投资是指自然人、法人或政府对外国私人或政府的股票、债券或其他证券的投资或贷款,包括国外金融组织对各国的贷款。

国际投资法是调整国际私人直接投资关系的国际法规范和国内法规范的总称。其特征有:

第一,国际投资法调整的国际私人投资关系,不包括各国政府之间、政府与国际组织间以及国际组织之间的国际投资关系。

第二,国际投资法调整的国际直接投资关系,不包括国际间接投资关系,国际间接投资关系一般由国际金融法进行调整。

第三,国际投资法调整国际投资的国内和国际两方面的关系,既包括不同国家法人与自然人间的投资合作关系,还包括境外投资者与其母国之间的关系,国家之间的私人直接投资管理关系、投资保护关系等。

(二) 国际投资的法律形式

由于国际投资是一个资本输出国将资本流入资本输入国的过程,因此从国内法的角度看,资本输出国的海外投资法和资本输入国的外国投资法的侧重点并不相同。资本输入国的外国投资法侧重于明确外资输入的条件、对外资的保护与鼓励以及对外资经营活动的管理;而资本输出国的海外投资法侧重于明确海外投资鼓励和管理的原则、规则和制度,并通过建立完善海外投资保险制度等措施提高资本安全保障的水平。

国际投资法作为调整国际投资关系的法律手段,其作用主要表现为对国际投资的保护、管理和鼓励。国际投资的法律形式主要有合资经营企业、合作经营企业、外资企业、合伙企业、国际合作开发与建设等。我国2020年1月1日施行的《中华人民共和国外商投资法》对涉及我国的外商投资法律形式进行了规范。

(三) 有关国际投资的条约

从促进与保护投资的国际法制看,双边投资条约、区域性自由贸易协定、多边投资担保机构公约、与贸易有关的投资措施协议等构成了一个较为完整的国际投资法律规则体系。其中世界性的多边投资条约主要包括:1966年10月施行的《解决国家和他国国民间投资争端公约》(《华盛顿公约》),1988年4月施行的《多边投资机构担保公约》(《汉城公约》)。WTO《与贸易有关的投资措施协议》和《服务贸易总协定》对国际投资也具有重大影响。依据《华盛顿公约》成立的"解决投资争端国际中心"是解决缔约国和另一缔约国国民之间投资争端的国际性专门机构,在国际投资争端解决方面发挥了积极作用。依据《汉城公约》成立的"多边投资担保机构"在调整国际投资关系和促进国际投资发展方面发挥了重要作用。

区域性的国际投资条约主要包括:1990年7月施行的东盟《关于促进和保护投资的协定》,1994年1月施行的《北美自由贸易协定》,2012年5月13日签署的《中华人民共和国政府、日本国政府及大韩民国政府关于促进、便利和保护投资的协定》等。

四、国际货币金融法

(一) 国际货币金融法概述

国际货币金融法是调整国际间货币兑换、借贷、结算、收付方式、金融市场、货币体系、金融机构、金融监管等国际货币金融关系的各种法律规范的总称。国际货币金融法的内容主要包括：

第一，国际货币法律制度。1945年12月施行的《国际货币基金协定》是国际货币法律体系的基石。依照该协定成立的国际货币基金组织通过规制各国汇率、外汇管制和国际储备等制度行使其管理职能，对国际收支出现困难的成员国提供资金支持，发挥了应有的金融职能。

第二，国际资金融通法律制度。主要涉及国际贷款、国际证券投资和国际租赁等国际融资方式的规制，见索即付保证、备用信用证、浮动抵押、意愿书等国际融资担保方式的规制，以及国际融资特殊法律问题的处理，等等。

第三，跨国银行监管法律制度。从1995年"巴林银行案件"引发亚洲金融危机到2008年美国爆发"次贷危机"引发全球金融危机，表明了加强和落实国内金融监管和跨国银行监管的极端重要性，国际金融立法和执法必须高度重视类似的金融个案，应当重点关注这些个案的时间节点，系统检视金融系统的安全性和金融市场发展的稳定性。

(二) 跨国银行监管的国际法则

跨国银行监管起因于1974年国际上若干著名银行倒闭，其后国际社会开始重视国际银行风险监管问题。1975年2月经济合作与发展组织与瑞士、卢森堡等国家一道在瑞士巴塞尔举行会议成立了"巴塞尔银行监管委员会"。

"巴塞尔银行监管委员会"成立以后，制定了一系列有关跨国银行监管的国际文件，主要包括：1975年发布了第一个文件《对国外银行机构监管的原则》，即狭义的《巴塞尔协议》；1992年《关于监督国际性银行集团及其跨国分支机构的最低标准的建议》，简称《巴塞尔建议》；1997年《有效银行监管的核心原则》，简称《巴塞尔核心原则》；1999年《多元化金融集团监管的最终文件》，简称《巴塞尔最终文件》；2004年《巴塞尔新资本协议》；2010年《关于统一国际银行的资本计算和资本标准的协议》，简称《巴塞尔协议》。《巴塞尔协议》的最新规定于

2013年1月6日发布。

需要说明的是,上述巴塞尔协议文件对各国虽然不具有法律拘束力,但实践中是国际银行业有效监管的重要依据,事实上已经成为跨国银行监管领域中最为重要的国际惯例。

五、国际税法

(一)国际税法概述

国际税法是调整国际税收关系的各种法律规范的总称。国际税收关系是两个或两个以上的国家与纳税人之间在跨国征税对象(即跨国所得和跨国财产价值)上存在的国际税收分配关系,是相关国家税收利益分配关系及其各自与纳税人之间税收征纳关系的统一体。与纯粹的国内税收关系相比,国际税收关系的独特性在于:

第一,国际税收关系中的两个或两个以上的国家都是征税主体,均有权向纳税人的跨国征税对象课税。

第二,作为国际税收关系客体的纳税人跨国所得或跨国财产价值通常受两个或两个以上国家税收管辖权支配,纳税主体对于同一笔跨国征税对象需要向两个或两个以上的国家纳税。

第三,就国际税收关系的内容看,两个或两个以上征税主体之间的权利义务关系以对等互惠为前提,而且他们之间的税收利益分配关系最终只能通过各自对跨国征税对象的征税进行体现。

国际税法的原则包括:(1)税收管辖权独立自主原则。(2)避免国际重复征税原则。(3)消除对外国人的税收歧视原则。(4)防止国际逃税原则。

案例 11-5

美国法院审理的税收管辖权案

原告是一名美国公民,居住在墨西哥城的居所。作为被告的美国税务当局责令原告将其在墨西哥的收入转回国内缴纳所得税。原告被决定征税 1 193.38 美元后提起诉讼,理由是他的收入不在美国的行政区域内,美国税收当局没有税收管辖权。但法院认为,征税权的基础不在于财产的位置在美国国内还是国外,也不在于该公民的居所位于美国国内还是国外,关键在于他作为公民同美国之间存在的特殊关系,这种关系决定美国政府有税收管辖权。

简要分析： 国家通常是基于主权的属人效力确定居民或公民税收管辖权，基于属地效力决定所得来源地税收管辖权。本案中，美国法院按照国籍标准对纳税人行使公民税收管辖权，其判决具有相当的说服力，但是，如果墨西哥政府基于属地效力决定所得来源地税收管辖权，就会导致国际重复征税。

（二）避免国际重复征税

无论从法律角度还是从经济角度看，国际重复征税都具有明显的危害性，各国政府都意识到应采取措施予以避免和消除。实践表明，相关国家可以通过签订国际税收协定或者采取有效的方法避免国际重复征税。

历史上最早的避免国际重复征税协定是1972年8月英国与瑞士签订的关于避免对遗产进行双重征税的协定。1980年联合国正式颁布《关于发达国家与发展中国家间双重征税的协定范本》，该范本及其注释于2001年和2011年进行了较大的修订，主要是对互联网时代跨国电子商务活动等引发的避免重复征税的新问题进行了规范。经济合作与发展组织于1977年公布的避免国际重复征税协定也经历了若干次修订，最近一次修订是在2017年。

避免国际重复征税的具体方法一般包括：(1) 免税法，也被称为豁免法，是指居住国一方对本国居民来源于来源地国的已在来源地国纳税的跨国所得，在一定条件下放弃居民税收管辖权。(2) 抵免法，指居住国按照居民纳税人的境内外所得或一般财产价值的全额为基数计算其应纳税额，但对居民纳税人已在来源地国缴纳的所得税或财产税额，允许从向居住国应纳的税额中扣除。目前，大多数国家都采用该方法避免国际重复征税。(3) 税收饶让，又被称为"虚拟抵免"或"影子税收抵免"，是指居住国对其居民因来源地国实行减免税优惠而未实际缴纳的那部分税额，应视同已经缴纳同样给予抵免。

（三）国际逃税与避税

国际逃税是指跨国纳税人采取违反税法的手段或措施，减少或逃避其跨国所得或财产价值应承担的纳税义务的行为。国际避税是指纳税人利用并不违法的方式，减少或规避其跨国征税对象应承担的纳税义务的行为。从性质上看，国际逃税属于违法行为，而国际避税并不违法。

国际避税的主要方式一般包括：(1) 跨国联属企业转移定价避税。(2) 利用对所得和财产不征税或按很低的税率征税的国家和地区这种"避税港"避税。(3) 采用"资本弱化"方式避税，即跨国投资人把本来应以股份形式投入的资金转为采用贷款方式提供，从而逃避或减轻其本应承担的国际税负。(4) 套用税收协定避税,即第三国居民在税收协定的缔约国设立机构间接享受协定待遇而避税。

六、国际海事法

(一) 国际海事法概述

国际海事法是调整国际海事关系、规范国际海事活动的各类法律规范的总称。国际海事关系是指国际海上商业活动中的海上运输关系以及其他与船舶有关的各种关系,一般不包括国内沿海运输所涉及的法律关系。国际海事法的特征有:

第一,国际海事法历史悠久。国际海事法最早见之于公元前18世纪的《汉谟拉比法典》和公元前9世纪调整地中海沿岸海上商业活动的《罗德法》等。

第二,国际海事法具有与普通民商法不同的法律制度。例如,海难救助、责任限制、共同海损、船舶优先权、对物诉讼等就是国际海事法所独有的法律制度。

第三,国际海事法的专业性和技术性强。国际海事法的众多法律规范涉及船舶、船员、航海、运输等专业和技术。

第四,国际海事立法具有较强的国际统一性。1897年国际海事委员会成立以来,与其他海事组织一起进行的大量立法和对国际惯例的梳理,推进了海事立法国际统一化,对于减少国际海事法律冲突具有重要意义。

(二) 主要的国际海事公约

目前,国际海事公约已经形成了一个系统完整的规则体系,主要有1924年《统一提单的若干法律规则的国际公约》(《海牙规则》)、1968年《修改统一提单的若干法律规则的国际公约》(《维斯比规则》)、1957年《船舶所有人责任限制公约》、1969年《国际油污损害民事责任公约》、1972年《国际海上避碰规则公约》、1976年《海事赔偿责任限制公约》、1978年《联合国海上货物运输合同公约》(《汉堡规则》)、1989年《国际救助公约》、1999年《国际扣船公约》、2001年《国际燃油污染损害民事责任公约》、2002年《海上旅客及其行李运输雅典公约》、2008年《联合国全程或部分海上国际货物运输合同公约》(《鹿特丹规则》)等。

七、WTO法律制度

(一) WTO概述

世界贸易组织(WTO)成立于1995年1月1日,其前身为《关税与贸易总协定》(GATT)。1994年4月15日,在摩洛哥的马拉喀什举行的GATT乌拉圭回合部长会议决定成立 WTO,以取代 1947 年的 GATT。WTO 是根据《维也纳条约法公约》正式批准生效的国际组织,具有独立的国际法律人格,具有管理、组织、协调、调节、提供等五大具体职能,其结构由部长级会议、总理事会、各专门委员会、秘书处和总干事组成。截至 2022 年 11 月,WTO 已经有 164 个成员,成员方的贸易总额一度达到了全球的 97% 以上,因此,WTO 又被称为"经济联合国"。

(二) WTO 的宗旨

WTO 序言对其宗旨进行了阐明,主要包括:(1)提高人类的生活,保证充分就业和大幅度、稳步提高实际收入和有效需求。(2)扩大货物和服务的生产与贸易,特别是推动全球服务贸易框架和体制的逐步完善。(3)坚持可持续发展,要按照可持续发展的目标使得世界资源获得最优利用,并力求兼顾保护和维护环境。(4)保证发展中国家,特别是最不发达国家在国际贸易的发展和增长中获得与其经济发展水平相适应的份额和利益。(5)建立一体化的多边贸易体制,形成一个完整的、更具活力的、持久的多边贸易体制。(6)坚持开放、平等、互惠的原则,消除各成员方在国际贸易上的歧视待遇。

(三) WTO 的基本法律原则

1. 非歧视原则

非歧视原则又被称为无差别待遇原则,是指 WTO 成员方必须平等地对待其他成员方,对其每一成员都不得采取任何对其他成员方所不适用的优惠和限制措施,不允许在自身和外国产品、服务或国民之间制造歧视。非歧视原则作为 WTO 的基本原则主要体现在最惠国待遇和国民待遇上。

最惠国待遇是指 WTO 成员方给予任何一成员在货物贸易、服务贸易和技术贸易领域的待遇,应立即和无条件地给予其他各成员方。最惠国待遇是国际贸易体制的基石,也是 WTO 非歧视原则的重要基础和支撑。

国民待遇是指 WTO 成员方对其他成员方的产品、服务和服务提供者及知识产权所有者和持有者所提供的待遇,不低于本国同类产品、服务和服务提供者及知识产权所有者和持有者所享有的待遇。

2. 透明度原则

透明度原则是指 WTO 成员方应公布正式制定和实施的有关进口和出口的贸易政策、法规、与其他成员方签订的协议、参加的有关影响国际贸易政策的国际协定、贸易措施及其变动情况等内容。透明度原则对于公平贸易和竞争具有十分重要的作用,其主要目的是防止贸易的政策和法规等内容的不公开导致贸易壁垒或贸易歧视。

3. 市场准入原则

市场准入原则是指 WTO 的成员方允许其他成员的货物、服务、资本、知识产权等进入本国市场。市场准入原则的主要内容包括关税减让、禁止或取消数量限制、规范贸易壁垒和提高透明度等。WTO 市场准入原则要求各成员方围绕市场开放目标,有计划、有步骤、分阶段地逐步推进最大限度的贸易自由化。

4. 促进公平竞争原则

公平竞争原则又被称为公平贸易原则,是指 WTO 成员方不得以倾销和补贴等不公平贸易手段在国际市场上进行竞争。WTO 通过《反倾销协议》《补贴与反补贴协议》等规则对倾销、补贴等不公平贸易措施进行了规制。如果 WTO 成员方采取了不公平贸易手段进行竞争,则其他成员可以依照 WTO 规则采取反倾销、反补贴等贸易救济措施。

(四) WTO 的法律框架

WTO 的法律框架由《建立世界贸易组织的马拉喀什协议》及其 4 个附件组成。附件 1 包括《货物贸易多边协定》《服务贸易总协定》和《与贸易有关的知识产权协定》;附件 2 是《关于争端解决规则与程序的谅解》;附件 3 是《贸易政策审议机制》;附件 4 是并不需要成员一揽子接受而可以选择参加的《民用航空器协定》《政府采购协定》《奶制品协定》和《牛肉协定》等四个诸边贸易协定。

(五) WTO 争端解决机制

WTO《关于争端解决规则与程序的谅解》是解决成员方争端的"宪法"。WTO 争端解决的程序包括磋商、成立专家小组、通过专家组报告、上诉机构审议、争端解决机构裁决、执行和监督等阶段。WTO 争端解决机制不仅解决成员方在履行 WTO 协议过程中的争端,而且负责对 WTO 争端解决机构裁决的执行和监督。与 GATT 争端解决机制相比较,WTO 争端解决机制的主要特色在于:

第一,统一性。全体 WTO 成员方之间的所有 WTO 协议执行中的争议都适用该体制进行解决。

第二,专业性。WTO 争端解决机构是根据《关于争端解决规则与程序的谅解》成立的解决争端的专门机构,该机构受理乌拉圭回合谈判最后文件所包括的任何协定或协议产生的争端,由 WTO 争端解决机构专家小组和常设上诉机构负责进行裁决和监督。

第三,强制性。WTO 争端解决机构对争端解决的强制管辖权是成员方签署和批准 WTO 协议时一次授予的。只要成员方未退出 WTO,或者条约未被修改,则强制管辖权一直对成员方有拘束力。

第四,效率性。WTO 争端解决报告的通过程序采用"反向协商一致"的方式,即除非所有成员方都反对,否则报告自动通过。为了迫使违反 WTO 规则的争端方履行争端解决机构的裁决,WTO 争端解决的执行机制中设置了"交叉报复"制度,即受损害成员方认为根据裁决仅报复同一行业或部门无效或不能达到平衡,则可在其他的行业或部门进行报复。例如,在"香蕉案"执行中,受害成员方认为提高香蕉的关税不足以弥补其损害,则可以提高其他水果、蔬菜的关税,直至提高机械设备产品、电子产品等其他部门或行业产品的关税。实践证明,"反向协商一致"表决方式和"交叉报复"的执行方式,使得 WTO 争端解决机制效率空前,WTO 争端解决机制的"司法取向"使其"装上了钢牙",因而成为 WTO"皇冠上的明珠"。

引例评析

美国的《赫尔姆斯—伯顿法》在外国领土上不应具有法律效力,因为《赫尔姆斯—伯顿法》的性质属于公法,美国强制要求外国遵守其国内法,违反了国际公法中的主权独立原则。WTO 争端解决机构对本案具有管辖权,因为美国强行实施《赫尔姆斯—伯顿法》影响了国际自由贸易,根据 WTO《关于争端解决规则和程序的谅解》的规定,WTO 争端解决机构对成员方提交的美国《赫尔姆斯—伯顿法》影响国际自由贸易的争端具有"强制管辖权"。WTO 争端解决机构的裁决应能够迫使美国改变其法律,否则,美国一旦"败诉"就要承受与其发生争端成员方包括"交叉报复"手段在内的"强制执行"。

思考题

1. WTO 规则作为国际条约能否在我国法院直接适用?为什么?
2. 个人能否成为国际公法的主体?为什么?
3. 涉外案件准据法确定涉及的实质问题和程序问题应如何区分?
4. 我国《涉外民事关系法律适用法》的主要特色和亮点有哪些?

5. 如何理解 WTO 的基本法律原则？

案例分析

1. 中国划设"东海防空识别区"不违反国际法

2013 年 11 月 23 日，中国政府根据《中华人民共和国国防法》等法律规定，发布《中华人民共和国东海防空识别区航空器识别规则公告》，宣布划设了"东海防空识别区"。美国、日本等国家对中国"东海防空识别区"提出了质疑。

简要分析："防空识别区"是主权国家为了国家安全，对与其领土相关的从地球陆地或水域表面向上延伸的划定空域范围内的航空器能立即识别、定位和管制。"防空识别区"的设立虽然没有直接的国际法规定，但根据《联合国宪章》第 51 条等国际规则的规定，国家自保权是国际法赋予的基本权利，"防空识别区"与国际法的相容性表现在并不违反国际法关于领空之外空中航行自由的原则。中国设立"东海防空识别区"的目的是捍卫国家主权和领空安全，不影响东海空域的飞越自由，是行使国家自卫权的正当合法行为。

2. 美国最高法院审理的杜克诉豪森案

原告杜克是一名妇女，被告豪森是一个患有性病的男子，他们在地点依次为弗吉尼亚州、纽约州、宾夕法尼亚州、艾奥瓦州、内布拉斯加州和纽约州旅行途中发生性关系。原告发现被染上性病后近 4 年才向被告住所地州的怀俄明州联邦地区法院提起对被告的侵权之诉。怀俄明州规定侵权行为的诉讼时效为 4 年，该州联邦地区法院判决：被告应向原告偿付补偿性赔偿费 30 万美元，惩罚赔偿费 100 万美元。被告以该案超过诉讼时效为由，上诉至美国最高法院。最高法院根据《第一次冲突法重述》第三百七十七条的规定"过错地点是指行为人需要对其侵权行为负责的最后事件发生地"，认为被告的侵权行为地是纽约州，该案应依照纽约州关于侵权行为诉讼时效为 3 年的诉讼时效，本案已超过诉讼时效，最终判决被告胜诉。

简要分析：本案中，如果将时效问题识别为程序问题，则应适用法院地法，即怀俄明州联邦地区法院所在地怀俄明州的法律确定诉讼时效问题，根据怀俄明州规定侵权行为的诉讼时效为 4 年，则原告胜诉。但如果将时效问题识别为实质问题，则时效可以依照法院地法以外的法律确定诉讼时效是否过期，美国最高法院正是由于将时效问题识别为实质问题，才可以依照《第一次冲突法重述》第三百七十七条将法院地怀俄明州以外的纽约州的法律作为准据法审理案件，原告因此败诉。

3. WTO"安提瓜和巴布达诉美国影响跨境赌博服务案"

加勒比海岛国安提瓜和巴布达博彩业最鼎盛时期的产值占全国 GDP 的 10%。针对境外网络赌博最大主顾的美国所采取的遏制跨国网络赌博发展的措施,安提瓜认为网上跨境赌博服务属于《服务贸易总协定》(GATS)规定的"跨境交付"。美国对网络赌博的禁止措施与美国在 GATS 框架内所作的具体承诺减让表不相符,也违反了 GATS 第十六条市场准入、第十七条国民待遇和第六条国内法规的有关规定,并且对其网络赌博业造成了严重损害。美国政府则认为,美国没有违反在具体承诺减让表中的承诺,并且有权援引 GATS 第十四条一般例外中有关保护"公共道德"或"公共秩序"例外的规定来合法地采取禁止跨境提供赌博和博彩服务的措施。安提瓜根据 WTO《关于争端解决规则和程序的谅解》第四条和 GATS 第二十三条,于 2003 年 3 月 13 日请求与美国进行磋商。磋商未果后 WTO 争端解决机构根据安提瓜的申请,于 2003 年 7 月 21 日正式成立专家小组处理该争端。最终 WTO 专家小组和上诉机构都裁决美国败诉。

简要分析：该案引人瞩目的原因不仅在于该案是 WTO 自由贸易与公共道德第一案,还在于该案作为加勒比海人口少于 10 万人的小国第一次通过 WTO 争端解决机制解决贸易争端就战胜了"强大"的美国。该案美国之所以败诉,一是因为美国在其具体承诺减让表的条目中并没有明文将赌博或网络赌博服务从其承诺中排除,即美国对于开放赌博服务作出了具体承诺,所以违反了 GATS 框架内所作的具体承诺;二是因为美国相关法令和措施尽管是为了保护公共利益和道德,但未能证明其是以符合 GATS 第十四条引言的方式实施的,没有满足 GATS 第十四条要求此类例外措施"不构成任意或武断的歧视"的规定。

相关法律法规

1.《保护工业产权巴黎公约》,1883 年 3 月 20 日签订,1979 年 10 月 2 日第七次修订。

2.《保护文学和艺术作品伯尔尼公约》,1886 年 9 月 9 日签订,1979 年 10 月 2 日第八次修订。

3.《商标国际注册马德里协定》,1891 年 4 月 14 日签订,1967 年 7 月 14 日第六次修订。

4.《关于统一海上救助若干法律规则的国际公约》,1910 年 9 月 23 日制定;

重新制定的《1989年国际救助公约》于1989年4月29日通过,1996年7月14日施行。

5.《统一提单的若干法律规则的国际公约》(《海牙规则》),1924年8月22日签署,1942年8月25日施行。

6.《跟单信用证统一惯例》,1933年1月1日颁布,2006年10月25日第七次修订。

7.《中华人民共和国涉外民事关系法律适用法》,2011年4月1日施行;《最高人民法院关于适用〈中华人民共和国涉外民事关系法律适用法〉若干问题的解释(一)》,2012年12月28日通过,2020年12月29日修正,2021年1月1日施行。

8.《联合国宪章》,1945年6月26日签署,1945年10月24日施行。

9.《世界人权宣言》,1948年12月10日通过。

10.《维也纳外交关系公约》,1961年4月18日签订,1964年4月24日施行。

11.《维也纳领事关系公约》,1963年4月24日签订,1967年3月19日施行。

12.《解决国家和他国国民间投资争端公约》(《华盛顿公约》),1965年3月18日签订,1966年10月14日施行。

13.《公民权利和政治权利国际公约》,1966年12月16日通过,1976年3月23日施行。

14.《经济、社会和文化权利国际公约》,1966年12月16日通过,1976年1月3日施行。

15.《维也纳条约法公约》,1969年5月23日签订,1980年1月27日施行。

16.《修改统一提单的若干法律规则的国际公约》(《维斯比规则》),1968年2月23日签订,1977年6月23日施行。

17.《海上旅客及其行李运输雅典公约》,1974年12月13日通过,1987年4月28日施行,2002年11月1日第三次修订。

18.《对国外银行机构监管的原则》(狭义的《巴塞尔协议》)于1975年发布;《关于监督国际性银行集团及其跨国分支机构的最低标准的建议》(《巴塞尔建议》)于1992年发布;《有效银行监管的核心原则》(《巴塞尔核心原则》)于1997年发布;《多元化金融集团监管的最终文件》(《巴塞尔最终文件》)于1999年发布;《巴塞尔

新资本协议》于2004年发布;《关于统一国际银行的资本计算和资本标准的协议》(《巴塞尔协议》)于2010年发布,《巴塞尔协议》最新规定于2013年1月6日发布。

19.《海事赔偿责任限制公约》,1976年11月19日通过,1986年12月1日施行。

20.《联合国海上货物运输合同公约》(《汉堡规则》),1978年3月31日通过,1992年11月1日施行。

21.《联合国国际货物销售合同公约》,1980年4月11日通过,1988年1月1日施行。

22.《联合国海洋法公约》,1982年12月10日通过,1994年11月16日施行。

23.《多边投资机构担保公约》(《汉城公约》),1985年10月11日通过,1988年4月12日施行。

24.《气候变化框架公约》,1992年5月9日通过,1994年3月21日施行。

25.《生物多样性公约》,1992年6月5日签署,1993年12月29日施行。

26.《21世纪议程》,1992年6月14日通过。

27.《里约环境与发展宣言》,1992年6月14日通过。

28.《与贸易有关的知识产权协议》,1994年4月15日签署,1995年1月1日施行。

29.《服务贸易总协定》,1994年4月15日签署,1995年1月1日施行。

30.《与贸易有关的投资措施协议》,1994年4月15日签署,1995年1月1日施行。

31.《关于争端解决规则与程序的谅解》,1994年4月15日签署,1995年1月1日施行。

32.《国际商事合同通则》,1994年5月1日通过,最新版本修订于2016年5月。

33.《国际燃油污染损害民事责任公约》,2001年3月23日通过,2008年11月21日施行。

34.《联合国全程或部分海上国际货物运输合同公约》(《鹿特丹规则》),2008年12月11日通过,2009年9月23日签署。

35.《国际贸易术语解释通则》(INCOTERMS 2020),2019年9月10日公

布,2020 年 1 月 1 日施行。

36.《中华人民共和国政府、日本国政府及大韩民国政府关于促进、便利和保护投资的协定》,2012 年 5 月 13 日签署。

37.《中华人民共和国民事诉讼法》,2021 年 12 月 24 日第四次修正,2022 年 1 月 1 日起施行。

后　　记

　　《法学概论》是江苏省高等学校重点教材。本教材以习近平法治思想为指导，体现了培养和提高学生法律意识、法治观念及实践能力的宗旨和目的，突出了时代性、知识性、理论性和实践性。本教材的特色在于：各章设置导读内容，阐明该章的中心内容和学习目的要求；各章设置引入案例，便于学生对课程的重点、难点问题正确把握，增加学生学习兴趣；安排典型案例分析，便于启发学生独立思考，加深理解并运用所学的法律知识；各章文后设有思考题及相关法律法规索引，有利于引发学生深入思考和拓宽法律专业视野。本教材体系安排上，既注重法的基础知识、一般理论的阐释，又注重各部门法的基本知识和基本制度介绍；在观点选择上，既注意反映学科所取得的前沿成果，又注意观点的成熟性和连续性；在内容取舍上，着重介绍法学的基本知识与基本原理，具有较强的可读性和实用性，尤其适合于非法学专业学生阅读和使用。

　　本教材的写作分工如下：李霞：第一章；苏仲庆：第二章，第十章第二节；周丽：第三章；赵桂玉：第四章，第十章第一节；刘利平：第五章；董素：第六章；胡炜：第七章；李叶青：第八章；谷海霞：第九章；葛伟：第十章第三节；朱广东：第十一章。全书由主编朱广东、周丽统稿。

　　由于编者水平所限，本教材存在缺点在所难免，欢迎学界同仁和广大读者批评指正。